Crítica impura

Estudios de literatura y cultura latinoamericanos

Mabel Moraña

Crítica impura

Estudios de literatura y cultura latinoamericanos

Mabel Moraña

Iberoamericana · Vervuert · 2004

Die Deutsche Bibliothek - CIP - Cataloguing-in-Publication-Data
A catalogue record for this publication is available from Die Deutsche Bibliothek

© Iberoamericana, Madrid 2004
Amor de Dios, 1 – E-28014 Madrid
Tel.: +34 91 429 35 22
Fax: +34 91 429 53 97
info@iberoamericanalibros.com
www.ibero-americana.net

© Vervuert, 2004
Wielandstr. 40 – D-60318 Frankfurt am Main
Tel.: +49 69 597 46 17
Fax: +49 69 597 87 43
info@iberoamericanalibros.com
www.ibero-americana.net

ISBN 84-8489-134-8 (Iberoamericana)
ISBN 3-86527-120-0 (Vervuert)

Depósito Legal: M. 17063-2004

Cubierta: Marcelo Alfaro
Impreso en España por Imprenta Fareso, S. A.
The paper on which this book is printed meets the requirements of ISO 9706

ÍNDICE

"LOS PLIEGUES DEL CANON"
Y LA DECONSTRUCCIÓN CULTURALISTA

En la última década, los estudios literarios y culturales han funcionado en oculta complicidad. Por un lado, es innegable que el campo de la crítica literaria fue, en el contexto anglosajón y, en menor medida, en el espacio académico e intelectual latinoamericano, el que absorbiera con más intensidad los cambios producidos por la liberalización disciplinaria impulsada por los *cultural studies*. Pero al mismo tiempo, no es menos cierto que los estudios culturales se han nutrido, a su vez, en casi todas sus formulaciones, de impulsos que solían identificarse hasta la década de los años noventa, con el análisis semiótico, estructural o contenidista de textos literarios. En ambos dominios, la atención a la textura cultural (al espesor y opacidad, por así decirlo, del registro simbólico) relativizó la autonomía de las textualidades específicas, tal como éstas fueran identificadas, desde el horizonte neopositivista, a partir de campos de estudio y metodologías compartimentadas. Sin embargo, en el interior del análisis culturalista, también es evidente que los diversos enfoques inter y transdisciplinarios conservan la memoria de sus propios agenciamientos teóricos y sus especificidades metodológicas. En la práctica de los estudios culturales es fácil reconocer todavía el entrenamiento del crítico, sus instrumentos particulares de análisis y de interpretación, su horizonte ideológico y sus lealtades disciplinarias, sin que esto reduzca, de ninguna manera, los aportes al campo de la crítica cultural. Al mismo tiempo, la escritura de la historia y el discurso etnográfico, el lenguaje de las ciencias sociales y la crítica del arte, los estudios sobre religión, etnicidad y género, para citar sólo algunos espacios de trabajo intelectual, exploran ya no sólo sus hoy redefinidos campos de estudio, sino asimismo sus propios protocolos interpretativos y sus retóricas, sus mecanismos representacionales, sus silencios, sus tropos y sus mitos, en una operación de auto-reconocimiento y sospecha teórica que no es ajena a la revolución culturalista.

Leída como registro abierto a múltiples desciframientos críticos y como espacio de luchas representacionales, la cultura se despliega hoy en día ante el lector/espectador/participante ya no como un marco exterior que rodea y acota los fenómenos sociales y políticos y sus representaciones simbólicas. Tampoco el nivel cultural es visto, en general, como un estrato que se corresponde con los otros niveles de manera más o menos puntual y correlativa, de acuerdo a un sistema estructurado jerárquicamente y necesariamente regido por la base económica.

Los estudios actuales entienden la cultura, más bien, como un entramado abigarrado y tenso de conflictos, proyectos y representaciones, por el que fluyen corrientes de pensamiento, formas de representación y procesos históricos que comprometen, en su movilización, a todos los niveles del espectro social. La atención que se presta a los impulsos que, partiendo de lo cultural, imprimen a la infraestructura crisis transformadoras, puede parecer solamente un reclamo –quizá revanchista– del pensamiento posmarxista, pero constituye en todo caso una petición de principio que valdría la pena analizar, tanto a nivel teórico como en los resultados que derivan de su implementación metodológica.

Los estudios que se reúnen en este libro bajo el título de *Crítica impura* dan cuenta, a su manera, de estos tránsitos crítico-teóricos. Son, por así decirlo, campos contaminados, espacios de contacto en los que se combinan aproximaciones variadas y en gran medida experimentales y eclécticas a productos culturales que no pertenecen ya a un dominio específico ni responden a una sola estrategia deconstructiva o interpretativa. En este sentido, estos trabajos convocan una pluralidad de perspectivas que intentan más desestabilizar al objeto de estudio que fijarlo en un *locus* preciso de indagación epistemológica. Los une, más allá de su evidente diversidad temática, una serie de preocupaciones que se articulan en torno al eje problemático de la construcción del sujeto moderno y de sus inscripciones en el centro y los márgenes de la institucionalidad cultural.

Desde los procesos de transculturación que marcan, en la primera modernidad barroca, el surgimiento de la sociedad criolla, hasta los desajustes que imprime, tanto a nivel representacional como interpretativo, la posmodernidad, las líneas de reflexión de los estudios agrupados bajo el título **"Pliegues del canon"** se concentran en la constitución y en la fractura de las identidades culturales. Los estudios exploran el sentido plural de la *diferencia* criolla de cara a los proyectos coloniales y a las resistencias que se fraguan, en distintos contextos, desde los márgenes de la hegemonía metropolitana. Imposible pensar estos procesos de dominación y resistencia cultural sin una mirada atenta a la historiografía liberal que recogiera y sistematizara, con estrategias canonizadoras, monumentalistas y excluyentes, la producción americana. Imposible, también, evaluar la fisura que esos productos logran imprimir en los discursos del occidentalismo, sin advertir que los textos y prácticas aquí analizados están desde el comienzo atravesados por la conciencia, a veces alienada, de una *otredad* que nace con el Descubrimiento y que es connatural a la estructura de colonialidad que habita afantasmada en los imaginarios nacionales.

Los temas de la lengua y de la fiesta, la idea de la anomalía o la monstruosidad criolla, la dinámica de los levantamientos indígenas y las posicionalidad jánica del letrado barroco, que se debate entre los privilegios que al mismo tiempo lo elevan sobre las castas coloniales y lo rebajan a una localización subalterna frente al peninsular, ocupan una primera etapa en los "Pliegues del canon". La discursividad colonial revela así no sólo la apropiación de códigos metropolitanos sino también su redimensionamiento beligerante y contracultural por parte del sujeto americano. Interrogados desde esta perspectiva, textos y prácticas muestran los despliegues y repliegues de una identidad cultural en proceso de formación, contradictoria y múltiple, en busca de nuevas formas de consolidación y hegemonía.

En las etapas de la independencia, estos procesos se van reformulando, impactados por las ideologías europeas y por los aguzados conflictos económicos, políticos y sociales que conducen a la emancipación. Entre la constitución de nacionalidades y la implantación de las dinámicas modernizadoras, la *ciudad letrada* se constituye como un reducto de ninguna manera totalizador, pero de todos modos sintomático, de los conflictos propios de sociedades neo o poscoloniales que se internan en la peripecia de una existencia social fraguada desde los imaginarios de la racionalidad ilustrada, pero que revelará siempre las marcas de la violencia originaria.

El discurso de los libertadores registra la dramaticidad de un período en que razón y deseo, realidad y utopía, universalidad y particularismo, se combinan en la construcción del *sujeto nacional*. Desde entonces, éste será el protagonista principal de la escena social dominada institucionalmente por la elite criolla, pero asediada siempre por actores populares nunca del todo integrados –y en muchos casos flagrantemente marginados– de la estructuración republicana. El discurso bolivariano ilustra paradigmáticamente la instancia de "reinvención del origen americano," fijando en los procesos de liquidación del colonialismo europeo un momento de quiebre y rearticulación occidentalista. La gesta de los héroes de la emancipación es la historia de una búsqueda nunca del todo cancelada de legitimidad política y afirmación cultural de la elite criolla que accede, con la Independencia, al liderazgo nacional. El modelo contractual sobre el que se funda el constitucionalismo americano articula diversas posiciones de sujeto y de interpelación popular, estableciendo mitos –nación, progreso, ciudadanía, mercado– que encontrarían en la literatura una de las formas privilegiadas de institucionalización cultural y representación simbólica. Al mismo tiempo, ese proceso, que se materializa en el surgimiento y consolidación de las culturas nacionales, impone a las masas los parámetros fijos de una exterioridad calibanesca que es capaz, sin embargo, de desafiar aquellos mitos a través de diversas estrategias de resistencia y subversión cultural y política, dejando en evidencia los abismos que rodean al utopismo burgués y liberal.

La modernidad periférica es, desde sus orígenes coloniales hasta la actualidad, el espacio ideológico y social en el que se dirime el enfrentamiento de imaginarios dominantes y subalternos en América Latina. El paradigma arielista, que concentra en el tropo del alma etérea y de la carnalidad balbuceante el drama de una historia signada desde el Descubrimiento por la violencia material y simbólica, opera como una plataforma axiológica que consagra, desde la apertura del siglo XX, la imagen del intelectual mesiánico, representante de la racionalidad humanística y el autoritarismo epistemológico. Como es obvio, la función intelectual dista mucho de ser un espacio homogéneo y unificado, ya que en él coexisten proyectos e intereses diversos y encontrados. Sin embargo, los principios articuladores del campo intelectual son suficientes para que sus actores funcionen, en diversos estilos y medidas, como adalides de la misión "civilizadora", paternalista y disciplinaria del Estado nacional. El estudio de las funciones, recursos y proyectos de los intelectuales orgánicos de la modernidad, y la diferenciación, dentro del amplio espacio de la ciudad letrada, de antagonismos, alianzas y negociaciones sectoriales, sigue siendo un desafío para la crítica y la historiografía latinoamericanas. Al mismo tiempo, los estudios en el campo de las comunicaciones, la cultura popular, las culturas indígenas, las cuestiones vinculadas al género y la sexualidad, la agenda ecologista, los trabajos sobre etnicidad, etc., rebasan, obviamente, los límites estrictos de lo letrado y reclaman procedimientos de visibilización de los *afueras* que la institucionalidad cultural de la modernidad instituyera con la nación-Estado.

Entre los temas más recurrentes que asoman en los "Pliegues del canon" el de la representación identitaria es quizá, hasta el día de hoy, uno de los más candentes y proteicos. Es evidente, sin embargo, que el tema es impensable, desde la perspectiva actual, sin el relevamiento de las transformaciones que el debate culturalista ha impreso a la elaboración teórica acerca de la formación de subjetividades colectivas. La crítica al esencialismo que hacía recaer el problema de las identidades en la definición de cualidades colectivas a-históricas y fijas, ha sido fundamental para la visibilización de las fracturas que subyacen a los proyectos nacionales. A partir de esta crítica es que ha sido posible que se advierta la importancia fundamental de estrategias de reconocimiento y auto-reconocimiento social de sectores que se articulan en torno a programas y plataformas alternativas a las dominantes. Conceptos como los de subjetividad, alteridad, diferencia, otredad, memoria colectiva, hibridez, heterogeneidad, etc. han abierto el camino para una comprensión más fluida y abarcadora de la trama social y de sus procesos de simbolización.

Los intercambios teóricos, que enfocan las dinámicas sociales desde ángulos diversos y complementarios, desafiando los protocolos fijos de las disciplinas tradicionales, permiten una aproximación integrada a la escena cultural. A su vez, los monumentos del humanismo occidental responden de maneras impensadas a una interrogación desde los márgenes de la textualidad. A partir de la anécdota mínima de "El etnógrafo", Borges habla elocuentemente a los debates de la posmodernidad desde su localismo irrenunciable, proponiendo el dualismo identidad/otredad como el enigma de lo irrepresentable. Crítica literaria y antropología se invocan mutuamente a lo largo de un texto que más allá de su paradigmática "universalidad" se inserta en los debates etnográficos sobre los modos de representación de la otredad, las perversiones del colonialismo y los límites del conocimiento y la interpretación. En un sentido convergente con las líneas perseguidas en el estudio del relato borgiano, Walter Benjamin nos acerca, por su parte, a los micro-relatos de la modernidad latinoamericana: la lectura del espacio urbano, los estudios sobre el arte como producto aurático y como mercancía, el análisis del duelo y la melancolía –Benjamin como "taxonomista de la tristeza"– permiten vincular las problemáticas de la posmodernidad latinoamericana con la obra del filósofo alemán que ha concitado tanta atención desde la perspectiva culturalista. Finalmente, el escenario del Uruguay en los años sesenta y la lectura del *Diario* de Ángel Rama permiten una aproximación dual a la cultura de ese país tan fuertemente afectado por el proceso dictatorial y por los efectos del exilio masivo que tiene lugar desde principios de los años setenta. Si el estudio sobre los años posteriores a la Revolución Cubana se apoya, para el caso del Uruguay, principalmente en la noción de melancolía e interroga desde allí la producción literaria y la atmósfera cultural de la "década prodigiosa", el *Diario* de Rama nos entrega una visión complementaria y de algún modo derivada de la anterior. En efecto, el *Diario* no sólo constituye un documento personal y al mismo tiempo representativo de una época marcada por la violencia de la dictadura, sino que también posibilita una mirada *otra* sobre los procesos de constitución y conceptualización del campo intelectual, dejando al descubierto la factura interior del pensamiento crítico y los pliegues de la subjetividad que se convierten en objeto y sujeto de su propio relato.

"Pliegues del canon" es un intento, entonces, de adentrar la crítica por el doblez del texto y sus fronteras, para evitar que el producto cultural yazga inerte, aplanado, y se convierta en Obra o monumento. Para tratar, también, de reivindicar su calidad de ruina, es decir, su temporalidad evanescente y, al mismo tiempo, su perdurabilidad desplazada. Para rescatar, finalmente, su carácter de documento contradictorio de los privilegios y miserias de las épocas de las que esos productos surgen, y a las que se dirigen.

La segunda parte de este libro recoge **"Debates literarios y culturales desde/sobre América Latina".** Los temas de la historiografía y la globalización, la subjetividad y la memoria histórica, el género, la identidad y la cuestión nacional, la mediación letrada y el occidentalismo, están aquí enfocados a partir de aproximaciones breves y puntuales, elaboradas en los últimos años como contribución a los debates que han tenido lugar en Estados Unidos y América Latina en el campo de los estudios culturales.

En más de un sentido, en estos textos se registran intersecciones de variada naturaleza. Por un lado, los temas que pertenecen al dominio de la crítica cultural están abordados desde perspectivas disciplinariamente "impuras" que permitirían explorar tópicos que preocupan actualmente a la crítica desde ángulos teóricos menos rígidos que los que provee la sociocrítica o la hermenéutica tradicional.

Por otro lado, las posiciones críticas asumidas están también insertas en la que es, a mi criterio, una de las disyuntivas más acuciantes del latinoamericanismo internacional de nuestro tiempo: la que registra las pulsiones teóricas gestadas en los centros internacionales, principalmente norteamericanos, de elaboración crítico-teórica, junto a los impulsos que, en ese mismo campo pero con un sentido frecuentemente divergente, incorpora la reflexión latinoamericana *in situ*, como respuesta más o menos inmediata a los acuciantes desafíos políticos, sociales y culturales de la actualidad. Muchos años de trabajo en uno y otro lado del debate, me hacen pensar que quizá la tarea más urgente del intelectual de nuestros días es la de intentar una intermediación productiva entre ambas posiciones, ya que éstas representan más que un momento acotado del desenvolvimiento académico, instancias de un conflicto mucho más amplio –político, social y cultural– que está en la naturaleza misma de la condición neo o poscolonial de América Latina. En mi opinión, esa intermediación intelectual debería distar mucho de la búsqueda de un consenso que reduciría al mínimo el sentido principal de la crítica. Más bien sus objetivos tendrían que orientarse hacia la profundización de debates en los que se registran posicionamientos que en muchos casos son necesariamente antagónicos y, quizá, irreconciliables, ya que el campo de intercambios simbólicos manifiesta siempre condicionantes geoculturales que están definitivamente impactados por configuraciones de poder que rebasan el terreno específico de la cultura.

Creo que en los debates actuales del latinoamericanismo internacional –y ésta es, obviamente, una comprensión del problema por muchos compartida– se juega mucho más que la distribución de competencias profesionales o académicas. Más bien, la configuración actual del campo expresa a su manera, en su propio registro, la reformulación, en el contexto de la globalidad, de las relaciones Norte/Sur o centro/periferia (para decirlo en los términos de un dualismo que algunos consideran superado), las cuales han estado presentes a lo largo de toda la historia moderna de América Latina. Temas que fueron propios de coyunturas político-culturales específicas, como los de la penetración cultural, la relación hegemonía/subalternidad, la definición del sentido y límites del concepto de cultura nacional, la reformulación identitaria, la dependencia cultural, etc., retornan por sus fueros, impulsados por condiciones de producción cultural que convocan en debates actuales problemáticas nunca resueltas en épocas anteriores, ni desde ni a propósito de América Latina. Más allá de las denominaciones que hoy demos a esos temas desde otros escenarios teóricos, con frecuencia se percibe que, en mucho casos, se trata de "vino viejo en odres nuevos". Lejos de descalificar por ello estos debates, este hecho demuestra que los planteamientos o respuestas provisionales que nos entrega la tradición crítica latinoamericana y latinoamericanista deben integrar la memoria teórica de nuestras disciplinas, e informar los enfoques actuales como instancias de una continuidad de pensamiento y de acción cultural que nos precede. Al mismo tiempo, es indudable que el nuevo "orden" mundial, que se corresponde con la reafirmación neoliberal del capitalismo y la rearticulación de fuerzas económicas y políticas a nivel internacional, obliga a un pensamiento también innovador, que responda a los desafíos de la globalidad, el descaecimiento de los modelos ilustrados del racionalismo humanístico, y las movilizaciones socioculturales que se registran a nivel planetario desde el fin de la guerra fría. A nueva luz, desde ángulos políticos y epistemológicos diversos, el asedio a los temas centrales del latinoamericanismo nos lleva a repensar los parámetros más amplios en los que se inscribe la cuestión cultural: los de la colonialidad y la violencia, los de la subalternización social, política, étnica, lingüística o de género, los del neoliberalismo y la globalidad, y los que atañen a las formas de resistencia y movilización popular que surgen como respuesta a los modelos hegemónicos.

Las aproximaciones que se ofrecen a los distintos temas que integran este libro se interconectan, entonces, en un plano teórico más amplio que el que esos estudios convocan de manera inmediata. Proponen, por tanto, una lectura que rescate esas líneas de continuidad, a partir de las cuales se intenta una cartografía crítico-teórica de nuestra circunstancia cultural. Estudios como el que se concentra en las "migraciones del latinoamericanismo" intentan justamente diseñar el mapa provisional y cambiante de nuestro campo de trabajo. Otros, como el que enfoca la relación entre orientalismo y modernidad, es una entrada mínima en un tema muy amplio, de inmensas connotaciones culturales e ideológicas, que espera aún un desarrollo exhaustivo por parte de la crítica. El ensayo dedicado a revistas culturales es, por su misma naturaleza, mucho más programático, y deriva directamente de mi experiencia como directora de publicaciones del Instituto Internacional de Literatura Iberoamericana, al que debo algunas de las más fructíferas experiencias profesionales de mi carrera en Estados Unidos.

En su tercera parte, este libro incluye varios estudios sobre la obra crítica de Antonio Cornejo Polar, sin duda uno de los nombres más altos de la crítica latinoamericana en la segunda mitad del siglo XX. Esos escritos fueron elaborados en distintos momentos como aportes a ese escenario de debates internacionales que he venido mencionando. En ellos he intentado rescatar una dimensión teórica aún poco enfatizada en estudios acerca de la obra del crítico peruano. He propuesto analizar sus textos como aportes a la elaboración de una *teoría del conflicto* que rescata, en un sentido similar al que Ernesto Laclau introdujera en sus trabajos sobre populismo, la idea de que la escena social que la literatura representa de manera simbólica, registra *antagonismos* sustanciales que no pueden ser reducidos a la categoría de mera *diferencia*. Es justamente en atención a los términos irreconciliables de la lucha social que surge, en la obra de Cornejo Polar, la conceptualización, primero descriptiva y luego desarrollada con mayor profundidad teórica, de la heterogeneidad constitutiva del mundo andino y de la coexistencia de proyectos opuestos –de sistemas políticos y culturales antagónicos– en el interior del espacio supuestamente unificado de la nación moderna. De forma pionera, desde la década de los años sesenta, y mucho antes de que posiciones similares proliferaran en distintos espacios académicos y teóricos a nivel internacional, estas nociones han venido socavando la idea de la nación-Estado como categoría inapelable para el estudio de la historia moderna de América Latina. En su lugar, la teorización de Cornejo Polar propone una visión más fragmentaria y a la vez más radicalmente democrática que se concentra en la acción productiva de identidades múltiples que, afincadas en tradiciones, lenguas, costumbres y agendas sociales y políticas específicas, desafían la unicidad de totalizaciones político-administrativas que a partir de la Independencia sirvieron para legitimar e implementar el proyecto burgués de espaldas a los grandes sectores populares que continuaron ocupando los márgenes de la institucionalidad republicana. El problema de la lengua, la expansión y también el cuestionamiento del canon literario, la percepción de dinámicas socio-culturales que, como en el caso de la migración, impactan los imaginarios y las interacciones sociales, integran la crítica de Cornejo Polar con propuestas que van más allá del análisis de textos literarios y se extienden hacia zonas que rebasan los límites del área cultural andina. Uno de los desafíos de la crítica actual será explorar las vinculaciones que estas propuestas ensayan, desde su asumida localización geocultural, con el más amplio escenario de los estudios culturales y poscoloniales, que no siempre (re)conocen sus deudas con la producción crítica realizada en las lenguas "vernáculas" de América Latina.

Finalmente, *Crítica impura* recoge tres notas dedicadas, la primera, a la narrativa de Diamela Eltit, la segunda a la memoria de Susana Rotker y la tercera a Jean Franco, quien sigue enriqueciendo, tras tantos años de labor, los debates del campo latinoamericano.

Todos los estudios que integran este libro deben su realización ya sea al impulso de colegas que requirieron, en su momento, estas contribuciones, ya a las inquietudes de estudiantes que en distintas instituciones de Estados Unidos, Europa y América Latina, estimularon mi reflexión sobre temas literarios o culturales. Entre todos ellos, mis colegas y estudiantes de la Universidad de Pittsburgh, a la que pertenezco, y de la Universidad de Harvard, donde mantuve por un año un intercambio estrecho y productivo, han sido, en todo caso, los más cercanos a la elaboración y a la motivación de estos textos. A ellos va, entonces, mi reconocimiento. También mi más sincero agradecimiento a las universidades latinoamericanas y europeas que me honraron con sus invitaciones, y en las que presenté aspectos parciales de mi investigación de los últimos años (Universidad de los Andes, Universidad Nacional y Universidad Javeriana, en Colombia; Universidad de la República, en Uruguay; Universidad Nacional de Rosario, Argentina; UNAM, en México; universidades francesas de Lille, Poitiers, Caen, Toulouse-Le Mirail y Sorbonne Nouvelle, entre otras).

Cada artículo tiene, como es obvio, su propia genealogía, sus propias deudas y su propia razón de existir, como mínima contribución a debates actuales. Apelo a la perspicacia y a la memoria de quienes fueron, en distintas ocasiones, mis interlocutores, para que reconozcan en cada caso los rastros de diálogos, discusiones y sugerencias que ayudaron a moldear estos textos necesariamente provisionales y fragmentarios. A quienes colaboraron más activamente en la preparación de este manuscrito, y a la editorial Iberoamericana/Vervuert que lo acoge para su publicación, mi más sincera gratitud. Finalmente, mi cariñoso agradecimiento, por su aguerrido estímulo, a mis hijas que, como he dicho antes, le dan sentido a todo.

Mabel Moraña
Pittsburgh, 2003

I. Pliegues del canon

BARROCO Y TRANSCULTURACIÓN

1. INSTANCIAS DE LA TEORIZACIÓN TRANSCULTURAL

Apenas cuatro años después de la publicación de *Contrapunteo cubano del tabaco y el azúcar* (1940), donde Fernando Ortiz expone la idea de transculturación como concepto operativo para la explicación de las vertientes que se integran en la constitución del capitalismo dependiente en la Cuba de la época, el venezolano Mariano Picón Salas, en su clásico libro *De la conquista a la independencia* (1944), recoge la categoría que el cubano arrojara a la arena de los estudios culturales convirtiéndola en punto de partida de un proyecto historiográfico de vasto alcance, que tendría profundas proyecciones en el pensamiento latinoamericano.

Tres décadas después, Ángel Rama retoma la noción de transculturación aplicándola a la producción narrativa neorregionalista, preocupado principalmente por explorar el fenómeno de transferencia o transitividad cultural a partir del cual se combinan los elementos vernáculos (diferenciales y relativamente estables, apegados a las culturas populares) con la "pulsión de homogeneización" introducida por la "aceleración modernizadora" (Rama, *Transculturación* 206).

Si en Ortiz la alegoría nacional elaborada a partir de los productos básicos de la economía cubana había introducido ya un modelo aplicable a la interpretación de la estructura neocolonial a nivel continental, en Picón Salas y en Rama el esquema se expande y redefine disciplinariamente, afincándose en el análisis de las formas de hibridación a partir de las cuales surge y se desarrolla el mestizaje cultural como articulación de las vertientes vernáculas y exógenas que dan lugar a la emergencia y desarrollo de las formaciones nacionales en América Latina.

Antropológico en Ortiz, historicista en Picón Salas, culturalista en Rama, funcionalista en todas sus aplicaciones, el concepto de transculturación focaliza, sobre todo en las dos últimas teorizaciones, la agencia letrada como el espacio en el que se fraguan las estrategias legitimadoras y las prácticas representacionales en que se apoya el discurso hegemónico en sus distintas etapas de emergencia y consolidación institucional.

La teoría de la transculturación intenta dar cuenta de los procesos a partir de los cuales se localizan y posicionan los distintos sujetos que protagonizan el drama de la inserción occidentalista a nivel continental, confiriendo especial atención tanto a las mediaciones como a las operaciones que se despliegan en el proceso modernizador. Desde esa plataforma cognitiva se abordan los distintos niveles pertinentes para una comprensión de la emergencia y consolidación de nacionalidades en América Latina: definición de subjetividades colectivas (autóctonas, foráneas, itinerantes, migrantes, intersticiales), procesos identitarios (conciencia sectorial, nacional, regional; otredad, alteridad), localizaciones ideológicas con respecto a la estructura de poder (hegemonía, subalternidad, marginación, inserción periférica), prácticas de integración cultural (imitación, resistencia, sincretismo, hibridación, mímica), estableciendo así las bases para una captación a la vez global y particularizada de la historia latinoamericana.

Si la ideología del mestizaje se presenta, desde sus tempranos orígenes coloniales, como la coartada ideológica desde la cual la elite criolla estructura, implementa y legitima su proyecto hegemónico –como bien expone la propuesta de Picón Salas y desarrolla luego Ángel Rama en *Transculturación narrativa* y, más extensamente, en *La ciudad letrada*– la desestabilización de los proyectos modernizadores dejará cada vez más en claro la necesidad de efectuar una crítica del discurso transculturador como constructo ideológico capaz de subsumir las antinomias inherentes a las "totalidades contradictorias" latinoamericanas (Cornejo Polar, "Literatura peruana: totalidad contradictoria") en un discurso que, al enfatizar las estrategias y resultados de la integración cultural, reduce el carácter interpelativo y catalizador de los antagonismos sociales e ideológicos, elaborándolos como *diferencia*, abriendo paso así a la noción liberal de multiculturalismo como espacio teórico de conciliación pluralista.

Para esa crítica de la transculturación es fundamental, entonces, enfocar la noción de sujeto y mediación letrada en las que se apoya la interpretación de las interrelaciones y transvases culturales que, desde la formación de la sociedad criolla, han demarcado la integración de "lo popular" en el discurso legitimador de las elites y en los proyectos de institucionalización cultural latinoamericana. A esos efectos, es pertinente explorar el rendimiento teórico del trabajo de Picón Salas con respecto a la transculturación colonial, y en particular los parámetros epistémicos que se formalizan, como Rama reafirmara siguiendo las pautas del crítico venezolano, en el período en que se consolida la "cultura del Barroco", en tanto etapa fundacional de la identidad criolla.

En ese período no sólo se centralizan y fortalecen en América las bases burocráticas y educativas para la diseminación del proyecto de unificación socio-cultural del mundo colonial. Se despliegan también, en la periferia de ultramar, las estrategias masivas de interpelación popular que consolidarán a la elite virreinal como depositaria de un poder dependiente de las estructuras metropolitanas, pero en proceso de autonomización.

Si es cierto, por un lado, que a través de la delegación del poder en la elite criolla el imperio logra internalizar su dominación creando un aparato subsidiario de control colonial, por otro lado es innegable que al hacerlo potencia a ese sector política e ideológicamente, proveyendo las bases para el surgimiento de proyectos contra-hegemónicos que terminarán por subvertir el orden del que emanan. De esta manera, esta delegación del poder robustece políticamente la dualidad ya implícita en la elite criolla por virtud de su genealogía hispano/americana. Al proceso de criollización, que como bien advirtiera Picón Salas comienza con las primeras formas de transculturación colonialista, se superpone entonces en los siglos XVII y XVIII el proceso de emergencia y consolidación de una nueva hegemonía sectorial que, siguiendo el modelo imperial, coloniza a su vez el espacio social americano imponiendo progresivamente sus propias agendas hacia adentro y hacia afuera de las formaciones sociales de la colonia.

2. HISTORICISMO Y TRANSCULTURACIÓN

Picón Salas abre el cuarto capítulo de su citada obra, titulado "De lo europeo a lo mestizo: las primeras formas de transculturación", con la siguiente consideración:

> Las formas de la cultura europea penetran desde el comienzo en los centros urbanos que se fundan en América en el siglo XVI aunque la originalidad del ambiente impone, como ya lo veremos, el precoz aparecimiento de formas mestizas (69).

El párrafo contiene, resumidas, las consideraciones principales que han regido desde que surge la sociedad criolla, el complejo proceso de transplante y asimilación cultural en América y la tensa relación que vincula las culturas vernáculas con los centros metropolitanos. Lo que en la teorización de Fernando Ortiz se presentara como un modelo de interpretación de las transformaciones que acompañaron la inserción americana dentro del horizonte utópico de la modernidad, en una coyuntura político, económica y cultural determinada por los cambios que se producen a nivel internacional principalmente a partir de la Primera Guerra Mundial, en la visión del venezolano se propone como la identificación de un paradigma que se extiende, retrospectivamente, hasta los orígenes mismos de la occidentalización americana, confiriendo así al continente una cualidad identitaria históricamente constituida: su *condición* transculturada (sincrética, híbrida, "mestiza"), resultante del proceso dialógico que articula las estructuras de poder imperial a las culturas subalternizadas por la implantación colonialista.

Picón Salas establece los núcleos del proceso: la matriz europea en tanto mecanismo de penetración e imposición ideológica en el contexto de la relación colonial, los centros urbanos como espacios primarios de recepción y reproducción cultural, el "ambiente" americano como el lugar de una otredad que reivindica su particularismo ante la penetración imperial, y el mestizaje como síntesis que "resuelve" la dialéctica histórica. El venezolano apunta, en efecto, a los términos de ese proceso en el mismo sentido que Ángel Rama recogería, tres décadas después, en su aplicación de la categoría de transculturación al corpus narrativo neorregionalista: como negociación bilateral, en la que las culturas sometidas logran, a su vez, "imponer", dentro de los parámetros de la dominación colonialista, un impulso transformador a la corriente colonizadora. Para Picón Salas, ya desde las tempranas etapas de la conquista se inaugura la historia de resistencias, hibridaciones y respuestas culturales que contrarrestan el proyecto de unificación imperial, dando lugar al surgimiento de subjetividades colectivas que son más que la suma de las partes que las componen, y que contienen, en la misma mixtura que las define, un valor específico, capaz de subvertir y redimensionar los elementos primarios que les dieron origen. Pero el énfasis está localizado, sin embargo, más que en la resistencia de las culturas vernáculas y en los sistemas culturales que coexisten con el dominante, en la síntesis de la criollización americana, es decir en la combinatoria cultural que aparece como germen de las futuras nacionalidades.

Si en términos binarios el proceso transculturador puede ser visto como la relación que se establece entre espacios, sujetos, prácticas e identidades culturales situados en los extremos de un espectro definido en base a relaciones de poder (hegemonía/marginalidad, universalismo/particularismo, civilización/barbarie, occidentalismo/americanismo, metrópolis/colonia, cristianismo/paganismo, modernidad/primitivismo, etc.), la perspectiva histórica rescata más bien las instancias, metamorfosis e intercambios que se producen en el cruce epistémico de las culturas en conflicto, y las negociaciones que se producen en su interior. La transculturación es entonces, desde esta perspectiva, una experiencia intersticial, que problematiza y relativiza, en un mismo movimiento, las "agencias" históricas que se interrelacionan en la combinatoria colonialista. Sin cancelar la violencia inherente al proceso de encuentro, apropiación y reformulación cultural que acompaña la gestión imperial en América, la visión transculturadora propuesta por Picón Salas valoriza la instancia receptora donde, como en la teorización de Ortiz y Rama, la base popular se potencia como el espacio en que, paradójicamente, los procesos de diferenciación se integran en una síntesis nueva en la que los componentes resultan todos afectados y modificados por la combinatoria cultural, como tan bien ilustra la imagen del ajiaco en la propuesta ortiziana. Sin embargo, no debe dejarse de lado que, lejos de constituir una mixtura armónica e ideológicamente conciliadora, el proceso transculturador exacerba a veces la cualidad particular, por las oposiciones y desplazamientos que provoca, exponiendo la cualidad inherente a los componentes que se articulan históricamente.

El concepto de transculturación permite así visualizar la *diferencia* como producto de una segregación globalizante y como posibilidad para la gestación de un contra-imaginario afirmado en la reivindicación de la materialidad americana que se proyecta como base de una episteme antiuniversalista a partir de la cual se negocian los límites que separan y conectan la periferia colonizada y el occiden-talismo colonizador. La alteridad americana y el mestizaje, como absorción y redimensionamiento de las identidades hegemónicas, constituyen un paradigma representacional alternativo al dominante, que en el proceso de su constitución impacta y modifica el imaginario disciplinador, homogeneizante y universalista que se impone desde los parámetros del poder. Sin embargo, la narrativa de la transculturación, al priorizar la función de la agencia criolla y de las estrategias del discurso letrado en la constitución de nacionalidades permanece fijada en el discurso del poder, aunque se confiera a la pluralidad de las culturas regionales la dinámica oposicional que erosiona la presunta unidad de la cultura modernizada, en sus distintos contextos históricos.

Ambas aproximaciones a la transculturación latinoamericana parten, sin embargo, de diversas nociones de sujeto y agencia cultural. En la interpretación de Picón Salas, que es la que interesa fundamentalmente en el enfoque histórico del período aquí analizado, la categoría de transculturación apunta a las operacio-nes por las cuales la cultura hegemónica se sobreimpone a la matriz americana como parte de un proceso en el que convergen el proyecto de reproducción ideo-lógica de la elite letrada y el de colonización espiritual ("pensamiento pedagógi-co", prácticas misioneras), que daría como resultado el surgimiento de "las pri-meras expresiones de criollización"(Picón Salas 78), guiadas por el afán de "conciliar dos sociedades y dos mundos opuestos –el del conquistador ensober-becido y el del indio medroso" (Picón Salas 77)–, situados en los extremos del espectro político y social de la colonia. Apoyado explícitamente en el "útil neolo-gismo" de la transculturación de Fernando Ortiz, el crítico venezolano indica:

> Desde tan tempranos días se plantea allí el que todavía parece permanente y no resuelto enigma de la cultura hispanoamericana, o sea el de la imitación y transplante de las formas más elaboradas de Europa en que siempre se esmerará una clase culta pero un poco ausente de la realidad patética de la tierra, y la intuición que despunta en algunos frailes y misioneros extraordinarios –un Vasco de Quiroga, un Pedro de Gante, un Sahún– de que hay que llegar al alma de la masa indígena por otros medios que el del exclusivo pensamiento europeo, mejorando las propias industrias y oficios de los naturales, ahondando en sus idiomas, ayudándolos a su expresión personal (Picón Salas 75).

> Hubo una pedagogía, una estética y hasta un sistema económico de la evangeliza-ción cuyo estudio parece aún hoy, mucho más que curiosidad erudita, ejemplo o expe-riencia aprovechable en el camino de incorporar a la cultura y la técnica las masas indígenas todavía irredentas (Picón-Salas 85-86).

Las prácticas transculturadoras son, en la visión de Picón Salas, un "método" para la implementación del proyecto de asimilación colonialista, por el cual "las formas europeas no pretendían suplantar a lo indígena, sino que se trataba de incluirlas dentro de las necesidades e imperativos de una nueva cultura" (88). Al enfocar el proceso de occidentalización desde la perspectiva de la hispanidad, Picón Salas privilegia el polo de la dominación y la agencia a partir de la cual se opera el transplante cultural, soslayando las prácticas de resistencia vernácula y de aculturación colonialista. De esta manera, las culturas sometidas por la conquista constituyen un reducto "irredento" de alteridad que aunque mantiene su capacidad de incidir en la episteme del dominador debe irse sometiendo, a través del sincrético y conciliatorio proceso de la mestización, a los dictados, estrategias y fines de la razón dominante, subsumiendo los elementos diferenciales y particularistas en el espacio a-histórico de los universales.

Lo que en la teorización antropológica y altamente alegórica de Ortiz aparece como paradigma de la negociación que es inherente a los procesos de modernización capitalista, en la conceptualización historicista de Picón Salas se articula a la noción del origen (la cultura europea que penetra "desde el comienzo en los centros urbanos", el "precoz" surgimiento de la mestización), concediendo así a la experiencia transculturadora colonial un valor fundacional: el que promueve la entrada de la América conquistada en el espacio epistémico euro/etnocéntrico que se transforma en el proceso de su reproducción colonialista.

En ambos autores, el eje de la interpretación cultural reside en la dinámica constante, alternativamente desestabilizadora y restablecedora de un poder que se mira en el espejo deformante de la otredad para reconocer su propia imagen, colocado siempre frente al abismo de una historia que borra constantemente las fronteras culturales, haciendo de ellas, como en la imagen de Fernando Coronil, no islas separadas entre sí, sino artificios provisionales y fluidos, inscritos sobre la arena de la historia, sujetos a constante transformación (Coronil xv). En ambos críticos, también, la materialidad americana es el reducto de una autenticidad al mismo tiempo precaria y permanente, pactada desde los límites impuestos por el colapso demográfico, la sobreimposición capitalista y la violencia letrada. Pero en ningún caso ese reducto constituye, entonces, una base de identidad estable, sino más bien, por imposición de las circunstancias históricas, una zona de negociación donde la desventaja, la explotación y la marginación son elementos diferenciales en los que reside el fermento desestabilizador que toda periferia contiene con respecto a los centros que la determinan.

3. BARROCO, IDENTIDAD CRIOLLA Y TRANSCULTURACIÓN

Si este proceso puede rastrearse desde los primeros episodios y representaciones de las prácticas de apropiación territorial, colonización espiritual y dominación discursiva de las colonias americanas, no será hasta el período de "estabilización virreinal" cuando podrá vislumbrarse en América la plena vigencia de un aparato de poder cultural unificado, centralizado y afincado institucionalmente en los centros letrados de la colonia.

Es justamente en el asentamiento de la ciudad barroca donde Ángel Rama sitúa el "esfuerzo transculturador" que se ejerce en el espacio americano por parte de una elite que, desde un complejo aparato burocrático, eclesiástico y educativo, reproduce masivamente su ideología y sus formas culturales, y que aunque existe en directa dependencia de los centros y modelos metropolitanos, crece guiada por una dinámica propia, crecientemente transgresora y contracultural. No se tratará ya, como en las tempranas etapas del asentamiento imperial, de una periferia colonial ordenada desde un punto extracontinental cuyo poder se proyecta "fantasmagóricamente" sobre las posesiones de ultramar, sino de la consolidación de una formación social de genealogía híbrida e intereses diferenciados tanto de los peninsulares como de los indígenas o afro-americanos que existen en el margen interno de la totalidad colonial, y cuya agenda política, social y cultural comienza a desplegarse internamente dando lugar al surgimiento de una conciencia criolla a partir de la que se desarrollarán, paulatinamente, nuevas formas de hegemonía y subalternidad.

Este proceso se corresponde históricamente con los cambios que se producen a lo largo del siglo XVII, desde la muerte de Felipe II (1598) y durante el reinado de Carlos II, último miembro de la dinastía austriaca. Durante este período la política del Estado español con respecto a América se modifica sustancialmente, encauzándose hacia objetivos fiscales. Sin alterar las bases del mercantilismo monopólico, la Corona sigue una política filoaristocrática de profundas consecuencias sociales en América. Por un lado, crece y se desarrolla una "nobleza indiana" afianzada sobre la base del mayorazgo, las alianzas matrimoniales y el acaparamiento de tierras por medios ilegales (concesiones abusivas de los cabildos, nepotismo, usurpación de territorios pertenecientes a comunidades indígenas), la cual pugna por el reconocimiento social a través los medios, legítimos o no, que se encontraban a su alcance. Estos criollos van acumulando así títulos de la nobleza castellana comprados o concedidos, hábitos de las ordenes militares, escudos de armas frecuentemente falsos, títulos de "familiar del Santo Oficio", cargos en cofradías religiosas, puestos en la corte virreinal, grados militares honoríficos, patronazgo de conventos e instituciones de beneficencia, etc. A nivel social medio, el criollo también tiene un avance agresivo, predominando en distintas profesiones, el clero y la burocracia, y convirtiéndose en un satélite de la elite, tanto peninsular como criolla, que dominaba los centros coloniales. Desde esos centros, que en su propio diseño urbanístico representaban las jerarquías sociales, los espacios de interacción y las prácticas marginadoras, se afinca el casco interno de la ciudad letrada, constantemente asediada, como Rama enfatiza, por los requerimientos y peligros de la ciudad real.

Siguiendo –aunque con pocas referencias expresas– el diseño de las prácticas transculturadoras señalado por Picón Salas para la época colonial y –más abiertamente– el clásico estudio sobre *La cultura del Barroco* de José Antonio Maravall, Rama atribuye la supremacía de la *ciudad letrada* a la existencia y cohesión de la elite intelectual asentada en esos enclaves urbanos, y al desarrollo de las formas masivas y propagandísticas de ideologización y reproducción cultural que llegan por distintos conductos al vasto público que se convoca en torno a los centros religiosos, administrativos y cortesanos.

La elite letrada, formada en la antigua tradición de la legislatura románica codificada ya desde las *Siete Partidas* de Alfonso el Sabio como la administradora de "la ciencia de las leyes", tiene el poder de convertir la utopía en realidad, definiendo la naturaleza de la conquista y el orden que garantizaría su perduración (Malagón-Barceló 8). Desde esas primeras funciones de escribano, jurisconsulto, o simplemente respaldo administrativo del poder político, el letrado se proyecta sobre la sociedad civil americana teniendo como base su dominio de la "ciencia" forense, que tanta influencia tendría en el discurso retórico-literario durante las etapas de consolidación del imaginario criollo[1]. La misión del letrado se presenta, en la praxis e institucionalización literaria, imbuida del prestigio y jerarquía que le confiriera el control de las estrategias y espíritu del discurso legal, como una forma de "gobierno" en que la *clase* (social) va separándose progresivamente del Estado, del cual emana su legitimidad. Sin embargo, esta gestión estará siempre problematizada por la coexistencia de distintos sistemas de producción cultural que se articulan conflictivamente en el amplio contexto de la cultura americana.

Aunque los circuitos de producción y consumo de alta cultura se circunscriben a los enclaves cerrados de la instituciones religiosas, cortesanas, burocráticas y educativas, donde "los dueños de la letra" (Rama, *La ciudad letrada* 30) ejercen la escritura como una práctica endogámica y auto-celebratoria, la irradiación cultural trasciende esos parámetros a través de múltiples estrategias de representación simbólica que se integran en la "fiesta barroca". En este contexto de carnavalización y *performance* el rostro del poder se reviste de múltiples máscaras y asume las formas seductoras del arte efímero, el fausto y la parodia, justamente en atención a los heterogéneos públicos cautivos que forman parte de la sociedad colonial, y a la necesidad de interpelarlos a partir de diversificadas estrategias representacionales.

Teatralizaciones, emblemas, arcos triunfales, procesiones, desfiles alegóricos y conmemoraciones civiles y religiosas, convocan a una masa entrenada en los

---

[1] Véase, respecto a este punto, las consideraciones de González Echevarría sobre la importancia del discurso forense como matriz a partir de la cual se desarrolla el discurso literario (*Myth and Archive*).

recursos representacionales que diseminan los modelos prestigiosos de las metrópolis a través de los filtros impuestos por el letrado criollo, que mantiene el
monopolio representacional en un mundo sometido y seducido por la monumentalidad del poder. El barroco es así, además de un producto de y para las elites,
arte público (propagandístico, dogmático, represivo) y, por la misma imposición
de su masividad comunicacional, arte abierto al "reino del hombre" (sensualista,
paródico, impugnador), sobre todo en su actualización americana, fuertemente
sujeta a la materialidad irreductible de las vertientes sometidas al poder imperial.

Ejercida "como una suerte de religión secundaria" (Rama, *La ciudad letrada*
33), la escritura es sólo uno de los instrumentos –aunque sin duda el más selecto
y privilegiado– de los que se integran al aparato transculturador, y la ciudad
barroca el núcleo de una serie de círculos concéntricos desde los que se expanden
los rituales y discursos legitimadores del poder transferido a las autoridades
virreinales como depositarias de los universales que sostienen la episteme del
dominador.

Sobreimpuesta al drama de las castas, la explotación y la marginalidad, la cultura americana del siglo XVII expone los paradigmas peninsulares como espectáculo en el que aparecen representados los claroscuros y las polaridades que han
sido vistas como características canónicas del barroco europeo. Ante la fragmentación colonialista, reducto de una subalternidad "irredenta" y amenazante, el
barroco funciona como narrativa de la fusión centralizadora, fijada en la utopía
de una organicidad transhistórica y transcultural gestionada desde el protagonismo letrado. El programa barroco es así, originalmente, una ideología "de Estado", afirmada en los grandes discursos de la escolástica, el contrarreformismo y
la estética gongorina, como lenguajes privilegiados del poder imperial. Por medio
de la apropiación y exhibición de estos códigos a través de los cuales se manifiesta la racionalidad occidental, se realiza la transferencia de prestigio de la cultura
metropolitana a sus apoderados coloniales que así eluden las persecuciones de la
censura civil y religiosa, afirmando las bases de un nuevo imaginario "americanista" aun tributario de las fuentes metropolitanas. Pero en la periferia sobreviven
las masas indígenas, negras o mestizas, para las cuales la producción letrada es
un mensaje cifrado, represivo y marginador, las cuales desarrollan sus propios
sistemas comunicacionales, absorbiendo los influjos de las corrientes dominantes, pero también trasladando a esos códigos sus propios contenidos culturales.

En esta dinámica de transferencias y representaciones culturales y políticas,
la elite criolla ejercerá una función vicaria, definida por las ambigüedades de una
genealogía problemática, peninsular y americana, elitista y subalterna, central y
marginal, según el punto de referencia –imperial o americano– adoptado en cada
caso para entender su localización dentro del contexto de la totalización colonialista. A este sector corresponderá, a partir de estos condicionantes, la implementación de procesos transculturadores en segunda potencia, ya que el mensaje

ideológico del Imperio, reproducido por la maquinaria barroca, será mediatizado
por el perspectivismo criollo, que incorpora a los modelos ideológicos y culturales recibidos en el bagaje colonizador, los saberes marginales y los estilos representacionales que incorporan contenidos cargados por la subalternidad colonial.

En este sentido, más que zona de contacto, la "nación criolla" es un campo de
batalla en que la creciente conciencia de la *diferencia* criolla comienza a redefinir
y negociar los términos de la mestización como punto de partida para la fundación
de una nueva identidad, donde los factores de raza, clase, género, lengua, adquieren nuevo peso y significación. El proyecto criollo "pone en abismo" las bases
epistemológicas de la transculturación entendida como estrategia conciliatoria y
homogeneizante, sin poder desprenderse aún de la utopía de una unificación que
permitiera, por encima de la "contrarracionalidad subalterna" (Beverley), la centralización político-institucional en América desde la que se iría vislumbrando una
nueva concepción del Estado y de las relaciones de poder que lo sustentan.

4. Producción criolla: estrategias transculturales
   y subalternidad

En los términos de la época, la cultura del barroco constituye un proyecto de globalización en cuyo interior coexisten conflictivamente los múltiples fragmentos
que componen la totalidad colonial. La alteridad americana, construida desde las
primeras etapas de la conquista como recurso para definir la posicionalidad del
dominador, objetiviza –fetichiza– al sujeto colonial pero define, en un mismo
movimiento, un *locus* cognitivo *otro*, que se presenta como alternativa a los discursos de la razón, la civilización, la verdad revelada, articulando el saber marginal desde el espacio de las lenguas vernáculas, la materialidad asediada de los
reductos encomenderos y esclavistas, el paganismo y las modalidades híbridas
del sincretismo, la herejía y las rebeliones indígenas que plagan los procesos de
estabilización virreinal.

Interpuesta entre ambas epistemes, la cultura del barroco corresponde en
América a la fundación de un enclave discursivo transculturado y transculturante,
donde el criollo es a la vez objeto y sujeto activo de los procesos de redefinición
de identidades colectivas que se producen como respuesta a la modernidad racionalista. De ahí que las estrategias representacionales que adopta la cultura criolla
en el período de plena vigencia del modelo barroco sean fundamentales para
comprender las formas de integración y resistencia de la periferia americana en
este período.

Picón Salas advierte la problemática historiográfica y, más ampliamente,
ideológica, que conlleva el uso mismo –transcultural, transhistórico y transdisciplinario– del término "barroco". Según el crítico venezolano, el barroco se trans-

forma en España "en estilo nacional; es anti-Renacimiento y anti-Europa en cuanto España estaba negando, o planteando de otra manera, aquellos valores de la
conciencia moderna" (122). Pero en la transculturación americana, la adaptación
del término, sin más matizaciones, resulta aún más riesgosa:

> En Hispanoamérica el problema presenta nuevas metamorfosis, debido al adita-
> mento de un medio más primitivo, a la influencia híbrida que en la obra cultural pro-
> duce el choque de las razas y la acción violenta del trasplante. (122)

Metamorfosis, contradicciones entre la racionalidad y la estética modernas y
el "primitivismo" americano, hibridación multiétnica y multilingüística, violencia de la acción transculturadora son, en efecto, los términos que marcan el proceso de transposición de tópicos, modalidades compositivas, formas retóricas,
imágenes y cosmovisiones metropolitanas al entorno colonial. De ahí que el
venezolano acuñe la fórmula híbrida "barroco de Indias" como articulación de
los elementos que componen el "quiasmo" criollo. De ahí también que lo conciba
como el producto de una razón al mismo tiempo visionaria y alienada: como el
monólogo de Segismundo, que en su cárcel de imágenes se debate entre sueño y
realidad, entre las utopías y los desengaños del poder (Picón Salas 126).

Por eso ve en Bernardo de Balbuena, autor de la *Grandeza mexicana* (1604) y
del *Bernardo* (1624), la figura que marca la frontera entre dos epistemes condicionadas por las distintas etapas de asentamiento colonialista: la épica, que corres-
pondiera a la conquista territorial en el primer período de la conquista, y la más
contemplativa, sedentaria y urbana, correlativa al proceso de consolidación de la
sociedad criolla. La "soberbia y populosa ciudad", descrita por Balbuena como
"fénix de galas, museo de ciencias, jardín de Venus", es la "máquina soberbia" en
la que se realiza la síntesis ideal de cultura y naturaleza imaginada siempre en el
Viejo Mundo. La urbe, ámbito de civilización y de poder, adquiere así ese valor
simbólico que Rama desarrollara como metáfora de los espacios y procesos de
institucionalización cultural, y como medio a partir del cual se implementa el
fenómeno de la transculturación, en las distintas épocas de la historia americana.

Desde esta inscripción ciudadana es que el sujeto colonial ensaya, a partir de
los parámetros y modelos de la cultura del barroco, las formas de proyección histórica que asumiría la identidad criolla, todavía tributaria de los constructos ideológicos formalizados desde el descubrimiento como legitimación de la dominación colonialista.

Iris Zavala ha destacado la importancia de las formas representacionales a
partir de las cuales se constituye desde las primeras instancias de la conquista la
imagen negativa del *otro* americano, a través de los tópicos del salvajismo, el primitivismo, la monstruosidad y la degeneración que sirven como base para la
caracterización y taxonomía de las etnias subalternas, creando un denominador

común que homogeneiza la diferencia, desde una posición de supuesto privilegio epistemológico. Según Zavala ("Representing the Colonial Subject"), la identidad del sujeto colonizado se establece a partir de un "discurso prestado", introducido por las "tecnologías del saber" (discurso mítico, científico, teológico), canalizado a través de los recursos de la retórica.

Es interesante ver, en este contexto, cómo el letrado criollo, desde una posición de poder relativo, aplica estas estrategias representacionales a su propia construcción identitaria (y no ya sólo a las etnias sometidas a su control) sintiéndose abarcado por aquellas calificaciones denigratorias que lo localizan en el borde exterior de los espacios civilizadores. Juan de Espinosa Medrano, sacerdote cuzqueño que escribía y predicaba en quechua y castellano, conocido principalmente como autor del erudito *Apologético en favor de don Luis de Góngora* (1662) se refiere, por ejemplo, a la condición del sujeto americano y a las conceptualizaciones de que éste es objeto desde la óptica del dominador, expresando así los términos de la agenda criolla:

> Ocios son éstos que me permiten estudios más severos: pero ¿qué puede haber bueno en las Indias? ¿Qué puede haber que contente a los europeos, que desta suerte dudan? Sátiros nos juzgan, tritones nos presumen, que brutos de alma, en vano nos alientan a desmentirnos máscaras de humanidad (*Apologético* 17).

González Echevarría (*Celestina's Brood*), entre otros críticos, ha notado también esta articulación de los temas de la monstruosidad racial y la barbarie cultural como una de las motivaciones que alientan el carácter reivindicativo que caracteriza a la intelectualidad criolla, la cual se apropia de los modelos culturales del dominador como manera de afirmar su competencia intelectual y efectuar una construcción contra-hegemónica del sujeto criollo capaz de contrarrestar la identidad deformada que les fuera adjudicada, y que simbolizan la verruga de Espinosa Medrano, apodado El Lunarejo, o la joroba de Juan Ruiz de Alarcón, materializaciones visibles de la "anomalía" criolla y de su híbrida condición socio-cultural (el doble dominio del quechua y el castellano en el mestizo cuzqueño, la condición periférica trasladada a la interioridad peninsular, en el novohispano, que desarrolla su obra en la metrópoli).

A nivel retórico, según González Echevarría, la figura que mejor ilustra esa cualidad atípica e inclasificable del sujeto criollo es el quiasmo o el retruécano, que consiste en la inversión de los términos de una proposición en la subsiguiente, de modo que ésta se vincula en relación de antítesis con la primera. Esta "ordenación cruzada", en la que un término altera al paralelo, produciendo al mismo tiempo oposición y síntesis entre los componentes, sin que uno adquiera relevancia sobre su contrario, metaforiza la relación que se establece entre las dos vertientes culturales e ideológicas que dan lugar a la identidad criolla.

El tópico del retardo americano, la retórica de la autodefensa, la transición de la mímesis a la mímica representacional, los usos de la ironía, la parodia y la sátira, junto a las operaciones de recuperación discursiva del territorio americano (la riqueza y variedad de la naturaleza, la monumentalidad urbana), de la etnicidad vernácula (estudio de lenguas y culturas prehispánicas) y de la producción cultural criolla incorporadas a la razón histórica y científica occidental a través de las *Bibliotecas*, compendios, catalogaciones naturalistas y registros historiográficos elaborados por la elite virreinal, funcionan como elaboraciones de la distancia que media entre los paradigmas de la razón eurocéntrica y la reivindicación del *locus* discursivo periférico sintetizado en el "nosotros, los criollos" que aparece, explícita o implícitamente, en muchos de los textos del período.

5. LA "EXTRAÑEZA" CRIOLLA: PODER Y MARGEN EN LA CONSTRUCCIÓN
    DEL SABER COLONIAL

La "extrañeza" criolla condiciona el desarrollo de una agenda sectorial inevitablemente ambigua y oscilante entre las lealtades debidas al sistema metropolitano, protector y ordenador de la periferia colonial, y los demás sectores que situaban, junto con el criollo, en la frontera del saber y el poder peninsular. De ahí la imagen jánica que ha sido utilizada para simbolizar esa naturaleza dual y conflictiva del letrado criollo, intelectual orgánico de un sistema que le entrega una identidad des-integrada y alienada de sus propias raíces americanas. La construcción del saber colonial es en América un proceso que debe comenzar por problematizar sus propias raíces: la tradición entregada por el dominador, la autoridad de la letra en la que esa tradición se transmite, la función de ese conocimiento como instrumento de sometimiento o liberación con respecto a los poderes metropolitanos. En este proceso es que los actores sociales comienzan a definir su identidad en tanto *sujetos* de una historia diferenciada y al mismo tiempo tributaria, en múltiples niveles, de la matriz imperial. Como creador y como ideólogo de ese sistema mixto de empréstitos, imposiciones y transvases culturales, el letrado criollo debe ir consolidando un discurso identitario, que desde nuestra perspectiva histórica podemos hoy leer como americanista y protonacional, en el que se combinan, conflictivamente, elementos provenientes de la vertiente occidentalista con otros vinculados a la realidad americana, tanto prehispánica como criolla. La producción barroca revela en América la tensión que es propia de la situación colonial y del proceso de emergencia y progresiva consolidación de una nueva hegemonía americana en el contexto de la dominación imperial.

Juan Ruiz de Alarcón, dramaturgo novohispano disputado por muchos críticos a la historia literaria americana por su residencia en España durante buena parte de su vida, es en muchos sentidos paradigmático de la condición ambigua del letrado criollo, cuya trayectoria intelectual está siempre marcada por la doble pertenencia socio-cultural, y en muchos casos también por la desterritorialización y la diglosia. Su obra, publicada en Madrid en dos volúmenes, en 1628 y 1634, constituye un alegato en contra del provincianismo y en favor de los valores sociales antinobiliarios y la moral laica que tan fuertemente arraigarían en América. Tanto en *La verdad sospechosa* como en otras de sus comedias (*El semejante a sí mismo*, *La crueldad por el honor*, *La prueba de las promesas*) se enfoca el tema de la sociedad estamental y los principios de honor y ética comunitaria que rigen a la sociedad metropolitana y, en menor medida, a la colonial. Aunque, como ha sido señalado, la obra de Ruiz de Alarcón "no expresa explícitamente una conciencia criolla subalterna y subversiva sino un discurso asimilativo imperial" (Sandoval, "Aportes..." 284) ejemplifica, sin embargo, la "anomalía" de una condición descentrada potenciada como paradigma del relegamiento colonial. Como Jaime Concha indicara, "la deformidad corporal [de Juan Ruiz de Alarcón] se transforma, mediante la alquimia dolorosa de su obra, en esa monstruosidad cultural y social que supone haber nacido en Ultramar" (Concha, "La literatura colonial..." 39), la cual se proyectaría en las formas que asume la crítica de su producción dramática en su momento y su consecuente canonización literaria, que condena su mirada de "forastero" distanciado a la vez de la colonia y de la metrópolis. Su condición de indiano en España y de casi gachupín en la sociedad virreinal favorecen su cuestionamiento del sistema social. Alarcón se distancia, así, como evidencian las dedicatorias de sus obras, tanto del sistema nobiliario al que hubiera querido pertenecer pero que lo rechaza por su falta de bienes e influencias, como del vulgo y de la corte que constituyen su público en distintos niveles, pero a quienes amonesta por sus decaídos valores y costumbres. Sus comedias dramatizan, en muchos casos, los conflictos que aquejan a la sociedad de su tiempo, particularmente a la metropolitana, que constituía su público inmediato, y en algún caso (*Los favores del mundo*) él mismo auto-representa las cualidades de la virtud y el valor personal en un protagonista de su mundo ficticio, Ruiz de Alarcón. Con un pie en cada uno de los ámbitos del imperio español, las representaciones de las obras de este letrado enajenado de la patria natal tanto como del viejo mundo que lo acogiera sin brindarle, sin embargo, reconocimiento total, operan como un constante recordatorio de la hibridez criolla y la máscara barroca, como una transacción simbólica entre diversas formas de adscripción e identificación social, transacción siempre inacabada, extraña, insatisfactoria.

En la Nueva España, otros letrados ejemplifican a su vez diferentes aspectos de la conflictividad criolla, manifestando formas de conciencia sectorial en todo representativas de la condición americana y del proceso de progresiva diferenciación de la matriz peninsular que se efectúa a lo largo del siglo XVII.

Carlos de Sigüenza y Góngora, autor del relato seudo autobiográfico titulado *Infortunios de Alonso Ramírez* (1690) en el que se narra la peripecia de un pícaro puertorriqueño (originario, por tanto, de la periferia del margen virreinal) como denuncia implícita de la ineficacia del proyecto imperial, representa también en su *Alboroto y motín de los indios de México* (carta sobre los levantamientos del 8 de junio de 1692) el caos producido por la "plebe tan en extremo plebe" que reclama el retorno a la división urbana establecida por Cortés en momentos tempranos de la Conquista, en la que se separaban los barrios español y criollo del indígena, como recurso para mantener a la población disciplinada a salvo de la barbarie popular. Alertando sobre los peligros del mestizaje, esta representación de la ciudad letrada amenazada por los avances tumultuosos de la ciudad real, introduce en la visión utópica de la urbe cantada en textos como la mencionada *Grandeza mexicana*, la alarmada perspectiva criolla que, de cara tanto a los beneficios del orden virreinal como a la materialidad subversiva de los estamentos subalternos, estudia las posibilidades de supervivencia del proyecto de unificación centralista en una sociedad que permanece en gran parte "irredenta" y dominada por una dinámica centrífuga, contraria a la homogeneización de la racionalidad occidental. Pero Sigüenza y Góngora representa también uno de los mejores exponentes de la racionalidad occidental floreciente en América, la cual se expresa en clave científica tanto como en las formas del discurso humanístico, la retórica religiosa, la crónica histórica o la investigación antropológica. Sigüenza y Góngora se presenta al mundo europeo principalmente a través de su polémica científica con el jesuita Kino acerca de la interpretación del sentido de los cometas. Más allá de toda superstición o vacuo respeto por el prestigio de la autoridad cultural del misionero europeo, el novohispano defiende en su *Libra astronómica y filosófica* (1690) el valor de la demostración y la prueba como bases del pensamiento científico, exponiendo el vigor de una elaboración de alto alcance crítico-intelectual surgida en las lejanas tierras de ultramar. A través de este tipo de debates, tanto como a partir del dominio de la retórica gongorina, la hermenéutica doctrinaria, o la discusión de valores a través del teatro, la poesía o las formas variadas del arte efímero, el letrado criollo logra ir articulando progresivamente su localización colonial al discurso de los universales que regían la racionalidad religiosa o profana en el Viejo Mundo, inscribiendo en los términos de sus interlocutores europeos una agenda beligerante de inconformismo y reivindicaciones expresada a través de la sátira, la mímica o la apropiación y adaptación de la cultura peninsular según las específicas necesidades americanas.

En la Lima del siglo XVII los corrosivos versos que componen el *Diente del Parnaso* (1689) de Juan del Valle Caviedes, español asentado desde joven en el Virreinato del Perú, constituyen una producción casi clandestina de textos que cuestionan valores, profesiones, hábitos de la época, mostrando las fisuras de un sistema social levantado sobre falsos cimientos de explotación, apariencia y ambición personal. El "Quevedo peruano" canaliza así sus reclamos propiamente americanos, redimensionando la tradición satírica peninsular en composiciones que revelan los avances de la conciencia criolla como identidad beligerante con respecto a los modelos metropolitanos. Por su parte, la narrativa crítica que articula *El cautiverio feliz* (1673) de Francisco Núñez de Pineda y Bascuñán, o en el friso burlón y picaresco de la sociedad neogranadina que Juan Rodríguez Freile expone en *El carnero* (1636) aparecerán también representaciones del sujeto y los espacios coloniales pero a través de un tono literario e ideológico que contrasta notoriamente con la monumentalidad del barroco canónico, introduciendo formas desmitificadoras del orden colonial en distintos niveles, las cuales dejan al descubierto la vitalidad de una sociedad librada a los avatares de su propia dinámica popular y periférica.

Aunque tanto en este texto neogranadino como en el novohispano *Infortunios de Alonso Ramírez* la crítica ha destacado la matriz picaresca, como adopción directa y desplazada del género peninsular, relevando así la mecánica de la imitación de la metrópolis y descuidando la importancia que adquiere, dentro de estos relatos, la construcción de la subjetividad criolla, tanto a nivel individual como colectivo, y el relevamiento de una peripecia antiheroica que impugna el proyecto ordenador, homogeneizador y represivo que acompañó la dominación imperial en las colonias (Moraña, *Viaje al silencio*).

Pero ninguna obra del período barroco expresa mejor el influjo transculturador y la identidad bifronte del letrado criollo que la de Sor Juana Inés de la Cruz, con su múltiple adscripción cultural en los espacios discursivos y sociales de la religiosidad, la vida de la corte y las instituciones político-eclesiásticas que regulaban el funcionamiento del mundo novohispano. Su obra expone las complejas interconexiones existentes entre el escolasticismo reafirmado por la Contrarreforma, la retórica gongorina, la cultura popular y la celebración de la cotidianeidad virreinal, pero se presenta también como un proyecto que pugna por promover la interdisciplinariedad y el multiculturalismo como vertientes transgresoras capaces de impugnar los modelos dominantes y compartimentados de conocimiento y praxis cultural.

Si a través de sus textos se consagran los códigos barrocos como el lenguaje de una elite iniciada en los misterios y privilegios de la *letra*, ejercida como instrumento de control social y reproducción ideológica, a través de ellos se penetra también en la agenda criolla como programa reivindicativo a través del cual se define una nueva concepción del sujeto colonial y de sus relaciones con el poder y los grupos subalternos. La obra de Sor Juana se proyecta a través de una inmensa variedad de géneros y formas literarias: composiciones cortesanas, villancicos, autos sacramentales, teatro, jeroglíficos, epístolas, romances, arcos triunfales y poemas culteranos. En esta variedad compositiva se recorre un amplio espectro que va desde la hermenéutica doctrinaria hasta la ensaladilla, parodiando el lenguaje de indios y esclavos, con sus deformaciones fonéticas del castellano, interpolando versos en náhuatl y latín que se mezclan en una carnavalización que contrasta con la solemnidad de los ritos del poder político-eclesiástico, como bien ejemplifican sus villancicos a San Pedro Nolasco, o los dedicados a Santa Catarina. Pero junto al dialogismo burlón, el juego cortesano y la monumentalidad barroca se canaliza también la conciencia criolla que busca formas de integrar los fragmentos de la sociedad colonial desde su posición de poder ascendente, incluyendo el reclamo de un lugar desde el que la mujer pueda insertar también sus contribuciones a la construcción del saber americano. Su propia praxis intelectual constituye una intervención decidida en los espacios controlados de la alta cultura virreinal, y un paradigma del programa que el sector criollo desarrollaría, cada vez con mayor efectividad, para consolidar su poder.

Entre los desafíos que contiene la obra de la Décima Musa, las loas que preceden a los autos sacramentales *El divino Narciso*, aparecido en México en 1688, y *El Cetro de José*, publicado por primera vez en 1692, canalizan específicamente las opiniones de la monja con respecto a la conquista de México representando alegóricamente la posición del indio y la reivindicación criolla ante los temas de la apropiación colonialista y la moral de guerra. Al aproximar las figuras de Cristo y Hutzilopochtli ("el gran Dios de las Semillas"), así como los fenómenos del canibalismo y la eucaristía, el cristianismo y las idolatrías americanas, Sor Juana plantea dramáticamente el conflicto cultural y la posicionalidad criolla, con un relativismo beligerante que distancia cada vez más al sector criollo de la dominante peninsular.

El largo poema de Sor Juana, *Primero Sueño*, silva de 975 versos publicada por primera vez en 1692 en el segundo tomo de las *Obras* de la jerónima pero escrito, probablemente, hacia 1685, ejemplifica la voluntad de apropiación e incidencia en el pensamiento occidental, al ocuparse de temas relacionados con el conocimiento intelectual y sensible, tanto como con el mundo de la fe, la mitología y la filosofía clásico-escolástica. El poema se ofrece como una lírica exploración de los límites y dominios del conocimiento y como el relato de la peregrinación del espíritu en su imposible búsqueda de un saber que se revela como inabarcable. En esta composición, Sor Juana ejemplifica también la adopción y reformulación que el criollo es capaz de realizar de las fuentes y motivos clásicos, revirtiendo hacia Europa el material recibido en la transculturación colonialista.

Según Octavio Paz, escrita en 1691 aunque publicada póstumamente, "la Respuesta [a Sor Filotea de la Cruz] es el complemento de *Primero sueño*" ya que extiende a la duración de una vida lo que el largo poema ofreciera como el relato de la peregrinación que el alma emprende en el espacio de una sola noche (Paz 481). Otros documentos epistolares (la *Crisis de un sermón* o *Carta Atenagórica*, de 1690, la carta al Padre Núñez, descubierta en Monterrey en 1980 por Aureliano Tapia Méndez y datada en 1682, así como la enigmática epístola sacada a luz por Elías Trabulse en 1995 y firmada con el seudónimo de Serafina de Cristo, fechada el 1 de febrero de 1691) han revelado aspectos inusitados del proyecto intelectual de la monja, y de sus intrincadas relaciones con la sociedad de su época. Pero la Respuesta permanece hasta hoy como el testimonio más directo de las limitaciones y desafíos que imponía sobre la jerónima su condición subalterna con respecto a los poderes peninsulares y al autoritarismo patriarcal que dirigía los espacios de la corte y el convento. Tanto el discurso epistolar como la producción lírica, dramática o religiosa giran en Sor Juana en torno a la construcción de la subjetividad individual y colectiva que remiten, en el contexto de la conflictividad virreinal, al proceso de consolidación de la conciencia criolla.

De ahí que el elemento autobiográfico –al igual que la construcción del yo en *Infortunios de Alonso Ramírez*– tenga en los textos de Sor Juana un valor central, sirviendo como punto de intersección de la esfera pública y el espacio privado, la hegemonía y la marginalidad, la utopía del "orden" imperial y la "irredenta" barbarie americana, la adhesión a los modelos metropolitanos y la construcción de la conciencia criolla crecientemente beligerante y diferenciada de la matriz peninsular[2]. Esta urgencia en la (auto)construcción de la subjetividad criolla es el denominador común que el sector letrado elabora y enarbola como bandera de lucha en su proceso de ascensión histórica, como única manera de contrarrestar la identidad negativa que el conquistador confiriera al americano desde el Descubrimiento, construyendo así un nuevo horizonte utópico que se proyecta hasta nuestros días, y que tan bien expresara El Lunarejo, desde su asediada marginalidad:

Pues los europeos sospechan seriamente que los estudios de los hombres del Nuevo Mundo son bárbaros [...] ¿Más qué si habré demostrado que nuestro mundo no está circundado por aires torpes, y que nada cede al Viejo Mundo? (*Apologético* 325).

---

[2] Esta actualización heterodoxa que subvierte los discursos del saber europeo es quizá lo que llevó, más que ninguna otra consideración, a que Picón Salas situara en esta operación transgresora la esencia cultural americana indicando que "a pesar de casi dos siglos de enciclopedismo y de crítica moderna, los hispanoamericanos no nos evadimos enteramente aún del laberinto barroco", consideración que Rama retoma para afirmar, a partir de ella, la persistencia de la ciudad letrada como núcleo de poder cultural y el "epigonalismo" de sus miembros como mediadores en los procesos de transculturación que se inician en la colonia y se prolongan hasta nuestros días. De esta manera, Rama afirma, desde una posición dependentista, la *condición* neocolonial de América Latina y la prolongación transhistórica de la función letrada como el eje en torno al cual se articulan las instancias de asimilación o resistencia de las culturas vernáculas a los procesos modernizadores.

Sujetos sociales: poder y representación

1. Colonialismo y subjetividad barroca

El estudio de sujetos sociales en el contexto colonial supone, para comenzar, la consideración de las dinámicas socioculturales desarrolladas en el mundo americano a partir del asentamiento del poder imperial en los dominios del Nuevo Mundo. La articulación de los diversos grupos sociales con respecto al poder, y sus distintas formas de inserción dentro de los parámetros –o en los márgenes– de la cultura dominante, determinan el surgimiento de formas de conciencia social, así como la emergencia de prácticas y proyectos colectivos a partir de los cuales esos sectores elaboran, material y simbólicamente, una imagen de sí y de los otros grupos que comparten con ellos el territorio americano. El imaginario colonial se va consolidando, de esta manera, en relación conflictiva con las tradiciones propias de las múltiples culturas que existían en América en el período prehispánico, así como con las estructuras del pensamiento europeo, que habían elaborado una visión utópica del mundo ultramarino desde mucho antes de la llegada de Colón. Estos esquemas nutren la mentalidad de conquistadores, misioneros y administradores imperiales con conceptos y mitos no sólo acerca de los pueblos que existían fuera del ámbito de la cristiandad, sino también respecto a la misión de ésta en el contexto universal.

Por esta razón, los resultados que derivan del proceso de implantación y adaptación de modelos metropolitanos en América no pueden comprenderse sin una captación más vasta de los problemas que acompañan la experiencia de migración y asentamiento de contingentes europeos y más tarde africanos y asiáticos en tierras americanas, y del modo en que las prácticas socioculturales de estos sectores afectan a –y son afectadas por– la población nativa, indígena y criolla, en los diversos niveles de interrelación política y social. El análisis de las formas de subjetividad colectiva que se desarrollan en la sociedad virreinal es así parte de una "historia atlántica" que compromete a las culturas europeas y americanas en sus diversas instancias de contacto, conflicto y negociación a partir de la conquista[1].

---

[1] Sigo, en este concepto de "historia atlántica", las ideas expresadas por John H. Elliott en su introducción a *Colonial Identities in the Atlantic World* (3-13), y compartidas por Anthony Pagden en su artículo sobre formación de identidades en Hispanoamérica, en el mismo volumen (51-93).

En estas páginas, sin embargo, el estudio se concentrará en el margen americano, es decir, en el momento que corresponde a lo que ha dado en llamarse el "período de estabilización virreinal en la Nueva España" en el siglo XVII. Este período, mucho menos estable y armónico de lo que sugiere esa nominación, se corresponde con el desenvolvimiento de lo que el crítico español José Antonio Maravall denominara "la cultura del barroco", aludiendo al proceso de reproducción y difusión de la estética y la concepción política que caracterizan el absolutismo monárquico en esa etapa histórica, y a las formas sociales que acompañan la diseminación de esa cultura a nivel masivo, tanto en España como en Hispanoamérica. En este ensayo se enfocará principalmente la cultura del barroco americano en tanto paradigma estrechamente ligado a la práctica colonialista, y en el aspecto concreto que se refiere a las formas específicas que asume la representación de sujetos sociales en el contexto virreinal novohispano, donde la concepción barroca del mundo y la sociedad es apropiada y redimensionada por la sociedad criolla que va afirmando su presencia y desarrollando sus propios proyectos sociales e ideológicos en el mundo virreinal[2].

El estudio de las formas de subjetividad colectiva que se desarrollan en ese contexto social y cultural está íntimamente ligado al surgimiento de formas de identidad a partir de las cuales los diversos sectores que constituyen la sociedad virreinal van definiendo el lugar que ocupan en el mundo americano y en el más amplio espacio "hispánico" dominado por los centros de poder imperial. Al hablar de sujetos sociales nos referimos, así, no sólo a las identidades sectoriales que van diferenciándose entre sí en el contexto colonial y con respecto a los centros metropolitanos, sino también a las prácticas concretas que esos sectores van desarrollando en el proceso de su autorrepresentación[3].

---

[2] Se asimilan aquí al caso americano los conceptos de Maravall en torno a la cultura del barroco español, ya que muchas de sus características sociales e ideológicas se registran también a nivel colonial.

[3] Sobre la noción de sujeto, así como sobre las interrelaciones entre sujeto, discurso y otredad, véase Rolena Adorno, "Nuevas perspectivas en los estudios coloniales hispanoamericanos" y "El sujeto colonial y la construcción cultural de la alteridad", Iris Zavala, "Representing the Colonial Subject". La "cuestión del otro" ha sido objeto del polémico estudio de Tzvetan Todorov (*La conquista de América: el problema del otro*) sobre el período de la conquista, y se ha generalizado como parte del estudio del tema de la identidad americana en diversos contextos. Es obvio que el tema de la otredad requiere una aproximación interdisciplinaria y una matización histórica, ya que la elaboración de identidad y alteridad varía sustancialmente en las distintas etapas históricas. Acerca del tema de la otredad desde un punto de vista teórico asociado a la problemática del colonialismo, véase Homi Bhabha, "The Other Question: The Stereotype and Colonial Discourse". Sobre cuestiones de identidad/otredad en relación con el surgimiento de la conciencia criolla, véase Mabel Moraña, *Viaje al silencio*.

2. ETNICIDAD, GÉNERO Y DISCURSO CRIOLLO

El carácter altamente jerárquico de la sociedad metropolitana y colonial es bien conocido. Sin embargo, no puede enfatizarse demasiado el hecho de que a las estructuras sociales asentadas en los principios metropolitanos de nobleza de sangre y estratificación económica se agregan en América los criterios étnicos que dividen a la sociedad colonial en cinco estratos bien diferenciados: españoles, mestizos, mulatos, indios y negros, categorías que, como ha indicado David Brading, "indicaban el carácter genético aproximado de cada individuo y se consideraban más bien como definiciones de una condición fiscal y civil" (611). Entre estos estratos y "órdenes" se intercalaban todo tipo de mezclas y entrecruzamientos raciales que daban lugar a la existencia de las numerosas castas coloniales, creando una pirámide social de escasa movilidad interna, sustentada por las extensas masas marginadas por el proyecto "civilizador" en las que descansaba, sin embargo, la mayor parte de la fuerza de trabajo que sostenía el sistema colonial americano. Por encima de esa vasta base social se ubicaban los sectores de mayor privilegio: peninsulares nobles y "gente decente" (profesionales, administradores, clérigos, hacendados y mineros de éxito de origen metropolitano) (Brading 613), así como integrantes de la elite criolla que, sin lograr completamente el reconocimiento o las oportunidades de ascenso social que disfrutaban los "gachupines", exhibían, hacia el siglo XVII todas las características sociales, psicológicas y culturales de un sector en ascenso que exploraba las posibilidades de consolidar, en diversos niveles, su propia hegemonía sectorial.

Indios y negros constituían la gran base poblacional de la colonia[4]. Mientras los negros eran utilizados militarmente para la pacificación de fronteras, supervisión del trabajo indígena y servicio doméstico, los indios eran la principal fuerza laboral en encomiendas y repartimientos, y sólo una pequeña minoría dentro de este sector mantenía ciertos privilegios basados en su antigua jerarquía dentro de los sistemas sociales prehispánicos. En algunos casos, como Burkholder y Johnson han indicado, algunos miembros de esta elite indígena poseían incluso esclavos negros. Éstos eran los que sufrían los más severos abusos y castigos en una sociedad en la que el sistema legal, recogiendo los estereotipos y prejuicios europeos, convertía a los negros en víctimas de todos los demás sectores sociales que

---

[4] Sobre la estratificación social en la colonia novohispana y en el Virreinato del Perú, véase José Durand, "Baquianos y chapetones, criollos y gachupines. Albores de la sociedad americana colonial"; Woodrow Borah, "Race and Class in Mexico" y sobre la situación económica en el México del siglo XVII, véase José Carlos Chiaramonte, "En torno a la recuperación demográfica y la depresión económica novohispanas durante el siglo XVII". Finalmente, para una diagramación de la estructura social novohispana en su dinámica histórica durante el mismo siglo, véase Lyle N. McAlister, "Social Structure and Social Change in New Spain".

los discriminaban por su condición étnica, aumentando su aculturación y desti-
nándolos a los oficios más humildes[5]. Sin embargo, la inserción de esclavos en el
servicio doméstico, o en el trabajo de mercados, talleres de artesanía o servicio
de transporte de mercancías le permitía a muchos acumular algún dinero con el
que compraban su libertad, pasando a constituir comunidades "libres", aunque
marginadas y subalternas dentro de la colonia. La organización de *cofradías* brin-
daba a la población negra algún resguardo social, ofreciéndoles servicios religiosos y médicos elementales y permitiéndoles ciertas formas de asociación civil
dentro del hostil medio social. En cuanto a las *castas* donde se agrupaban en
complejos estratos de mezcla racial, amplios sectores de la población se emplea-
ban en oficios manuales, comercio menor, minería y agricultura, ocupando una
posición media en la estructurada organización virreinal. Mestización, transculturación y explotación intersectorial son entonces los rasgos más característicos en
el desarrollo social del período, en el que se combinan las estructuras de organización social impuestas en etapas anteriores del proceso colonizador, con los
faustos y celebraciones del periodo barroco, etapa predominantemente artística y
ornamental, como correspondía al momento de máximo esplendor del poder
imperial en las colonias de ultramar.

En este panorama de marcada heterogeneidad e hibridación étnica, social y
cultural, los sectores más privilegiados elaboran formas de autorrepresentación
que apropian y recomponen los modelos metropolitanos, adaptándolos, a veces
paródica a veces mímicamente, a sus propias necesidades expresivas. La producción simbólica de los demás sectores permanece, en gran medida, inexplorada,
aunque existe evidencia de que tanto indios como mestizos y mulatos tuvieron
tempranamente un sentido de su propia diferencia, llegando a desarrollar formas
de identidad que funcionaban como verdaderos modelos contraculturales con
respecto a los dominantes criollos y metropolitanos[6].

En un sentido similar, y atendiendo ahora a la diferenciación genérico-sexual,
es evidente que el sector masculino es el que concentra, durante la colonia, el privilegio representacional, aunque importantes excepciones permiten al estudioso
actual adentrarse en el mundo de la subjetividad femenina, religiosa o secular,
particularmente en el período barroco, y advertir el importante aporte de la mujer

---

[5] Mark Burkholder y Liman L. Johnson, *Colonial Latin America*.

[6] Sobre este punto, véase Elliott (8), quien se refiere a esta desigual penetración de la crítica en
los procesos identitarios de los diversos sectores coloniales. Con respecto a la conciencia que tenían
de sí mismos los distintos grupos étnicos en la colonia, Iris Zavala ha indicado que la clara noción de
la diferencia intersectorial que habrían sentido indios, criollos y mulatos se habría debido principalmente a las formas derogatorias que se utilizaban contra ellos en comparación con los peninsulares,
haciéndolos objetos de una elaboración simbólico-identitaria negativa derivada del control social y de
los valores con los que se legitimaba el predominio de la elite (324).

a la consolidación del imaginario hispanoamericano, ya desde estas tempranas etapas de su desarrollo. Sin embargo, como Jean Franco ha reconocido en sus estudios sobre la discursividad femenina en el México colonial, la mujer elabora sobre todo las marcas de su marginación con respecto al poder masculino, en una sociedad donde los estratos del sector femenino estaban sujetos a estrecho control y vigilancia, principalmente en las áreas urbanas. Mientras el mundo doméstico estaba atravesado por las prácticas mágicas que transmitían sobre todo las esclavas negras, las mulatas y las indígenas, las criollas muchas veces se insertaban en los espacios conventuales en los que desarrollaban el discurso místico, confesional o epistolar como relevamiento de experiencias, fantasías o reflexiones que constituían una memoria comunitaria, individual pero regida por las disposiciones del espacio eclesiástico (Franco, *Plotting Woman* xiv). Sólo en algunos casos, como en el de Sor Juana Inés de la Cruz (1651-1695), la escritura se extendería hacia vastos dominios del espacio público, articulando lo privado y lo colectivo, lo religioso y lo profano, lo colonial y lo metropolitano, lo cortesano y lo religioso, en una síntesis de excepcional alcance ideológico y depurada calidad estética. Será a partir de estas expresiones directas de la subjetividad femenina como podrá captarse la "política y la poética de la transgresión" (Franco, *Plotting Woman* xxi) que caracterizan la escritura de mujeres y que permiten leer los testimonios de su autorrepresentación como formas de resistencia y de auto-identificación dentro de los rígidos parámetros de la cultura de la época[7].

En definitiva, será entonces la cultura criolla la que ofrecerá el mayor acervo de producción simbólica, evidenciando los complejos procesos de negociación a partir de los cuales el letrado americano elabora su propia identidad sectorial, de cara tanto a los modelos peninsulares como a las necesidades expresivas derivadas de su propia inserción en el contexto cultural del virreinato[8]. Las formas representacionales del discurso criollo refuerzan, en muchos casos, las lealtades del letrado americano hacia el orden y la racionalidad impuestos como parte del proyecto "civilizador" desde la conquista. Al mismo tiempo, ellas también informan sobre la necesidad de ir elaborando formas de diferenciación y distanciamiento que se manifiestan de muy diversas formas, a través de las modalidades complejas de la parodia, la sátira, la alegorización o la ironía, o por medio de la creación de formas artísticas que revelan un original sincretismo cultural, articulando contenidos propiamente americanos con otros que derivan directamente de

---

[7] Acerca de la condición de la mujer en el México colonial, véase Asunción Lavrin, "In Search of the Colonial Woman in Mexico: The Seventeenth and Eighteenth Centurias".

[8] Walter Mignolo (72-74) explica las acepciones del término "letrado" y las variaciones del concepto en distintos contextos en "Literacy and Colonization: The New World Experience". Sobre el papel del letrado en América en el nivel jurídico-administrativo, véase Javier Malagón-Barceló, "The Role of the *letrado* in the Colonization of America".

vertientes europeas. A través de estos recursos, la cultura criolla irá constituyendo un verdadero archivo de la historia y la cultura americanas. Este archivo incluye no solamente la presentación de los logros culturales de creadores y estudiosos del Nuevo Mundo, sino también las tradiciones anteriores a la colonización española, a partir de una exploración de las artes, creencias y lenguas prehispánicas, que en el mundo hispanoamericano se perpetúan aun en las etapas de plena vigencia de la estética barroca y luego neoclásica[9].

3. ESCRITURA, IDENTIDAD Y SABERES LOCALES

En este proceso de representación del universo complejo y multicultural de la colonia, el arte y la literatura virreinales asumen formas heterodoxas que recelan la presencia y proyectos de los distintos sectores que interactúan en la sociedad de la época. La producción americana aparece entonces como un verdadero registro de "saberes" y prácticas locales, que dialogan conflictivamente con la concepción universalista y homogeneizante propia de la metrópolis. En este panorama, los grupos marginados por las formas institucionalizadas de poder político y cultural tienen una existencia discursiva que los integra a través de los recursos del exotismo, el contraste y la carnavalización propios de la estética barroca, confiriéndoles asimismo el reconocimiento de ser un componente ineludible del mundo virreinal, componente que irá adquiriendo una importancia cada vez mayor dentro de los discursos de afirmación de lo americano y preparación de las instancias protonacionales protagonizadas posteriormente por el criollo. De esta manera, aunque en el proceso de consolidación de la hegemonía criolla el letrado americano tenga el privilegio representacional –manejo de los modelos prestigiosos de la cultura europea, control de los medios de producción, recepción y difusión cultural, inserción relativa en las instituciones políticas y culturales– los demás sectores encontrarán su espacio en la contracara, entrelíneas o silencios de los discursos dominantes. Ello se debe a que el proceso de emergencia y consolidación de la conciencia criolla implica la elaboración de la otredad de los grupos marginados por la estructura de poder dentro de la cual el criollo busca afirmar su predominio.

Como Rolena Adorno afirmara en sus estudios sobre el sujeto colonial, alteridad y semejanza son los polos de un binarismo interpretativo que rige durante la

---

[9] Acerca del carácter "jánico" del letrado criollo y su función dentro de la colonia novohispana, véase Mabel Moraña, *Viaje al silencio*, particularmente 25-48, y varios de los ensayos de diversos autores (por ejemplo, Moraña, Sabat-Rivers, Johnson, Ross, Cogdell, Sandoval) reunidos en *Relecturas del Barroco de Indias*, Mabel Moraña (ed.).

producción del discurso colonial, y sobre el cual se articula tanto el conocimiento del otro como la epistemología de la propia identidad: "el sujeto se reconoce a sí mismo reconociendo al otro" (Adorno, "El sujeto colonial" 66). El discurso literario, tanto como el jurídico, el historiográfico, o el de las artes visuales, se constituye así en espacio de intervención simbólica en el que se elabora el referente colonial creando modelos de interpretación y representación que influyen, a su vez, sobre la realidad representada, al proveer imágenes concretas de los actores sociales del período y de sus prácticas e interacciones culturales en distintos niveles, y al exponer las posiciones que esos actores ocupan en la sociedad de su tiempo[10].

Iris Zavala ha enfatizado el carácter esencialmente ambiguo y contradictorio que tiene la noción de sujeto en el período colonial, y la importancia que adquiere la manipulación del saber y del lenguaje en la constitución de subjetividades coloniales (Zavala, "Representing..." 323-348). Según Zavala, la identidad del sujeto colonizado se representa a través de un lenguaje prestado, introducido por las que llama "tecnologías del conocimiento": la autoridad que emana de los mitos o de la teología, tanto como la que deriva del discurso científico o la retórica. Estas elaboraciones discursivas constituyen, según Zavala, estrategias narrativas que construyen una visión de la otredad en la que se naturaliza y legitima la superioridad del colonizador sobre los grupos dominados, los cuales son definidos a partir de las supuestas deficiencias físicas y aberraciones psicológicas que autorizarían su sometimiento y exclusión (Zavala, "Representing..." 332)[11]. Sin embargo, se debe advertir el modo ambiguo y con frecuencia contradictorio en que el discurso criollo maneja, durante el período barroco, esas narrativas. Roberto González Echevarría se ha referido también en *Celestina's Brood*, como Iris Zavala, al modo en que fueron elaborados los temas de la barbarie cultural y la

---

[10] Refiriéndose a trabajos como los de Tzvetan Todorov (*La conquista de América*) y Beatriz Pastor (*Discursos narrativos de la conquista: mitificación y emergencia*) sobre la literatura colonial, Adorno indica que, a pesar de que ambos constituyen estudios de diferente estilo y con distintos objetivos, "por crear como objetos de estudio 'el otro' y 'el discurso' respectivamente, los dos anticipan la emergencia de otras subjetividades como sitios de intervención y no sencillamente como el trasfondo sobre el cual se perciben nuevas ideas. Así, anticipan el hecho de que las posiciones de sujeto no son exclusivas ni discretas y que las mentalidades no tienden a ser ni monolíticas ni susceptibles de cambios definitivos" ("Nuevas perspectivas" 17). En este sentido es que concebimos el discurso barroco como espacio de elaboración de las subjetividades tanto del criollo como de los sectores subalternos, es decir, en tanto construcciones fluidas y de influencia recíproca −como negociaciones− entre el orden del discurso y la realidad representada.

[11] En un contexto teórico más amplio, Edward Said ha estudiado las interrelaciones entre los conceptos de colonización, raza y representación, viendo cómo se desarrolla la noción de otredad en el colonialismo moderno y el papel que cumple el observador en esa elaboración ideológica ("Representing the Colonized: Anthropology's Interlocutors").

monstruosidad racial en el discurso metropolitano, notando que estas postulaciones alentaron el afán reivindicativo de los criollos, que buscan demostrar su competencia intelectual y contrarrestar culturalmente las imágenes negativas que les adjudicara el dominador español. Ejemplo de esto es el tópico de la identidad deformada que se aplica al dramaturgo mexicano Juan Ruiz de Alarcón, cuya joroba se presenta como materialización de la "anomalía" criolla y de su híbrida condición socio-cultural de mexicano que desarrolla su obra en la interioridad peninsular, rebasando los límites que le habría impuesto su origen periférico (véase Sandoval, "Aportes..."). De ahí que haya sido propuesto que el quiasmo o el retruécano son las figuras que mejor ilustran la cualidad atípica del sujeto criollo, ya que las mismas consisten en una "ordenación cruzada" de elementos que alteran cada uno de los componentes culturales e ideológicos articulados en la construcción identitaria de este sector social.

De esta manera, por un lado, el criollo comparte con los demás sectores dominados por la conquista, la discriminación y desplazamientos que resultan de la aplicación metropolitana de las tecnologías del conocimiento europeo; recaen sobre sí las imputaciones de inferioridad que sirven para mantenerlo en una posición subalterna con respecto al predominio peninsular en América. Por otro lado, es evidente que su ascendencia española y su inserción relativa en el aparato de poder virreinal lo sitúan por encima de los demás grupos étnicos. Para preservar el orden social y asegurar la estabilidad de un espacio público en el que busca ascender política, económica y culturalmente, intenta mantener bajo control a estos grupos. De ahí que la representación criolla de los demás sectores se realice siempre como una negociación ideológica que primariamente explora los grados y modalidades posibles de integración social de los contingentes indígenas y negros en el espacio virreinal, como un modo de reflexionar en torno a las fronteras del poder y las bases sobre las cuales construir una identidad americana, diferenciada de la peninsular. Sin que estas elaboraciones constituyan un pensamiento separatista respecto a la metrópolis, es obvio que la representación de los grupos étnicos en tanto *sujetos* –es decir como agentes sociales que desarrollan prácticas y proyectos sociales específicos y frecuentemente antihegemónicos– es fundamental para la constitución de un imaginario criollo protonacional de fuerte potencial político y cultural.

4. EL PASADO AMERINDIO: LECTURAS Y USOS

El historiador inglés Anthony Pagden ha estudiado en *Spanish Imperialism*, entre otros autores, la importancia de la lectura del pasado prehispánico como parte del proyecto de constitución de un *archivo criollo* que fijara las bases de la identidad americana. Si la coexistencia de criollos e indígenas dentro del territorio virreinal crea necesariamente constantes interrelaciones socioculturales, no exentas de tensión y marcadas muchas veces por un abierto antagonismo interétnico, la transformación de estos contactos en historia común sería, como Pagden indica, un proceso difícil tanto a nivel práctico como conceptual. Por un lado, la historia de los pueblos prehispánicos proveía un acervo impresionante de modelos culturales, lenguas y tradiciones que los criollos podían rescatar como propia de América. Por otro lado, la presencia concreta de los sectores indígenas en la sociedad de la época contrastaba violentamente con el orden y el monumentalismo barroco y con el proyecto homogeneizante y centralizador de la España imperial.

Entre los más notables letrados novohispanos, Carlos de Sigüenza y Góngora (1645-1700) se aboca a la recuperación y representación del pasado indígena como parte de una "antigüedad clásica" que situaba a la altura de los más altos exponentes de la monarquía contemporánea, como prueba la elaboración del arco triunfal con que la Nueva España recibe en 1650 al nuevo virrey, don Tomás Antonio de la Cerda y Aragón, conde de Paredes y marqués de la Laguna, quien permanecerá en ese cargo hasta 1686 (véase Chang-Rodríguez). En ese arco se desarrolla un proyecto iconográfico y monumentalista en el que aparecen representadas escenas relativas a los doce emperadores aztecas. De esta manera se expone, alegóricamente, a los ojos de las autoridades metropolitanas, la historia singular en que se apoya "la nación criolla" que recupera para sí el heroísmo de los antepasados americanos durante la plena vigencia del régimen colonialista. La tensión ideológica que conlleva la representación ejemplifica bien la posición ambigua del letrado criollo y el constante proceso de negociación que se lleva a cabo, durante la cultura del barroco, entre los modelos provistos por la tradición metropolitana y los provenientes de la vertiente indígena anterior a la conquista[12]. Según Sigüenza y Góngora explica en su *Theatro de virtudes políticas* (1680), tal representación proporcionaba ejemplos dignos de imitación; aunque procedían de pueblos considerados bárbaros, demostraban que los valores alentados por el imperio como base de su proyecto civilizador, tenían una existencia universal que

---

[12] En efecto, Anthony Pagden recuerda, al referirse al arco triunfal construido por Sigüenza y Góngora, que ya en 1551 Francisco Cervantes de Salazar había combinado, con ocasión de la construcción de un catafalco ceremonial en honor de Carlos V, las referencias al heroísmo del emperador con las imágenes que presentaban la llegada de Cortés al nuevo continente, en una representación sincrética similar, aunque menos sofisticada y extrema que la de su compatriota novohispano. La representación de Cervantes de Salazar se había mantenido dentro de la continuidad histórica peninsular, uniendo las etapas fundacionales de la conquista de América a las de asentamiento político del poder imperial. Sigüenza y Góngora transgrede los límites históricos y culturales de un modo mucho más radical, como parte del proyecto criollo de fijar la tradición americana a vertientes históricas diferenciadas y comparables a las metropolitanas (*Spanish Imperialism* 93). Para una ubicación de la figura de Sigüenza y Góngora en el contexto novohispano, véanse las dos obras de Irving A. Leonard, *La época barroca en el México colonial* y *Don Carlos de Sigüenza y Góngora*.

rebasaba los límites que podían percibirse desde una posición histórica limitada a las coordenadas espacio-temporales del Viejo Mundo. Los mexicanos eran así producto de una compleja genealogía que interconectaba los mitos europeos con la historia americana, creando un imaginario sincrético que sustentaba la idea de la nación criolla como el espacio utópico en el que se producía la síntesis de civilizaciones y proyectos políticos concertados por la práctica colonialista.

Este discurso criollo, marcado por los efectos del sincretismo y la transculturación colonial, recelaba a la vez la voluntad de incorporación social de la cultura indígena mitologizada por el conquistador, y la conciencia acerca de la imposibilidad política de eludirla en cualquier proyecto de socialización americana. La arqueología cultural que guía la elaboración discursiva de Sigüenza y Góngora no se traduce, en efecto, en coherencia política hacia los dominados. En su recuento cronístico titulado *Alboroto y motín de los indios de México*, el mismo autor revelaría todo el resentimiento de su estamento ante la población indígena que en 1692 amenaza, con mucha más virulencia que en levantamientos anteriores, la estabilidad del sistema virreinal. En su informe a las autoridades metropolitanas, Sigüenza y Góngora manifiesta los intereses de su grupo al solidarizarse con las autoridades novohispanas atacadas por los amotinados, demostrando que la patria del criollo resultaba todavía inconcebible sin el resguardo de las instituciones imperiales[13].

Sor Juana Inés de la Cruz se refiere también, sobre todo en sus loas para los autos sacramentales *El cetro de José* (cuya fecha de composición se desconoce) y *El divino Narciso* (1690), al tema de la conquista de América, y la cultura y religiosidad indígenas, así como a los efectos de la colonización española sobre el Nuevo Mundo. Sin embargo, como ha notado Marie-Cécile Bénassy-Berling, el tema estaba lejos de ser popular en el contexto de composiciones de tono religioso. La Corona había suspendido en 1577 la difusión de trabajos etnográficos e históricos de tema indígena, y, salvo la *Monarquía indiana* (1615) del franciscano fray Juan de Torquemada (1557-1664), no circulan otros trabajos sobre el tema en esa época. Incluso los producidos por Sigüenza y Góngora sobre cultura indígena no fueron publicados en su momento. Sor Juana toca en sus composiciones aspectos fundamentales acerca de la violencia de la conquista, la expoliación de América por los conquistadores y la idolatría. Llega a sugerir que la religión azteca prepara a los indígenas para recibir el culto cristiano, y que las prácticas antropófagas de sacrificio religioso entre los indios eran de alguna

---

[13] Acerca de *Alboroto y motín de los indios de México*, de Sigüenza y Góngora, véase Kathleen Ross, "*Alboroto y motín de México*: una noche triste criolla"; Sam Cogdell, "Criollos, gachupines, y 'plebe tan en extremo plebe': retórica e ideología criollas en *Alboroto y motín de México* de Sigüenza y Góngora" y Mabel Moraña, "El 'tumulto de indios' de 1692 en los pliegues de la fiesta barroca. Historiografía, subversión popular y agencia criolla en el México colonial".

manera similares al misterio de la Eucaristía, central en la liturgia cristiana (Bénassy-Berling 306-324). Esta asimilación cultural elaborada tan audazmente por la monja era una forma de reivindicar al indio como sujeto cultural, y una estrategia de problematización de los parámetros fijos y las certezas centrales a la ideología político-religiosa sobre la que se estructuraba la cultura de la época.

5. INDIOS Y NEGROS: BARROCO Y SUBALTERNIDAD

Ya en contextos anteriores al de la cultura barroca, desde los comienzos de la dominación española, elementos de la cultura indígena se habían integrado al proyecto colonizador. Los programas catequizadores que acompañan la conquista de nuevos territorios coloniales incorporan tempranamente a la liturgia cristiana bailes y cantos indígenas (*areitos, tocotines, mitotes*, etc.) que permiten introducir el cristianismo en las comunidades paganas, creando una hibridación del ritual evangelizador que algunos (Diego Durán, Bernardino de Sahagún, fray Pedro de Gante, entre otros) consideraron peligrosa, ya que facilitaba la perpetuación camuflada de los antiguos cultos dentro del cristianismo. En el mismo sentido, la fiesta barroca se deja penetrar por las costumbres y lenguas prehispánicas. Como ha indicado al respecto Solange Alberro:

> También irrumpió en la escena pública la lengua náhuatl, en las loas, sainetes, canciones a lo divino, compuestas por los franciscanos y los jesuitas, mientras los "jeroglíficos" y los príncipes de las antiguas dinastías indígenas resucitaron en bailes, composiciones dramáticas, autos, procesiones, arcos y construcciones efímeras. Siguiendo la estructura aglutinante de fines universalistas del esquema de la fiesta barroca española, el siglo XVII novohispano lo abarcó todo, reconciliando en un complejo festivo profundamente unificador lo antiguo con lo presente, lo mítico y lo bíblico con lo histórico, lo doméstico con lo exótico, lo sagrado con lo profano y hasta populachero (41).

Sin embargo, no debe perderse de vista el sentido ideológico de esa "unificación", ni los límites y paradojas de la incorporación de componentes culturales subalternos dentro de las matrices del discurso criollo. La alteridad americana, construida desde las primeras etapas de la conquista como recurso para definir la posición del dominador, convierte en *objeto* al sujeto colonial perteneciente a estratos étnicos dominados. Al mismo tiempo, ese sujeto ayuda a definir un *locus* cognitivo *otro*. Éste se presenta como alternativa a los discursos de la razón, la civilización, la verdad revelada, articulando así los saberes marginales desde el espacio de las lenguas vernáculas, desde la representación de la materialidad del cuerpo castigado por la explotación colonialista, desde las prácticas paganas, herejes o sincréticas, desde las rebeliones que plagan los procesos político-sociales durante el período colonial.

Si los códigos barrocos se consagran como el lenguaje de una elite iniciada en los misterios y privilegios de la letra, ejercida ésta como instrumento de control social y reproducción ideológica, también ellos canalizan una nueva concepción del sujeto colonial y de sus relaciones con el poder. A través de una amplísima gama de géneros y formas literarias, la obra de Sor Juana Inés de la Cruz (véase Sabat-Rivers) sirve como evidencia no sólo de las modalidades múltiples a través de las cuales se expresa el sujeto femenino, tanto en relación al ambiente cortesano como religioso, sino también de la medida en que el discurso criollo trabaja simbólicamente el tema de la integración social y las interrelaciones sectoriales en el espacio público del virreinato. La obra de la monja mexicana incluye, como se sabe, poesía y teatro cortesano, ensayos y villancicos, autos sacramentales, jeroglíficos, epístolas, romances y arcos triunfales, recorriendo un espectro que va desde la hermenéutica doctrinaria hasta la ensaladilla. En sus villancicos, por ejemplo, siguiendo el modelo de esas composiciones provisto por la tradición española, Sor Juana parodia el lenguaje de indios y, esclavos negros, con sus deformaciones fonéticas del español, interpolando versos en náhuatl y latín, que se combinan con el castellano creando una hibridación multivocal que contrasta con la solemnidad de los ritos religiosos[14]. El tono burlón y juguetón de esas composiciones constituye todo un alegato que contrapesa la monumentalidad del arte culto, confiriendo a la fiesta barroca un sentido de carnavalización y dialogismo social que desafía la homogeneidad y el centralismo del proyecto imperial. Asimismo, es interesante notar cómo la inserción de lenguas marginadas del dominio que ejercía el poder imperial sobre la letra (escritura literaria, jurídica, religiosa, etc.), crea una especie de colonización inversa sobre los discursos hegemónicos que peninsulares y criollos utilizaban para el control político, la homogenización social y la celebración del proyecto civilizador de España sobre América. De este modo el uso del castellano se convierte en un recurso de subalternización del otro colonial, como tan bien explica Ángel Rama en *La ciudad letrada*.

Al insertar lenguas indígenas y deformaciones fonéticas del español en su parodia del habla de los esclavos, Sor Juana impone, en el contexto de la liturgia, códigos que el criollo y el peninsular no conocían, reproduciendo así entre la elite, durante el tiempo acotado de la representación, el desplazamiento de que esos sectores hacían objeto a los grupos étnicos sometidos por la conquista. Asimismo, conviene advertir cómo en este procedimiento Sor Juana hace uso de elementos que estaban presentes en la tradición del barroco peninsular, por ejemplo en la poesía de Quevedo y Góngora, quienes también habían empleado formas

---

[14] Véase en Bénassy-Berling el tratamiento del tema del negro y del indio en la obra de Sor Juana (285-306 y 307-324). Véase también, sobre el tema de la representación de distintos sectores sociales, Raquel Chang-Rodríguez "Mayorías y minorías en la formación de la cultura virreinal".

onomatopéyicas para reproducir el habla de los negros en algunas de sus composiciones. Es evidente, sin embargo, que desde la perspectiva criolla, Sor Juana da otra proyección ideológica a su práctica de representación de estos sectores, la cual es principalmente reivindicativa de la heterogeneidad americana y del carácter exógeno de la cultura del dominador[15]. En este sentido, Elías Rivers ha señalado de qué modo toda cultura es, en algún grado, diglósica, en tanto expone la diferenciación entre lenguas vernáculas y escritura culta. Sor Juana, evidentemente, se hace cargo de esta situación y del poder que implica el uso de la lengua en el establecimiento de hegemonía cultural en la sociedad de su época. Con su trabajo sobre la lengua, ella relativiza la invisibilidad de vastos sectores de la población, marginados de los privilegios representacionales de la alta cultura. Les otorga una presencia que llama la atención sobre su ser social y sobre las costumbres, creencias y agendas específicas de estos grupos, que obligan a la elite a recordar lar naturaleza esencialmente heterogénea y transculturada de la colonia.

Junto a este recurso de reconversión lingüística, la monja representa también comportamientos sociales y reclamos acerca de la explotación de que eran objeto negros e indios por parte de la elite virreinal, denunciando la hipocresía de los misioneros, la apropiación de riquezas americanas por parte de la metrópolis, así como la debilidad de los argumentos, tanto políticos como religiosos, de legitimación colonialista, utilizados como parte del discurso del poder. A través de estas formas de carnavalización discursiva, la fiesta barroca incorpora la presencia de subjetividades muy precariamente integradas al proyecto dominante, que coexisten tensa y conflictivamente con los grupos privilegiados, y que se expresan a través de modelos contraculturales en los que se materializaba la heterogeneidad amenazante e irreductible del mundo americano. De ahí que aunque la obra de Sor Juana Inés de la Cruz pueda ser vista como el más depurado y completo producto de la cultura criolla, en la que se hacen visibles los modelos más prestigiosos de la España barroca (la estética gongorina, el discurso escolástico, la noción humanística del saber universal), en ella pueda leerse, al mismo tiempo, la conciencia que su sector va desarrollando acerca de la problematicidad del proyecto imperial y la importancia de los saberes locales como contrapartida inescapable del poder metropolitano. Por esta razón, su obra es, al mismo tiempo, celebratoria y transgresora del orden colonial, exponiendo en esta tensión el drama de una época y de una clase enfrentada ya a los albores desafiantes de la primera modernidad americana[16].

---

[15] Mónica Mansour ha trabajado el tema de la presencia del negro en la literatura española e hispanoamericana durante la colonia, mostrando la existencia de procedimientos comunes de elaboración léxica y fonética en ambos contextos (*La poesía negrista*).

[16] Para explorar el carácter transgresivo de la escritura de Sor Juana, y particularmente el sentido ideológico-cultural de sus villancicos, véase Georgina Sabat-Rivers, "Tiempo, apariencia y parodia:

6. LOS ESPACIOS CERRADOS DE LA SUBJETIVIDAD FEMENINA

La obra de Sor Juana elabora fuertemente el tema de la subjetividad femenina, haciendo de la construcción del yo un elemento fundamental para la comprensión de la esfera pública y del espacio de la interioridad, como ámbitos diferenciados aunque intercondicionados de desarrollo cultural e ideológico. El tono beligerante y reivindicativo de sus cartas, y el reconocimiento del sentido bidireccional del proceso transculturador que conlleva la práctica colonialista, no son suficientes para deducir que la época barroca reduce el antagonismo social a mera *diferencia* cultural a efectos de la poderosa celebración del poder metropolitano, ni que las subjetividades subalternas pierden, por su integración a las matrices del discurso criollo, su carácter esencialmente antihegemónico.

El tema de la mujer tiene, en este contexto, un lugar bien definido, no sólo porque abre tempranamente un espacio de denuncia y reivindicación, sino porque se expresa a través de los intersticios de la censura inquisitorial, los convencionalismos sociales y los rígidos parámetros de un discurso regulado por los modelos establecidos de la retórica profana y la hermenéutica religiosa[17]. En muchos sentidos, el caso de Sor Juana es extraordinario, ya que su temprana experiencia de la vida cortesana y los múltiples contactos que mantiene con el mundo exterior durante su vida religiosa le permiten una comprensión no sólo variada, sino totalizadora de la situación virreinal y de la posición del criollo y de la mujer, en particular, en la sociedad de su época. De ahí que su obra dramatice la múltiple marginalidad que, en gran medida, enriquece su perspectiva con una visión de las restricciones que se aplicaban a los distintos sujetos sociales del mundo colonial, que por etnia, sexo, o subalternidad social, no se encontraban en situaciones de poder. Su manejo de los prestigiosos códigos estéticos y doctrinarios le permite manipular el uso de géneros literarios, formas retóricas y temas literarios, como bien demuestran sus obras teatrales, su poesía cortesana o religiosa, sus cartas personales y sus opiniones, infusas en todas sus composiciones, sobre tópicos que constituían núcleos fundamentales en el debate de su tiempo. En su obra, que tuvo una inmensa incidencia en el ambiente cultural virreinal y metropolitano, esa marginalidad opera, en muchos casos, otorgándole un privilegio epistemológico que le permite iluminar aspectos que otros representantes del sector letrado no llegan a advertir, y que ella expone como parte de

---

el diálogo barroco y transgresor de sor Juana"; Martha Lilia Tenorio, "El villancico novohispano" y Mabel Moraña, *Viaje al silencio*.

[17] El tema de los espacios femeninos durante la colonia ha sido ampliamente estudiado por Josefina Muriel en sus pioneros trabajos sobre la vida conventual en la Nueva España. Sobre el tema véase también Arenal y Schlau, Lavrin, Myers (*Word from New Spain*) y Ramos Medina (coord.).

una denuncia a veces encubierta, a veces asombrosamente explícita, de la sociedad novohispana[18].

La reivindicación que la monja realiza de la racionalidad de la mujer se ilustra claramente en la figura de santa Catarina, a quien eleva como ejemplo de sabiduría y sacrificio, identificándola sin duda, aunque sólo tácitamente, con su propia persona. Pero Catarina es sólo uno –aunque quizá de los más brillantes– de los paradigmas de conocimiento y virtud, ya que toda la obra de la moja está recorrida y sustentada por la referencia a mujeres ilustres que quieren resaltar la existencia de una historia alternativa a la historia eclesiástica –y, más ampliamente, a la historia cultural de Occidente, que propone prioritariamente la obra de los hombres como exponentes casi exclusivos de saber y de virtud civil–.

Aparte del caso excepcional de Sor Juana, la escritura de monjas ha sido objeto en los últimos años de intensa revisión por parte de la crítica, y ha llegado a constituir uno de los ámbitos más apasionantes para la exploración de la construcción de subjetividades colectivas en el contexto de la dominación colonial (véase Lavrin, "Vida conventual..." y Ramos Medina). Tanto las restricciones impuestas por el espacio conventual, que reduce el discurso a la dinámica minimalista de la interioridad personal y la domesticidad, como los complejos procesos de simbolización que se hacen necesarios para canalizar mensajes prohibidos, autocensurados en ambientes dominados por el patriarcalismo civil y religioso, obligan a operaciones de rastreo documental y de decodificación e interpretaciones discursivas que no son necesarios, en la misma medida, en el caso de la escritura masculina, que penetra abiertamente el espacio público y adquiere con facilidad un lugar visible en el canon literario y en la historia oficial de la colonia[19].

Como Jean Franco ha indicado al estudiar la escritura femenina en la Nueva España, el "misticismo" era un lenguaje del yo, que involucraba tanto el alma como el cuerpo, y que las mujeres podían utilizar con cierta legitimidad, pues se instalaba en el espacio del sentimiento y del saber controlado (Franco, *Plotting Women* xiv). Aunque ordinariamente se les cerraba el debate público, el conocimiento profano y la producción cultural sin fines directamente religiosos, el mando conventual proveía a las reclusas con los medios y recursos para desarrollar la autorreflexión y la escritura "menor" que se expresaba a través de los géneros intimistas de la correspondencia privada, el diario personal, la confesión o la experiencia mística. En muchos casos, el fervor religioso se abría a una experien-

---

[18] Bénassy-Berling (262-284) ha estudiado el tema del "feminismo cristiano" de Sor Juana tanto en sus redondillas como en relación al tema del silencio, también tratado por Moraña (*Viaje al silencio*, 153-158). Véanse también, sobre la elaboración del género en Sor Juana, Merrim, Scott y Arenal.

[19] Sobre las características de la vida conventual en la Nueva España en tiempos de Sor Juana, véase Asunción Lavrin, "In Search of the Colonial Woman" y "Vida conventual", así como "Unlike Sor Juana? The Model Nun in the Religious Literature of Colonial Mexico", de la misma autora.

cia del cuerpo que bordeaba lo herético y no estaba exenta de sensualismo y exacerbación intelectual, rasgos que permitían sublimar la represión a que obligaba la vida religiosa y adentrar el yo en zonas menos regulables de la interioridad. Visiones, raptos y revelaciones eran, en este sentido, formas alternativas de "lenguaje" del yo –un "lenguaje del deseo" (Franco, *Plotting Women* 19)– y de conocimiento para-racional, y constituían modos de compensación simbólica para las mujeres[20]. Por esta razón, Franco reconoce en estas prácticas un valor transgresor y subversivo, como ilustran los casos de María de San José y María de Jesús Tomelín, estudiados por esta autora. Muchas veces esas experiencias eran recogidas en biografías o crónicas de la vida conventual. Sin embargo, de más está decir que el sentido de autoría, así como el reconocimiento público del valor intelectual de esta modalidad de la escritura femenina estaba fuera del alcance de la mujer colonial. En el mismo sentido, la confesión era también una forma fundamental de control de las prácticas y del imaginario femenino, con la característica insistencia en los pecados de la carne y los riesgos de la imaginación por parte del confesor. Como se sabe, éste era no sólo el padre sino el mediador entre la monja y la divinidad, el guía espiritual y el intermediario entre el mundo exterior y la vida conventual. De ahí que esta figura masculina haya ocupado un espacio tan importante en la construcción del imaginario femenino y en el desarrollo de prácticas sociales a partir de las cuales la mujer se va integrando en la vida comunitaria.

7. CONCLUSIONES

En su estudio sobre la formación de identidades coloniales, John H. Elliott ha indicado que el mismo concepto de construcción de subjetividades en este tipo de contextos de colonización y dominación imperial, está plagado de ambigüedades. En sus primeras instancias, la auto-imagen que los grupos dominados logran elaborar acerca de sí mismos y del lugar que ocupan en la sociedad de la época y con respecto a los demás sectores, consiste en muchos casos, según Elliott, en un sentimiento oscuro y a veces contradictorio de su *diferencia* y su falta de identificación con el dominador. Asimismo, según éste y otros autores que han estudiado el proceso de autodefinición identitaria, éste no sigue nunca un desarrollo lineal, sino que va variando según las circunstancias internas y externas que afectan la formación social, en diversos contextos. El estudio de identidades no puede tam-

---

[20] Jean Franco cita a Miguel Godínez, quien indica que Dios compensaba, en ese sentido, a las mujeres, quienes estaban excluidas del espacio público y del ascenso dentro de la estratificación eclesiástica (*Plotting Women* 5-6).

poco asumir que se trata de estados de conciencia o sentimientos colectivos estáticos, definidos de una vez y para siempre, o que permanecen iguales a sí mismos durante un período determinado. Al contrario, se elaboran como una serie variable de respuestas a las transformaciones sociales, económicas y culturales que se van produciendo históricamente. Como es evidente, diversos factores actúan sobre los integrantes de cada sector social, y dan lugar a sentimientos identitarios difíciles de abarcar sin caer en arriesgadas generalizaciones. En gran medida, lo mismo se aplica a los sectores dominantes, que responden de diversa manera a la presencia y prácticas sociales de grupos dominados, según perciban a éstos como posibles aliados o como amenazas con respecto a la estabilidad comunitaria, según los asimilen a su propio proyecto social o los entiendan como disgregantes o peligrosos para la defensa de sus intereses.

En el caso de la cultura novohispana, es evidente que el sector criollo, por su cercanía con la estructura de poder metropolitana y por su manejo de los modelos culturales del dominador, es el que tiene mayores posibilidades de elaborar formas de conciencia colectiva, que alcanzan reconocimiento e incidencia social hasta ir desplazando, históricamente, el predominio peninsular. En ellos se definen claramente los cuatro factores que Jack P. Greene ha identificado en el proceso de surgimiento de auto-imágenes colectivas: un *sentido de lugar* (reconocimiento del territorio que se habita y de sus cualidades como *patria*, lugar de pertenencia y espacio desde el cual fundar una existencia comunitaria capaz de satisfacer sus expectativas); *identificación de objetivos propios de ese grupo* (conquista de posiciones dentro de la jerarquía institucional de la época, definición progresiva de un programa de ascenso social y articulación política, voluntad de desarrollo económico de acuerdo con los intereses del grupo, etc.); *insistencia en los estándares que deben guiar sus prácticas comunitarias* (sentido de un propósito para la acción, valoración del orden social, misión civilizadora con respecto a los demás grupos percibidos como menos avanzados en la dirección del progreso, sentido corporativo en niveles políticos, económicos, etc.), y *sentido de la historia* (definición de un origen histórico que reconoce las tradiciones vernáculas, continuidad en la colonia de modelos y valores de la tradición del colonizador, orgullo en las raíces culturales de los antepasados, proyección hacia instancias futuras en las cuales perpetuar sus proyectos y formas de existencia social y cultural)[21].

Sin duda estas características derivan del lugar aventajado que el sector criollo ocupa en la estratificada sociedad colonial, como descendientes de los conquistadores y herederos del legado –lingüístico, religioso, cultural, pero también

---

[21] Desarrollo aquí, para el caso criollo en la Nueva España, las características anotadas por Jack P. Greene en su artículo "Changing Identities in the British Caribbean: Barbados, a Case Study".

en gran medida económico y político– de la madre patria. Los demás sectores étnicos estarán supeditados al criollo, además de al peninsular, de múltiples maneras. Esto aumenta su alienación con respecto a las estructuras de poder, en distintos niveles, y dificulta la elaboración de una subjetividad colectiva que pudiera efectivamente concretarse en movimientos sociales o prácticas culturales antihegemónicas. A pesar de esto, los incontables levantamientos de indios, mestizos, esclavos y mulatos demuestran, a lo largo de la historia hispanoamericana, la existencia de formas de autoidentificación comunitaria, traducidas en formas culturales que la historia y la cultura oficial han relegado con frecuencia a la zona marginal del folclore o la historia subalterna de los sectores populares, o integrado en representaciones literarias de tipo costumbrista, donde la vocación por el exotismo ha llegado a nublar el valor histórico y político de esas manifestaciones sociales.

En el caso de la mujer, como sector de características bien diferenciadas dentro de la sociedad colonial, es evidente que, en muchos casos, sus formas de subjetividad colectiva atraviesan las divisiones étnicas y de jerarquía social, sobre todo en lo que tiene que ver con la supeditación a una cultura regida por parámetros y valores masculinos. Sin embargo, es evidente que en los distintos estratos sociales las posibilidades de articulación de la mujer a las instituciones y su integración a prácticas comunitarias de distinto tipo variaban notablemente, posibilitando formas de conciencia social y manifestación simbólica de diversos alcances y grados de sofisticación.

Para captar el desarrollo de formas de subjetividad social de una manera más completa, y comprender los grados de inserción de los distintos sujetos en la sociedad virreinal, sería necesario, obviamente, recorrer otros niveles de ordenamiento institucional e integración de los diversos sectores a la producción económica y cultural del virreinato. Para eso, en adición al análisis de las formas de representación simbólica aquí esbozadas, deberían recorrerse, por ejemplo, los anales inquisitoriales, o los estudios sobre las formas de trabajo manual, empresarial, agrícola, etc., así como los reclamos jurídicos de los sectores marginales, que se situaban de una manera diferencial frente a la ley y frente a las convenciones sociales. Lo que antecede es solamente una introducción al amplio campo de la producción de subjetividades coloniales tal y como éstas son entendidas y representadas simbólicamente desde la perspectiva criolla, o sea, desde una posición de relativo privilegio dentro de la estratificación colonial, y a partir de los modelos de la cultura dominante, apropiados y redefinidos por el letrado americano, en el marco de su propia lucha por el reconocimiento y el ascenso social dentro de los parámetros de la sociedad virreinal novohispana.

LA DIFERENCIA CRIOLLA:
DIÁSPORA Y POLÍTICAS DE LA LENGUA EN LA COLONIA

1. DIFERENCIA Y REPRESENTACIÓN

La identidad criolla nace, en la América colonial, como una construcción intersticial, en el cruce de sistemas de representación estrechamente articulados a nociones étnicas y posiciones de poder que es imposible desconocer. El proceso identitario criollo responde a la necesidad de contrarrestar la violencia epistemológica de alterización del americano por el peninsular, fundando así las bases de una conciencia social diferenciada. La elaboración de esa diferencia propia funciona, entonces, como un sistema de reconocimiento que intenta organizar productivamente la particularidad, interrumpiendo así los discursos mayores y relativizando su organicidad. De ahí que toda identidad deba ser entendida, sobre todo en contextos coloniales, como *performativa*, híbrida y fluida, y como construcción que existe solamente en proceso, en los bordes de variados sistemas de interpelación[1]. Sin la posicionalidad hegemónica del peninsular pero también sin la subalternidad definitiva de indios, negros y castas coloniales, el criollo elabora durante la colonia el lugar de la intermediación y la hibridez en un proceso de complejas negociaciones reales y simbólicas, en las que va inscribiendo en la categoría occidentalista de civilización los principios de una racionalidad *otra*, que desafía, contamina y desestabiliza la epistemología dominante. Podría decirse, siguiendo la semántica derrideana, que la subjetividad criolla es entonces *differance*: una construcción en la que se combinan lo *diferente* y lo *diferido*, incorporando rupturas y discontinuidades que aplazan la construcción final de sentidos y se resuelven en la suplementariedad y el desplazamiento.

El tema étnico, elaborado a través de las metáforas de la mezcla de sangre, recorre el imaginario en que se funda la identidad criolla. Abarcable a partir del pintoresquismo de las taxonomías que carnavalizan la experiencia de la mestización y la convierten en espectáculo en el que se mezclan pigmentaciones, lenguas

---

[1] Cornejo Polar (*Escribir en el aire*) se refiere a la subjetividad colonial resaltando "la índole abigarrada de un sujeto que precisamente por serlo de este modo resulta excepcionalmente cambiante y fluido, pero también –o mejor al mismo tiempo– el carácter de una realidad hecha de fisuras y superposiciones, que acumula varios tiempos en un tiempo, y que no se deja decir más que asumiendo el riesgo de la fragmentación del discurso que la representa y a la vez la constituye" (20).

y psicologías[2], el problema de la raza es manejado tanto como parte del discurso de legitimación imperial, como del lado de la resistencia criolla, que existe atrapada entre su propia subalternización y las aspiraciones de ascenso político y económico de ese sector social. El mestizaje cultural, que se superpone en muchos casos al racial, hace del discurso criollo una construcción encabalgada entre diversas formas de discriminación, y es siempre una reflexión sobre el origen, y una exploración de los lugares reales y posibles de enunciación e indagación epistemológica. Es justamente esta posicionalidad problemática la que tensa el discurso criollo que, desde el espacio de negatividad que le ha sido asignado por la dominación colonialista, pugna por hacer conmensurable su condición atípica.

La extrañeza –la anomalía– criolla se inscribe, en efecto, en un imaginario colonialista fuertemente afectado por la idea de una bipartición que por un lado demoniza al español-americano como producto ambiguo de la mezcla de sangres que degenera la especie peninsular, y que por otro lado lo propone como la síntesis, en alguna medida promisoria, de un mundo residual, en el que se combinan la proyección utópica y los desasosiegos de la dominación. En este sentido, Octavio Paz ha indicado que el criollo actualiza, en el contexto de la cultura del barroco, la "estética de la extrañeza", concibiéndose a sí mismo no como confirmación de la universalidad sino como excepción, especificidad y particularismo[3]. Otros enfoques teóricos, como el de Homi Bhabha, enfatizan el tema de la ambigüedad como constitutiva de la subjetividad colonial, y el paso de la mímesis a la mímica, es decir de la imitación de modelos a la apropiación paródica e irónica de discursos centrales, a partir de la cual se elabora la *otredad atribuida* como principio de la autopercepción identitaria[4]. La hiperbolización de los modelos estéticos metropolitanos que se atribuye al barroco de Indias, crea entonces, en su actuali-

---

[2] La idea pertenece a Iris Zavala, quien indica, estudiando la representación del sujeto colonial: "The carnival images of miscegenation acquired a Baroque complexity in the association and fusion of European and Indian, black, and Chinese, creating a visible spectacle of shades and complexions and forming bizarre composites of human types, pigments, languages and psychologies" ("Representing the Colonial Subject" 338).

[3] González Echevarría cita las ideas de Paz respecto a esta relación entre la rareza criolla y los tropos del barroco (González Echevarría 164-165).

[4] Paz distingue criollos y mestizos al indicar, no sin un exceso psicologista y generalizador: "Los mestizos duplicaban la ambigüedad criolla: no eran ni criollos ni indios. Rechazados por ambos grupos, no tenían lugar ni en la estructura social ni en el orden moral. Frente a las dos morales tradicionales –la hispana fundada en la honra y la india fundada en el carácter sacrosanto de la familia– el mestizo era la imagen viva de la ilegitimidad. Del sentimiento de ilegitimidad brotaban su inseguridad, su perpetua inestabilidad, su ir y venir de un extremo al otro, del valor al pánico, de la exaltación a la apatía, de la lealtad a la traición, Caín y Abel en una misma alma, el resentimiento del mestizo lo llevaba al nihilismo moral y a la abnegación, a burlarse de todo y al fatalismo, al chiste y a la melancolía, al lirismo y al estoicismo" (53).

zación colonial, el "apogeo de la extrañeza" en el cual el criollo se concibe a sí mismo como producto barroco –*barrueco*–, como perla deforme que retiene la dignidad de su valor intrínseco al tiempo que se hace cargo de su deformación inocultable. El criollo es, de algún modo, representación paradigmática del principio barroco: constructo en el que se tensan el adentro y el afuera, el allá y el acá, el abigarramiento de sentidos y la disparidad de significados. Según González Echevarría, "el criollo vive en un mundo de arte dentro del cual es el artefacto por excelencia. Ésa es su rareza. Es un tropo encarnado" (*Celestina's Brood* 165). En otra parte, el mismo crítico identifica al criollo con la figura del oximoron o del quiasmo, ya que la "ordenación cruzada" de elementos de diversas vertientes –española y americana, hegemónica y subalterna– ilustraría el fenómeno de la hibridación cultural e ideológica que caracteriza a este nuevo sujeto social[5].

2. TIERRA Y CUERPO

En estas páginas quiero traer a colación dos ejes de articulación que se combinan en la construcción de la identidad criolla. Por un lado, la idea de la *diáspora colonialista* como experiencia cultural heredada de la que surge buena parte del imaginario criollo[6]. En ésta se combinan el desplazamiento y dispersión espacial del conquistador –que está en la base de la formación social americana– con el descentramiento temporal del criollo, que se concibe siempre como existiendo en un sitio intermedio y en un tiempo a-sincronizado de los tiempos centrales. Hijo de los procesos inmigratorios que constituyen la dinámica de la conquista y que siguen marcando todo el proceso de dominación imperial, el criollo incorpora la nostalgia del centro a la vivencia de la periferia, en un proceso en que se mezclan resentimiento y deseo, voluntad de pertenencia e impulsos de diferenciación[7]. Si

---

[5] Bernard Lavallé ha estudiado el proceso de "indianización del criollo" en el imaginario colonial, y los argumentos utilizados para fundamentar su inferioridad y su degradación racial, ya sea por la mezcla de sangre con el sector indígena, ya sea por el contacto con nodrizas negras o indígenas, ya sea por el determinismo del clima americano que degeneraba la raza. Véase Lavallé, principalmente su capítulo "Del indio al criollo: evolución de una imagen colonial", 45-61.

[6] Utilizo aquí la noción de diáspora en la acepción amplia y laxa que se le da en el contexto de la teorización poscolonial, como migración masiva y dispersa de individuos de un mismo origen, en la que se retiene la memoria colectiva y los lazos con la tierra natal, conservándose ideas de retorno eventual al territorio de origen, aun cuando se mantengan y reproduzcan formas de identidad y prácticas culturales propias en la sociedad de adopción.

[7] Dice al respecto Paz: "El resentimiento de los criollos frente a los españoles, ya visible en el siglo XVI, se acentúa en el siglo XVII. El criollo se sentía leal súbdito de la corona y, al mismo tiempo, no podía disimularse a sí mismo su situación inferior. La burocracia española lo desdeñaba: el criollo era español y no lo era. Continua oscilación: los criollos eran, como los indios, de aquí y, como los

la relación universalidad/particularismo sirve para marcar todo el proceso de articulación del mundo colonial a prácticas y discursos occidentales, la misma caracteriza también la construcción de subjetividades colectivas. Fuera o dentro de la tierra natal, el criollo es un sujeto desterritorializado, asimilado por el dominador ya a los indios o castas que fueron victimizados por la conquista, ya a la vertiente española que los convierte en súbditos bastardos de un padre ausente, prestigioso y autoritario. El espacio metropolitano que remite a la figura paterna, al principio monárquico y a la "religión verdadera" es también el lugar de una discursividad inapelable y universalista, en la que el criollo intenta insertar los saberes locales siempre asociados a imágenes de violencia y expoliación de la cultura materna. El viaje inverso, de la colonia a la metrópolis, que revierte real o simbólicamente la diáspora fundacional, es, en este sentido, una contra-conquista, a través de la cual el criollo busca colonizar el espacio del padre, de la verdad y del poder, con prácticas y estrategias apropiadas del dominador. Si el criollo vive entonces, en el no-tiempo del retardo histórico y en el no-lugar de la utopía americana, su práctica cultural –religiosa, lingüística, discursiva– será siempre un errancia y un tránsito, un intento constante por la reivindicación del cuerpo social y cultural de la madre, un peregrinaje real o imaginario hacia el lugar del padre, identificado con el centro imperial, el poder político absoluto y la verdad revelada. Su propio cuerpo social e individual es, por lo mismo, el asiento primordial de esa conciencia nómada, transterritorializada, "melancólica", y sufre en el imaginario de la época, los efectos de los procesos de alegorización que lo conciben como el híbrido que transita entre distintas naturalezas, razas, lenguas[8]. La mancha de nacimiento del Lunarejo, la joroba de Juan Ruiz de Alarcón, la precocidad e ilegitimidad de Sor Juana, el mestizaje racial, lingüístico y cultural del Inca Garcilaso, son marcas diferenciadoras que concentran en su misma excepcionalidad los rasgos de la transgresión y la otredad que constituyen la identidad negativa del sector criollo. Monstruosidad, exotismo, primitivismo, inmadurez, barbarie, son algunos de los ideologemas de las "tecnologías del conocimiento" a que se ha referido Iris Zavala y que también alude Edward Said, a partir de las cuales se repre-

---

españoles, de allá. El patriotismo criollo era contradictorio: amor a la tierra de ultramar y amor al terruño. En el siglo XVII estos encontrados sentimientos no se expresaban en términos políticos sino que tenían una coloración afectiva, religiosa y artística" (53).

[8] Mazzotti recuerda, en su estudio sobre el Inca Garcilaso, la idea de que el sujeto barroco tendría, según Walter Benjamin, una cualidad "saturniana" o melancólica, que corresponde, como explica Mazzotti a "aquellos desterrados o desposeídos que no logran apropiarse o recuperar ni siquiera mediante los ardides de la ciencia y del conocimiento el objeto de su deseo" (*Coros mestizos* 338). La actitud melancólica corresponde bien, en efecto, a la conciencia dividida, desplazada y siempre conflictiva del mestizo, guiado por el tropismo que lo impulsa hacia los discursos centrales y por el deseo nunca del todo satisfecho de obtener, tanto a través de éstos como de sus propias formas de resistencia a la dominación, una definición identitaria.

senta al colonizado desde la mirada imperial. Diáspora de sujetos, prácticas culturales, discursos de ida y vuelta, marcan así el proceso de construcción de una identidad que no existe fuera de sus formas de representación ("Representing...").

3. LENGUA Y PODER

En segundo lugar, deseo referirme a las *políticas de la lengua* a partir de las cuales se construyen y difunden los discursos identitarios en el contexto colonial. El concepto de heteroglosia introducido por Bakhtin implica que el discurso no puede ser nunca reducido al orden de una sola voz o código auto-autorizado sino que surge siempre de un sistema de signos que remite a una multitud de significados, valores y códigos culturales. La actualización de la lengua en el habla o en la literatura se hace cargo de esa polifonía, permitiendo que a través de ella se expresen diferentes posiciones de sujeto en las que se articulan genealogías, tradiciones y visiones del mundo de real o potencial antagonismo. En contextos de sujeción colonial, de fuerte centralización político-religiosa, la lengua es la arena en la que se dirimen luchas interpretativas y representacionales que remiten desde el nivel simbólico a los antagonismos de base, étnicos, económicos y culturales. De ahí que la sujeción lingüística haya surgido como una de las primeras formas de colonización cultural, conduciendo a la investigación y sistematización de lenguas americanas y a la composición de tratados gramaticales en los que la gramática de la lengua dominada se "traducía" a la morfología del latín o el castellano, para permitir efectuar la conquista del imaginario como práctica paralela a la territorial[9]. Pero el sector criollo hará de la activación de la heteroglosia una política específica de resistencia y de definición identitaria. Así, la diferencia criolla surge en América fuertemente condicionada por el proyecto de homogeneización imperial ("un Dios, un Rey, una lengua") pero adquiere su dimensión beligerante y contracultural a través de la *intervención* del sistema simbólico dominante, apelando a diversos recursos: la ironía, la poliglosia, el intercambio de códigos lingüísticos, la inversión paródica.

El letrado criollo es, en este sentido, siempre un traductor: un usuario de la lengua paterna que no puede dejar de pensar en la lengua de la madre, que tiende

---

[9] Como indica Subirats, "Por este medio [la transformación gramatical de las lenguas americanas de acuerdo a las pautas latina y española] el indio, como existente real en una comunidad de la que sin embargo era lingüísticametne arrancado, perdía la capacidad de interpretación autónoma de su propia realidad, puesto que hablaba por el nombre de una realidad ajena y desconocida. De nuevo el modelo o la lógica de la colonización se desentraña como un proceso de destrucción de la autonomía, ahora ni jurídica, ni teológica solamente, sino también lingüística, y la consiguiente dependencia con respecto a un discurso exterior: el logos de la civilización" (196-197).

puentes lingüísticos, ideológicos y culturales entre sus dos vertientes, problematizando el tema del origen, la tradición y las genealogías. Antes de ser lugar de *disemiNación* de la cultura metropolitana en la "nación criolla", el mundo colonial será el ámbito de *insemiNación* de la simiente paterna en la fertilidad de la tierra materna, de la que nace el criollo como hijo, en más de un sentido, "natural" o bastardo de la violencia colonizadora[10]. Como traductor –mediador, intermediario, intérprete– el letrado criollo construye su discurso identitario como apropiación y parodia de discursos centrales. Es, en este sentido, un hermeneuta sujeto a los misterios de la letra. Su práctica cultural es, en este sentido, *performance* y performación, un acto de habla expuesto, dramatizado, donde debe empezar por construir su lugar de enunciación para poder entonces, desde allí, interpelar al otro, transgresivamente, pedagógicamente. De ahí que las apropiaciones o alteraciones de la norma culta, y las interrupciones de la lengua paterna por las americanas –basta pensar por ejemplo en la teatralización lingüística de los villancicos de Sor Juana, en la poliglosia del Lunarejo que actúa entre el latín, el castellano y el quechua, en la reivindicación de las etimologías y los significados culturales de la tradición andina en el Inca Garcilaso– constituyan ilustraciones claras de una identidad negociada en códigos diversos, o sea, de la elaboración de un pacto semántico que contrarresta la racionalidad organicista y uniformizante del proyecto imperial, revirtiéndolo en el nivel del imaginario. La autoría importa mucho menos, en este contexto, que la autorización o la autoridad de los discursos. De alguna manera, los discursos letrados y el libro mismo no abandonan nunca, durante buena parte de la colonia, su carácter de objeto, fetiche o artificio, y su carácter mágico, como en el diálogo de Cajamarca, donde el libro no habla en la lengua de Atahualpa, ni en la de los soldados españoles analfabetos, ni en la de Felipillo, el indio traductor de Cajamarca, impotente ante el silencio de la letra sagrada. A partir de este silencio inicial, el libro nunca deja de ser escudriñado hermenéuticamente (Sor Juana ante la discursividad escolástica, Espinosa Medrano en su análisis de las variantes del hipérbaton en su famoso *Apologético en favor de don Luis de Góngora*, el Inca Garcilaso en su función de detección etimológica, etc.).

4. Los *Comentarios reales* y la palabra muda

El discurso de autorización de la voz narrativa en los *Comentarios reales* del Inca Garcilaso, canonizado desde la ideología del mestizaje como ejemplo de hibrida-

---

[10] La relación, un tanto irónica, entre la noción de Homi Bhabha de "dissemiNation" y la variante "insemiNation" es propuesta, para otro contexto crítico, por Amy Kaminsky (28).

ción perfecta en la que se combinan el abolengo inca con la nobleza peninsular como base para el surgimiento del nuevo sujeto histórico americano, se ha prestado a múltiples revisiones (Cornejo Polar, *Escribir en el aire*, Subirats, Mazzotti, *Coros mestizos*) en las que se rescata la problematicidad de lo criollo en el contexto de las luchas representacionales de la época.

En estas relecturas, se ha prestado atención especial a los momentos de autoidentificación a partir de los cuales el Inca intenta legitimar su posicionalidad enunciativa. Desde que el Inca presenta su primera obra como "la Traducción del Indio de los *Tres Diálogos de amor* de León Hebreo" (1590) hasta las dedicatorias de los *Comentarios reales* (1609) y la *Historia general del Perú* (1617), donde aparece ya como el Inca Garcilaso de la Vega, el paso de la marca étnica a la connotación cultural va pautando, progresivamente, una potenciación de lo mestizo como espacio identitario vasto, en el que caben tanto la reivindicación genealógica como el surgimiento de una forma nueva de subjetividad negociada entre espacios geopolíticos y geoculturales diversos y conflictivamente articulados. La condición mestiza opera, ideológica y discursivamente, como un pacto semántico que permite trasponer fronteras epistemológicas, pero que al mismo tiempo acota la instancia de la producción textual como traducción/traslación de sentidos en una etapa transicional entre el universalismo renacentista y la razón barroca. Marca también el proceso de creciente indagación histórica y voluntad testimonial que complica la cartografía de una hispanidad transterritorializada, que debe comenzar a incorporar los desafíos de la interpelación desde los márgenes, por parte de un sujeto activado por la migrancia inversa y la melancolía del origen. En el Inca se opera, entonces, esa combinatoria de desplazamiento territorial y temporal, junto al ejercicio de la lengua como lugar *político* de poder y legitimación no solamente autorial, sino también étnica y cultural, en sentido amplio. No otro es el sentido de la advertencia "Acerca de la lengua general de los indios del Perú", que abre el texto de los *Comentarios reales*, en la que el tema de la comunicación se vincula al conocimiento de la lengua y al de la producción de una "verdad" fundada en el espacio del signo como ámbito de reconocimiento identitario y también de violencia y resistencia simbólica. Traducción, interpretación, migración de sujetos e identidades, se combinan en el proceso de producción identitaria[11]. Para el Inca, el signo lingüístico desencadena una lucha semiótica en la que se funden señas, palabras, deseos y reclamos identitarios, haciendo de la lengua la arena en la que se dirimen antagonismos mayores. En el capítulo IV de los *Comentarios reales*, titulado "La deducción del nombre Perú",

---

[11] Alberto Escobar notó en sus estudios del Inca la relación entre palabra e historia, y la "vocación de *intérprete*" (su énfasis) del Inca, donde la tarea de traducción, "comento y glosa" se entretejen en la elaboración de la condición mestiza.

el Inca se explaya en la relación del supuesto mal entendido que habría dado lugar a la imposición del nombre propio de la región en un imaginario que más que apropiado por la palabra del conquistador aparece como violentado –"corrompido" es la palabra del Inca– por el hábito de la desfiguración colonizadora. Pero sobre todo, el Inca es capaz de fundar a través de la manipulación del signo lingüístico el espacio americano como lugar del deseo, donde extranjería y extrañeza, autoría y autoridad se combinan en una extraña confluencia de complicidades y conflictos.

> Los españoles, habiéndole acariciado porque perdiese el miedo [...] le preguntaron por señas y por palabras qué tierra era aquélla y cómo se llamaba. El indio, por los ademanes y meneos que con manos y rostro le hacían *(como a un mudo)* entendía que le preguntaban mas no entendía lo que le preguntaban y a lo que entendió qué era el preguntarle, respondió a prisa (antes que le hiciesen algún mal) y nombró su propio nombre, diciendo Berú, y añadió otro y dijo Pelú. Quiso decir: "Si me preguntáis cómo me llamo, yo me digo Berú, y si me preguntáis dónde estaba, digo que estaba en el río". [...] Los cristianos entendieron conforme a su deseo, imaginando que el indio les había entendido y respondido a propósito, *como si él y ellos hubieran hablado en castellano*, y desde aquel tiempo, que fue el año de mil quinientos y quince o diez y seis, llamaron Perú aquel riquísimo y grande Imperio, *corrompiendo* ambos nombres, *como corrompen los españoles casi todos los vocablos que toman del lenguaje de los indios de aquella tierra* (I, IV, 15-16).

Si en el imposible "diálogo" de Cajamarca Atahualpa cayó por su "sordera" ante el mensaje del libro sagrado, el indio de la escena garcilasiana es tratado "como [a] un mudo", en una intersección en la que emociones, razón, poder y cultura interactúan apretadamente. El indio es el intérprete inicial de una cadena comunicativa quebrada por el malentendido que parte de la ubicación del *otro* americano en la extrañeza de un espacio de racionalidad coartado por la autoridad cultural del dominador. Para salvar esa distancia, el Inca se sitúa entre el malentendido y la comprensión verdadera, en esa "vocación" de glosa y hermenéutica que le corresponde como depositario de la cualidad de nuevo sujeto que inaugura una agencia cultural transicional entre el colonizador recién llegado que nombra para poseer y el dominado, desposeído de la tierra natal y la lengua materna. El lugar del deseo y la imaginación conduce al fingimiento (los españoles tratan al indio "como a un mudo", lo interpretan "como si hubieran hablado en castellano"), en el que se proyecta la mirada hegemónica, que al intentar confirmar su centralidad, confirma su ceguera. El espacio del malentendido es el de una *performance* mímica y paradojal que refuerza el proceso de subalternización; a la traducción corresponde la función de restitución de significados, y de inauguración de un espacio simbólico de comunicación transculturada.

En los *Comentarios reales*, la lengua es asiento de una identidad cultural que se va restringiendo en busca de su centro, fuera del cual existe una "barbarie" y una "extranjería" (una corrupción y una violencia) que alcanza incluso a quienes pertenecen al Tahuantinsuyu pero son ajenos al núcleo generador de significados primarios y legítimos.

> Se engañan en declarar el lenguaje del Perú los que no lo mamaron en la leche de la misma ciudad del Cuzco, aunque sean indios, porque los no naturales della también son *extranjeros y bárbaros **en** la lengua* como los castellanos (V, XXI, 257) [el énfasis es mío].

El Cuzco es el espacio de verdad natural que sólo puede alcanzarse por la posesión natural de la lengua ("Yo escribo, como otras veces he dicho, lo que mamé en la leche y vi y oí a mis mayores" [III, XXI, 165]). Fuera de ese dominio, castellanos e indios no cuzqueños comparten, en este nivel, una exterioridad irremediable, porque la identificación entre sujeto, verdad e historia viene sólo legitimada por la competencia que da la "lengua materna", mamada en la leche y confirmada por la coexistencia comunitaria.

Esa barbarie *"en la lengua"*, ese *"engaño"* que da la ajenidad a la tierra natal y que actualizan los ritos de migración imperialista (en este caso la expedición exploratoria de Vasco Núñez de Balboa) son las bases de una identidad que busca legitimarse apropiándose de la competencia lingüística del conquistador, y apoyada en una diglosia instrumental esgrimida como arma de resistencia y contra-conquista.

Como ha sido notado por la crítica, la dedicatoria a la *Historia general del Perú* agrega una variante a esa interpelación, cuando se excluye al español para efectuar una concentración más restrictiva del circuito que va del productor del texto a sus narratarios: "A los indios, mestizos y criollos de los reinos y provincias del grande y riquísimo imperio del Perú, el Inca Garcilaso de la Vega, su hermano, compatriota y paisano, salud y felicidad"[12]. Afirmado ya el lugar de enunciación y la competencia lingüística, discursiva, historiográfica del Inca, queda fijada ya la comunidad receptora ideal y sobre todo la posicionalidad del destinatario marcado de la obra, en términos de su ubicación geocultural y su identificación con el proyecto cultural de la mestización americana.

---

[12] Subirats y Cornejo Polar realizan interpretaciones divergentes de esta dedicatoria. El primero la ve como parte de la "cuenta negativa" del Inca, considerando que éste abandona la dimensión de resistencia por la conciliación, guiado por sus aspiraciones personales (ver Subirats 278-280). Cornejo Polar enfatiza la exclusión del español y sugiere la posibilidad de estudiar los términos paralelos de esa dedicatoria como pares (indio/hermano, mestizo/compatriota, criollo/paisano), aunque se inclina más bien por potenciar el sentido de comunidad cultural y racial que la misma presenta, abarcando los diversos sectores americanos y marginando al peninsular (Cornejo Polar, *Escribir en el aire* 96-98).

5. La palabra y el engaño a los ojos: el Lunarejo

El proceso de construcción identitaria se manifiesta, en el período prenacional, quizá como en ningún otro del desarrollo cultural americano, como la instancia en la que cuerpo, palabra, y territorialidad constituyen una red de intercambios y negociaciones cuya principal característica es la de resaltar e incluso reivindicar una "impureza" constitutiva, donde el elemento de multiplicidad es apropiado de diversas maneras. Medio siglo después de los *Comentarios reales*, pero aún fuertemente condicionada por la posicionalidad colonial, la diferencia criolla continúa siendo tematizada por el discurso americano, en estrecha relación con las elaboraciones en torno a territorialidad y funcionalidad de lenguaje.

Juan de Espinosa Medrano (1629?-1688), caracterizado como "El Lunarejo" por la mancha de nacimiento que llevaba en el rostro, hace del cuerpo colonial un espacio en que se simbolizan tanto la otredad y extrañeza del americano como los tránsitos transoceánicos de discursos y modelos de conocimiento en el período barroco. Desplazamiento espacial y temporal (ubicación periférica y retardo respecto a los tiempos centrales) son en el escritor peruano y en el período al que pertenece, una constante. Como González Echevarría señalara, "the Baroque does not suffer from an axiety of influence so much as from an anxiety of confluence and affluence, an excess in which the new is merely one more oddity. The Baroque consists of an accepted and assumed sencondariness and belatedness, which are capable of absorbing the geographic and temporal displacement of the Antarctic poet and can even flaunt it like an emblem, for example, satyrs and parrots" (*Celestina's Brood* 164). El crítico se refiere al prólogo "Al lector" que antecede al famoso *Apologético en favor de don Luis de Góngora*, en el que el Lunarejo señala[13]:

> Tarde parece que salgo a esta empresa; pero vivimos muy lejos los criollos y si no traen las alas del interés; perezosamente nos visitan las cosas de España; además que cuando Manuel de Faría pronunció su censura, Góngora era muerto y yo no había nacido.
> [...]
> Ocios son éstos que me permiten estudios más severos: pero ¿qué puede haber bueno en las Indias? Sátiros nos juzgan, tritones nos presumen, que brutos de alma, en

---

[13] Como es sabido, la primera edición del *Apologético*, de 1662, no ha sido la más usada en los estudios de esta obra. Esta edición existe en copia en la colección de libros raros de la Universidad de Yale, y es la que ha consultado González Echevarría. Otros estudiosos se basan en la edición de 1694, en la cual han sido modificadas o suprimidas partes del texto de la primera edición. Citaré por la edición de Augusto Tamayo Vargas en la versión de Biblioteca Ayacucho (Caracas, 1982), aparentemente basada en la de 1662, aunque no incluye la "Fe de erratas" que aparece en la versión original. González Echevarría indica que Tamayo Vargas usa la edición de 1694; sin embargo, la edición de Tamayo Vargas incluye los párrafos del prólogo que, según González Echevarría, sólo existen en la de 1662.

vano se alientan a desmentirnos máscaras de humanidad. Perdono lo que me cabe; no me atrevo al desengaño; embargo sí las estimaciones; harto es, que hablemos: mucho valdría Papagayo, que tanto parlase, pero sucédenos lo que al de Augusto César. Oleum et operam perdidi [He perdido mi tiempo y mi esfuerzo]... (17).

Asimismo, en el "Prefacio al lector de *La Lógica*", primer y único tomo de la *Philosophia Thomistica* que Espinosa Medrano llegara a publicar, el autor abunda en el tema de la extrañeza criolla:

> Pues los europeos sospechan seriamente que los estudios de los hombres del Nuevo Mundo son bárbaros [...]. En realidad, nos han tratado injustamente, pues como dice el poeta satírico Juvenal (*Sátira* 10) de muchos
>
> [...] la sensatez muestra
> que hombres muy ilustres, dando los más grandes ejemplos,
> han nacido bajo torpes aires en la patria de los necios.
>
> Mas ¿qué si habré demostrado que nuestro mundo no está circundado por aires torpes y que nada cede al Viejo Mundo? (325)[14].

Nuevo Mundo, patria de necios, espacio bárbaro circundado por "aires torpes", el mundo americano sigue siendo, más de medio siglo después de la afirmación identitaria del Inca Garcilaso, arena de batallas representacionales donde espacio (corporal o geográfico) y palabra son manipulados por las dinámicas del poder, en las que se afirman las jerarquías de hegemonía y subalternización colonial. Como han notado Stalybrass y White en sus estudios sobre las política y poéticas de la transgresión,

> The high/low opoosition in each of our four symbolic domains -psychic forms, the human body, geographical space and the social order- is a fundamental basis to mechanisms or ordering and sense-making in European cultures (3).

En esta tradición, apropiada y redimensionada a nivel colonial, la inversión simbólica que busca El Lunarejo elabora la extrañeza del cuerpo (el americano visto como sátiro o tritón, como un sujeto exótico nacido en una tierra a la vez promisoria e inferior en su adscripción marginal a las epistemologías del occidentalismo) y debe afirmarse a partir de una identidad múltiple, negociada en los márgenes de las representaciones del cuerpo unificado y homogéneo de los cen-

---

[14] Me he referido a estas declaraciones de El Lunarejo en relación con el tema de la extrañeza criolla y el retardo americano en "Apologías y defensas: discursos de la marginalidad en el Barroco hispanoamericano", aparecido en *Relecturas del Barroco de Indias* y republicado en *Viaje al silencio*.

tros imperiales. Mitologizada o aprehendida a través de las desviaciones grotes-
cas del modelo hegemónico, el cuerpo criollo es siempre desplazado hacia zonas
de representación alternativas, que sólo pueden ser contrarrestadas a través de
prácticas lingüísticas y discursivas capaces de competir con las metropolitanas y
compensando el desplazamiento y la distorsión de la posicionalidad colonial.

Espinosa Medrano utiliza el discurso crítico como prueba irrefutable de un
desplazamiento temporal y espacial que quiere proponer como relativo. Aunque
la inserción del crítico peruano en el debate gongorino sea tardía según los tiempos metropolitanos, su reactivación activa el tema de la construcción de la subjetividad mestiza y su derecho a la palabra como inserción en los protocolos de la
racionalidad occidental. A través del discurso crítico la migración de discursos,
simbolizaciones y subjetividades interpreta la extrañeza del cuerpo criollo, donde
barbarie y exotismo se mezclan para crear un apartamiento de la norma que acerca al americano a un grotesco barroco basado en la idea del desplazamiento.
Como indican Stalybrass y White,

> The grotesque body, as Bakhtin makes clear, has its discursive norms too: impu-
> rity (both in the sense of dirt and mixed categories), heterogeneity, masking, protubert-
> tant distension, disproportion, exorbitancy, clamour, descentered or eccentric arran-
> gements, a focus upon gaps, orifices and symbolic filth (what Mary Douglas calls
> 'matter out of place'), physical needs and pleasures of the 'lower bodily stratum, mate-
> riality and parody (23).

El dominio del cuerpo anómalo es el de la otredad subalternizada y se asocia
con multiplicidad y periferia, y con el sentido de la no-pertenencia. El ejercicio
crítico del *Apologético*, como el que se expresa en el "Prefacio al lector de *La
Lógica*" busca redimensionar el paradigma de la palabra inversa, la que se ejerce
desde el tiempo dilatado de la marginación espacio-temporal y desde el cuerpo y
la razón del dominado, como conquista de una territorialidad epistemológica que
es la utopía del colonizado: aquella que reivindica la *diferencia* como base de una
nueva subjetividad y la heterogeneidad como intervención e interpelación de la
norma culta, es decir, la extrañeza transgresora del Otro que construye el nosotros desde la lejanía.

El "tumulto de indios" de 1692 en los pliegues de la fiesta barroca. Historiografía, subversión popular y agencia criolla en el México colonial

El siglo XVII americano, identificado frecuentemente como el período de "estabilización virreinal", se asocia en general con la superación de las luchas territoriales que habían asolado el mundo colonial desde el descubrimiento, y con el florecimiento de una cultura que por primera vez en la historia del nuevo continente parecía ya no sólo emular sino hasta superar a la europea por su refinamiento y esplendor. La monumentalidad que asumen los modelos metropolitanos en su reconversión americana, y la noción de que la *pax hispánica* había triunfado, finalmente, sobre el primitivismo del Nuevo Mundo, hicieron que durante mucho tiempo se minimizara, en las evaluaciones del período, la importancia de las dinámicas internas, particularmente las de carácter interracial, que recorrían subterráneamente las formaciones coloniales. Sin embargo, durante la plena vigencia de la cultura del barroco, las prácticas sociales y la producción simbólica de los vastos sectores que escapaban a la reducción civilizadora continuaban desarrollándose en los suburbios aun a veces en el corazón mismo de *la ciudad letrada*, demostrando la existencia, a nivel popular, de una potencialidad subversiva capaz de amenazar, sustancialmente, el proyecto imperial[1].

Una vez que esas dinámicas heterodoxas y antihegemónicas afloran a la superficie de la conciencia histórica, ellas obligan, por un lado, a relativizar la solidez de los modelos implantados desde la conquista. Por otro lado, llevan a revisar, desde nuestra perspectiva actual, las estrategias discursivas, interpretativas y representacionales, a partir de las cuales la cultura criolla, en distintas etapas de su desarrollo, ha relevado o desplazado los acontecimientos que desafiaban la identidad del sector dominante, asignando valores fijos a sucesos históricos, actores sociales o espacios culturales que introducen elementos de heterogeneidad, transgresión o multiplicidad en horizontes ya formalizados de poder y ordenamiento social. Multiplicidad y representación constituyen así dos puntos esenciales dentro de la cultura colonial, y particularmente en el período que nos ocupa, cuando los modelos metropolitanos habían ya afirmado su hege-

---

[1] Las alusiones a "la cultura del barroco" y "la ciudad letrada" corresponden, obviamente, a los estudios de José Antonio Maravall y Ángel Rama, respectivamente.

monía en ultramar, encontrándose entronizados como eje principal del imaginario criollo.

Pero lo múltiple no es, como indica Giles Deleuze, lo que tiene muchas partes, sino lo que se pliega de muchas maneras (3), lo que, como en la arquitectura barroca, vincula, intrincadamente, el adentro y el afuera, lo alto y lo bajo, la presencia y la ausencia, el pliegue, el repliegue y el despliegue de formas materiales o simbólicas, de cuya relación laberíntica resulta la producción de sentidos y las modalidades que asume la racionalidad en sus distintas formas de manifestación histórica.

Desde nuestra perspectiva actual, el barroco colonial presenta el desafío de penetrar en los pliegues de las múltiples formas de subjetividad –dominantes o alternativas– que inauguran su entrada a, o su confrontación con la primera modernidad americana y que interrogan, cada una a su manera, el proyecto de una transculturación occidentalista y universalizante impuesto como pieza fundamental de la dominación colonialista.

Sólo una lectura a contrapelo de las formas estéticas e historiográficas del período puede permitirnos una aproximación nueva a esas dinámicas sociales que nos llegan muchas veces deformadas por lo que Sigüenza y Góngora llamara "el vidrio verde" de un subjetivismo que interpreta la historia a partir de perspectivas fuertemente condicionadas por la articulación del letrado colonial dentro de la totalidad social e ideológica en la que éste buscaba afirmar sus formas propias de protagonismo e identidad social.

La observación del sabio mexicano forma parte, justamente, de la introducción de su "Alboroto y motín de los indios de México", crónica dirigida al almirante español Andrés de Pez, en la que se relata, desde la perspectiva del orden virreinal, el levantamiento de indios y mestizos ocurrido en 1692 como coronación de la serie de lluvias, inundaciones y pestes que arruinan las cosechas de maíz y trigo en el valle de Anáhuac, precipitando una movilización de cerca de diez mil personas que reaccionan contra la represión llevada a cabo en esa ocasión por las autoridades virreinales. El levantamiento, que tiene su punto culminante en el incendio del palacio virreinal, la Alhóndiga, pone en peligro no sólo las bases materiales y la seguridad personal de la elite novohispana, sino también el patrimonio simbólico de un orden asentado en los rituales del poder. El episodio culmina con una serie ejemplarizante de persecuciones y castigos que incluyen encarcelamiento, torturas, ejecuciones públicas, mutilaciones y destierros. Por sus dimensiones sociales y sus repercusiones discursivas, este hecho constituye una de las instancias paradigmáticas para una penetración oblicua en los múltiples rostros que esconde la monumentalidad barroca en las colonias durante su etapa de máximo esplendor cultural.

Si la temática del texto de Sigüenza expone, indudablemente, uno de los modelos más frecuentes de expresión de la contracultura plebeya dentro de los parámetros de la sociedad de la época, su organización discursiva revela la constitución ideológica y la cosmovisión del sector dominante, que se nuclea y cohesiona en el contexto amenazante de los levantamientos populares. En efecto, desde la selección léxica hasta el manejo de las unidades espacio-temporales, pasando por la caracterización de sujetos y por el ritmo mismo del relato y los recursos de simbolización utilizados, la relación epistolar de Sigüenza y Góngora muestra la aplicación de una poética historiográfica tributaria no sólo de la tradición retórica peninsular sino de las nociones de control social y civilidad americana refinadas en el contexto colonial e implementadas por el aparato de poder administrativo, político y religioso que había afirmado su poder en el Nuevo Mundo desde la conquista[2].

En su dinámica antiheroica y desordenada, el suceso narrado por Sigüenza corona la serie de sublevaciones que marcan, desde los comienzos de la conquista, la historia novohispana, pero se asocia más concretamente al motín que casi setenta años antes, en 1624, había asolado de similar manera el resguardado orden de la ciudad barroca. Si el episodio del año 92 agita, entonces, la memoria histórica de la colonia, su relevamiento se retrotrae también, en forma y espíritu, a los procedimientos del género cronístico y al carácter de las relaciones con las que el conquistador había dado cuenta a las autoridades metropolitanas, durante el período colonizador, de las alternativas del proceso de penetración y sojuzgamiento del mundo colonial. En este caso, sin embargo, el cronista no es un peninsular sino un letrado criollo estrechamente entronizado en el gobierno local, quien a través del discurso epistolar expone, desde la perspectiva del orden institucional, la dramaticidad de los antagonismos sociales y particularmente la problemática de la intermediación criolla, tal como éstos se juegan en la Nueva España hacia fines del siglo XVII.

La carta-relato de Sigüenza y Góngora, recogida y publicada por primera vez en 1932 por Irving Leonard constituyó, durante mucho tiempo, la versión oficial más divulgada de los levantamientos de 1692. Sin embargo, la misma es, hoy en día, sólo una de las fuentes existentes para la reconstrucción de esos sucesos, y sin duda también la más teñida por el "vidrio verde" de una conciencia criolla que, situada en la encrucijada creada por el ataque al orden virreinal, opta por la defensa de un sistema que victimiza a los mismos sujetos que constituyeron, en otros textos del sabio mexicano, un objeto apasionante para su arqueología cultural[3].

---

[2] El texto "Alboroto y motín de México" ha sido estudiado, entre otros, por Kathleen Ross, especialista en la obra total de este autor, y por Sam Cogdell, quienes destacan la importancia de esta crónica como discurso criollo y los modelos historiográficos seguidos por Sigüenza y Góngora en su composición.

[3] Sobre los estudios de Sigüenza y Góngora sobre el pasado amerindio véase Pagden, Leonard y Ross.

A pesar de la indudable importancia de esta versión criolla, pocos estudios han trabajado el texto de Sigüenza desde el punto de vista literario, y muchos menos han analizado su valor histórico, sus reclamos de verosimilitud, su construcción de un estatuto de verdad inapelable, su operatividad política dentro del amplio marco de las tensiones virreinales y del complejo proceso de surgimiento y consolidación de la conciencia criolla. Sólo recientemente, en un estudio de 1994, el historiador Douglas Cope ha entregado una lectura cuidadosa del motín, a partir de la documentación existente en el Archivo de Indias. Ésta permite reconstruir la versión de testigos, participantes e instigadores de la sublevación, que dieron testimonio ante la Real Audiencia y otros tribunales que investigaron los hechos inmediatamente después de ocurridos y fijaron los castigos brutales que se aplicaron a quienes fueron considerados como los responsables del tumulto de junio[4].

Propongo aquí, entonces, considerar el texto de Sigüenza sólo como una de las vertientes posibles para una lectura del motín del 92, es decir como uno de los pliegues en los que la conciencia historiográfica del barroco americano expone y a la vez escamotea determinados estratos de la memoria colectiva y de la experiencia cotidiana en el proceso de construcción del imaginario criollo. En este sentido, el suceso puede ser estudiado como una instancia precisa en la dinámica de localización y desplazamiento de la subjetividad criolla con respecto a los lugares simbólicos de legitimación social y política de la sociedad virreinal. Pero al mismo tiempo el amotinamiento rebela otros aspectos de la historia fragmentaria, oculta y discontinua de los sectores populares sojuzgados material y discursivamente por el poder letrado. En efecto, en el reverso de las lecturas oficiales, los estratos populares que se revelan en contra de la "colonización del imaginario" que forma parte del proyecto de dominación colonialista, aparecen, en el enclave temporal del amotinamiento, como sujetos sociales que desafían la agencia criolla a través de las acciones desplegadas pero también a partir de testimonialismo controlado y mediatizado por las estructuras dominantes. A través de esta discursividad, el dominado desafía la canonicidad y la hermenéutica criollas, creando sus propias formas de reversión simbólica de la racionalidad universalista y centralizadora.

1. LOS CONTRARIOS BARROCOS Y LA LÓGICA DE LA SUBVERSIÓN:
   SISTEMAS EN CONFLICTO

La elaboración narrativa de Sigüenza y Góngora se apoya en dos principios centrales de la cosmovisión barroca: el de la disposición estético-ideológica oximo-

---

[4] Este trabajo es tributario del estudio de Cope y de su lectura cuidadosa de los hechos revelados por los documentos del Archivo de Indias, así como de su sensible lectura de la multiplicidad de voces y perspectivas que obligan a matizar y a reinterpretar el relato de Sigüenza y Góngora.

rónica, realizada a partir de contrarios que reducen y polarizan la materia aborda-
da, y el que se organiza en torno a la teoría de la catástrofe como ruptura del
orden e instalación de un estado de excepcionalidad que se impone de modo arra-
sador e injustificado sobre una realidad armónica y centralizada en torno al principio del autoritarismo monárquico y cristiano[5]. Si el primer recurso crea una
contraposición fácilmente identificable con la estética dominante en el decorativismo barroco, con los principios religiosos y la jerarquización de clases, el
segundo mantiene la idea de un orden esencial que sólo sucumbe provisionalmente a una fuerza exterior e incontrolable, producto más de la naturaleza que de
las contradicciones internas del sistema vigente. En ambos casos, las estrategias
discursivas utilizadas por Sigüenza apoyan la construcción de un relato hiperbó-
lico, polarizado y metafórico, donde el empuje destructor de las aguas y pestes se
equipara a la dinámica turbulenta de la movilización de las masas.

Por la misma naturaleza del hecho, pero también por la cosmovisión utilizada
para relevarlo, el *crescendo* es también una estrategia central, que se manifiesta
ya en el léxico de la narración: de "alboroto" a "motín" se establece una diferencia fundamental que va de la visión del tumulto como confusión y desorden a su
valoración como estrategia subversiva y transgresora, o sea llevada a cabo con
dirección y sentido de finalidad. Asimismo, la mención de los participantes como
"indios" o "plebe" es también englobante de una variedad racial que cubre las
castas tanto como los grupos de mulatos e incluso los individuos de procedencia
española que se plegaron de una manera u otra a la movilización.

El texto activa así un sistema binario a través del cual se da cuenta, desde la
cosmovisión dominante, de los antagonismos de clase, raza y género que caracterizaban la sociedad novohispana hacia fines del siglo XVII. El encuadre general
gira en torno a las oposiciones elite/ indios, orden/caos, intercambio comercial/
apropiación espontánea, ley/delito, naturaleza/civilización, delimitando así los
parámetros generales en que se inscribe la revuelta. Otras oposiciones del tipo
fiesta/motín, cuerpo/espíritu, alegría/tristeza, marcan más bien el desarrollo anec-
dótico del relato, que en la pluma de Sigüenza aparece planteado en los términos
de un espectáculo que remeda la *performance* carnavalizada de las fiestas barro-
cas, o la dramatización alegórica de los autos de fe o del teatro profano, que forman parte del imaginario decorativista y celebratorio de la sociedad de la época.

Sin embargo, el conflicto no es planteado por el mero registro de esas polaridades, sino por el proceso de inversiones y mezclas que producen la contaminación de unos espacios por otros, es decir, por la dinámica de la transgresión de
fronteras materiales y simbólicas por parte de los amotinados. Los caminos inun-

---

[5] Cope se refiere, en su estudio, a la noción de catástrofe, y también Kurnitzky, al hablar de la
"experiencia de la catástrofe" como organizadora de lo social (10).

dados que remedan el desborde de una realidad social incontrolable, la falta de animales de carga capaces de transportar a la ciudad desabastecida mercancías provenientes de los pueblos cercanos, el gusano *chiahuiztli* que se come lo que queda de las hortalizas y granos destinados a la alimentación, los incendios que destruyen la ciudad, parecen simbolizar, en la síntesis de Sigüenza y Góngora, una degradación súbita y generalizada no sólo de los recursos materiales sino de los fundamentos ideológicos de la sociedad mexicana, representando en una especie de alegorización grotesca e invasiva la cancelación de los canales ordinarios de comunicación social y negociación política en los que se basaba el *status quo* anterior al tumulto.

Para marcar el contraste con los sucesos que se narrarán a continuación, la carta al almirante Pez comienza con la referencia a los logros y medidas concretas tomadas por el virrey Conde de Galve para controlar la agudización de la crisis. Como segundo encuadre, la misiva de Sigüenza se detiene en la descripción de las fiestas que celebraban en esos días en la ciudad las bodas de Carlos II con Mariana de Neoburgo, con un despliegue de carrozas, disfraces y desfiles alegóricos que se llevan a cabo casi al mismo tiempo en que, frente a la Alhóndiga, en medio de un desborde de banderas, pancartas, gritos y blasfemias las voces populares piden la sangre del virrey y de los "gachupines" que formaban parte del gobierno local, creando un anticlímax que sugiere la excepcionalidad de la revuelta, el advenimiento de la barbarie, y la necesidad del retorno inmediato al estado anterior.

El determinismo social y psicológico que organiza el relato de Sigüenza busca crear un desplazamiento de las razones económicas, políticas y administrativas de los disturbios, y una concentración en lo racial, como reforzamiento de la fundamentación civilizadora del orden colonial. La naturaleza antisocial de indios y castas, la ingratitud y resentimiento que el letrado considera características propias de la plebe, sumadas a la tendencia al desborde de los instintos y la degradación de las costumbres se exacerba, según las versiones oficiales, por el consumo masivo del pulque, que actúa, en la economía de la narración, como uno de los principales factores desencadenantes del amotinamiento.

La transgresión de las fronteras, la violación del orden, el ataque a la seguridad personal y a la propiedad privada, la invasión de los espacios materiales y simbólicos que constituían el ámbito controlado de la elite virreinal, son presentados así como una antinatural inversión del estado de derecho por la cual la otredad americana socava los fundamentos mismos de un sistema basado en la centralización económica y el autoritarismo político. Finalmente, los espacios de lo urbano y lo rural se superponen en una subversión de funciones sociales que transforma al individuo de súbdito y subalterno en actor social que se expresa a través de acciones que, desde la perspectiva de las autoridades, los convierte en victimarios y agresores que, aunque sólo sea temporalmente, toman control del espacio público transformado súbitamente en espacio político y campo de batalla. Es el "mundo al revés", que la sátira barroca representaba en clave burlesca, y que la crónica releva en los términos de una dramaticidad que no excluye la ironía y el desprecio por las clases inferiores, que adquirían, provisionalmente, un papel activo y desestabilizador del orden colonial.

2. LA BATALLA TEXTUAL

Otra es la historia que cuentan, sin embargo, los relatos fragmentarios y dispersos de los participantes del motín, recuperados por el análisis de Cope, los cuales se articulan de diversas maneras a otras fuentes textuales que componen la profusa discursividad desplegada en torno al motín, creando una verdadera batalla textual que amenaza la centralidad y verosimilitud de las versiones oficiales.

Por un lado, existe documentación que recoge lo sucedido en la excepcional Junta del 29 de Abril de 1692, en la cual se reúnen, a instancias del virrey, miembros de la Real Audiencia, magistrados de distintas instituciones administrativas, eclesiásticos de alto rango y miembros del Cabildo, en la que Cope califica como una de las más impresionantes reuniones de este tipo en la historia del México colonial. En el curso de esta reunión se analiza la situación del mercado y la demanda popular, y se discuten medidas para controlar la especulación y el acaparamiento de alimentos por parte de productores y distribuidores, manejando alternativas para la fijación de precios y el disciplinamiento del consumo.

Sumados a los edictos y decretos emitidos ya desde fines del año anterior por el virrey Conde de Galve para controlar la situación de desabastecimiento y obligar al aprovisionamiento de maíz, trigo y otros productos alimenticios a la población del área, los testimonios que nos quedan de la Junta de Abril constituyen, por así decirlo, el corpus documental que contrapesa la interpretación de la movilización indígena y mestiza como parte de la dinámica "espasmódica" a partir de la cual se expresaría, de manera espontánea, inmotivada e imprevisible, la historia de los sectores dominados[6]. Estos documentos permiten entender el amotinamiento, entonces, no ya como una contracción violenta y pasajera de la masa, sino como la resultante del proceso de clausura gradual de los canales ordinarios de abastecimiento, comunicación y negociación política a lo largo de los meses que preceden al tumulto de Junio.

Junto a estos documentos, Cope recupera dos cartas anónimas enviadas directamente al rey por quienes firman como "sus más leales vasallos", en las que se

---

[6] A esta "visión espasmódica de la historia popular" se refiere Cope (5) para aludir a formas de interpretación histórica, actualmente bajo revisión, que no dan suficiente importancia a factores sociales y económicos que preparan y explican levantamientos masivos en diversos contextos.

denuncian los abusos de la administración novohispana, responsabilizando directamente a las autoridades virreinales de la crisis de junio. Alejándose de los habituales panegíricos del virrey que en general nutrían este tipo de epístolas, las cartas se concentran en la enumeración de acusaciones que incluyen los cargos de corrupción administrativa, tiranía, comercio de la justicia, explotación de trabajadores manuales, imposición de impuestos ilegales al ganado que entraba en la ciudad, especulación, adulación y avaricia de funcionarios, e imposición de la pena del destierro a Tejas a todo aquel que se opusiera a las medidas oficiales. Las cartas ponen énfasis, además, en la acumulación de riquezas por parte del virrey Conde de Galve, en una proporción que superaba, según las epístolas, lo que cuatro virreyes habrían acaparado en el mismo período[7].

Como telón de fondo de esta textualidad que se despliega en el primer plano del escenario discursivo en que se inscribe el motín, se escuchan otras voces, de funcionalidad variable, a través de los múltiples géneros que sirven a la expresión popular: pasquines antiespañoles que preceden y acompañan el amotinamiento, prédica de eclesiásticos a los subversivos, sermones que condenan desde el púlpito las medidas del virrey y que imprudentemente, según el juicio de Sigüenza y Góngora, confirman las sospechas de la masa, chismes, reclamos, exhortaciones y murmullos de mujeres cuyas voces resaltan en medio de la multitud, sin faltar apelaciones formales presentadas ante el arzobispo y el virrey, las cuales, al ser desoídas, evidencian la clausura del diálogo con las autoridades responsables del gobierno regional y la necesidad de buscar nuevas modalidades de acción colectiva.

Junto a esta multiplicidad de voces, los testimonios oficiales y los de los participantes de la revuelta insisten sobre el ruido ensordecedor de los gritos, silbidos, campanazos, tiros y destrozos que Sigüenza compara al sonido de más de cien tambores tocando juntos. El estruendo marca el *crescendo* de la revuelta y confiere a los sucesos el aspecto de una *performance* amenazante y carnavalesca que enciende los temores de la elite y estimula la lucha popular. Los gritos reclaman la muerte de los gachupines y la sangre del "cornudo" virrey Conde de Galve, de la virreina que lo habría convertido en tal, y del corregidor.

Ese telón auditivo desbordante y cacofónico se asimila, desde la perspectiva de la elite, a la oralidad popular y a las micro-secuencias fragmentarias y contradictorias de los testimonios directos de los participantes, en contraste notorio con la organicidad historiográfica que expone el relato de Sigüenza, cuya narración inscribe la factualidad desordenada del amotinamiento en una linealidad narrativa que absorbe el caos en el orden del discurso. Este contraste se hace evidente en la multiplicidad de versiones que recoge Cope, las cuales se afincan fuerte-

---

[7] Como Cope indica, puede haberse tratado de burócratas peninsulares que despreciaban a la elite criolla. Véase Cope 133 y n. 38.

mente en una pretensión de verosimilitud que responde a las presiones de las autoridades que tratan de subsumir los hechos en una racionalidad manejable desde las estructuras del discurso forense, y acorde con la naturaleza orgánica y centralizada del orden virreinal.

3. EL PULPO Y LA HIDRA: TEORÍAS SOBRE LA INSURRECCIÓN[8]

O una cabeza con mil brazos invasivos y destructores que se apropian de lo que encuentran, en una práctica desordenada pero planeada desde una perspectiva unificada, o mil cabezas que funcionan sin concierto, desatadas sobre una realidad inabarcable desde las unidades tradicionales de tiempo, acción y espacio. Douglas Cope determina en esos términos las teorías utilizadas para explicar el motín de 1692. A través de cada una de estas alternativas se propone una aproximación diferente al desborde popular, aunque ambas tienen en común el intento de encontrar un sentido que inscriba los sucesos dentro del campo de experiencia y dentro de los parámetros previsibles de una racionalidad definida.

Entre las estrategias oficiales, la principal consiste, como demuestra Cope, en el intento por probar la teoría de la conspiración a través de la identificación de presuntos líderes que permitirían una responsabilización personalizada de los sucesos. Con ello se desencadenan varios efectos en la discursividad popular. En general, los interrogatorios logran la ruptura de la solidaridad de los amotinados y la delación de culpas reales o inventadas para responder las torturas y presiones de los magistrados que interpelan a los sospechosos a partir de la extinción del motín. En muchos casos, como en el del zapatero mestizo Miguel González, logran no sólo la autoinculpación sino la denuncia de cómplices circunstanciales, que a sabiendas o no del origen de las mercancías obtenidas por los amotinados, aceptan de ellos ropas, dinero o alimentos apropiados por éstos mediante el saqueo de tiendas y puestos instalados en las cercanías de la Alhóndiga. Al mismo tiempo, se intenta sustentar las detenciones con pruebas materiales, desde dinero que no se suponía debía estar en ciertas cantidades en manos de jornaleros o artesanos, como en el caso del cargador José Ramos, apresado por llevar consigo pesos y no reales o monedas de menor valor, como correspondía a su retribución ordinaria. Otros participantes, como Felipe de la Cruz, mienten para salvarse, proponiendo relatos poco verosímiles que los condenan, sin más, a ser ejecutados. Otras razones para las detenciones fueron simplemente el haberse encontra-

---

[8] Según Cope: "Spanish accounts, then, tend to depict the crowd as a vast octopus, a single will with many outreaching tentacles. But the rioters –once the palace was set on fire– may have more closely approximated a hydra, the multiheaded beast of classical lore" (144).

do los acusados en las inmediaciones del motín, o el haber pertenecido a grupos sospechosos. En el caso de José de los Santos, zapatero tuerto y sin piernas, que caminaba sobre las rodillas, su apariencia conspicua hace que sea identificado como participante y hasta como instigador por diversos testigos, que incluso lo señalan como líder, a pesar de su condición física, y lo sitúan, a la misma hora, en lugares diversos del escenario donde se están produciendo los hechos.

4. CONCLUSIONES Y APERTURAS

El relevamiento de los testimonios de testigos, además de la posibilidad de reconstruir la situación empírica del amotinamiento y sus etapas anteriores, ofrece una serie de versiones que contrastan en forma y espíritu con las oficiales, particularmente con las de Sigüenza y Góngora. Sin embargo, a nuestros efectos importa menos identificar las diferencias testimoniales y los relatos sobre el suceso, que desprender de esta compleja discursividad algunas conclusiones vinculadas a la construcción del discurso historiográfico y a las implicancias de esta elaboración con respecto a la condición del letrado colonial.

En primer lugar, los testimonios de los participantes nos entregan no solamente la huella semiborrada de las acciones de la masa antes y durante el amotinamiento de junio, sino asimismo los trazos discontinuos de una autorrepresentación, la cual, por las condiciones mismas de su producción, se presenta como enajenada de la misma subjetividad individual y colectiva que la emite. En efecto, las declaraciones de los sospechosos constituyen un discurso no confiable, producido bajo coerción, y fuertemente mediatizado por la represión de las autoridades virreinales y por la imposición, en el plano discursivo, de modelos interpretativos y representacionales formalizados por la cultura dominante. La aplicación de estos modelos, tan importantes para el restablecimiento del orden como el castigo físico de los amotinados, tiene consecuencias fundamentales para una lectura de la movilización popular en diversos contextos. Implica, por un lado, la apropiación de la historicidad de los sectores sometidos al poder colonial y el escamoteo de toda posibilidad plena de afirmar una situación enunciativa autónoma, sobre todo en contextos como el analizado, donde la movilización no responde a un estado avanzado de conciencia social ni está sustentada en un aparato organizativo capaz de subvertir de manera efectiva los fundamentos del sistema imperante. Por consiguiente, la sublevación parece limitarse a su contenido simbólico e indicial, el cual es fácilmente absorbido por las estructuras de poder. Por otro lado, la discursividad alternativa de los participantes del motín define, en su reverso, la función de la historiografía oficial como una práctica concebida e implementada en relación de continuidad y complicidad con las políticas del estado. La historiografía tiene así un papel asignado como fundamental no sólo para el ordenamiento sino para la construcción misma de la historia, como lectura del pasado y como recepción y procesamiento de la contemporaneidad, para la legitimación de la continuidad del control y la reafirmación de hegemonía. Como ha sido indicado con respecto a los recuentos de funcionarios que elaboran versiones sobre las insurrecciones populares, estos relatos

> pueden mostrarnos una "semblanza de objetividad", expresada en una narrativa impersonal, pero que sitúan igualmente estos eventos en una narrativa explicativa, atribuyéndoles una prehistoria y una causalidad, que luego se usan para legitimar las acciones civilizatorias o represivas desplegadas por las elites con el fin de erradicar o prevenir la violencia de los insurgentes. Al rebelde se le priva así de la condición de sujeto de su propia revuelta, y se lo convierte en un pretexto para la reflexión disciplinadora o autorreformista de los propios poderes coloniales o nacionales (Cusicanqui y Barragán 17).

En segundo lugar, y en contraposición a esas versiones oficiales, las relaciones testimoniales a nivel popular dejan al descubierto la compleja constitución de la conciencia criolla, atrapada en los juegos de poder y en los discursos de legitimación del poder imperial. En un estudio sobre el barroco americano, Bolívar Echevarría señalaba de qué modo, por miedo a la barbarie, los criollos continúan identificándose con los españoles en momentos de crisis de la estabilidad virreinal, aun en instancias avanzadas de la consolidación de su conciencia sectorial y de la búsqueda de una hegemonía que terminaría, luego de un largo proceso de diferenciación de la peninsular, por sublevarse ella misma contra las estructuras metropolitanas, que se mostrarían como progresivamente insuficientes de mantenerse como centros de sintetización social y totalización ideológica (Echeverría, *Ethos barroco* 34). La intermediación criolla, que aquí se juega en complicidad con el *status quo*, no vacila en explorar la matriz cultural indígena como vertiente de su propio proceso de diferenciación sectorial. Sin embargo, ante la crisis del orden existente, el sentido de esa cultura *otra* se transforma en negatividad y amenaza. En otras palabras, el *otro*, que mantiene su interés como objeto cultural, no puede asimilarse como sujeto político y social.

En este sentido, la ideología del racismo aparece como un constructo cultural de importancia y valores variables, según las coyunturas históricas y las alianzas sectoriales que fueran necesarias, en cada caso, para la solidificación de un poder criollo ascendente en las etapas protonacionales. Si el proyecto civilizador colonialista había relegado la empiria y la materialidad de los sectores sojuzgados al margen mismo de la civilidad, considerando la experiencia del cuerpo, los valores primarios de supervivencia y derecho a la autodeterminación como prácticas aisladas, descentradas, y básicamente improductivas, la movilización popular demostraba, aun en su dinámica dispersa y discontinua, que la polarización del mundo dividido en violencia y contra-violencia denotaba un desequilibrio esencial en un sistema cuyos fundamentos legitimadores parecían asentarse en la inapelabilidad del dominador y la irrepresentabilidad del dominado. Si el indio y las castas coloniales habían sido asimilados por las estrategias representacionales del poder imperial, como parte del escenario en el que se representaban los juegos y fiestas del poder absoluto, desempeñando el papel de "extras" ubicados siempre en el *background* del poder colonial, la sublevación los situaba, aun dentro del corto lapso de su levantamiento, en el proscenio de la escena histórica, por efecto de la movilización, la rebeldía y la asociación con quienes, aunque fuera provisionalmente, se solidarizaban en la dinámica de la acción colectiva. De ahí la importancia práctica y simbólica de la escritura historiográfica a que se aboca Sigüenza y Góngora y otros oficiales virreinales, y la premura del sabio mexicano en salvar, durante los sucesos de junio de 1692, los archivos en que se registraba la historia de la dominación, fijando así su propio protagonismo individual y sectorial.

Finalmente, la doble perspectiva sobre el motín muestra en diversos aspectos la batalla simbólica que enfrenta, en el contexto colonial, las culturas en conflicto. Frente al despliegue de los símbolos religiosos (la cruz y las imágenes religiosas llevadas en procesión para conjurar la fuerza demoníaca del caos popular, la administración, en medio del tumulto, de la eucaristía a los moribundos de ambos bandos, las letanías y prédicas de los prelados tratando de contener los desafueros de la plebe, la alusión al patrimonio histórico de la dominación) el sector popular levanta sus propia parafernalia de pancartas, banderas improvisadas, armas precarias y consignas ofensivas y soeces contra la autoridad política y eclesiástica. Si las medidas del virrey y los procedimientos de la Real Audiencia, igual que los relatos oficiales, buscan restituir un orden suspendido por el paréntesis del amotinamiento, las acciones populares se revelan como un despliegue simbólico, que de acuerdo a la concepción dominante de la historia y la vida civil se manifiesta como inorgánica, fragmentaria y fuertemente apegada a lo empírico, material e inmediato. La apropiación de mercancías y las múltiples estrategias utilizadas para esconder el botín de las autoridades, la red contradictoria y falaz de testimonios que reclaman, como el relato de Sigüenza, la verdad de lo ocurrido, el énfasis en los cuerpos heridos, mutilados, o ejecutados y colgados públicamente para escarmiento popular, el fuego que consume el patrimonio de una cultura ostentosa, excluyente y represiva, crean un contrapunto difícilmente asimilable a las reglas selectivas y purificadoras de la historiografía.

La discursividad del dominado es, ella misma, un campo de batalla minado por los recursos de las superioridad ideológico-escrituraria, un territorio simbólico colonizado, apropiado y despojado por la retórica legitimante y disciplinadora del dominador. El significado de la subjetividad sojuzgada es sólo residual, intersticial, inorgánico, visto desde la perspectiva centralizante y racionalizadora de la elite. Sólo la letra del dominador crea, en el contexto del colonialismo, orden, realidad, verdad, utilizando la voz del dominado como confirmación de los modelos de universalidad en que se basa la identidad del yo y la alterización de la otredad. Si la palabra reafirma, entonces, sus fueros como vehículo de entrada al occidentalismo y como inscripción de lo local en el universalismo en que se apoya la dominación, las interrupciones del discurso por las prácticas reversivas del dominado obtienen, aunque provisionalmente, la suspensión de la inapelabilidad, exponiendo los pliegues de lo múltiple, híbrido, material, en la continuidad vulnerada del poder. Tanto esta discursividad fragmentaria y estas prácticas discontinuas como los silencios, contradicciones y falacias de las versiones sojuzgadas por la razón de estado establecen otras alternativas a los discursos del poder: las que derivan de una irracionalidad productiva que sigue su propia lógica insurreccional y su propia utopía liberadora, difícilmente asimilables por el ordenamiento historiográfico de la civilidad colonizadora. Proponen, en resumen, otras agencias, otras agendas, otros sujetos.

ILUSTRACIÓN Y DELIRIO EN LA CONSTRUCCIÓN NACIONAL, O LAS FRONTERAS DE LA *CIUDAD LETRADA*

1. PASADO Y TRADICIÓN: INVENCIÓN DEL ORIGEN

Los debates actuales sobre regionalización y globalización, así como los diagnósticos emitidos desde varios frentes respecto al descaecimiento –o, al menos, la relativización– del concepto de nación-Estado como categoría fundamental para aprehender la cualidad fragmentaria y heterogénea de las formaciones sociales latinoamericanas, han acentuado el énfasis en el estudio de los orígenes de la etapa poscolonial que se abre con las luchas de independencia en las primeras décadas del siglo XIX. El "mito del origen"–al que me he referido en otro estudio "Narrativas protonacionales: el discurso de los libertadores" (Moraña, *Políticas de la escritura*)– parece contener, cifradas, las respuestas a interrogantes que se asocian a la fascinación milenarista y al abismo epistemológico que provocan la crisis de los "grandes relatos" y las promesas –¿o habría que decir las amenazas?– de un "nuevo orden mundial" que redefinirá el lugar de América Latina en el contexto del "capitalismo tardío".

La indagación de esos orígenes sugiere la esperanza de recuperación de una memoria histórica capaz de iluminar y potenciar nuestra comprensión del presente a partir del desencubrimiento de una racionalidad que nos vincula, problemáticamente, al proyecto de los libertadores y a los sueños utópicos que la elite criolla fue definiendo como guía y correlato de sus aspiraciones hegemónicas y de su voluntad de participación protagónica en el espacio contradictorio y seductor de la modernidad.

La lectura de este origen moderno del sujeto hispanoamericano se asume con frecuencia como una tarea de recuperación historiográfica más que como una arqueología cultural. A través de ésta podría, sin embargo, revelarse el proceso de emergencia y consolidación de valores ideológicos que se elaboran e institucionalizan en el período como base para la construcción del imaginario criollo independiente y para la fundación de prácticas sociales y políticas que van materializando tanto el proyecto hegemónico como los alternativos, desde los que se expresa de variadas maneras la disidencia y resistencia popular. En el mismo sentido, parece imprescindible elaborar en profundidad la distinción de las diversas formas de subjetividad colectiva que interactúan dentro del amplio marco de las luchas de la emancipación, como manera de visualizar las tensiones, conflictos y negociaciones que subyacieron en la matriz nacionalista y se proyectaron, con diversas agendas, hacia el horizonte de la modernidad. Las páginas que siguen intentan una aproximación a esta problemática, que el horizonte de la globalización vuelve a potenciar al plantear el debate en torno a la articulación de América Latina al proceso de transformaciones que se registran a nivel mundial hacia el fin del milenio, cuando se reformulan los términos del diálogo entre regionalismo y universalidad desde nuevas fronteras ideológicas y políticas.

A comienzos del siglo XIX, los textos que prefiguran la emergencia y consolidación de la nación-Estado surgen en América como parte de una búsqueda, ya iniciada durante la colonia, de fundamentos históricos y estrategias representacionales que permitieran articular el particularismo americano a los universales que guiaron la reestructuración política y social en Europa y los Estados Unidos. La tensión entre ambos polos ha marcado, de entonces a hoy, la historia cultural e ideológica de América Latina, aunque siguen debatiéndose los grados y modalidades que asumiera esa negociación, la cual ha sido vista en términos de regionalismo/occidentalismo, indigenismo/europeización, tradicionalismo/progreso, telurismo/modernidad, colonialismo/Ilustración, barbarie/civilización, según el punto de vista asumido en cada caso.

De todos modos, es evidente que los ideologemas que guían ese binarismo con que el historiador de la cultura se aproxima hoy en día a los albores de la formación de naciones en América Latina, tuvieron un complejo proceso de gestación en las formaciones sociales poscoloniales y no representaron, de ninguna manera, espacios ideológicos separados y autónomos. Constituyeron, más bien, aspectos de un proceso tenso y dinámico de intercambios culturales e ideológicos, experiencias, aspiraciones e intereses que fueron aflorando en medio de una empiria histórica y social guiada por la urgencia de la acción y condicionada por hechos y movimientos ideológicos tanto internos como exteriores a la circunstancialidad americana, que se fueron entronizando gradualmente en la movilización emancipatoria.

El discurso de los libertadores aparece, desde esta perspectiva, como un pacto ideológico no exento de contradicciones entre los distintos imaginarios que constituyen la compleja sociedad americana de comienzos del siglo XIX, donde razón y delirio, escritura y oralidad, realidad y utopía, se combinan en el proceso del que emerge la nación moderna en América Latina.

Los textos de Simón Bolívar se ubican, en ese sentido, en la cúspide de la discursividad emancipatoria. Por la vastedad y amplias repercusiones del proyecto bolivariano, esos textos nos permiten una aproximación, al mismo tiempo global y específica, a los conflictos y alianzas ideológicas que marcaron la transición de la colonia a la vida republicana en la América hispánica y una apertura a la tensa red de compromisos, negociaciones y desplazamientos que caracterizaron el surgimiento del pensamiento nacionalista y la implantación del modelo liberal a nivel continental.

En constante tensión entre, por un lado, los peligros y promesas que abría para América el despotismo ilustrado como mecanismo de control político y, por otro, la fuerte presión ejercida por la incontrolable heterogeneidad social de las colonias que se revelaban contra las restricciones metropolitanas, los libertadores debieron elaborar desde el comienzo el *relato* de la emancipación como gesta capaz de legitimar las instancias que conducirían a los pueblos de América de la sujección colonial a la democratización secularizadora, del sacrificio a la felicidad individual y colectiva. Relato de héroes que contaban su propia peripecia y consignaban su protagonismo, ese discurso debe movilizar sin anarquía, oscilando constantemente entre el estatismo universalizante del mito y el dinamismo de una historia concebida en términos de progreso, racionalización y legalidad, según los parámetros europeos. Sustentando un discurso utópico por excelencia pero también pragmático, poético y moralizante, la retórica emancipadora se organiza asimismo como andamiaje didáctico y jurídico, apelando a todos los recursos que aseguraran –sin olvidar el de la demagogia– la formación ideológica de sujetos capaces de absorber las exigencias de la acción y la disciplina de la ciudadanía.

El modelo contractual sobre el que se funda el constitucionalismo americano implica, entonces, la articulación de distintas nociones de *sujeto* y de diversas formas de interpelación popular tendientes a la búsqueda de un *consenso* que permitiera la aplicación del proyecto ilustrado a diversos niveles (económico, político, cultural) para afirmar, desde allí, la hegemonía criolla. Implica, asimismo, la "invención de tradiciones" en el sentido definido por Eric Hobsbawm: la creación de prácticas reguladas y rituales simbólicos tendientes a inculcar valores, y normas de comportamiento que, a través del mecanismo de la repetición colectiva, sean capaces de establecer continuidad con el pasado histórico.

Sin embargo, en el caso de América, este mismo pasado constituye una instancia problemática y debatible, ya que la fundación republicana se presenta a través del doble discurso de la ruptura y la restitución. Por un lado, asienta la premisa de un corte histórico y político con el régimen colonial, como manera de promover las luchas de la emancipación y los héroes que las lideraron como un nuevo *origen* a partir del cual interpretar, a nueva luz, la historia de las sociedades americanas. Paralelamente, como forma de interpelar a las comunidades indígenas, el discurso de los libertadores se afirma asimismo como restauración de derechos "naturales" que las víctimas de la colonización habrían visto usurpados por la dominación metropolitana. De modo que *pasado y origen* se convierten en ideologemas que cambian de sentido según la posicionalidad que en cada caso asume el discurso libertador, articulando diversas y en muchos casos divergentes "tradiciones" y estrategias representacionales. Se cumple así, en estos niveles, lo que también indica Hobsbawm respecto a la invención de tradiciones: la aplicación de una memoria selectiva que preserva aquellos contenidos del devenir histórico que mejor se articulan a los proyectos dominantes y a la naturaleza del receptor interpelado, promoviéndolos a través de un proceso que vuelve a potenciarlos y a "popularizarlos" con distinto sentido según el horizonte utópico que el discurso hegemónico define en cada caso.

El discurso libertador se debate así, problemáticamente, entre parámetros culturales regidos por el principio del etnocentrismo y la pulsión americanista. La retórica emancipatoria se apropia de los principios y tradiciones del pensamiento europeo que legitima las luchas por la soberanía, para lo cual debe potenciar o relegar, según los casos, el pasado americano precolonial, en un proceso de conflictivas articulaciones y desplazamientos estratégicos. Esta apertura del artificio histórico –la Historia como disciplina centrada en "Europa como el sujeto histórico de todas las historias" (Prakash 304)– inicia así una nueva etapa en el proceso de universalización de la experiencia americana, a partir de la constante traducción de los relatos o historias locales en los términos de la historia occidental. Desde los parámetros de la historia europea, la narrativa emancipatoria funciona como matriz ideológico-discursiva que interpreta lo regional dentro de un marco jerárquico dentro del que se subalterniza la peripecia americana, sus tradiciones y tensiones internas. El pensamiento libertador debe a la vez adoptar y contrarrestar aquellos paradigmas, como manera de producir discursiva y empíricamente al sujeto americano en tanto protagonista de las historias nacionales.

Inventar el pasado para asimilarlo a los principios del universalismo occidental, articular las divergentes subjetividades colectivas que coexisten en el imaginario poscolonial de América y formalizar un discurso de legitimación del poder republicano, criollo, burgués y liberal, fueron entonces tareas principales que el pensamiento libertador debió emprender desde el horizonte de la contradictoria empiria revolucionaria que rebasaba las fronteras de la razón iluminista y apelaba constantemente a la imaginación creadora, la seducción retórica y la creencia como auxilios para una convocatoria efectiva de los amplios sectores movilizados por la utopía de la libertad y la soberanía.

2. DEL SUJETO COLONIAL AL SUJETO NACIONAL: POSICIÓN DE DISCURSO
   Y ESTRATEGIAS REPRESENTACIONALES

Este proceso de invención basado en la originalidad tanto como en la necesidad de adaptación creativa de modelos exteriores (proceso tan elocuentemente resumido en el "o inventamos o erramos" de Simón Rodríguez) acompaña la redefinición del principio de autoridad y la transición del absolutismo monárquico al liderazgo revolucionario y de éste, a la estadidad republicana. Las transformaciones sociales e ideológicas que conlleva la conversión del *súbdito* en *ciudadano* suponen no solamente la comprensión y asimilación de las nuevas condiciones sociales, políticas y económicas a que se enfrentan las emergentes naciones americanas, sino la posibilidad de interpelar, desde una determinada *posición de discurso*, a un heterogéneo sujeto colectivo que pasa de la sujección colonial a la legalidad republicana, bajo la dirección de las nuevas elites que comienzan a asentarse política y económicamente. El discurso de la emancipación supone, en ese sentido, la fundación de las bases de las que surgirá en América el *sujeto nacional* en sus diversas formas de afiliación al proyecto criollo, las cuales darán lugar a respuestas bien diferenciadas con respecto a la legalidad que impone la nación emancipada.

Este carácter fundacional (innovador y al mismo tiempo restitutivo) del discurso de la emancipación –"invención" de tradiciones, redefinición del origen, reconocimiento de diversas subjetividades colectivas que debían ser articuladas por el proyecto criollo– marca el proceso por el cual los principios ideológicos en los que se afirmaba el poder colonial van siendo reemplazados por nuevas formas representacionales, regulando así, simbólicamente, el cambio social que acompaña la desagregación de los conglomerados virreinales y la estructuración nacionalista. El discurso libertador va pautando, de esta manera, la articulación de las nuevas formas de autoridad y subalternidad que el proceso institucionalista fijaría como base de la nación-Estado. Pero en sus primeras instancias, la interpelación emancipatoria debe aplicarse aun a la masa informe y anárquica que se une a la movilización independentista con distintas motivaciones y muy diversos grados de conciencia social, muchas veces guiada más por la necesidad de sobrevivir en el contexto caótico de las luchas políticas que por reconocimiento e identificación con la agenda que guía el proyecto de consolidación de la hegemonía criolla, que se aplica de muy distintas formas en las diversas regiones americanas. Junto a la supervivencia del sujeto colonial, cuya mentalidad y usos sociales se proyectan largamente sobre el período emancipatorio, va emergiendo la subjetividad nacionalista como formalización del sentimiento patriótico y el telurismo propio del americanismo neoclásico. Asimismo, la matriz colonial demarca un territorio ideológico-cultural fragmentado y heterogéneo sobre el que va inscribiéndose, con estilos diversos, la impronta revolucionaria.

En sus estudios sobre el proceso que acompañó a la fundación de las nuevas repúblicas, Hernández Sánchez-Barba hace referencia a aspectos geopolíticos que ya desde las últimas décadas del siglo XVIII condicionaron la existencia de distintos contextos sociales e ideológicos, en los que la movilización emancipadora arraigó de distintas maneras, dando por resultado formas diferenciadas de interpelación popular, adaptadas a las características de cada región. Como indica este autor, la "generación patriótica" se manifestó más en la "América nueva" (Caracas, Buenos Aires) que en la "tradicional", que correspondía a los virreinatos de más antigua data y mayor desarrollo (Nueva España, Perú). Mientras que en la segunda la resistencia indígena y las sublevaciones (José Gabriel Condorcanqui, Perú, 1780; el cura Hidalgo, México, 1810) provocan la persistencia de los vínculos entre el sector criollo y las autoridades españolas, que parecían ofrecer protección contra la insurrección de los márgenes, la primera, exenta de la peligrosidad que implicaban estos levantamientos para los criollos, fue más temprana receptora de la movilización independentista (Hernández Sánchez-Barba, 112). Esta regionalización permite hablar, por ejemplo, del "sujeto estratégico atlántico" orientado por las reformas de Carlos III "a la defensa territorial y marítima del comercio frente a Inglaterra", o sea hacia los objetivos de la seguridad territorial y administrativa que permitirían la implementación de cambios comerciales, administrativos y políticos (Hernández Sánchez-Barba, 97). Por su parte, el sujeto que corresponde a las áreas virreinales de Nueva España y el Perú manifestará un arraigo mayor en las tradiciones y modalidades de vida comunitaria de raíz indígena, la institucionalización religiosa y político-administrativa implantada por la dominación imperial, que comienza más tardíamente a ceder frente a los embates emancipatorios y secularizantes vinculados con el pensamiento de la Ilustración europea.

De acuerdo a estos parámetros es posible entender los diversos estilos interpelativos y representacionales que adopta, por ejemplo, el discurso bolivariano, que dialoga, mirando desde Caracas hacia la Nueva España, con los mitos indígenas, la devoción guadalupana y la adhesión criolla a las instituciones españolas y mirando hacia los Andes, con las tradiciones incaicas arraigadas en las comunidades de la región.

Todos estos procesos de diferenciación regional ayudan a entender el complejo proceso de negociación que tuvo lugar en el interior mismo de la matriz libertadora a partir de la cual se gesta el discurso nacionalista así como las distintas formas que asumen los discursos de legitimación y de interpelación nacionalista según el sujeto que se identifique en cada caso.

Tristan Platt ha estudiado en particular el papel que jugara la etnicidad en el surgimiento de las naciones andinas y las formas específicas que asumiera el discurso bolivariano dentro del imaginario de las comunidades regionales. El movimiento emancipador asume, en este contexto, la forma de un ritualismo salvífico restitutivo de la libertad arrebatada por el dominio español, sustituyendo con el paternalismo criollo la violencia del régimen colonial. Presidiendo las visiones del territorio americano virgen y la pureza indígena, representadas en imágenes de la época (tapices, monedas, etc.), la vertiente bolivariana se simboliza con el sol de la Ilustración, que hace del Libertador el rey de un nuevo orden presidido por la idea de una justicia cósmica asimilable a las tradiciones incaicas que representaban los ciclos históricos como secuencia solar proyectada sobre la tierra como promesa de fertilidad y protección divina. La transferencia de la idea del poder monárquico a un constitucionalismo republicano que retuviera la perpetuidad y absolutismo de la autoridad política del monarca se realiza con la mediación del símbolo solar. Como expone Bolívar, en Bolivia, el 25 de mayo de 1826:

El presidente de la república viene a ser en nuestra constitución como el sol que, firme en su centro, da vida al universo. Esta suprema autoridad debe ser perpetua; porque en los sistemas sin jerarquía se necesita más que en otros, un punto fijo alrededor del cual giren los magistrados y los ciudadanos: los hombres, y las cosas.

Prueba triunfante de que un presidente vitalicio, con derecho para elegir sucesor, es la inspiración más sublime en el orden republicano. [...] Por esta providencia se evitan las elecciones, que producen el gran azote de las repúblicas, la anarquía que es el lujo de la tiranía, y el peligro más inmediato y más terrible de los gobiernos populares (Sánchez, 359-362).

Cristiandad y paganismo, incaísmo y republicanismo se vinculan así en la nueva estética del pensamiento emancipatorio, en una sincronía que emblematiza el poder al asociarlo con sistemas simbólicos diversos pero convergentes en el imaginario regional. Como indica Platt, es justamente por esta ambigüedad que la imagen de Bolívar se fortalece hasta alcanzar un sentido mesiánico, a la vez histórico y sobrenatural, que continúa con el pasado indígena al tiempo que inaugura la ruptura con el antiguo régimen.

La apelación a símbolos, cultos y paisajes regionales, como marco para la representación bolivariana demarca el territorio cultural a ser ganado por las nuevas repúblicas, como si éstas constituyeran no una nueva fuerza colonizadora que desplazaría al sector indígena hacia los márgenes de la nación, sino una autoridad destinada a la salvaguarda del "derecho natural" y de las tradiciones incaicas. Como indica Platt, el "reconocimiento criollo [...] de los espacios sagrados y de la necesidad de apropiarlos para el culto liberal de la modernidad" (184-185) constituye, sin duda, una de las principales estrategias interpelativas del discurso libertador, en el proceso de fundación del sentimiento nacional. Asimismo, el encuentro de mito y razón constituye uno de los núcleos fundamentales de la dialéctica de la Ilustración, donde razón y creencia se articulan en el proceso de la iluminación occidentalista. Los escritos bolivarianos nos acercan intuitivamente –políticamente– a ese nudo ideológico y filosófico guiado por el ideal del progreso social y el ordenamiento jurídico demostrando el proceso de negociación que es intrínseco a la transculturación emancipadora, y la relativización de las corrientes europeas en el pensamiento y la praxis de la independencia americana.

3. ILUSTRACIÓN Y DELIRIO EN LA CONSTRUCCIÓN NACIONAL

Tanto *Imagined Communities* (1983) de Benedict Anderson como *La ciudad letrada* (1984) de Ángel Rama han contribuido notablemente al estudio de las relaciones de poder que acompañan el proceso de institucionalización cultural y política en la América independiente y a la elucidación de la función que cumplen los discursos que emite y difunde la *intelligenzia* criolla en la etapa de constitución republicana. Sin embargo este énfasis en el papel del "*printed capitalism*" y de la elite letrada, principalmente en el período fundacional que corresponde a las primeras décadas del siglo XIX, ha desplazado en parte muchas de las cuestiones que esbozamos anteriormente y que son esenciales para una recuperación cabal de la problemática ideológica y social que acompañó el proceso de formación y consolidación nacional en América Latina.

En primer lugar, tanto el planteamiento de Anderson como el de Rama parten de la premisa del predominio del proyecto ilustrado en tanto implantación de un paradigma epistemológico hegemónico que a través de la difusión letrada proveyó las bases ideológicas y discursivas en las que se apoya el separatismo criollo. No se han discutido suficientemente, sin embargo, las bases desde las cuales puede afirmarse esa hegemonía tanto en el interior del grupo dirigente del movimiento emancipador como en el seno de los amplios sectores marginales que entran abruptamente en la modernidad euro/etnocéntrica a partir de la que América inaugura su nueva inserción occidentalista.

A través de esos estudios parece sugerirse que la elite letrada absorbe e implementa los principios de un *nacionalismo ilustrado* que había comenzado a definirse en España a partir de la segunda etapa del reinado de Carlos III (1776-1788), cuando la burocracia estatal metropolitana intenta redefinir la relación con las colonias americanas a partir de estrategias de reunificación política, modernización socio-económica y reformismo integrador y secularizante.

Aunque el proceso que podríamos llamar de transculturación emancipadora tiene uno de sus ejes ideológicos innegables en el repertorio ideológico de la Ilustración europea, se ha descuidado con frecuencia la compleja negociación ideológica que conlleva su integración en la matriz (que Rama hubiera llamado "interior") de la América postcolonial, y la heterogénea aplicación del modelo en las distintas áreas geoculturales del continente. Otros estudios menos divulgados tienden a problematizar más la influencia ilustrada y la solidez de su asimilación y aplicación americana, permitiendo así una entrada al tema de los límites dentro de los que se implementa el proyecto letrado y al consiguiente estudio del surgimiento del sujeto nacional como sujeto transculturado, híbrido y conflictivo, en la América independiente.

En *El continente vacío* Eduardo Subirats se refiere a las tensiones que resultan de la articulación del proyecto ilustrado a la realidad americana enfocando principalmente los discursos de Bolívar como matriz ideológico-discursiva que permite aprehender las contradicciones inherentes al proceso de integración del ideario iluminista en el proyecto de la emancipación.

Si en sus fundamentos filosóficos la Ilustración aparece como un cuerpo ideológico que define los parámetros epistemológicos y éticos desde los cuales el individuo conceptualiza su relación con la naturaleza, el entorno social y las instituciones, en sus aplicaciones políticas la Ilustración provee asimismo los fundamentos para el ejercicio del poder y la orientación del pueblo en el proceso de transformaciones sociales y regulación jurídica. Por un lado, la Ilustración aparece, como se indicara anteriormente, como garantía en la preservación de los derechos individuales y públicos; por otro, es utilizada como base para el ejercicio del poder y la implementación del proyecto burgués, que se apoya en las ideas de representatividad, en la filosofía del industrialismo, y en la concepción del Estado paternalista como encarnación simbólica de la razón y del conocimiento. De este modo, el discurso eurocéntrico es a la vez aquel en que se fundara el despotismo colonialista y el que formula el ideario de la igualdad y la soberanía; España es sinónimo de usurpación y de barbarie, y a la vez portadora de la matriz lingüística, religiosa, filosófica y jurídica en que se funda la identidad criolla; Francia, la portadora del ideario ilustrado que consagra los derechos del individuo y la preponderancia de la razón en contra de la lógica del escolasticismo y del absolutismo imperial, y también la evidencia de la otredad irreductible de América como tierra culturalmente irreductible a los valores y principios del occidentalismo neocolonial.

Según indica Subirats, la "Carta de Jamaica" puede ser vista como el texto pionero del pensamiento ilustrado en América. Emitida en un momento particularmente conflictivo de la afirmación de las ideas ilustradas en Europa, la epístola bolivariana explora la posibilidad de trasferencia de los principios del enciclopedismo de los centros de la civilización occidental a la periferia americana, asediada por el particularismo político y la heterogeneidad sociocultural.

De esta manera, la carta se constituye como un texto fronterizo que lleva hasta los límites la universalidad del Iluminismo al colocarlo como parámetro de la liberación de las "tierras de indios" que habían ocupado el imaginario europeo y nutrido las economías del Viejo Mundo durante varios siglos. Desde el punto de vista epistemológico, el estatuto mismo de la razón es puesto a prueba en el intento de extender sus alcances a las necesidades de un contexto social que transitaba trabajosamente de la dominación imperial a los inciertos horizontes de una emancipación guiada por la utopía del progreso y la modernidad. Si el proyecto criollo abrazaba la razón como clave de la soberanía, al mismo tiempo descubría que en ese "desencantamiento del mundo" que según Horkheimer y Adorno guía la filosofía iluminista al sustituir los mitos por el conocimiento legitimaba otras formas de totalitarismo que empujaban hacia las áreas de la irracionalidad todo contenido que no se asimilara a las nuevas formas de dominación impuestas por la lógica de la modernidad.

Los escritos bolivarianos se debaten en esa encrucijada entre la razón emancipadora y la dominación que deriva de su desarrollo industrial y sus aplicaciones políticas. La "Carta de Jamaica" problematiza la racionalidad occidental ya con el enfrentamiento entre la España anti-ilustrada y la Europa "autorizada por las leyes de la equidad". De ahí que el problema de la verdad aflore en múltiples momentos del discurso bolivariano, tanto en la dimensión ética como gnoseológica que se desprende de esos planteamientos. Según Subirats, Bolívar quedaría atrapado en esa encrucijada, sin llegar a captar "la interdependencia de ambos discursos históricos como dos momentos equidistantes de una misma lógica de la colonización" (347), sujeto por el sueño de encontrar la síntesis que diera sentido histórico, para el caso de América, a la dialéctica de la Ilustración. Si las ideas de nación y progreso se perfilan en el ideario bolivariano como principios de trascendencia desde el particularismo americano a la universalidad de la razón ilustrada, manteniendo el proyecto emancipatorio como una nueva forma de colonización basada en la totalización política sobre las bases de unidad de origen, religión y costumbres impuestos desde la colonia por los poderes metropolitanos, también es cierto que el pensamiento de Bolívar está atento a los peligros de esa continuidad, y se debate constantemente entre los polos de la contradicción que aqueja, de entonces a hoy, a las sociedades americanas. En múltiples escritos, menos programáticos, en un sentido convencional, que la citada "Carta de Jamaica" o el "Discurso ante el Congreso de Angostura", la apelación al mito, el sentido profético y el recurso de la imaginación histórica surgirán como elementos discursivos que manifiestan una "conciencia posible", acuciante y extremada, de los límites que definían el proyecto de transculturación emancipadora.

En "Mi delirio sobre el Chimborazo" (¿1923?) Bolívar dramatiza el vínculo entre razón trascendental y particularismo, desde la zona franca del irracionalismo y la revelación, en la que cree encontrar la legitimación de su representatividad y la autorización de su protagonismo. Como en el "Juramento del Monte Sacro" (15 de agosto de 1805) y en las "Palabras en la cima del Potosí" (26 de octubre de 1825), "Mi delirio sobre el Chimborazo" se sitúa en otra de las "cumbres glorificantes" a que se han referido Chibán, Figueroa y Altuna en sus estudios sobre los escritos bolivarianos.

El Tiempo que dialoga con Bolívar en ese texto es a su vez la representación de la Historia tal como la interpreta el principio ilustrado: en tanto principio racional que comprende la circunstancialidad y la trasciende al proyectarla hacia el futuro. Tiempo, Verdad Histórica e Independencia se superponen en la voz dominante que consagra la misión libertadora; como indica Bolívar: "Era el Dios de Colombia que me poseía". Lo importante es, sin embargo, el proceso de autorrepresentación de este emisor/receptor que define su posición de discurso como localización discursiva e ideológica desde la que se legitima la acción emancipadora:

> He pasado a todos los hombres en fortuna, porque me he elevado sobre la cabeza de todos. Yo domino la tierra con mis plantas. Llego al Eterno con mis manos; siento las prisiones infernales bullir bajo mis pasos; estoy mirando junto a mí rutilantes

astros, los soles infinitos; mido sin asombro el espacio que encierra la materia, y en tu rostro leo la Historia de lo pasado y los pensamientos del Destino (Bolívar, "Mi delirio", 204).

La voz del Tiempo, "el padre de los siglos, [...] el arcano de la fama y del secreto", hijo de la Eternidad y "más poderoso que la Muerte", luego de relativizar la puntualidad de la historia frente a la presencia del Infinito, hace la siguiente recomendación:

> Observa, –me dijo– aprende, conserva en tu mente lo que has visto, dibuja a los ojos de tus semejantes el cuadro del Universo físico, del Universo moral; no escondas los secretos que el cielo te ha revelado; di la verdad a los hombres (Bolívar, "Mi delirio", 204).

Acción política, Verdad, Naturaleza, Conocimiento, Memoria, Revelación, se articulan en este texto que pone en contacto delirio y razón como metáfora de la negociación entre Ilustración y americanismo, occidentalismo y telurismo, progreso y tradición, creando así las bases híbridas de las que nace y se afirma el proyecto criollo.

> En fin, la tremenda voz de Colombia me grita; resucito, me incorporo, abro con mis propias manos los pesados párpados: vuelvo a ser hombre, y escribo mi delirio (Bolívar, "Mi delirio", 204).

La alegoría del hombre americano que, como un Lázaro profano, se levanta de la muerte de la dominación y se abre a la verdad de la independencia por la que recupera su condición humana, es significativa. La escritura del delirio, es decir la inscripción de la irracionalidad en los modelos ilustrados, inscribe a su vez la circunstancia americana en la tradición mítica y racional del occidente que inaugura la colonización de la modernidad. El heroísmo, surgido de la porfiada creencia en el destino independiente de América, adquiere la forma del mesianismo letrado del que emergerá el sentimiento de nacionalidad, como disciplinamiento restrictivo y autoritario del patriotismo disperso e intuitivo de los grupos sociales que desde la colonia se reconocían en la otredad, la diferencia y la heterogeneidad americanas.

En las fronteras mismas de la ciudad letrada, buscando una retórica populista, interpelativa e incorporante que ayudara a dar forma a la utopía republicana, el proyecto emancipador se ubica ante el abismo de sus propias carencias y desafíos históricos, en el límite mismo de la empiria independentista y del sueño ilustrado. Consciente de la encrucijada histórica, social y cultural de la que surge el proyecto criollo, Bolívar profetiza, sueña y planifica la nación, negociando los límites de la ciudad letrada y la ciudad real, la Ilustración y el irracionalismo, la historia y el mito, la creencia y la imaginación histórica, en un *collage* que hoy leemos como ambigüedad y que representara quizá, en su momento, la única forma posible en que podía expresarse el genio político y el interés sectorial, dentro de los parámetros impuestos por la transculturación emancipadora.

MODERNIDAD ARIELISTA
Y POSTMODERNIDAD CALIBANESCA[1]

Explorar hoy en día, desde el espacio de la globalidad y el horizonte del milena-
rismo, el vuelo etéreo de Ariel y las huellas terrestres de Calibán, es recorrer una
genealogía que atraviesa las zonas más oscuras de la historia latinoamericana,
desde la profecías utópicas que precedieron al descubrimiento de América hasta
la actualidad, pasando por el devastamiento colonial, el deslumbramiento de la
Ilustración y las expoliaciones sucesivas de los imperialismos modernos. La historia particular de Calibán es una de apropiaciones, despojos y restauraciones en
cuya escritura el arielismo ha tenido una función protagónica, digna de los ancestros que Occidente adjudicara al mito de la razón, santificado en los espacios privilegiados de la alta literatura y la pedagogía nacionalista. La historia de Ariel es,
por su parte, la persistente evocación de la virginidad del espíritu perdida en el
contacto promiscuo con la realidad, que impone lo múltiple e indiferenciado
sobre lo singular, que contamina el arte y pragmatiza la función intelectual, que
abre las puertas y cierra las ventanas de los espacios interiores, que José Enrique
Rodó percibía como un invernadero de orquídeas y nenúfares.

Cuando, a los 29 años, Rodó instala en el pórtico del nuevo siglo la imagen
monumental de Ariel, proyectando su voz hacia la juventud americana en una
exhortación a la acción espiritual y a la unificación –estética, axiológica– de una
América sumida en un rápido proceso de transformaciones económicas y culturales, trata no solamente de responder, con un gesto no exento de irritante grandilo-
cuencia, a coyunturas concretas de la escena internacional. Intenta, asimismo,
articular, con la retórica que parecía apropiada al espíritu de su generación, un
programa que ha podido leerse como discurso emancipatorio aunque –es obvio–
fuertemente epocal y por tanto perecible, en gran medida, fuera de sus fronteras
temporales.

El texto rodoniano se adentra en las que Iris Zavala llamara "las tecnologías
del conocimiento" para exponer los límites de la razón instrumental y señalar
pedagógicamente –alegóricamente– una vía alternativa, en la que se combinan
contemplación y acción espiritual, individualismo e interpelación colectiva,
adhesión y crítica a la modernidad[2]. El monólogo de Próspero recupera primaria-

[1] Agradezco a Carlos Jáuregui su generosa y calificada asistencia en la realización de este trabajo.
[2] Véase Zavala: "Representing the Colonized Subject".

mente la figura de Ariel donde materializa, en el cuerpo transparente de genio del aire, el eje principal de un intercambio simbólico que interroga si no las bases histórico-económicas, al menos lo que Rodó percibe como epifenómeno de la hegemonía. A través de una retórica circular y tautológica, el texto queda atrapado en el problema de la verdad, como en una cárcel. La clase es un Panóptico y el ojo de la filosofía burguesa mira sin guiños[3].

En el espacio cerrado de la escritura rodoniana, Calibán es una presencia fugaz y en negativo, una sombra arrebatada de su cuerpo. El cuerpo es, sin embargo, como la voz que emite, el principal atributo de esta contrafigura que no ha gozado, como la de Ariel, de un contorno preciso –aunque etéreo– a través de su historia. La forma, el color, la especie a la que pertenece Calibán es lo que ha despertado, a través de los siglos, los mayores debates, no la índole, persistente de Ariel[4]. Es Calibán, no Ariel, quien ejemplificaría ya desde antes de Rodó la cualidad proteica que el escritor uruguayo reconociera como esencial en la composición del ser social, individual o colectivo. Y es justamente la historia de sus transformaciones la que más interesa en su actualización postmoderna, porque en ellas se registra no sólo el cambio del objeto observado sino las mutaciones de quienes lo perciben.

La apropiación que hace Rodó de los personajes de *La tempestad* de William Shakespeare es, realmente, en el caso de Calibán, una estrategia de supresión que maneja el silencio como potenciación negativa y reticencia respecto a lo innombrable[5]. Aunque sólo dos menciones aluden, en el ensayo, al esclavo solitario de Próspero, un fantasma recorre el texto rodoniano: el fantasma de Calibán. En el subtexto del discurso de Próspero, sigue actuando el conjunto de rasgos variables con que el dramaturgo había caracterizado al hijo de Sycorax: pulpo, asno, buey, animal lujurioso, ebrio y maligno, "monstruo rojo" de cuatro patas con cara de perro y olor a pez rancio, "diablo", "terrón de barro", "infecto esclavo", "semilla de brujo", "pedazo de estiércol". Las mutaciones del símbolo apuntan a lo irrepresentable, donde la fealdad es el atributo que se transfiere al *otro* como consecuencia directa de la subalternación[6]. Rodó asume esa fealdad sin nombrarla,

---

[3] En *Colonialism and Culture*, Zavala se refiere al aula rodoniana como espacio panóptico en el que se dirime la relación entre conocimiento y poder (97).

[4] Sobre la apariencia de Calibán, véase Vaughan y Vaughan, Franssen, y Baert. Esta última estudia la concepción de "salvaje" usada por los primeros críticos mencionados, tratando de profundizar, a partir de una genealogía cultural apoyada en un estudio iconográfico, la hipótesis de que ésa es la categoría a que pertenece Calibán.

[5] Ésta, considerada la última de las tragedias de Shakespeare, fue representada por primera vez en 1611 aunque publicada recién, según Northrop Frye, en 1623.

[6] Vaughan y Vaughan estudian la perspectiva darwiniana como aproximación al Calibán de Shakespeare, considerando que si la visión del esclavo de Próspero como eslabón perdido que se ubica en algún sitio indefinido de la escala entre animal y humano es más bien propia del siglo XIX, ya que incorpora la fe en la evolución y el progreso de los seres vivos. Los siglos XVII y XVIII lo convierten en

salvo por sus efectos vulgarizadores y contaminantes. Como indica Rodó en su intento por captar la que llama "la estética de la estructura social"[7] (*Ariel* 28) la belleza refleja "el efecto ennoblecedor de la libertad; la esclavitud afea al mismo tiempo que envilece; la conciencia de su armonioso desenvolvimiento imprime a las razas libres el sello exterior de la hermosura" (*Ariel* 42). Con su cuerpo en ausencia, Calibán es indigno de ocupar el lugar privilegiado del texto, capaz como es de mancillar con su presencia impura el espacio de la página en blanco y corromper, con su entronización en lo verbal, la función ennoblecedora del alfabeto, que Rodó estima como "las más preciosa y fundamental de las adquisiciones del espíritu" (*Ariel* 83). Calibán queda, entonces, relegado a la oscuridad de la conciencia burguesa, y al área indefinida e irreductible que se extiende, como en tiempos coloniales, en las afueras del espacio letrado, donde las razas sometidas trabajaban sin ser vistas, para acercar la leña a los hornos metropolitanos.

Pero no es la renuncia al cuerpo de Calibán la única transformación que Rodó realizara de la propuesta shakespeareana que había provisto, con la mediación de Renan, la matriz de su ensayo. La reducción de la complejidad del dialogismo dramático a la unicidad autorial del monólogo, la sujeción de la anécdota a las leyes de la oratoria y a los propósitos de la prédica magisterial insisten, por su lado, en un procedimiento de territorialización del conflicto espiritualismo/materialidad, que Shakespeare había supeditado a una trama de intrigas de poder en la que se involucra una pléyade de personajes descentrados, sujetos cada uno a su precisa individualidad. Si en el drama de Shakespeare todos son desterrados, desposeídos, náufragos, es decir actores ex-céntricos atrapados en la insularidad del mito y la imaginación histórica, en Rodó los sucesos pierden significado, la peripecia y el carácter son absorbidos por el ordenamiento escriturario que ancla definitivamente la acción en el perímetro alegórico del aula, microcosmos donde se juega la aventura única y unívoca del conocimiento. Todo en Rodó es espacio cerrado, perímetro, reino interior misterioso y callado donde habitan tan sólo, como en la parábola del rey hospitalario, "convidados impalpables y huéspedes sutiles" (*Ariel* 32), recinto protegido de la profanación de lo cotidiano, micro-relato de la modernidad para unos pocos.

En esta localización interiorista, sólo el ámbito de la ciudad se perfila en horizonte del discurso de Próspero, siguiendo quizá la dirección de Renan, que había colocado en un ambiente urbano la peripecia insular de los personajes shakespea-

---

símbolo de la depravación, mientras que el siglo XX lo interpreta, desde la perspectiva sicologista, como la parte diabólica e inconsciente del ser humano. Respecto a este punto, Van Delden resalta la influencia darwiniana en el texto de Rodó, en las constantes alusiones a la selección y evolución del individuo, pasando de noción de selección natural a la selección estética, con el culto modernista a la belleza y la identificación de esta virtud con la perfección y la verdad.

[7] Las citas de *Ariel* se realizan según la edición de Anaya & Mario Muchnik, a cargo de Belén Castro Morales, indicando sólo la página.

reanos, creando en ese espacio una "condensación metonímica del universo social" (Geldof 90). Pero la ciudad es concebida también en Rodó como un claustro, como colmena u hormiguero, como el símbolo de acceso tránsito a la modernidad, lugar donde el trabajo no se vincula a la explotación capitalista sino a la productividad organizada de la racionalidad tecnológica en la que, según la utopía idealista de Rodó, oro y esperanza son cara y contracara de la misma moneda. Sólo en este nivel abstracto y desmaterializado de la metáfora, la juventud puede ser concebida como "el obrero en marcha a los talleres que le esperan, bajo el pórtico del nuevo siglo" (Ariel 21). Calibán es, en este contexto, el gran desterrado, el más desterritorializado de todos, el despojado de su relación con la tierra que le pertenecía, el súbdito solitario que no ha conocido nación ni lengua propia, y a quien el mismo Rodó expulsa a lo márgenes de la textualidad.

Pero la verdadera red de intrigas que atrapa y que condena a Calibán es la de la lengua. Calibán se queja de la violencia y manipulación del lenguaje. Dice al mago Próspero: "Cuando viniste por primera vez me halagaste, me corrompiste". Luego, Próspero le enseña a hablar, y la lengua de Calibán es desde entonces, un instrumento *performativo* de agresión y resistencia simbólica. Las acciones del habla son dominantes en la versión shakespeareana: Próspero ordena, regaña, castiga con palabras. Calibán impugna, maldice, acusa. Ariel halaga, pide perdón, promete. La crítica postmoderna se ha preguntado si Calibán puede hacer algo más que maldecir en la lengua del amo, y ha visto al personaje de Shakespeare como un deconstructor, símbolo de la resistencia física y textual, cuya capacidad para intervenir e hibridizar el intercambio lingüístico puede llegar a producir un corte epistémico que interrumpa el discurso hegemónico, reterritorializando el mundo del significado[8].

Pero el *Ariel* de Rodó, quizá demasiado consciente de los peligros de una voz nunca del todo sometida a la civilidad del amo y del maestro, donde signo y sentido no se encuentran sino en las explosiones de la pasión y el improperio, opta por el silenciamiento de Calibán y por la simulación de un socratismo que mantiene su ensayo a salvo de los riesgos del contradiscurso.

La mediación de Ernest Renan obviamente influye en la apropiación que hace Rodó de la obra shakespeareana[9]. Surgida de un contexto político-social en el

---

[8] Paget y Buhle se aproximan a Calibán en tanto icono del discurso poscolonial, sobre todo en la obra de C. L. R. James, estudiando principalmente el orden del lenguaje como espacio de control y dependencia semiótica. Es útil la referencia que hacen esos autores a la crítica de Sylvia Winter en torno al pensamiento binario que se asocia con la construcción del sujeto colonizado, así como al concepto de "literatura menor" de Deleuze y Guattari como deconstrucción de las narrativas "mayores" y planteamiento de una alternativa de resignificación de los espacios del conocimiento.

[9] Renan publica desde 1878 varios dramas filosóficos que luego se recogen en un volumen, en 1888. Entre ellos se encuentra el *intermezzo Caliban* (1878) y *Eau de jouvence* (1888). En ellos pretende presentar los juegos de un ideólogo más que una teoría o una tesis política, según indica en la primera edición de *Caliban*.

cual se redefine la noción de racionalidad y de ciudadanía, la obra de Renan explora el lugar del conocimiento en la construcción del imaginario de una modernidad que subvertía las jerarquías sociales. Calibán es un líder político, un hombre de Estado que usa una retórica demagógica que fascina a la multitud y lo embriaga con el poder, que había sufrido, desde la otra frontera, en su calidad de esclavo. Ahora, en medio de la subversión del orden, el lenguaje está de su parte, y llega a conceder a Próspero, como consuelo, el remanso del estudio y la investigación[10]. En la continuación de este tema en *Eau de jouvence* Renan mantiene a Calibán en el poder, supeditado aún a los símbolos del humanismo burgués, encarnado en la figura de Próspero. Puede argüirse, entonces, que Calibán sigue siendo, aun desde su nueva posición social, un esclavo[11].

De la versión de su admirado Renan, Rodó retiene el aristocratismo del espíritu y la virtud de la lengua como instrumento civilizador, pero no se atreve a dejar hablar al sedicioso Calibán. Quizá por esto mismo debe reconocerse que, de algún modo, y aunque supeditado a la normatividad de una estética auto-impuesta y tiránica, el pensamiento de Rodó capta el drama de la lengua como espacio de lucha interpretativa y representacional, aunque en *Ariel* su opción profética lo fija en el discurso de Próspero, a quien convierte en portador del mensaje y artífice del texto. En su propia escritura, Rodó apela alguna vez a Calibán usando el nombre como seudónimo para firmar dos escritos sobre política continental en 1912, apoyando en la materialidad del símbolo la legitimación de su atención a temas más inmediatos y coyunturales que los que aborda en general en sus textos mayores[12]. Según sugiere Rodríguez Monegal, es como si Rodó anticipara en ese gesto "el uso de Calibán como símbolo de Nuestra América"[13]. Esta fugaz apropiación del nombre del personaje shakespeareano ha sido, ciertamente, obnubilada por la

---

[10] Sobre la obra de Renan, véase Geldof.

[11] Jean Guóhenno continúa con el tema, en el contexto francés, con su *Calibán parle* y *Caliban et Prospero, suivi d'autres essais*.

[12] En su artículo sobre las metamorfosis de Calibán, Rodríguez Monegal menciona estos escritos firmados por el escritor uruguayo con ese seudónimo, los cuales se encuentran recogidos en las *Obras completas* de Rodó, 1973-1976 (Rodríguez Monegal 81). Los artículos, titulados "Los paladines de hoy" y "Nuestro desprestigio. El cacique endémico", publicados ambos en el *Diario del Plata* el 8 y el 29 de abril de 1912, se refieren, respectivamente, a temas de corrupción y oportunismo político, y represiones y autoritarismo que se registran hasta su momento en la historia latinoamericana, los cuales han contribuido, según Rodó indica, a crear un prejuicio antiamericano en las naciones europeas. Calibán opina que: "todavía pasará, pues algún tiempo para que la Europa se entere de lo que atesoramos, de las energías que se despliegan en este Continente joven surgido como una promesa a las aspiraciones de todos" (1076).

[13] Confía Rodó en que será "la sensatez patriótica" la que logrará cambiar la percepción negativa que malos políticos y peores diplomáticos han impreso con respecto a América en el viejo continente. (Rodó *Obras completas*, 1073-1076). Rodríguez Monegal menciona estos artículos en "The Metamorphoses of Caliban" (81) pero en ese estudio se indica para los mismos una página equivocada.

identificación abierta ceremonial de Rodó con la figura del maestro, como expone
el título recopilación final, *El mirador de Próspero* (1913), donde el ensayista
recupera para sí la misión crítica y moralizante que constituye el eje de su perfil
intelectual. En todo caso, es evidente, a través de esa apelación personal a los
favores de Calibán, que el escritor uruguayo percibe claramente la relación entre
autoría y autorización discursiva y que, en ese sentido, concibe el binarismo Prós-
pero/Calibán como una distribución de papeles ideológico-intelectuales que desafía la unicidad de la narrativa mayor del humanismo burgués, en el contexto de la
modernidad. O sea, que no se trata solamente de que Calibán funcione como alter-
ego de Ariel, en una economía del tipo Dr. Jekyll y Mr. Hyde, donde los dos lados
del hombre juegan un diabólico contrapunto de alteridad en la identidad, sino que
la aventura del conocimiento diversifica los roles del intelectual, requerido tanto
por el programa trascendente del occidentalismo humanístico como por una más
puntual crítica de la cultura, afincada en las urgencias y problemáticas de su tiempo[14]. Entre ambos objetivos, Ariel vuela a veces desorientado, en una travesía
contradictoria y ambigua, en busca de su norte. Quizá por eso "Ariel" es el único
nombre que no toma prestado Rodó para sí mismo. Ése, y el de Miranda.

En 1935, el marxista argentino Aníbal Ponce vuelve sobre las huellas de Calibán, colocando su ensayo, apropiadamente titulado "Ariel o la agonía de una obs-
tinada ilusión" como bisagra entre el humanismo burgués y el humanismo proletario. Curiosamente, el vuelo de Ariel es perseguido sólo en su recorrido
europeo[15]. Ni una palabra sobre la elaboración rodoniana, que había influido tan
profundamente en el americanismo modernista y en el anti-imperialismo un tanto
pueril y culturalista de la hora[16]. Como indica Ponce, en los cuatro seres en los

---

[14] Rodríguez Monegal hace alusión al juego de personalidades entre Dr. Jekyll y Mr. Hyde, que
ha sido sugerida también por otros críticos, para sugerir que Ariel y Calibán son aspectos diversos
pero complementarios de un mismo concepto. Las interpretaciones sicologistas abundan para el caso
de Calibán, partiendo sobre todo de la interpretación adleriana del sicoanalista O. Mannoni quien,
como se sabe, lanzó la teoría sobre el carácter de los personajes shakespeareanos como explicación de
sus conductas y sus significados simbólicos. Para Mannoni, que basa sus propuestas en los estudios
que realizara sobre los nativos de Madagascar, Calibán es una víctima del complejo de inferioridad
típico de una sociedad colonizada, complejo que lo impulsa a obedecer y aceptar la esclavitud. Respondiendo a Mannoni, Aimé Césaire y su discípulo Frantz Fanon vuelven sobre la obra shakespeareana con una reinterpretación anticolonialista realizada en sus respectivas obras *Une tempete* (1969) y
Peau noire, masques blanches (1952).

[15] Kristine Vanden Berghe señala, por ejemplo, que Ponce centra su discusión del mito de Ariel en
el contexto del humanismo burgués *europeo*, dejando de lado el proceso latinoamericano. Indica, asimismo, la poca atención que Fernández Retamar presta a Ponce en su *Calibán*, aunque el cubano menciona el ensayo del escritor argentino repetidas veces en términos elogiosos (Vanden Berghe 195).

[16] Este silencio de Ponce respecto a Rodó es devuelto por el recopilador de las obras del escritor
uruguayo, Emir Rodríguez Monegal, quien no menciona, en su recorrido crítico sobre las "metamorfosis de Caliban", al argentino. El hecho es señalado por Vanden Berghe (193-194).

que se articula *La Tempestad* de Shakespeare "ya está toda la época: Próspero es el tirano ilustrado que el Renacimiento ama; Miranda, su linaje; Calibán, las masas sufridas; Ariel, el genio del aire, sin ataduras con la vida" (276-277). Ponce analiza el modelo del Humanismo burgués –transformado luego en las "humanidades" que constituyen, "desde entonces hasta hoy, el ideal educativo de las clases gobernantes" (281)–, cuyo protocolo elitista y contemplativo interpreta como

> un reflejo, en el plano de las ideologías, de la separación profunda entre las clases que la sociedad de su tiempo había realizado: para que existan hombres libres, despreocupados del trabajo, era menester una turba de asalariados y de siervos que asegurasen el ocio de los amos. Ariel no gozaría en el aire su libertad de espíritu si Calibán no llevara la leña hasta la estufa junto a la cual Próspero relee sus viejos libros (280).

Ponce está principalmente preocupado por redefinir la función intelectual desde el paradigma marxista para una América que se debatía, en la década de los treinta, entre el populismo de Estado y la alternativa socialista, y por interpretar los peligros de cooptación del intelectual por proyectos divergentes, en los que se jugaba el destino continental. De ahí su énfasis en los problemas de la educación y en la función de lengua, como espacio de lucha político-ideológica. Calibán es, nuevamente, la página sobre la que se escribe la historia de la desposesión, el drama de una conciencia que no se resuelve en acción colectiva, el relato de una peripecia solitaria, alienada, sojuzgada pero resistente a los embates del poder. El humanismo proletario constituye, en esta economía de fuerzas materiales simbólicas, la arena en que se instala la batalla por el control de los imaginarios y por la conquista definitiva de una voz que exprese más allá de la poética de la negación, sus propias condiciones de representabilidad.

La apropiación caribeña de Calibán lo recupera sobre todo como un carácter insurrecto y lo pinta de negro, como recomendaba el Che Guevara, según la polémica cita incorporada por Roberto Fernández Retamar en su famoso ensayo de 1971, escrito en el calor de la guerra fría en cuyo contexto se redefinen las relaciones entre política y cultura[17]. Para Fernández Retamar, la inversión del lugar

---

[17] El ensayo de Fernández Retamar fue publicado por primera vez en 1971, en un número especial de *Casa de las Américas:* "Sobre cultura y revolución en nuestra América", año XII, n.º 68 (septiembre-octubre, 1971), 124-151. Sobre la recuperación de Calibán en el contexto caribeño, y en particular en la obra de Aimé Cesaire, véase Smith y Hudson. En cuanto a la recomendación del Che Guevara de que los maestros cubanos se pinten de negro y bajen hasta la gente en el proceso revolucionario, ha merecido más de una crítica. Según Rodríguez Monegal la idea, tomada, según dice, de uno de los más débiles discursos del guerrillero argentino, peca de racismo y aristocratismo (Rodríguez Monegal 82). Según Marta E. Sánchez, la cuestión de la raza también está tratada inadecuadamente por Fernández Retamar, que subsume la variedad americana en la categoría evasiva de *mestizaje* la cual expone sólo por ausencia el elemento negro esencial a la cultura del Caribe. Según

de Calibán como signo que remite a la América "nuestra", lo inscribe en el sitio de la identidad, no en el lugar del otro, para recuperarlo emancipado por el proyecto revolucionario, que alcanza en esos años uno de sus puntos más álgidos de cuestionamiento político.

En las elaboraciones que hacen de Calibán un icono de la negritud, en las obras de Aimé Cesaire, Franz Fanon, Edward Brathwaite y otros escritores, el esclavo de Próspero entra en la literatura y en la teoría postcolonial asimilado a la problemática de la hibridación cultural y el descubrimiento de la *diferencia* como nueva construcción culturalista, como nuevo "orientalismo" para el tercer mundo, como anotara Spivak, donde *el otro* se inventa desde el centro no como ruptura sino como desplazamiento identitario, para apoyar quizá las formas postmodernas de hegemonía y subalternización (Spivak 56). Calibán es nuevamente negociado como sujeto de la historia postmoderna y como desafío a las identidades fijas, promulgadas desde la centralidad del Estado y las instituciones culturales del orden burgués.

Expandiendo la fórmula que ya desde Paul Groussac había denunciado "el cuerpo calibanesco" de los Estados Unidos en su famoso discurso de Buenos Aires en 1898, comentado luego por Darío en su artículo periodístico titulado "El triunfo de Calibán" (El *Tiempo*, 20 de mayo de 1898), la postmodernidad retiene la esencia más universal y transhistórica del colonialismo para dejarla inscrita en el cuerpo maleable y abusado de Calibán, *tabula rasa* en la que se imprimió, en todas las épocas, el discurso de quienes decidían las fronteras de la subjetividad y la alteridad individual y colectiva. Calibán es un significado migrante y ocupa, en distintos contextos, el lugar del deseo, funcionando como espejo de la conciencia burguesa, que descubre en sus rasgos indígenas o africanos, monstruosos o humanoides, las facciones del no-yo, o sea de un rostro que puede ser el propio, si se mira de afuera.

La lengua –la voz– sigue siendo, sin embargo, el gran misterio y el gran símbolo de la alteridad, y en esa peripecia en que se unen lengua y poder, es donde Próspero y Calibán –amo y esclavo– entretejen su destino. En sus estudios sobre el salvaje ("The Wild Man") Stephen J. Greenblatt recuerda la sugerencia de Terence Hawkes, que opina que en la creación de Próspero, Shakespeare explora la similitud entre él mismo –el dramaturgo– y el colonizador. Según indica Hawkes,

---

Sánchez, el ensayo del escritor cubano también soslaya la cuestión de la clase al considerarla un tema absorbido y en vías de resolverse por el proceso revolucionario de su país. Una crítica aún más enconada al ensayo de Fernández Retamar es la realizada por Castells, que reduce la importancia del texto del cubano a la circunstancia del caso Padilla en 1971 la cual, aunque estaba sin duda en el panorama ideológico y político del momento, no puede servir para reducir la reinterpretación de Calibán al nivel panfletario que Castells le adjudica. Para un análisis mucho más matizado del contexto histórico-político y literario del que surgió el *Calibán* de Fernández Retamar, véase Lie.

el colonizador actúa, esencialmente, como un dramaturgo. Impone la "forma" de su propia cultura, *encarnada en su discurso*, sobre la otra cultura, y hace ese mundo reconocible, habitable, "natural", capaz de hablar su lengua (la traducción y el énfasis son míos; cit. por Greenblatt 24).

De la misma manera,

el dramaturgo es metafóricamente un colonizador. Su arte penetra nuevas áreas de la experiencia, su lenguaje expande las fronteras de nuestra cultura, y rehace el nuevo territorio de acuerdo a su propia imagen. Sus "irrupciones en lo inarticulado" abren nuevos mundos a la imaginación (la traducción es mía; cit. por Greenblatt 24).

Al margen de la compleja red de problemas que abre esta similitud entre la propia práctica shakespeareana y la colonización, creo que es posible pensar que el drama de *La Tempestad*, en su elaboración renacentista, moderna o postmoderna, nos enfrenta al poder de la letra y al gran tema de la violencia del alfabeto y la resistencia simbólica, que Greenblatt prefiere aludir como colonialismo lingüístico (Greenblatt 16). En las dicotomías entre voz y silencio, entre hacer uso de la palabra y conceder la palabra, entre hablar del otro o hablar por el otro, entre identidad y alteridad, entre uniformidad y diferencia donde se instala el drama de la representación y la representatividad, son confundidos con demasiada frecuencia como la misma cosa.

En esta economía simbólica, el libro y la escritura sobre el cuerpo del otro son las bases de un arielismo que se recicla a través de las épocas, manteniendo las figuras del maestro y del intelectual como piezas centrales para el control de los imaginarios. De ahí que la interpretación cinematográfica que realiza Peter Greenaway del tema shakespeareano se haya apoyado, primariamente, en libros de Próspero, haciendo de Sir John Gielgud la imagen casi sobrehumana del "gran iniciador" ("the prime originator", Greenaway 9) que inventa a criaturas, haciendo indistinguible la frontera entre ficción y realidad, y poniendo en boca de sus personajes sus propias palabras, como en un acto de ventriloquia sagrada[18]. De ahí también que el lenguaje sea materializado por el cineasta en forma de libros, en los que el conocimiento se hace no solamente lenguaje, imagen y espectáculo. La desterritorialización de Próspero –que Rodó soluciona con el modesto recurso de la localización catedrática– va acompañada por los libros que Gonzalo arroja en su embarcación, para que acompañen en la isla al rey desposeído. Greenaway especula sobre el contenido de esos libros, y propone veinticuatro volúmenes que habrían ayudado, según él, al desterrado. Libros que instruyen sobre navegación y supervivencia, libros que le ayudan a educar por sí solo a su hija Miranda,

---

[18] Peter Greenaway describe el contenido de esos libros en *Prospero's Books*, 11-25.

libros que le indican cómo colonizar una isla, explotar su tierra, subyugar a sus habitantes, identificar a sus plantas, aparear a sus animales. Libros, especula Greenaway, que aconsejaran paciencia, enseñaran a mirar con perspectiva las glorias pasadas y las miserias del presente, y animaran los sentimientos de venganza. Bestiarios, herbolarios, cosmografías, atlas, libros de idiomas, de utopías, de viajes, juegos. Un libro de amor, otro de pornografía, un libro de los colores, y otro de música y de arquitectura. Libros, en fin, indica Greenaway, que pudieran mantener vivos a Próspero y Miranda, y hacerlo a él tan poderoso que pudiera tener autoridad sobre los muertos y convertir a Neptuno en su sirviente. Cuando Calibán alude a su capacidad de maldecir en la lengua del amo, tiene en sus manos el libro "Las noventa y dos formas del Minotauro" que ha robado a Próspero, y que parodia burlonamente la *Metamorfosis* de Ovidio. Al ser abierto, ese volumen exuda un vapor amarillo y tiñe los dedos con un aceite negro. En el libro, bestialidad e hibridación se combinan diabólicamente. Greenaway se pregunta: "¿somos realmente el producto de lo que leemos?" (Greenaway 12).

En esta imaginería, los libros que convierten a Próspero en el dueño del conocimiento, son también su debilidad, su línea de fracción. El conocimiento puede ser apropiado, manipulado, usado por el otro en su propio beneficio. Todo saber es apelable y, como tal, se expone, tarde o temprano, a diálogo o debate. Todo conocimiento puede ser desterrado. Calibán posee la lengua de la divergencia, la mímica, la insurrección. Se aparta de la norma y construye una realidad auto-poética, pragmática, subversiva, lógica dentro de sus propias fronteras, pero con la capacidad de intervenir el territorio simbólico de otros. La dependencia semiolingüística es, sin duda, su karma, pero esconde el secreto de su posible liberación.

BORGES Y YO.
PRIMERA REFLEXIÓN SOBRE "EL ETNÓGRAFO"

1. Interrogar a Borges como al oráculo de la conflictiva modernidad latinoamericana es uno de los gestos que más ha fatigado el campo de la crítica literaria durante buena parte del siglo XX. La obra del escritor argentino, situada en el pináculo de la "alta" literatura burguesa, ha resistido los embates de múltiples corrientes interpretativas, pre y post estructuralistas. Ha salido indemne, también, de los asedios transdisciplinarios y de las aventuras pseudofilosóficas inspiradas por la prosa enigmática y artificiosa del gurú porteño[1]. Pero su mirada "al sesgo," su visión elaborada "a contrapelo" de propuestas canónicas, su condición desplazada con respecto a los grandes centros europeos y norteamericanos, fue pocas veces justamente evaluada. Críticos de la talla de Paul de Man y Michel Foucault, Harold Bloom, Gerard Genette e Italo Calvino, construyeron a partir –por no decir a expensas– de Borges la imagen consagratoria del gran alegorista de las mitologías que sustentan el occidentalismo moderno, pero sólo en algunos casos vieron también la de su más implacable y paradójico deconstructor. Sacrificaron en esa lectura autorreflexiva justamente el rasgo más distintivo del pensamiento de Borges: el de una alteridad que lo sitúa en los arrabales –más que en los márgenes o en la periferia– de los grandes sistemas, entendiendo así sus creaciones como si éstas hubieran surgido *a pesar de* su irrenunciable condición rioplatense, y no justamente a raíz de ella[2].

Refugiada en su falsa modestia escrituraria, atravesada obsesivamente por un repertorio de tópicos, recursos y estrategias probados una y otra vez –siempre exitosamente– sobre públicos vastos y variados, la obra borgiana está ahora a la intemperie, sola frente a la iconoclasia antiesteticista de los estudios culturales, indefensa –podría pensarse– ante la teorización poscolonial, a expensas de la deconstrucción posmodernista.

No tengo la pretensión de ensayar aquí ningún gesto hermenéutico para intentar salvar a Borges de estos riesgos, que se merece tanto por la brillantez de su

---

[1] Aparte de que el concepto es compartido por muchos críticos y lectores de Borges, Rodríguez Monegal llama "gurú" a Borges en su *Jorge Luis Borges. Biografía literaria* ("El anciano gurú", 403-411).

[2] Sobre la evaluación de esta alteridad puede verse estudios como los de Rincón ("The Peripheral Center...") y las alusiones que hace De la Campa a la obra del escritor argentino (De la Campa, *Latinamericanism* 31-34).

prosa como por la insolencia de sus declaraciones, fraguadas como parte de su ficción autobiográfica. Deseo solamente ofrecer aquí un ejercicio ex-céntrico en el que un segmento de la escritura borgiana se desplaza de su espacio canónico para convertirse, vicariamente, en pre-texto de una reflexión *otra*, acerca del estado actual de ciertos aspectos del debate latinoamericanista, y de sus precedentes. Borges y yo (pero es un yo retórico) nos situamos, entonces, en una arena diferente o, mejor dicho, en la arena de la diferencia, en el "resto diferencial" que Silvia Molloy localizara en las *Letras de Borges* hace ya mas de veinte años.

2. En el menú teórico que el debate postmodernista ha ofrecido a la voracidad disciplinaria figuran, entre los platos principales, el del descubrimiento del Otro y el de la relación Norte/Sur, como versiones recientes, corregidas y aumentadas, de polémicas que tuvieron lugar en otras épocas a propósito del tema del colonialismo, la identidad, y la penetración cultural. Los fenómenos de migración humana, los nomadismos disciplinarios, las imposiciones cada vez más urgentes de un mercado diversificado de bienes materiales y simbólicos, ha empujado procesos de conceptualización y apropiación de todo lo que excede los espacios propios y más cercanos de identificación cultural, volcando la atención hacia una ajenidad que se intenta conquistar teóricamente, desde diversas posiciones. Nociones como multiculturalismo, subalternidad, hibridación, heterogeneidad, han sido ensayadas como parte de proyectos teóricos que intentan abarcar el problema de la *diferencia* cultural como uno de los puntos neurálgicos del latinoamericanismo actual.

Sin embargo, pronto se ha hecho evidente que la simple postulación del registro diferencial no hace, en muchos casos, sino invertir el esencialismo que caracterizara al discurso identitario de la modernidad en distintos momentos de su desarrollo. Como Ernesto Laclau advirtiera, el imaginario intelectual de la izquierda ha estado con frecuencia perseguido por la tentación de reemplazar, en un gesto no exento de populismo ético, "el sujeto trascendental por su otro simétrico [...] reinscribiendo así las formas múltiples y no-domesticadas de la subjetividad en una totalidad objetiva" (Laclau 93). La romantización de la alteridad, la absolutización de la otredad como lugar de un privilegio epistemológico reconocido casi como una concesión compensatoria, son algunas de las avenidas por las que se ha orientado este proceso de apropiación conceptual en las últimas décadas.

Para evitar los riesgos y excesos de estas estrategias, se ha recurrido al concepto de "posiciones de sujeto" el cual resulta, como Laclau explica, relativamente útil aunque insuficiente para captar el sentido de la Historia como totalidad. Para ser entendida como tal, ésta requiere de la existencia de un sujeto capaz de organizar experiencia y discurso para llegar al "conocimiento absoluto" –es decir, a la comprensión del sentido último– de procesos totales[3]. En muchas teorizaciones, sin embargo, podría alegarse que la reformulación de la dinámica entre identidad y alteridad se basa justamente en la crisis de la idea de totalidad histórica, y en su sustitución por el conjunto de micro-historias o historias "menores" abarcables, ellas sí, desde posiciones de sujeto variables y acotadas[4]. Sin embargo, ninguna de las dos postulaciones elimina la problemática que obliga a repensar, en el contexto de las crisis de las ideologías y predominio neoliberal, las relaciones entre universalismo y particularismo. La vinculación entre estos dos aparentes extremos del espectro epistemológico son, evidentemente, centrales al debate sobre las posibilidades de un proyecto verdaderamente democrático en el contexto de la globalidad, donde se replantean cuestiones vinculadas a las asimetrías de poder y al ejercicio de las hegemonías tanto a nivel local como planetario.

¿Cómo recuperar, entonces, una temporalidad histórica amenazada por la preeminente espacialización y agresiva inmediatez de los fenómenos sociales sin una dimensión diacrónica e integrativa, donde los diversos fenómenos se comprendan como parte de una totalidad? ¿Cómo encontrar sentido a agendas locales o regionales y a particularismos sectoriales sin hacer referencia a un discurso universalista que abarque niveles racionales y relacionales de sensibilidad colectiva, discursos sobre derechos humanos y utopías de bienestar comunitario, por ejemplo, que puedan ser comunicados y compartidos no ya para lograr consenso en un

---

[3] Laclau explica algunas de las derivaciones de esta posición: "If History as a totality is a possible object of experience and discourse, who could be the subject of such an experience but the subject of an absolute knowledge? Now, if we try to avoid this pitfall, and negate the terrain that would make that assertion a meaningful one, what becomes problematic is the very notion of 'subject position'. What could such a position be but a special location within a totality, and what could this totality be but the object of experience of an absolute subject?" (94).

[4] El libro fue publicado primero en inglés, bajo el título *Jorge Luis Borges. A Writer on the Edge* (London: Verso Ed., 1993). La traducción al español permite recuperar el sentido del término "orillero" definido por Sarlo, que la expresión inglesa "on the edge" no comunica con precisión, aunque trasmite la idea de límite y frontera, que también se vincula con la utilización del término orillero en este trabajo. Según indica Sarlo, "Borges trabajo con todos los sentidos de la palabra 'orillas' (margen, filo, límite, costa, playa) para construir un ideologema que definió en la década del veinte y reapareció hasta el final, en muchos de sus relatos. 'Las orillas' son un espacio imaginario que se contrapone como *espejo infiel* a la ciudad moderna despojada de cualidades estéticas y metafísicas [...] En aquellos años, el término 'orillas' designaba a los barrios alejados y pobres, limítrofes con la llanura que rodeaba a la ciudad. El orillero, vecino de esos barrios, con frecuencia trabajador en los mataderos o frigoríficos donde todavía se estimaban las destrezas rurales de a caballo y con el cuchillo, se inscribe en una tradición criolla de manera mucho más plena que el compadrito de barrio [...] El orillero arquetípico desciende del linaje hispano-criollo, y su origen es anterior a la inmigración..." (52-53). Pero lo que principalmente interesa a los efectos de este trabajo es el sentido metafórico que Sarlo sugiere: la idea de orilla como lugar crítico y construcción imaginaria, como "línea de frontera que marca los lados de un pliegue" (94).

nivel abstracto y sobredeterminante, sino para "organizar el conflicto" a nivel colectivo, como sugería José Joaquín Brunner?[5]. Para acotar más estas preguntas, que atañen al lugar del particularismo en debates actuales sobre globalidad y multiculturalismo podemos preguntarnos también: ¿es posible una representación del *otro* o una teorización de la *diferencia* que no esté afectada, de alguna manera, por esas asimetrías de poder? ¿Es la *otredad* el dispositivo –el subterfugio– a partir del cual el sujeto de la modernidad se reinscribe dentro del horizonte escéptico de la posmodernidad refundando y refuncionalizando su centralidad como constructor/gestor/administrador de la *diferencia*? ¿Puede *escuchar* ese sujeto al *otro* y encontrar el lenguaje –la representación simbólica– a través de la cual comunicar ese conocimiento?

3. No voy a recurrir ni al expediente de la muy mentada "universalidad" de la literatura borgiana, ni al posible sentido oracular o premonitorio de su prosa, también enfatizado por quienes vieron en su obra una especie de anuncio de crisis inminentes de los mismos paradigmas que esa obra confirmaba. Quiero apoyarme, más bien, en el carácter "orillero" de su literatura, el mismo que Beatriz Sarlo elaborara en las conferencias que ofreciera en la Universidad de Cambridge, en 1992, y de las que surgiera una de las mejores aproximaciones que se han hecho al escritor argentino: *Borges, un escritor en las orillas*[6]. Así, invocar a Borges supone, entonces, una reflexión implícita sobre las continuidades y rupturas entre modernidad y posmodernidad, tanto como una evaluación de las interrelaciones complejas entre literatura y estudios culturales, estética y teoría de la cultura.

Podría decirse, sin demasiado riesgo –aunque quizá esto suene como un oxímoron– que "El etnógrafo" es un texto menor dentro de la cuentística borgeana. Muchos de los estudios dedicados a la prosa del escritor argentino apenas mencionan o simplemente pasan por alto este relato que fuera, de alguna manera, rele-

---

[5] Sobre este punto abunda todo el debate sobre posmodernidad, partiendo del informe de Lyotard, que pusiera en cuestión la vigencia de las "grandes narrativas" en el actual contexto cultural.

[6] Discutiendo el tema de la heterogeneidad cultural en la posmodernidad, Brunner indica que una de las formas posibles de pensar el problema de la integracion social *en* la diversidad, es reconocer que las sociedades actuales de América Latina mantienen, a pesar de esa heterogeneidad, y sobre la base de formas locales y parciales de consenso, un grado suficiente de integración. "Such a perspective might allow us to consider our societies as societies without the need for a basic consensus, without an agreement over foundations, with scarce possibility (and necessity) of conceiving themselves as 'totalities'; as societies that, *more than consensus, need to organize conflict* [el énfasis es mío] and give rise to agreements of interests; as societies that, more than recuperating a political system legitimized by a nucleus of values, need to construct and live with a necessarily unstable one, which reflects agreements over the rules of government capable or inspiring mutual respecct and of avoiding the war of each against all" (Brunner 47).

gado por el propio autor al publicarlo como parte de un conjunto reducido y heterogéneo de textos en 1969, el año antes de que viera la luz *El informe de Brodie*[7].
El cuento se refiere a la aventura epistemológica de un estudiante de antropología, Fred Murdock, quien pasa más de dos años en una reserva indígena al oeste
de los Estados Unidos donde intenta recoger datos para su tesis universitaria.
Luego de familiarizarse con la cultura y aprender el idioma, Murdock pasa por
"ciertos ejercicios de índole moral y de índole física" (II, 356) y el sacerdote de la
tribu termina por revelarle "su doctrina secreta". Murdock regresa a la ciudad,
donde anuncia a su profesor que se encuentra en posesión del secreto pero que no
piensa revelarlo, con lo cual termina su carrera académica. Según el estudiante,
lo más valioso del secreto son los caminos que lo condujeron a él, y la universalidad del conocimiento adquirido, que vale, según Murdock, "para cualquier lugar
y para cualquier circunstancia". El relato, de escasas dos páginas, termina infor-
mando al lector que "Fred se casó, se divorció, y es ahora uno de los biblioteca-
rios de Yale" (II, 357).

En el prólogo a *Elogio de la sombra*, donde aparece incluido el relato que nos
ocupa, Borges menciona, como parte de sus "astucias" literarias, el haber apren-
dido a "simular pequeñas incertidumbres" (II, 351) y "El etnógrafo" ejemplifica
bien este recurso. El cuento gira en torno a la supuesta existencia del secreto de
Murdock, que no llega a conocerse y sobre el fenómeno de creencia por el cual el
lector acepta la veracidad de las versiones múltiples que mediatizan la historia
que finalmente llega al narrador[8]. En todo caso, lo que importa señalar es que el
cuento se mueve, en toda su estructura, en el *entre-lugar* que conecta una serie
antitética: civilización/primitivismo, ciudad/pradera, pasado/presente, secreto/co-
municación, conocimiento institucionalizado/saber empírico, oralidad/escritura,

---

[7] "El etnógrafo" aparece en el libro titulado *Elogio de la sombra* (1969), que incluye otro cuento
breve, titulado "Pedro Salvadores", y algunos poemas. En el corto prólogo que Borges agrega a la tercera edición del libro, dice que "tales divergencias [genéricas] [le] parecen accidentales" y que "dese-
aría que este libro fuera leído como un libro de versos" (352). Quizá supone, o finge suponer, que esta
prosa escueta no se sostiene por sí misma y que la ingeniosa indulgencia del título puede sugerir una
estrategia de lectura asociativa, capaz de abarcar y proteger, oscuramente, las partes que componen el
pequeño volumen. Algunos críticos, advirtiendo esta debilidad, han sugerido que los dos relatos soli-
tarios de *Elogio de la sombra* deberían ser, más bien, parte de *El informe de Brodie*, publicado en
1970. El aludido prólogo de Borges advierte también que la ética, al igual que la vejez, son temas
nuevos que *Elogio de la sombra* agrega al de "los espejos, laberintos y espadas que ya prevé [el]
resignado lector" en su prosa (352). El problema de la vejez no aparece en "El etnógrafo", y aunque
es indudable que hay una latencia ética en el relato, ésta es una vertiente subterránea –subtextual– a la
que el lector llegará, eventualmente, llevado por la intriga de lo que no se sabe. (A partir de aquí los
textos de Borges serán citados por la edición de Bruguera, indicando la abreviatura del título [*PC*], el
tomo y la página.)

[8] Este recurso de la veracidad incomprobable es el que guía también, por ejemplo, la apertura de
"La intrusa": "Dicen (lo cual es improbable)...".

experiencia/discurso, etc.[9]. La espacialización del conflicto y la distribución compartimentada de zonas de saber: el espacio de la identidad y el espacio del otro, el lugar del narrador y el lugar del lector, cuestiona, como un *mis en abime*, la noción moderna de temporalidad y la concepción de la historia como un *continuum* progresivo y totalizador cruzado por interrelaciones en las que se vinculan subjetividades, racionalidades y discursos. Borges trabaja primordialmente en el *entre-lugar*, pero sin hacer énfasis en el solamente como *zona de contacto* e intercambio productivo, sino en tanto momento de interrupción, desarticulación y fractura entre visiones y versiones del mundo que se tocan apenas, provisoriamente, en un momento determinado y bajo condiciones excepcionales. De acuerdo a la racionalidad iluminista que la obra de Borges testimonia incansablemente, el relato no niega la posibilidad del conocimiento intercultural. Pero aborta, con el recurso del secreto, su desciframiento y diseminación, ya que como sugiriera Doris Sommer, lo más importante es la existencia y anuncio del secreto –ese "resto diferencial" entre el yo y los otros– no su revelación[10]. No me interesa aquí, sin embargo, explorar el expediente de la reticencia en sí mismo o como parte de una poética de la otredad, sino analizar la solución "orillera"de Borges, su concepción y elaboración de la noción de frontera en relación con el tema de la comunicación y comunicabilidad de saberes locales, o sea la relación entre experiencia, conocimiento y lenguaje en el dominio de la *diferencia*.

4. Como Sarlo advirtiera, a pesar de su indudable perfección formal y su innegable originalidad –o quizá justamente por ellas– "la obra de Borges tiene en el centro una grieta" (Sarlo, *Borges...* 13) y es justamente ese lugar de la ruptura y eventualmente –como Sarlo sugiere apoyada en Deleuze– ese lugar del *pliegue* el que me interesa analizar. "El etnógrafo" no constituye, a mi juicio, una reflexión sobre la identidad o sobre la otredad, como extremos del espectro de la subjetividad individual o colectiva, sino sobre el problema de la mediación. Si el motivo del viaje instala al personaje –y a la problemática misma del relato– en el *no lugar* del tránsito y la desterritorialización, los ejercicios físicos y morales que debe atravesar el etnógrafo como parte de su iniciación, y la misma familiarización con la

---

[9] Tal polarización indicaría un planteamiento esencialista característico del discurso identitario de la modernidad, donde se trata el problema de construcción de subjetividades colectivas de acuerdo a la dicotomía adentro/afuera, civilización/barbarie que marca las construcciones nacionales desde sus orígenes.

[10] Como indica Silvia Molloy, siguiendo a Lotman, podría decirse que la obra de Borges "intenta incorporar, mediante la imprecisión y la selección –mediante ese resto diferencial que siempre queda, como elemento inquisidor– la infinitud del mundo o su ilusión especular, dentro de un modelo finito que mina perpetuamente" (109).

cultura indígena enfatizan ese desplazamiento, como si un viaje se emprendiera en el interior de otro, y el lector asistiera, desde la fijeza de su posicionalidad receptora, a ese distanciamiento progresivo. Pronto el lector descubre que la frontera es no sólo la marca que señala un "lugar antropológico"; es también un límite interno, cuya existencia se registra en la memoria colectiva y en la genealogía individual, la franja resistente que separa y vincula pasado y presente, civilización y cultura "natural," conocimiento académico, institucionalizado, y saberes locales. El narrador de "El etnógrafo" nos sugiere esa casuística de la actualización de instancias anteriores de la biografía individual en un presente habitado por sus fantasmas: un antepasado de Murdock "había muerto en las guerras de la frontera; esa antigua discordia de sus estirpes era un vínculo ahora" (II, 355).

Pero por encima de esta sugerida linealidad, la frontera se impone como demarcación y como límite. A partir de entonces, el relato se juega en el terreno de la transgresión, y en la necesidad de definir el *afuera* de la subjetividad. Murdock comienza el descenso del héroe por diversas etapas de iniciación e interiorización en el mundo del *otro*:

> tenía que lograr que los hombres rojos lo aceptaran como uno de los suyos [...] Más de dos años habitó en la pradera, entre muros de adobe o a la intemperie. Se levantaba antes del alba, se acostaba al anochecer, llego a soñar en un idioma que no era el de sus padres. Acostumbró su paladar a sabores ásperos, se cubrió con ropas extrañas, olvidó los amigos y la ciudad, llegó a pensar de una manera que su lógica rechazaba (II, 356).

La frontera entre el yo y los otros es una franja inestable, donde las identidades se desestabilizan. El relato sugiere apenas el escándalo del orden perturbado, atravesado por las intromisiones de una razón inoportuna e ineficaz, que emprende una vez más la búsqueda utópica de totalización y de armonía imposible, a través de una aventura intelectual destinada al fracaso y la melancolía. Es el lugar del pliegue, la zona de peligro entre dos superficies que se encuentran para confirmar los límites de la alteridad[11].

5. Para el momento en que Borges escribe "El etnógrafo" la antropología moderna se encuentra en un proceso de fuertes transformaciones. La tradición abierta por la obra del antropólogo polaco Bronislaw Malinowski, quien publicara sus *Argonauts of the Western Pacific* en 1922, se quiebra definitivamente

---

[11] Sarlo dice: "En las ficciones de Borges, la 'solución del pliegue' muestra su inestabilidad en el momento mismo en que se pasa de una superficie a otra: el pliegue es el lugar de peligro entre las dos superficies (las dos culturas) que une separando y separa uniendo" (*Borges...* 95).

con el avance de la antropología estructural, representada fundamentalmente
por las obras de Claude Lévi-Strauss, particularmente por *Tristes Tropiques*
(1955), que se divulga fuera de Francia en la década de los años sesenta[12]. De la
concepción de la disciplina como ciencia basada en la observación participativa (por ej. Margaret Mead) se pasa a la reformulación metodológica que permite no ya avanzar de lo particular a lo universal, como había pretendido Malinowski, sino captar las variables y constantes que crean la *diferencia* cultural.
El propósito sería diseñar, a partir de ese registro, una cartografía siempre provisional y relativista de la cultura, donde cada comunidad juega con sus reglas
el juego de su propia, irrepetible civilización. El particularismo se ha instalado
entonces disciplinariamente, fuertemente afincado en un pensamiento estructural,
modelizado, fijado en los lenguajes de la ciencia como registros especializados
de la *diferencia*, la cual será, en las décadas siguientes, superado el formalismo
analítico del estructuralismo, la protagonista principal del pensamiento poscolonial.

Como mediador, testigo o intérprete, el intelectual –antropólogo o crítico de
la cultura– se enfrenta desde entonces a los múltiples rostros de una profesión
construida para jugar con la distancia, siempre sometida a la tensión que ubica al
estudioso o al observador, como Susan Sontag advirtiera en su ensayo "El antropólogo como héroe", entre la fascinación y la repulsión que le provoca su objeto
de estudio[13]. Primitivismo, otredad, subalternidad, diferencia, son límites externos e interiores, pliegues de la conciencia cultural y de la ideología. A partir de
ese límite conceptual el sujeto abisma la propia identidad al ubicar fuera de sí, en
un movimiento catártico, las ansiedades y frustraciones derivadas de su propia
aventura individual y colectiva.

En lucha con su imagen, el antropólogo revisa el archivo que le devuelve su
propia práctica profesional, y se distancia progresivamente de cada una de sus
modulaciones (objetividad y neutralidad científica, afán "misionero" civilizador
y humanitarista, escepticismo relativista, autoritarismo profesional) proponién-

---

[12] La obra de Bronislav Malinowski (1884-1942) se considera todavía como el hito definidor de
la antropología moderna. De fuerte influencia en el ámbito británico, el funcionalismo antihistoricista
de Malinowski modifica los paradigmas de su contemporáneo James Frazer, que sustentaba un empi-
ricismo acumulativo, donde los datos aparecían en muchos casos presentados fuera de contexto, dentro de un esquema fuertemente evolucionista. Para el antropólogo polaco, el pasado tiene importancia
no sólo como testimonio de culturas extinguidas, sino por su proyección hacia el presente. La historia
–o el mito– son "cartas de privilegio" que legitiman prácticas actuales. Sobre la importancia de Malinowski en la antropología actual, véase Gellner (30-36 y 116-123).

[13] Sigo aquí la idea de Susan Sontag: "[...] always anthropology has struggled with an intense,
fascinated repulsion toward its subject. The horror of the primitive [...] is never far from the anthropo-
logist's consciousness [...] Essentially [the anthropologist] is engaged in saving his own soul, by a
curious and ambitious act of intellectual catharsis" (75).

dose más bien como un *testigo* que se debate entre las construcciones de la teoría y el peligro de la familiaridad[14].

Hacia fines de la década de los sesenta Lévi-Strauss ha impulsado ya fuera de Francia el antihistoricismo que entiende la diferencia entre sociedades primitivas y modernas como un problema térmico: habla de sociedades frías y calientes, como si la mecánica del progreso incorporara en las culturas una fricción constante, erosionante y peligrosa, que un pensamiento utópico podría soñar con disminuir para llegar a la estructura casi "cristalina" y atemperada de ciertas sociedades primitivas (Sontag 80-81). Como "ciencia de lo exótico", la etnografía –también ciertas formas de la actual crítica cultural– se convierte cada vez más en una "antropología de lo cercano" –vinculada con esa "etnología de la soledad," de que habla Marc Augé en sus estudios de la "sobremodernidad" (*Los no lugares*)–. La exploración del *otro* ya no toma la forma de una *quasi* "necrología" (estudio de sociedades próximas a la desaparición) sino que se interesa en una otredad cercana en tiempo y espacio, en la línea de desarrollo de una misma cultura, que se actualiza de distintas maneras bajo condiciones históricas y materiales diferentes. Quizá el *otro* no es el que está afuera sino el que habita en la zona más recóndita de la cultura propia y de la conflictividad pública o privada, el que pudimos haber sido, el que fuimos, o el que seremos, o el que corremos el peligro de ser, como sugiere "El informe de Brodie", emparentado en más de un sentido con "El etnógrafo." Si en la nación de los Yahoos que describe "El informe" debe verse no la evidencia del primitivismo sino el resultado de la decadencia social ("[...] los Yahoos, pese a su barbarie, no son una nación primitiva sino degenerada") (Borges, *PC*, I,) entonces hay un *otro* acechador en cada identidad cultural, y la antropología –y ciertas formas de la crítica cultural– serían la forma en que se manifiesta la impaciencia por descubrir antes de tiempo ese *alter ego* que espera en el futuro de la especie, o sea el impulso disciplinario por penetrar –colonizar– el pliegue que une y separa esas zonas limítrofes de la subjetividad y de la temporalidad social, y que falsamente divide observación e imaginación histórica[15]. Como dice Clifford: "La ciencia de lo exótico [ha sido] repatriada" (*Writing Culture* 23).

---

[14] Respecto a las imágenes del antropólogo y su relación con el tema de la escritura y la "verdad"etnográfica, véase Clifford (*Writing Culture* 1-26).

[15] El evolucionismo que invierte esa noción consiste en proyectar el pasado de la especie –o formas culturales consideradas anteriores o resistentes al proceso modernizador— no ya sobre el presente sino sobre el futuro de nuestra cultura. La dirección habitual es la que enfoca la relación evolutiva entre pasado y presente; dice, al respecto, Gellner, resumiendo la noción dominante: "La atracción que ejerce en [la antropología] el salvaje, tiene sus raíces en el hecho de considerarlo un ancestro –social, institucional o intelectualmente hablando– aun cuando ese salvaje sea, biológicamente hablando, más un primo que un antepasado" (117).

6. "El etnógrafo," sin embargo, reprime el impulso especulativo y opta por el silencio. En efecto, el relato detiene la excursión hacia el *otro* justamente en los umbrales de la teorización y la hermenéutica, neutralizando en el narrador toda tentación de aventurar hipótesis sobre la naturaleza del conocimiento adquirido. Fred Murdock no es Brodie, misionero escocés presbiteriano que se adentra en tierras remotas impulsado por un afán catequizador, para divulgar su "verdad." Carente de toda grandeza, Fred Murdock es apenas un estudiante graduado de personalidad aún indefinida dispuesto a realizar un trabajo de campo, y en quien Borges destaca solamente la juventud, el laconismo y la falta de singularidad. Sobre él, como sobre la aventura misma que da base al relato, no hay certidumbres sino versiones más o menos verosímiles, posibilidades, preguntas.

Murdock –homónimo, quizá casual, de un conocido antropólogo norteamericano autor de una guía metodológica publicada en los años cuarenta– no representa la pasión científica, ni la duda antropológica, ni la moderación racionalista, ni parece propenso a forma alguna de heroísmo intelectual[16]. Murdock no se deja asimilar por la *otredad*, como el personaje de Droctulft, el longobardo que en "Historia del guerrero y la cautiva", fascinado por la ciudad que iba a destruir, cambia de bando, y dejando a los suyos, pelea del lado de los defensores de Ravena. Tampoco es un converso al estilo de la mujer inglesa que elige vivir en "la barbarie", seducida por "la fuerza simbólica del primitivismo" (Sarlo, *Borges...* 103). Quizá más cercano al Dahlman de "El Sur", Murdock se adentra en una cultura *otra* para descubrir códigos de conducta, lenguajes, secretos o misterios, que lo acercan a los límites entre la identidad y el *no-lugar* de una alteridad que en realidad es otra forma de sí mismo, una cifra escondida en la genealogía personal que de pronto se activa, y lo hace traspasar la frontera interior.

Lo cierto es que en el caso de Murdock Borges elude todas las soluciones anteriores y deja al lector solo con el silencio de su personaje. Quizá ese silencio contiene la explicación de todas las otras transgresiones y conversiones culturales, pero Borges y Murdock rehúsan revelarlo, instalando entonces el relato en el

---

[16] La crítica no ha indicado la coincidencia entre el nombre del etnógrafo de Borges y el del antropólogo norteamericano. Ya que estos guiños son frecuentes en Borges, no parece caprichoso insinuar la posibilidad de que el autor argentino haya utilizado un "nombre significante" en este caso: el de un antropólogo no particularmente brillante —George Peter Murdock— que se dedica a aspectos metodológicos, quizá un futuro posible para Fred Murdock en una etapa posterior a la que el relato representa, y como complemento de su experiencia como bibliotecario. Aprovecho para agradecer al antropólogo peruano Carlos Ossa, quien me ayudo a establecer la conexión entre el personaje y Borges y el etnógrafo norteamericano, conexión que me fue sugerida por una referencia de Marc Auge, en su citado libro. Respecto al nombre del personaje, aprovecho para señalar el error de Naomi Lindstrom, quien en su libro sobre la cuentística de Borges se refiere al estudiante de "El etnógrafo" como "Murdoch". De paso, también encuentro curiosa su consideración de que los cuentos incluidos en *Elogio de la sombra* parecen cuentos de fantasmas o "fireside tales".

corazón mismo del conflicto de la antropología actual –y de cierta crítica cultural– donde la práctica disciplinaria reproduce las imágenes de un sujeto descentrado –el practicante de la disciplina–, teórica e ideológicamente desterritorializado, que inquiere sobre la legitimidad de su posición, la perdurabilidad de su poder y la eficacia de sus instrumentos conceptuales, mientras habla del *Otro*.

(Una posibilidad distinta, mas escéptica, sería la de que ese silencio no contuviera, en realidad, ningún secreto, y fuera solamente la forma desalentada y melancólica –quizá también arrogante y premeditadamente engañosa– a través de la cual se expresa el fracaso del individuo o de la disciplina: Murdock no oculta nada, lo que ha fracasado es la aventura del conocimiento y es esa ineficacia la que resulta incomunicable. Ficción y mentira se encuentran, entonces, en una zona imprecisa de la literatura, que se nutre de ambas.)

7. De todos modos, el relato se detiene en el límite mismo del lenguaje: el que lo instala como dispositivo de proximidad o de distanciamiento, de acceso o de rechazo del contenido potencial de la comunicación. Murdock se coloca a resguardo de la codificación lingüística, aunque Borges entiende que toda conducta es lenguaje y todo lenguaje huella y ocultamiento de la subjetividad, que no puede manifestarse por completo a través de la palabra, ni apartarse de ella. Luego de la primera experiencia de identificación cultural y traducción enunciativa, Murdock se niega a reproducir ese mecanismo. Después de todo, como Borges indicara, la transcripción de la realidad es solo una ilusión de la literatura realista, porque la realidad no es verbal (Molloy 62). La aventura del conocimiento es, en Murdock, la historia de estas amputaciones: primero toma notas ("field work accounts") que son un sucedáneo de la escritura etnográfica y que constituyen, como Clifford ha notado, un subgénero autorreflexivo, ingenuo y confesional, donde el antropólogo es personaje de su propia ficción. Pero rompe estas notas en un gesto autocorrectivo propio de los géneros menores (el "escribo y rompo", "tejo y destejo" que caracteriza a cierta escritura femenina, privada, provisional, exploratoria).

> Durante los primeros meses de aprendizaje tomaba notas sigilosas, que rompería después, acaso para no despertar la suspicacia de los otros, acaso porque ya no las precisaba (II, 356).

Luego, el relato propone un corto diálogo –el único del cuento– donde al tiempo que se avanza la anécdota se detiene el proceso comunicativo. El contraste entre la ingenuidad del profesor y la casi arrogante reticencia del estudiante no ocultan la ironía de Borges hacia el saber institucionalizado. El profesor inquiere sobre las razones del silencio de su estudiante:

–¿Lo ata su juramento? –preguntó el otro.

–No es esta mi razón –dijo Murdock–. En esas lejanías aprendí algo que no puedo decir.

–¿Acaso el idioma inglés es insuficiente? –observaría el otro.

–Nada de eso, señor. Ahora que poseo el secreto podría enunciarlo de cien modos distintos y aun contradictorios. No se muy bien cómo decirle que el secreto es precioso y que ahora la ciencia, nuestra ciencia, me parece una mera frivolidad.

Agregó al cabo de una pausa:

–El secreto, por lo demás, no vale lo que valen los caminos que me condujeron a él. Esos caminos hay que andarlos (II, 356).

La "etnología de la soledad" hace aún más reducido y próximo el "lugar antropológico", y el profesor es ahora el *otro*, situado del lado opuesto de la orilla –del pliegue– que lo separa de una verdad inaccesible.

Empeñado en descubrir el secreto del silencio en la dimensión *performativa* del lenguaje (algún juramento que ate la lengua), el profesor –situado en una modernidad que es la de Borges– teme por la inadecuación del instrumento lingüístico: "¿es el inglés insuficiente?", aunque Borges respetaba la lengua anglosajona como a ninguna otra. Si *diferencia* implica pluralidad de códigos, ¿qué significa esta inversión de la hegemonía lingüística a través de fronteras culturales? Como ha sugerido James Clifford, la traducción de culturas por medio de la escritura etnográfica tiene lugar en relación a lenguas débiles y fuertes –frías y calientes, en la concepción de Levi-Strauss– que gobiernan el flujo del conocimiento, y que rearticulan relaciones de poder. Si un mapa puede sólo dibujarse abarcando una región desde arriba, ¿desde qué lugar –desde qué posición lingüística, ideológica, institucional– puede mirarse hacia abajo para descubrir culturas *otras* –primitivas, marginales, subalternas– y realizar su cartografía?

Si la antropología más actual ha discutido obsesivamente la imagen del etnógrafo (si debe representárselo dentro o fuera de su tienda, en actitud autoritaria o distendida, jugando con los niños del poblado o escribiendo sus notas para una futura publicación) es porque en esta imagen está cifrada la naturaleza del secreto, la transparencia u opacidad de la representación y, finalmente, el problema del método y quizá, el futuro de la disciplina. La antropología actual parece estar de acuerdo sobre el carácter artesanal (escriturario) de la construcción etnográfica. También sobre el carácter parcial y provisional de todo conocimiento, en el que siempre se conserva una zona oscura –un "resto diferencial"– que asegura el poder del otro justamente por las elipsis y reticencias de sus comunicaciones. Así, la fragmentación del mensaje mantiene espacios discretos, de sentido no colonizado, resquicios de autonomía, intimidad o pureza[17]. Todavía imbuido de

---

[17] Al comentar *First-Time: The Historical Vision of an Afro-American People* (1983) de Richard Price, Clifford discute el tema de las verdades parciales y los secretos que integran la escritura etno-

una nostalgia *moderna* de totalidad, Borges parece sospechar de la posible función corruptora que lo particular puede tener respecto de lo universal. ¿O es que, como Laclau ha sugerido, puede ser anulada esa antinomia eludiendo los juegos de lenguaje que definen y legitiman ambos dominios como espacios enfrentados, existentes en distintas orillas del conocimiento?[18]. La simetría espacial que marca en "El etnógrafo" –dos culturas que existen en lados opuestos de la frontera comunicativa– indica al mismo tiempo la asimetría de poder entre ciudad y pradera, conocimiento institucional y saberes locales. Abortada la mediación del joven antropólogo, que ha traspasado para sí, pero solo para sí, la frontera hacia el otro, queda solamente un posible secreto, y el búfalo que en sueños pasa de los espacios abiertos del colonizado al imaginario cerrado del colonizador.

8. Pero la heteroglosia que complica definitivamente los dominios identitarios y mina desde adentro el ideal moderno de culturas nacionales orgánicas, no es el único problema que plantea "El etnógrafo" al mostrar lo que Apphia ha llamado "las vicisitudes de la traducción" intercultural" (150). "El etnógrafo" aborda tanto el problema de la lengua y la transmisión oral como la instancia de la escritura, o sea el registro de la fijación y diseminación del mensaje, momento en que autoría, autorización y autoridad se funden en la práctica textual. Publicado hacia finales de los años sesenta, el relato borgiano es anterior a la crisis de "autoridad etnográfica" que la disciplina experimentaría en décadas posteriores, que desemboca en los ochenta en el reconocimiento pleno del papel fundamental que juega la escritura en el proceso de interpretación y comunicación antropológica. El relato de Borges problematiza justamente los márgenes de esa dimensión retórica, en la que se cifran tanto la política como la poética de la representación etnográfica[19].

---

gráfica. Indica, por ejemplo que "These strategies of elipsis, concealment, and partial disclosure determine ethnographic relations as much as they do the transmission of stories between generations" (*Writing Culture* 7). Así, Price mina la posible totalización de su relato al ofrecer un texto que es en realidad una serie de fragmentos, "an inherently imperfect mode of knowledge, which produces gaps as it fills them" (Clifford, *Writing Culture* 8). Sobre el tema del secreto en el discurso del *otro*, véase Sommer.

[18] Pregunta Laclau: "Is particularism thinkable just *as* particularism, only out of the differential dimensions that it asserts? Are the relations between universalism and particularism simple relations of mutual exclusion? Or, if we address the matter from the opposite angle: does the alternative between an essentialist objectivism and a transcendental subjectivism exhaust the range of language games that it is possible to play with the universal? (95).

[19] Éste es justamente el subtítulo del libro de Clifford, *Writing Culture. The Politics and Poetics of Ethnography*. Sobre el concepto de "crisis de la autoridad etnográfica" que es frecuente en los estudios actuales de antropología, remito aqui a Clifford, quien indica lo siguiente, comentando los interesantísimos juicios que tuvieron lugar en la Corte Federal de Boston, en 1977, en los que descendientes de los indios wampanoag que habitan en Mashpee debían probar su identidad tribal y la

Fred Murdock expone así el drama del mediador, que habita entre palabra escuchada y palabra muda, que se niega a recorrer el camino inverso por el cual el héroe regresa del viaje paradigmático por los dominios de la otredad, para devolver a su comunidad el conocimiento adquirido[20]. La cancelación de la escritura como instancia de apropiación discursiva –lingüística, retórica, ideológica– mantiene ese saber en el *no-lugar* de la memoria, dejando a la antropología en la etapa primera de su modernidad, limitada a los niveles de la experiencia participativa y el reconocimiento empírico-conceptual de la diferencia. Borges parece sugerir una desconfianza radical en la existencia de una gran narrativa y de una lengua –de una epistemología– capaz de englobar a un tiempo la verdad del colonizador y del colonizado. Apuesta, entonces, a la representación de un vacío, ese "Tercer espacio" del que ha hablado Bhabha, conservando así el micro-relato dentro de sus coordenadas y condiciones de existencia, y dejando el contenido del mensaje encapsulado en el lugar preservado del saber local, y en la memoria individual del mediador que ha interrumpido –intervenido– provisionalmente el espacio del otro[21]. Desde una perspectiva wittgensteiniana, la comunidad indígena queda representada como una *Gemeinschaft* (comunidad cerrada) donde el lenguaje funciona íntimamente, como una red simbólica ligada a idiosincrasias, valores y relaciones afectivas que la convierten en un espacio autosustentado de significaciones, un misterio que no puede ser captado más allá de sus límites[22].

La "solución" de Borges parece sugerir que la sola enunciación de la "doctrina secreta" fuera de los códigos de la cultura propia, pero aun más su traducción

---

continuidad de su genealogía desde el siglo XVII como apoyo a su reclamo por tierras perdidas: "In the conflict of interpretations, concepts such as 'tribe', 'culture', 'identity', assimilation', 'ethnicity', 'politics' and 'community' were themselves on trial [...] I began to see such questions [about modes of cultural interpretation] as symptoms of a pervasive postcolonial crisis o ethnographic authority. While the crisis has been felt most strongly by formerly hegemonic Western discourses, the questions it raises are of global significance. Who has the authority to speak for a group's identity or authenticity? What are the essential elements and boundaries of a culture? How do self and other clash and converse in the encounters of ethnography, travel, modern interethnic relations? What narratives of development, loss, and innovation can account for the present range of local oppositional movements?" (*Predicament* 8). El primer capítulo de este libro está dedicado al desarrollo e historización de este problema. Sobre los juicios a que Clifford se refiere, véase "Identity in Mashpee" (*Predicament* 277-346).

[20] Sobre el viaje paradigmático del héroe en la tradición occidental, véase Campbell.

[21] Bhabha define el "Tercer espacio" como un tránsito, un pasaje "which represents both the general conditions of language and the specific implication of the utterance in a performative and institutional strategy of which it cannot 'in itself' be conscious [...] The intervention of the Third Space, which makes the structure of meaning and reference an ambivalent process, destroys this mirror of representation in which cultural knowledge is continuously revealed as an integrated, open, expanding code" ("Cultural Diversity" 208).

[22] Sobre el concepto de *Gameinschaft* en relación con la filosofía del lenguage de Wittgenstein y con la concepción antropológica de Malinowski, véase Gellner 29-36.

escritural significan una apropiación indebida, una violencia, una perturbación similar al colonialismo interno que invadiera la pradera de los búfalos y fijara con sangre los límites territoriales. La clave capaz de descifrar las contradicciones y exorcizar los demonios de la modernidad reside justamente en el *entre lugar* que separa y une las distintas culturas, lugar inaccesible como territorio pero concebible como horizonte del conocimiento. "Lo social", como conjunto de experiencias comunitarias que se dan al margen de las formas culturales institucionalizadas, excede los límites y redes de *la sociedad* y de la visibilidad burguesa y requiere estrategias de conocimiento, lógicas interpretativas y prácticas disciplinarias no previstas desde el contexto de la modernidad[23].

La ausencia de escritura crea entonces un margen de silencio que rodea al secreto pronunciado en una ceremonia iniciática, pero que no se presta a la decodificación/recodificación antropológica, como si Borges estuviera indicando la imposibilidad de pasar, en términos de Bhabha ("The Other Question"), de la experiencia empírica de la diversidad cultural a la enunciación de la *diferencia* como conocimiento adquirido acerca de esa misma cultura[24]. Murdock rompe sus notas, no escribe una novela, ni un relato de viajes, ni un informe oficial, ni una disertación universitaria, no describe, ni prescribe, ni especula, sino que permanece como "un nativo de su propia cultura" (Augé), responsable de haber roto la cadena del conocimiento en el eslabón clave de su diseminación. Pero, ¿existió, en realidad, conocimiento, o sólo hay, cuando se trata del discurso del *otro*, presunción, creencia, falsa conciencia? Murdock afirma que ahora que posee el secreto "podría enunciarlo de cien modos distintos y aún contradictorios" (356), como si se hubiera producido el salto del particularismo a la universalidad y ésta perteneciera a un dominio postlingüístico, postideológico. Y el lector es invitado a creer en la existencia y la magia de ese mensaje desconocido, cuya existencia permite preservar el lugar hegemónico de la ciencia moderna, sus bases racionales, su lógica social.

9. "La literatura de Borges es de frontera; vive la diferencia" (Sarlo, *Borges...* 108). Podemos preguntarnos, sin embargo, por el alcance de esa visión particular

---

[23] Sigo aquí la distinción de B. Arditi entre "la sociedad" (que expresaría el sueño moderno de homogeneización de las experiencias y prácticas de la comunidad en nombre de una única racionalidad) y "lo social" (referido al flujo constante y "nomádico" de prácticas que intersectan sólo ocasionalmente con las formas institucionales [por ej. formas de vida y de cultura alternativas o "subculturales", etc.] y que requerirían nuevas formas de interpretación).

[24] Bhabha dice al respecto: "Cultural diversity is an epistemological object –culture as an object of empirical knowledge– whereas cultural difference is the process of the enunciation of culture as '*knowledgeable*', authoritative adquate to the construction of systems of cultural identification" ("Cultural Diversity" 206).

de *diferencia* desde la *posición de sujeto* asumida por Borges, que imagina a partir de la homogeneidad culturalista y eurocéntrica de la Argentina moderna, una alteridad *otra* en una construcción en la que no se perfila la culpa política del colonialismo interno que estaba ya en discusión a finales de los sesenta, ni se cuestiona el privilegio de epistemologías hegemónicas dentro del gran concierto del humanismo burgués. Pero a pesar de sus certezas y de las limitaciones de su visión histórica, Borges hace a la conciencia inmadura de Murdock preguntarse si hay un uso legítimo del *otro*, y responder negativamente[25].

Desde la orilla Sur, el texto borgeano se ubica en un particularismo en el que se conjuga una doble ajenidad: la de los Estados Unidos, y dentro de ella, una otredad indígena provista de un exotismo que excede los límites de la alteridad propia y previsible en América Latina: la de raíz prehispánica, cuyos vestigios se prolongan en los márgenes de la cultura criolla. Desde su periférica modernidad, Borges enfoca, en un gesto también, a su manera, antropológico, *otra* periferia, *otro* producto residual que el occidentalismo codifica como el afuera de la subjetividad burguesa, nacionalista, liberal[26]. Quizá la razón de su elección está en su idea de que la ética protestante ha permeado a la sociedad americana como a ninguna otra, propiciando soluciones más "puras" a conflictos sociales[27]. Lo cierto es que "El etnógrafo" está recorrido por un controlado exotismo que se basa en la propuesta de lo que Appadurai ha llamado etnopaisaje (*ethnoscapes*), o sea en el constructo perspectivista –y, en este caso, imaginario– que conjuga la idea de localidad con la de pluralidad étnico-cultural y movilidad social, apuntando a la irregularidad y variabilidad que presenta todo panorama social aun cuando esté enfocado en un lugar y en un espacio determinados[28].

---

[25] La pregunta alude al apartado de T. Todorov, con ese mismo título, en su libro *On Human Diversity*. Sobre la relación entre sujeto, escritura y diferencia cultural, véase Kadir, particularmente el capítulo dedicado a Borges, donde se analiza la experiencia escritura/lectura y algunas de sus alegorizaciones en la obra del escritor argentino (45-54).

[26] Según Carlos Rincón "Borges is an intruder in Euro-American modernism in the sense of a cultural *extopia* of a peripheral marginality, of a modernity that is not yet and never will be completed" (168).

[27] En su "biografía literaria" de Borges, Rodríguez Monegal cita trozos de la autobiografía del escritor argentino, en los que éste indica sus opiniones sobre ese país al relatar su primera visita a la nación del norte: "En cierto sentido, y debido a mis lecturas, yo había estado siempre allí [...] De hecho, Estados Unidos había adquirido tales proporciones míticas en mi mente que me asombró sinceramente comprobar que hubiera cosas vulgares, como yerbajos, barro, charcos, caminos sucios, moscas, perros sueltos" (citado por Rodríguez Monegal, 400). "Descubrí a Estados Unidos como el país más amistoso, más tolerante y más generoso que nunca hubiera visitado. Los suramericanos tenemos tendencia a pensar en términos de conveniencia, mientras la gente en Estados Unidos enfoca éticamente las cosas. Esto es lo que yo –un protestante aficionado– admiré sobre todo" (citado por Rodríguez Monegal 401).

[28] Appadurai define lo que aquí traduzco como "etnopaisajes" al indicar que "By *ethnoscape*, I mean the landscape of persons who constitute the shifting world in which we live: tourists, immi-

El texto borgeano dramatiza, en la configuración del etnógrafo, lo que Marc Augé ha llamado la mirada estrábica, que obliga al sujeto a observar a un tiempo el contexto inmediato y las fronteras que demarcan el espacio exterior[29]. Pero su etnopaisaje no releva la precariedad de las posiciones culturales que representa, sino que ofrece una visión compartimentada de la totalidad social, donde cada cultura ocupa un sitio fijo dentro de su dominio territorial y de acuerdo a coordenadas identitarias que existen fuera de la historia, en un *status quo* que no parece conveniente perturbar. Aunque el relato problematiza suficientemente la idea de identidad nacional al exhibir la heterogeneidad constitutiva de lo americano, y aunque enfatiza la potencialidad epistemológica de los bordes identitarios, sugiriendo que ellos existen en un equilibrio inestable, el concepto de negociación –espacial (territorial) y temporal (histórica)– es ajeno al relato, que representa el *resto diferencial* de la otredad sin perturbar las bases de la moderna sociedad burguesa. Es indudable, sin embargo, que ésta contiene inquisiciones –grietas– que son el germen de la destrucción de sus certezas, hasta grados que la conciencia históricamente determinada de Borges, no puede imaginar.

10. Cautivo de su propio secreto, Murdock no pertenece ya a ninguna parte, y Borges lo relega al *no-lugar* de la biblioteca, espacio intermedio donde las interrelaciones culturales y las tensiones ideológicas existen sólo en estado de suspensión[30]. En esa equidistancia filosófica, el espectáculo de la diferencia se subsume en el ámbito de la palabra muda y el viaje se prolonga sin límites de espacio ni de tiempo, en esa representación del infinito que Borges asimila a la acumulación en un recinto de incontables volúmenes que son, en realidad, uno y el mismo. La antropología, que no existe fuera de las trampas de la representación y de la artesanía escritural, es destinada al espacio escriturario por antonomasia, al

---

grants, refugees, exiles, guest workers, and other moving groups and individuals constitute an essential feature of the world and appear to affect the politics of (and between) nations to a hitherto unprecedented degree" (33). Uso en este trabajo la categoría de Appadurai de manera laxa, refiriéndome a la construcción de un paisaje étnico que incluye tanto la presencia del otro como la intervención "turística", mediadora, del etnógrafo, que funciona como testigo de la diferencia, ayudando así a complicar la fijeza y homogeneidad del paisaje habitual. En todo caso, el concepto sirve para resaltar la importancia de lo local, en los términos que han definido Clifford y Geertz: "Like sailing, gardening, politics, and poetry, law and ethnography are crafts of place: they work by the light of local knowledge" (Geertz 167).

[29] "El etnólogo está condenado al estrabismo metodológico: no debe perder de vista ni el lugar inmediato que está observando ni las fronteras correspondientes a ese espacio exterior" (Augé 120)

[30] Como Marc Augé explica, el *no-lugar* no es un espacio de identidad ni puede definirse como relacional ni como histórico; son sitios de paso, relacionales, y se reinventan continuamente, como el itinerario de un viajero (81-116).

reino del relativismo, celebración, monumento y archivo de la racionalidad burguesa.

La imagen del sedentario lector que nos presenta "La biblioteca de Babel" viene a la mente inevitablemente: la alegoría del escritor sentado en el *toilet* (único lugar estable en el laberinto de pasillos y galerías que Borges nos describe) tratando de lograr la imposible combinación entre lo místico y lo aleatorio, lo universal y lo particular, en la que se escondería el secreto del universo (Rincón, "The Peripheral Center" 163).

Pocos años antes de la publicación de "El etnógrafo", Susan Sontag había advertido –en sus reflexiones acerca de la concepción disciplinaria de Levi-Strauss– sobre la enajenación del antropólogo: un crítico de su entorno pero un conformista en otras partes; nunca un "ciudadano" sino siempre, obligatoriamente, un disidente; un apolítico vocacional; un distanciado ("detached") , que nunca puede sentirse "en casa" en parte alguna; psicológicamente, un amputado (Sontag 74).

La biblioteca es el lugar común por excelencia, un lugar de paso, público y privado, íntimo y despersonalizado, que puede sustentar cualquier doctrina, apoyar cualquier agenda, ocultar cualquier secreto. Es lugar del silencio y la escritura, dos direcciones que asedian contradictoriamente la conciencia intuitiva de Murdock. Es en la biblioteca, entonces, donde Borges sitúa el ojo del etnógrafo, o sea en el lugar del pliegue, en el panóptico que permite una visibilidad total pero que al mismo tiempo reabsorbe las dinámicas concretas, los micro-relatos que desestabilizan las grandes narrativas del occidentalismo y la modernidad y dejan al descubierto sus políticas de exclusión.

Como Sontag nos recuerda en la década de los años sesenta, para el etnógrafo la historia presente inspira melancolía y sustenta la "duda antropológica", que es la instancia filosófica en la que se cuestionan los verdaderos alcances del conocimiento y el verdadero sentido de la alteridad. ¿Qué idea nos entrega, entonces, "El etnógrafo" acerca de la visibilidad y representabilidad de la otredad desde el horizonte de la modernidad? Quizá, principalmente, la idea de que la construcción de una "retórica –y, eventualmente, de una poética– de la impureza" (donde lo particular contamina y coloniza, definitivamente, a lo universal), resulta irrealizable desde la homogeneidad del occidentalismo hegemónico, que puede sólo refugiarse en la utopía o en la visión panóptica reduciendo la otredad a la dimensión del deseo, y a la necesidad de apropiar al otro –domesticarlo, narrativizarlo– como el afuera que sustenta aquella hegemonía. Lo que Clifford aludía como "la transparencia y el eco de la presencia" del otro (*Writing Culture* 14), como el objeto siempre efímero de una disciplina enfrentada a un sujeto que constantemente se disuelve en el aire, es representado por Borges bajo la forma de la imposibilidad del conocimiento y la irreductibilidad de la otredad, o sea por una negatividad no colonizable ni aprehensible en su cualidad particular y en su determinación histórica[31]. Después de haber puesto en entredicho –sin mencio-narlas– la validez del contrato social, la función y misión del Estado y la presun-ta unidad de una cultura nacional, Borges deja al lector ante la inmensidad del Otro, en medio de un sentimiento de impotencia, frustración y curiosa descon-fianza, una especie de "malestar en la cultura," que nos recordaría, desde la pers-pectiva freudiana, que lo que une y define a una comunidad no es el amor, ni la pura atracción o deseo por el otro, ni el vinculo racional o la elección colectiva, sino la culpa compartida[32].

El autor de "El etnógrafo" parece sugerir que la culpa del colonialismo no puede ser expiada de manera definitiva –no, al menos, a través de la cultura, no a partir de lo que Clifford llama "la arena carnavalesca de la diversidad" (*Writing Culture* 246)–, no por las seducciones de la polifonía ni por las promesas de la heteroglosia, ni por la que Homi Bhabha llamara "anodina noción liberal de mul-ticulturalismo" (Bhabha, "Cultural Diversity" 206). La "solución" de Borges opta por un silencio cuya huella se dispersa entre los anaqueles de la biblioteca de Yale, en los vericuetos de la memoria individual y en los misterios de la gene-alogía colectiva. El *otro* queda del lado opuesto de la orilla o del pliegue, como si no fuera posible o no valiera la pena articular su historicidad en nuestro discurso. Permanece, entonces, restringido a lo que desde afuera se percibe como el *no-lugar* de la lengua fría y de la lengua débil, la cual sólo alcanza su verdadera fuer-za y su temperatura en el espacio que naturalmente le corresponde y a cuyos lími-tes ha sido relegada. Borges renuncia a articular *para* el otro y *por* el otro una posición de discurso y sobre todo renuncia a teorizar acerca de su condición y su cultura, y aunque le reconoce cualidad enunciativa, afirma con la borradura de la voz la inutilidad –quizá la improcedencia– de toda traducción[33]. En un gesto sin

---

[31] Respecto a esto, Sommer discute varias teorías, pero particularmente la posición de Levinas sobre la negatividad del Otro y los límites del conocimiento, en términos que son pertinentes para este análisis. Sommer cita, por ejemplo, la siguiente consideración de Levinas, que atañe al relato de Bor-ges en su aplicación al tema del multiculturalismo: "The real must not only be determined in its histo-rical objectivity, but also from interior intentions, from the secrecy that interrupts the continuity of historical time. Only starting from this secrecy is the pluralism of society possible" (Levinas 57-47, cit. por Sommer 274, n. 10).

[32] Me baso aquí en la elaboración de Gellner en "El contrato social de Freud" (Gellner 83-115). Sobre el tema de la relación entre culpa colonial, postmodernidad y lenguaje, véase Bhabha ("Postco-lonial Authority").

[33] De alguna manera Borges se niega también a orientar su relato en la dirección que podría haberle fijado un exotismo prescriptivo, que lee al otro como un texto, y que convierte su vivencia en discurso, escritura, mercancía simbólica. Es como si Borges rehusara –*avant la letttre*– a transformar "demandas de reconocimiento" que están llamadas a culminar en políticas identitarias y multicultura-les (Taylor, "The Politics of Recognition") en una "política de compulsión" (Appiah) que obliga al otro a asumir la identidad que le ha sido socialmente construida y asignada por su condición étnica, sexual, política, etc.

duda irónico, escéptico, autoparódico, en un guiño premonitorio a los debates de la postmodernidad, Borges nos devuelve a la soledad y a la promesa de la biblioteca. Deja afuera, esperándonos, la otra orilla de la subjetividad, la culpa del colonialismo y la ilusión vana e imprescindible del conocimiento.

DEL OTRO LADO DEL ESPEJO:
EL URUGUAY EN LOS AÑOS SESENTA

1. PRELUDIO SOBRE LA NOSTALGIA Y LA MELANCOLÍA

Después de cuatro décadas, volver evocativamente a los años sesenta implica un gesto casi irremediablemente melancólico, que se extiende más allá de los límites austeros de la historiografía, hacia áreas movedizas del análisis crítico-cultural y de la conciencia colectiva. Eric Hobsbawm indicaba, en su libro sobre el siglo XX, que un pasado al que hemos pertenecido es siempre indestructible y "es parte de [nuestro] presente permanente" (Hobsbawm, *Historia del siglo XX*, 13), y Ángel Rama señalaba, en el mismo espíritu, que en el estudio de la historia de las últimas décadas su trabajo pasaba de la historia social a la historia familiar y a la *cuasi* biografía uniendo irremediablemente trabajo crítico y recuerdos personales (Rama, *La ciudad* 106). Es inevitable y probablemente productivo que el pasado nos constituya y nos (pre)ocupe y que demos paso a esta memoria crítica, sobre todo en una época donde la amnesia parece caracterizar buena parte de las operaciones sociales. Sin embargo, en las últimas décadas los críticos culturaleshan registrado una epidemia global de nostalgia, seguramente vinculada más con la incertidumbre del futuro y la crítica del presente que con las sobrevaloraciones del pasado (Boym), y han comenzado a explorar la potencialidad política de este fenómeno. Ya desde su etimología (de *nostos* = volver a casa, y *algia* = extrañar, echar de menos) la nostalgia es lo que nos ayuda a unir las partes dispersas de un país (el afuera y el adentro), el vínculo entre generaciones, las etapas maduras con la infancia, la recuperación con el duelo. En inglés *longing* y *belonging* parten de la misma raíz; en efecto, no puede pertenecerse a un sitio hasta que no se sabe qué se extraña, no hay identidad o re-conocimiento si no hay negociación con el tiempo y el espacio perdidos.

Para los críticos de mi generación, volver a los sesenta es, entonces, como rastrear la huella de nuestros propios pasos, internarnos por caminos que conducen a demarcaruna *topografía emocional*[1], donde los territorios de la memoria se van esclareciendo a partir de las repercusiones subjetivas que dejaron, a nivel

---

[1] "One remembers best what is colored by emotion. Moreover, in the emotional topography of memory, personal and historical events tend to be conflated" (Boym 52).

individual y colectivo, un espacio y un tiempo pasados pero propios, cuya impronta sigue condicionando, de alguna manera, nuestros hábitos interpretativos. En tiempos como los actuales, que han perdido toda esperanza de certeza y totalización, la melancolía es, para muchos, la poética de la pérdida[2]. Es también la estrategia nómada que recoge el fragmento y fija en él una capacidad cognitiva, una nueva sensibilidad crítica que como en la alegoría del ángel de la historia descubre, al mirar hacia atrás, melancólicamente, las ruinas del presente. La melancolía es, entonces, una forma de administrar la catástrofe y elaborar el duelo, a partir de la conciencia de la irrecuperabilidad de lo pasado[3]. Para algunos de los que estudian la sensibilidad posmoderna, la nostalgia se manifiesta como una postura amenazante y desestabilizadora, ya que es capaz de revelar las contradicciones e incumplimientos de un presente que pierde la partida ante la realidad evocada. Más oblicua y errática que la melancolía, la sensación de pérdida no enfoca en la nostalgia necesariamente lo que fue, sino lo que no será, o lo que nunca ha existido: "es el romance que entabla el individuo con su propia fantasía" (Boym xiii).

Pensar en los sesenta tiene mucho que ver, me parece, con la necesidad de administrar la pérdida –la de plataformas políticas y espacios de socialización, certezas y proyectos, formas de subjetividad y productividad cultural–. Tiene que ver, también, con la exploración de los modos posibles de integrar el pasado, el individual y el colectivo, a la simultaneidad de tiempos y de espacios que se vive actualmente, con la necesidad de re-sentir productivamente –críticamente– la experiencia social, y reconstruir, más allá de la inmanencia de la ruina y la estética del fragmento, formas aunque sea estratégicas de continuidad histórica e interpersonal. Melancolía y nostalgia son, entonces, formas posibles –aunque transitorias y diferenciables entre sí– de reapropiación del pasado, modos de conocimiento y re-conocimiento genealógico, momentos singulares en que la subjetividades individual y colectiva despliegan su operatividad, más allá de los límites y de las restricciones de la razón instrumental, complementándola, enjuiciando el presente.

En todo caso, en relación a ese subtexto de "intimidad cultural" que se activa con frecuencia, en diversos contextos tanto estadounidenses como latinoamericanos en torno al tema de los años sesenta, quiero enfocar aquí un doble movimien-

---

[2] Las reflexiones sobre la nostalgia que se incluyen como marco de este trabajo se apoyan en los excelentes estudios de Boym y Bartra, este último aplicado a los casos de México y la España del Siglo de Oro, y el primero realizado a través de un enfoque más comparatista.

[3] Idelber Avelar ha trabajado el tema de la pérdida y del duelo en su libro *The Untimely Present*. Las reflexiones que aquí se incluyen, sin embargo, han tomado algunos de los conceptos que este crítico vierte, más sucintamente, en "Sensibilidad melancólica y alegoría crítica", nota en la que comenta el libro *Nos, os Mortos* (1999) de Denilson Lopes, a partir de la clave de la melancolía.

to. Primero, la delimitación de un campo intelectual que se constituye en el espacio regional del Cono Sur con su propia lógica y de acuerdo a un sistema de relaciones internas que lo van definiendo en diálogo constante con los impulsos exteriores[4]. En este sentido, me interesa solamente traer a colación algo que es de sobra conocido: la transformación que asume la cultura nacional, que pasa, en un proceso rápido y de tremendo impacto político, social y cultural, del ensimismamiento a la apertura, de un lado al otro del espejo. En segundo lugar, quiero poner en diálogo con ese contexto algunas de las líneas de fuga por las que se orienta la literatura de la década en el Uruguay, su sistema quizá desplazado de representación y, sobre todo, sus aportes para una minuciosa y subrepticia crítica de nuestra particular modernidad.

2. El "prodigio" de los sesenta

Dentro de ese "corto" siglo XX que Eric Hobsbawm acotara entre 1914 y 1991, o sea desde el estallido de la Primera Guerra Mundial hasta el fin de la era soviética, la "década prodigiosa" (Sempere y Corazón) de los sesenta es obviamente una década larga, que se inicia con la Revolución Cubana, en 1959, y se extiende –al menos en lo que nos atañe– hasta el asentamiento de los regímenes dictatoriales en el Cono Sur en 1973, o hasta el ascenso del pachequismo, para ser más precisos, en el caso uruguayo[5]. En la evaluación de Hobsbawm, luego del primer período de las catástrofes (de 1914 al fin de la Segunda Guerra Mundial), treinta años constituyen "la edad de oro" del siglo, período en el que se concentran, según este historiador, las más intensas transformaciones sociales que la humanidad experimentara en toda su historia, en un lapso similar (Hobsbawm, *Historia del siglo XX* 15). Situados en el punto medio y culminante de esa época brillante, los sesenta son un período de exaltación y prueba, de conquista casi desaforada de los espacios públicos y expansión de la esfera privada, de imaginación política, creatividad y convocatoria popular y, al mismo tiempo, de violenta cerrazón ideológica y brutal intransigenciapolítica. Los largos sesenta, son, así, un período de promesas incumplidas, y de intensos contrastes. Es la década de Vietnam y el surgimiento de movimientos de liberación, la píldora anticonceptiva y la explosión de los alucinógenos, la marcha hacia el Pentágono y el primer transplante de corazón. Mientras el gran imperio expone su poderío hiperbólicamente (600 mil soldados en Vietnam hacia 1969), las minorías avanzan en su resistencia y en su capacidad

---

[4] Sobre constitución del campo intelectual, véase Bourdieu, *Razones prácticas*.

[5] La calificación de los años sesenta como "década prodigiosa" corresponde a Pedro Sempere y Alberto Corazón.

organizativa. En 1963, año del asesinato de John Fitzgerald Kennedy en Dallas, y de su impresionante funeral ritualizado por la televisión –ese "tímido gigante" que McLuhan registra como uno de los grandes protagonistas de la década–, Betty Friedan publica *The Feminine Mystique*. Por su parte, Martin Luther King lanza el famoso discurso "I have a dream" con el que cristaliza una política de resistencia pacífica que le valdría el Premio Nobel de la Paz al año siguiente –el mismo en que los Beatles debutan en USA–, pero que no impediría que fuera asesinado, cuatro años después, como lo había sido el carismático Malcolm X en 1965[6].

Sin embargo, más allá de los impulsos del Norte, muy influyentes en esos años, puede afirmarse que en muchos puntos de nuestro continente 1968 es "el año de condensación" de esa década, año de efervescencia y dislocación, de signos antagónicos y claroscuros[7]. Lo que en el Mayo Francés se concreta en una fiesta de la imaginación y la creatividad utópica, alcanza en Tlatelolco uno de los momentos más siniestros en la historia de América Latina. En su propio registro, el Uruguay ejemplifica bien el contrapunto de deterioro interno y optimismo histórico, cerrazón y apertura a que nos estamos refiriendo. Al tiempo que se recibe en el país el impacto de esa pléyade de impulsos exteriores, se registra el debilitamiento creciente de las estructuras del Estado liberal, que inaugura la década con la primera carta de intención firmada con el Fondo Monetario Internacional en 1959 (el mismo año en que Fidel Castro visita el país; el Che Guevara lo haría en el 60). El sueño socialista y la dependencia, la promesa del futuro y el recrudecimiento del conservadurismo marcan la fuerte tensión de la década. El 14 de agosto de 1968 es asesinado Líber Arce en las calles de Montevideo, y nadie quiso o pudo ver entonces, en la cifra del nombre quebrado por la represión policial, una premonición histórica y política. El 73 clasifica muchos de los procesos que se habían iniciado en los sesenta. Como David Viñas sugiriera hace tiempo, pensar los sesenta desde la caída que representa la década siguiente es pasar de la euforia a la depresión, "*del búm al crash*" (Rama, *Más allá del boom... 33*), de los tiempos calientes –de "calentura histórico-coyuntural", dice Viñas (en Rama 38-39)– a las temperaturas gélidas de etapas posteriores. 1973 es el año en que se firma la paz con Vietnam y se produce el escándalo de Watergate. Pero el año tiene para nosotros, regionalmente, connotaciones mucho más íntimas y oscuras, ya que marca la agudización e institucionalización de la represión popular y, con ella, el quiebre más profundo de las bases sociales y políticas que se pueda encon-

---

[6] Para un panorama general de los años sesenta en el contexto norteamericano, véase la compilación de Gerald Howard. Para el Río de la Plata y América Latina, el artículo de Adolfo Prieto (Rama *Más allá del boom*) y *Nuestros años sesenta*, de Óscar Terán.

[7] Al año 68 como "año de condensación" de la década y a las transformaciones del campo intelectual en la Argentina se refiere Claudia Gilman en su aún inédito estudio, con conceptos que el muchos casos podrían aplicarse también al Uruguay.

trar en nuestra historia independiente. Para el caso del Brasil, que acompaña aunque con sus propias características los cambios regionales, Antonio Candido señala que "La década de 1960 fue primero turbulenta y después terrible [se refiere al populismo de Goulart, al golpe del 64 y a la radicalización de la represión en el 68]". Pero rescata como "lo más saliente de los años sesenta y sobre todo de los setenta, las contribuciones de tendencia innovadora, que reflejaron de manera crispada, en el experimentalismo de la técnica y de la concepción narrativa, esos años de vanguardia estética y amargura política" (Rama, *Más allá del boom...* 178-179). Será justamente a partir de esa crispación y esa amargura, que la década de los setenta daría paso, así, a un viraje sustancial en el imaginario social, que aún nos afecta: como ha sugerido Andreas Huyssen, no la eliminación ni la transformación de la utopía sino el cambio en su temporalidad: o sea el paso de la *historia* a la *memoria*, de los sueños del futuro imaginado a la reapropiación de un pasado marcado por la impunidad política y el descalabro económico y social. Una temporalidad melancólica, entonces, que fija los ojos en la ruina y el duelo, que no puede avanzar sin mirar hacia atrás (citado por Franco 13).

En todo caso, la historia cultural de los años sesenta está marcada por el impulso que surge, según la caracterización de Tulio Halperin Donghi, de la convicción de que la "tormentosa historia latinoamericana había entrado en su etapa resolutiva", convicción que reafirma "una unidad de raíz y destino para la región" y parece anunciar la posibilidad deuna nueva entrada en la historia occidental (Rama, *Más allá del boom...* 146-147). Sin embargo, ni la fuerza del imaginario epocal ni la intensidad de la movilización popular llegan a concretar una alternativa política para la región. Por un lado, la extenuación del modelo liberal y el descaecimiento del proyecto nacional burgués se hizo evidente a todos los niveles, dejando al descubierto las líneas de fracción de un *welfare state* debilitado y corrupto, llevado hasta sus límites por la incompetencia política, el reduccionismo económico y el ensimismamiento cultural. Por otro lado, y aunque la crisis de hegemonía que conmovía las bases del sistema impulsaba a una disgregación del bloque dominante, la división de la resistencia popular y el endurecimiento del régimen impidieron que las promesas de cambio social llegaran a materializarse[8].

La redefinición del campo intelectual, correlativa a los cambios antes aludidos, se manifestó de inmediato. Si la literatura del *boom* inauguraba dentro de América Latina pero también en sus repercusiones internacionales una polifonía de voces y versiones que de alguna manera "fabulaban" la historia americana y reinstalaban la vasta región en el imaginario occidental, al mismo tiempo, en la

---

[8] A estos cambios en la región –sobre todo en la Argentina– que afectan específicamente la constitución del campo cultural, se refiere Claudia Gilman en su aún inédito trabajo sobre los sesenta.

dimensión más acotada de las culturas nacionales, las transformaciones no eran menos notorias. En el Uruguay, el sector intelectual, que fuera protagonista de primer orden en nuestra sociedad democrática, de fuerte tradición civilista, educado en la fe en la modernidad eurocéntrica, ilustrada y humanística, se fue abriendo progresivamente hacia una praxis mucho menos autorreferida, dominantemente orientada hacia el socialismo, crítica, inquisitiva y receptiva de dimensiones ideológicas y culturales que acercaba la "nueva sensibilidad" (Sontag) desde otras latitudes. La movilización masiva, la aparición de nuevos actores sociales, la activación de la noción de *compromiso* como fórmula irreversible de politización de la actividad intelectual, el nuevo impulso de América Latina como pieza fundamental del Tercer Mundo, la refuncionalización social de la religión y, en general, de la creencia, la reinterpretación de lo foráneo como fertilizante inevitable de lo vernáculo, para citar sólo algunos de los impulsos que convergen en la energía social de los sesenta, crea no sólo nuevas formas de subjetividad colectiva sino, en muchos niveles, una *crisis de representación* que se extiende a las más diversas manifestaciones de *lo nacional, lo intelectual* y *lo político*. Articular de manera efectiva *representación simbólica* de los procesos de cambio social y *representatividad política* de los actores que impulsaban y recibían esas transformaciones pareció uno de los desafíos más importantes del período. La función intelectual no se entendía entonces ya como limitada a la interpretación de los fenómenos sociales, sino como *intervención* directa en su procesamiento, y como *interrupción de facto* de las políticas oficiales[9].

La latinoamericanización creciente de la cultura nacional, su politización y apertura a formas artísticas y literarias más experimentales, se suman a un proceso interno en que expresiones culturales no institucionalizadas dentro de las formas canónicas adquieren presencia y protagonismo, hibridizando la cultura letrada. La máquinatransnacionalizada de la resistencia popular y la contracultura relativizan enormemente el aura del "autor" y la "creación" como procesos de individuación y consumo para pocos, y en lugar del "escritor" o el "artista", el *productor cultural* toma el lugar privilegiado de la mediación artístico-ideológica. La década transforma, quizá para siempre, la cultura del libro, marcando el comienzo de la pérdida de centralidad de lo letrado, en un mundo que desde entonces no ha dejado de innovar con medios y materiales de comunicación, con nuevas estrategias de retórica visual y formas impensadas de seducción colectiva, reales y virtuales. Los cómic, la canción popular y la caricatura, las tentativas producciones fílmicas, las ferias artísticas y artesanales, la activación de la novela policial, la proliferación de revistas y los intentos de integrar la oralidad, el lenguaje coloquial o el ideolecto de los jóvenes a la "alta" literatura muestran el

---

[9] Sobre intelectuales en el Río de la Plata durante los años sesenta, véase Sigal.

esfuerzo colectivo por construir formas inéditas de significación tratando de abarcar a un público que entraba por los canales de una acelerada modernización y tecnificación cultural: "un nuevo arte para un mundo nuevo" (Gilman).

En un nivel más "macro", la inscripción de América Latina en la totalidad occidental, con los riesgos de exotización y reducción de la heterogeneidad continental a los patrones estereotipados de unas cuantas regiones, impulsa también una modificación de las relaciones Norte/Sur, tanto dentro de América Latina como a nivel internacional. La presencia de Hollywood y la arrasadora popularidad del rock, los *happenings* y los rituales colectivos orquestados desde la imagen televisiva, la ilusión de participar activamente en una modernidad globalizada, no esconden las fracturas y perversidades del capitalismo dependiente, ni las persistencias de formas tradicionales de cultura y sociedad que luchan por permanecer en el imaginario acelerado e iconoclasta de los años sesenta. La ancilaridad de la cultura respecto a la política requiere, entonces, nuevas formas de legitimación del producto cultural. Pero la fuerte activación del mercado, la atención renovada y entusiasta por la educación y el gran aumento de las dinámicas urbanas parecen ofrecer, también a este nivel, parámetros sólidos aunque aún difícilmente administrables para la acción social. A todos los niveles, la traductibilidad de códigos, mensajes, productos de mercado y mercancías simbólicas, parece ser el signo de esta "década [prodigiosa] en la que todo estuvo a punto de estallar por exceso de vitalidad" (Sempere y Corazón 3, cit. en Gilman 1).

3. Réquiem por lo que no fue

Parte de esa vitalidad se orienta por las vías de lo que Óscar Terán señalara, para el caso argentino, como uno de los rasgos del saber de la época: un *humanismo historicista*, que oscila entre los polos del existencialismo y el materialismo histórico[10]. En el Uruguay, el impulso historiográfico rastrea las raíces de la sociedad liberal y las instancias claves de un desarrollo que empieza a descubrir sus articulaciones con la historia continental, aunque aferrado aún a un localismo de genealogías interiores. Emir Rodríguez Monegal deja en 1958 las páginas de *Marcha* y luego de una breve transición a cargo de Mario Benedetti, es reemplazado por Ángel Rama (que se convertiría en el crítico uruguayo –y quizá latinoamericano– mas influyente de la segunda mitad del siglo XX). *Marcha* materializa así, en ese cambio, una opción no sólo crítica sino también político-ideológica del semanario que se proyectaba ya decididamente hacia la heterogénea y convulsionada realidad latinoamericana.

---

[10] Véase, en Terán, "Introducción por la filosofía" en *Nuestros años sesentas*, 15-25.

En 1961, Carlos Real de Azúa publica *El patriciado uruguayo*, ensayo de sociología política e historia cultural en el que se rastrean las bases del ordenamiento clasista en el país. En el terreno de las letras, varios libros marcan los intentos de totalizar por lo menos períodos neurálgicos de la historia cultural uruguaya: *La literatura uruguaya del medio siglo* (1966) de Emir Rodríguez Monegal[11], *La literatura uruguaya del siglo xx* (1969) de Mario Benedetti y *La generación crítica. 1939-1969* (1972) de Ángel Rama, proyectos que compiten por producir un campo de significados coherente, selectivo, del quehacer literario, para que éste pueda ser leído como *discurso* y vinculado así a otros niveles de la cultura nacional y americana. En 1969 Jorge Medina Vidal publica su *Visión de la poesía uruguaya* y Walter Rela, en el mismo año, *Historia del teatro uruguayo, 1808-1968*, intentos ambos por abarcar, desde distintos enfoques, desarrollos genéricos.

En los sesenta son publicados varios libros de Felisberto Hernández: *La casa inundada* (1960), *Tierras de la memoria* (1965), *Primeras invenciones* (1965) y se republica *El cocodrilo* (1961, ya aparecido en *Marcha* en 1949). Salen a luz también, abriendo la "década larga", *Pobre mundo,* de Idea Vilariño (1966) y se reeditan varias veces sus *Poemas de amor*. Se publica *Cada uno en su noche* (1962) de Ida Vitale, *Quehaceres e invenciones* (1963) y *Declaración conjunta* (1964) de Amanda Berenguer, *Felicidad y otras tristezas* (1964) de María Inés Silva Vila, para citar sólo algunos ejemplos. Marossa di Giorgio, Armonía Sommers y Mario Levrero, Teresa Porzecanski e Hiber Conteris publican también profusamente en esos años[12]. En 1959 Mario Benedetti saca a la luz el sintomático *Montevideanos* y al año siguiente, *El país de la cola de paja*. Sylvia Lago, publica, también en 1960, el entrañable *Trajano* y cerrando el decenio, *Días dorados de la señora Pieldediamante*. Eduardo Galeano publica en 1967 *Los fantasmas del día del león*. Dos libros de José Pedro Díaz se articulan particularmente a la dominante literaria a la que me voy a referir enseguida: son *Los fuegos de San Telmo* (1964) y *Partes de naufragio* (1969), en los que se ofrece un rescate de retazos genealógicos y una navegación nostálgica por los vestigios de una temporalidad que los nuevos impulsos van cambiando sin llegar aún a sustituirla, dejando en el sujeto una sensación de abolición, pérdida e impotencia, donde el presente y el pasado, el provincianismo y la extranjeridad, el adentro y el afuera sólo puede recorrerse a partir de la melancolía.

---

[11] Los estudios de Rodríguez Monegal sobre Acevedo Díaz, Neruda, Onetti, Horacio Quiroga, Andrés Bello, son de la misma década.

[12] De ninguna manera es ésta una lista exhaustiva. Sommer, Peri Rossi, Di Giorgio y Levrero son autores altamente significativos, por el tono y temas de sus narrativas. De la misma manera, Martínez Moreno alegoriza la situación uruguaya a partir de la vida de una familia de la clase alta que va languideciendo con el país. Habría que mencionar también a Jorge Musto, Andersen Banchero, Jorge Onetti, y otros, que definen en la década de los sesenta buena parte de su perfil narrativo.

En un libro reciente, en el que Jean Franco analiza *The Decline & Fall of the Lettered City. Latin America in the Cold War*, la autora inglesa destaca la importancia enorme, y la cualidad ambigua y quizá paradójica de la literatura latinoamericana en el período de la guerra fría, cuyo comienzo fija en la Revolución Cubana. A nivel latinoamericano, la exhuberancia estética canaliza en el período no sólo una de las formas posibles de reinscribir la nueva modernidad de los sesenta en el concierto internacional, sino también da espacio a exploraciones donde lo local y aún sectorial confrontan la lógica excluyente de los grandes sistemas –sociales, culturales y políticos– y desde las que se revisa la historia y las grandes cartografías del poder, tratando quizá de identificar los intersticios por los que pudieran germinar los proyectos utópicos que la época impulsaba.

Es difícil, sin embargo, rastrear directamente las huellas de esa utopía en el sistema simbólico de la literatura uruguaya del período a la que me he venido refiriendo, ya que la inmediatez de la crisis nacional crea un muro de contención a las fuerzas exteriores. Es justamente a este desfase, a este desplazamiento del imaginario nacional –en sí mismo y como parcela de América Latina–, a este tránsito de un lado al otro del espejo, a lo que quiero dedicar lo que sigue.

Se ha dicho con razón –y más allá de la plural y con frecuencia brillante producción literaria en el Uruguay de la época– que los años sesenta son sobre todo la década de consagración de Juan Carlos Onetti, y el dato me parece significativo porque es difícil pensar en un autor más anticlimático que Onetti con respecto a la efervescencia social y al utopismo conmovedor de los sesenta. Sin embargo, es cierto que es en esos años, templados por las temperaturas antitéticas de la Revolución Cubana y de la guerra fría, Onetti publica en 1961 *El astillero*, recibiendo al año siguiente el Premio Nacional de Literatura. También en el 62 publica *El infierno tan temido* y en años subsiguientes, *Tan triste como ella*, y *Juntacadáveres*. En 1967 queda como finalista del Premio "Rómulo Gallegos", en Venezuela. En 1968 sale a la luz *La novia robada y otros cuentos*, y en 1970 la editorial Aguilar publica sus *Obras Completas*, con una introducción de Emir Rodríguez Monegal, coronando un proceso de canonización que consagraría a nuestro Onetti como uno de los más grandes y menos leídos escritores de América Latina.

Pero si Onetti se destaca con claridad en la cúspide de nuestra particular *ciudad letrada* en el Uruguay de los sesenta, muchos acompañan, en registros diversos, su inacabable melancolía, la morosidad con que la escritura va registrando los instantes irrecuperables de la caída, el gesto mínimo y significativo, la atmósfera de pérdida, la insaciable memoria que necesita alimentarse de nostalgia y revivir los duelos, es decir adueñarse del fragmento para recuperar a través suyo la dimensión subjetiva del tiempo. Este registro en negativo del desencanto de la modernidad que la literatura melancólica del Uruguay inscribe en el escenario intelectual de los sesenta es también, en su propia manera, el diagnóstico de una utopía que se va separando de la fe, que pone a prueba el límite de la razón instrumental y muestra la catástrofe del sueño burgués, que hace de la vivencia de esa *modernidad enajenada* que Carlos Fuentes señalara como la clave más acertada para leer a Onetti, una de las instancias del conocimiento y de la identidad colectiva en la región. Este desencuentro entre el vitalismo utópico de los sesenta y la melancolía sureña ayuda a matizar, por otra parte, el tropicalismo dominante del *boom* con tonos que permiten recuperar otras aristas de los proyectos nacionales. Susan Sontag ya había advertido, al diagnosticar el nacimiento en los sesenta de una "nueva sensibilidad", acerca de su carácter "desafiantemente pluralista" y de su antihedonismo: el de los sesenta es un arte que desautomatiza, que lleva al límite nuestra capacidad de recepción, que duele.

¿Cuáles son *los lugares* de la literatura uruguaya en esa década? Tumbas anónimas, astilleros y barracas portuarias corroídas por el tiempo, glorietas anacrónicas, prostíbulos, naufragios, infiernos imaginados y temidos, casas inundadas, fantasmas, museos abandonados, fuegos pasados y lejanos, tierras sin mapa, tierras de la memoria. Son espacios o sitios que recortan territorios retóricos, afantasmados, que vacían el presente remitiéndolo a un pasado ya no sólo perdido sino con frecuencia sólo imaginado, que la palabra lucha incansablemente por recuperar y resignificar. Son espacios que pueden difícilmente asociarse *de manera positiva* con la construcción de identidades colectivas articuladas al proyecto estatal, o con proyectos sociales representativos a nivel popular, y que guardan una relación problemática con la historia y con la geografía real o imaginaria: lugares recuperados en un trabajo imaginativo o memorioso, frecuentemente atormentado, incierto, recortados de contextos mayores que son inalcanzables, lugares que insisten en exponer su intrínseca negatividad: la del desplazamiento, la desidentidad y la desterritorialización, donde seres alienados por la locura o cualquier otra forma de marginalidad, se debaten contra una "realidad" ficticia construida con los restos de alguna otra realidad conocida en vidas anteriores[13]. Son *no-lugares* que mediatizan las relaciones interpersonales vaciándolas *a priori* de toda dimensión referencial, sitios, entonces, no referenciales sino *diferenciales*, que crean una "contractualidad solitaria" (Augé, *Los no-lugares* 98), y hacen de la nostalgia y la melancolía un espectáculo, un ritual de recuperación, restauración y reapropiación comunitaria. Son lugares –o *no-lugares*– que cargan ellos mismos una *nostalgia de totalidad*, donde el sujeto inventado por la ficción se desplaza melancólicamente entre ruinas materiales y simbólicas, externas e interiores. Son fragmentos de una vasija rota que no puede rearmarse, que reinstalan la melancolía por lo que no fue y por la utopía que de alguna manera sigue siendo, porque vive allí, oculta o transfigurada en ese *no-lugar* que aloja a los fantasmas de la fantasía. Las obsesio-

---

[13] Se aplican aquí, de manera libre, conceptos de Marc Augé sobre *los no-lugares*, como vacíos de significación y espacios de negatividad, transitoriedad y des-identidad social.

nes que corresponden a los sujetos así localizados son las genealogías personales o las cartografías que remiten a los antepasados, los espacios consagratorios, la pérdida, en cualquiera de sus formas, los recintos en los que se efectúan los rituales de la decadencia o la muerte, el cuerpo –individual o social– en decadencia, corroído, mutilado, separado de la naturaleza, los viajes o cualquier otra forma de deslocalización, que ubican al sujeto en la transitoriedad de lo inhabitado y lo conectan con cualquier cosa que no sea la realidad inmediata. Todos los personajes son, de alguna manera, "pasajeros". Los temas predilectos o mejor, inevitables: los mundos del subsuelo, la crisis del significado, la complejidad psicológica, la mediocridad burocrática, el enmascaramiento, la desaparición, la locura, la mutilación, la irrealidad. Los tonos: el desaliento, el sarcasmo, la burla, la conmisceración, la sensualidad morosa, la tristeza. Si Macondo propone, en el centro del *boom*, "la fantasía de un territorio liberado", Santa María se constituye como una "fantasía periférica" (Franco 8, 121-176) destinada a poner a prueba los límites de la utopía, mostrando, a través de "la belleza residual del fragmento" (Avelar, "Sensibilidad melancólica..."), los restos de una modernidad afantasmada.

Creo, sin embargo, que el sistema desplazado que consolida esta *literatura de la pérdida* no es una prueba válida de la autonomía del campo literario, sino que se vincula más bien de una manera orgánica aunque mediatizada con la radical crítica de la modernidad que el sistema total de los sesenta está efectuando en los puntos más diversos del mundo occidental. Sin desacralizar la función intelectual ni desauratizar la literatura, el proceso de producción de significados sigue, en este registro, por caminos a partir de los cuales la mediación letrada intersecta las codificaciones oficiales. En el espacio de la literatura, al desenmascarar los mitos de una modernidad excluyente, autoritaria, enajenante, la alegoría de lo perdido recupera el fragmento espacial o temporal como una mónada (Avelar, "Sensibilidad melancólica...") desde la cual puede recomponerse, melancólicamente, el mundo del sentido.

En el análisis que Jean Franco realiza de la obra de Juan Carlos Onetti en el libro citado más arriba bajo el título de "The Black Angel of Lost Time" reproduce la siguiente cita de Carlos Fuentes: "[...] el ángel negro del tiempo perdido vuela sobre la cultura latinoamericana y su excitante y pervertido proceso de crecimiento, su impaciente devorar de etapas que fueron pausadamente cumplidas en Europa y los Estados Unidos, su tenso matrimonio entre la nostalgia y la esperanza" (mi traducción). Según Fuentes, la doble aspiración del escritor latinoamericano: la de convertirse en un artista universal, y al mismo tiempo, conflictivamente, la de erigirse como "escritornacional" lo hacía oscilar aun en los sesenta entre un "provincianismo de fondo" y un "anacronismo de forma" (Fuentes 23)[14].

---

[14] Franco indica, con razón, que la teoría de la dependencia habría tenido mucho que ver con la lectura que los sesenta realizara de la inserción occidentalista de América Latina, a partir de lo que

En *La nueva novela hispanoamericana*, Fuentes agrega, en un fragmento que me parece aún más ilustrativo que el anterior, lo siguiente:

> En las últimas décadas, y sobre todo a partir de la Revolución Cubana, la inteligencia de nuestros países se sitúa, mayoritariamente en la izquierda. Pero ni el anhelo ni la pluma del escritor producen por sí mismos la revolución, y el intelectual queda situado entre una historia que rechaza y una historia que desea. Y su presencia en un mundo histórico y personal contradictorio y ambiguo, si lo despoja de las ilusiones de una épica natural, si lo convierte en un hombre de preguntas angustiosas, que no obtienen respuesta en el presente, lo obliga a radicalizar su obra, no sólo en el presente, sino hacia el futuro y hacia el pasado (Fuentes 29).

Franco insiste en la cualidad alegórica de *El astillero* –alegoría, dice, "de la redención y de la salvación"– donde todo exuda tristeza por la pérdida del sentido, del amor, del matrimonio y del desarrollo industrial. La "abstracción sin sustancia" del astillero representa bien la esencia de la mítica Santa María, y Larsen personifica a su vez "la precaria hibridez y de hecho la no-identidad de una nación que antes de la independencia había sido simplemente conocida como "Banda Oriental" ("the Eastern Sector") [hasta que adopta] el nombre indígena de "Uruguay", cuando los indios ya habían sido arrasados [lo cual] contribuye a la confusión de los orígenes" (Franco 148). Para Franco, la narrativa del fracaso se profundiza en un desencanto no ya respecto a los productos de la modernidad sino a propósito de la creencia en los mitos del liberalismo y en los orígenes mismos de la nacionalidad.

El astillero y *Juntacadáveres* se ubican entonces en el pináculo de esa retórica melancólica que hace del fragmento y del vacío, de la ruina y el desencanto, los puntos esenciales de una reflexión severa acerca de las promesas incumplidas de nuestra alienada modernidad. El fragmento, entonces, como un refugio del tiempo pero también como una experiencia del límite, como una frontera interior que coloca al sujeto en el entre-lugar que dejan las estéticas, las poéticas y las retóricas sesentistas: el que se extiende entre el deterioro de la subjetividad burguesa y la promesa de una nueva sensibilidad que no llega a cristalizar en logros políticos. Ese entre-lugar que es quizá el único que puede vislumbrar una sociedad que, para decirlo con palabras de Real de Azúa, se debate entre los embates de una "contrasociedad militante" y los hábitos recalcitrantes de una "sociedad amortiguadora", que está tratando de administrar simbólicamente su propia catástrofe.

Fuentes llama "retardo latinoamericano", recurriendo a un tópico demasiado utilizado en toda nuestra historia colonial y neocolonial. Esa forma de anacronismo sería así connatural a la producción cultural del continente (Franco, *The Decline and Fall...* 138-155).

Uno puede preguntarse, con Svetlana Boym, cuál es el futuro de la nostalgia. Y contestarse que hay en la "nostalgia reflexiva" que enfatiza el *algia* (la pérdida), y en el imperfecto proceso del recuerdo, uno de los modos posibles para iniciar las operaciones de volver a articular el tiempo individual y el tiempo histórico, el adentro y el afuera, identidad y alteridad, los dos lados del espejo. Svetlana Boym nos recuerda que este tipo de nostalgia –que Onetti ejemplifica– no se preocupa por restaurar el lugar mítico del pasado –no quiere, en realidad, *volver a casa*– sino que en esa forma específica de la nostalgia el sujeto permanece más bien enamorado de la distancia que lo separa de lo perdido, consciente de la temporalidad histórica, e impulsado por un deseo de futuro. Quizá es justamente en ese espacio, en ese entre-lugar que hoy habitan la nostalgia y la melancolía, que reside un potencial político de creatividad y recuperación. Porque desde esa distancia y desde ese deseo que a la vez nos separan y nos identifican con lo perdido es posible cuestionar el presente, reafirmar la continuidad histórica, e imaginar los modos de invertir el signo de la negatividad y del duelo, convirtiendo, por ejemplo, la impunidad en justicia, la memoria en proyecto, y el vacío en un espacio fértil desde el que sea posible imaginar nuevas formas de resistencia y de acción colectiva.

WALTER BENJAMIN Y LOS MICRO-RELATOS DE LA MODERNIDAD EN AMÉRICA LATINA

> "Laboratorio de la modernidad y de la posmodernidad, pro-
> digioso caos de dobles y de "replicantes" culturales, gigantesco
> "depósito de residuos" en que se amontonan las imágenes y las
> memorias mutiladas de tres continentes –Europa, África, Améri-
> ca–, donde se adhieren proyectos y ficciones más auténticos que
> la historia, la América Latina encierra en su pasado algo con lo
> cual afrontar mejor el mundo posmoderno en que nosotros nos
> estamos hundiendo" (Serge Gruzinski 215).

1. LECTURAS

El *love affair* de los estudios latinoamericanos con la obra de Walter Benjamin no
ha hecho sino intensificarse con el correr de las últimas décadas. Las razones que
marcaron el inicio, a comienzos de los años setenta, de la "hora de Benjamin" o
"fenómeno Benjamin", como lo llamara Beatriz Sarlo, no son difíciles de rastrear.
Las múltiples y con frecuencia libres aplicaciones del filósofo alemán a los "tiempos del Sur" –para tomar la expresión de Jesús Martín-Barbero (*Contemporaneidad...*)– conectan con la historia de un continente atravesado por dictaduras y crisis económicas, donde se tambaleaban las bases mismas tanto de los proyectos
liberales como de sus más resistentes adversarios. Para entonces, América Latina
evidenciaba el debilitamiento de las concepciones organicistas y unificadoras de
nación, democracia y consenso, que habían articulado el proyecto republicano
desde sus orígenes. Al mismo tiempo, se registraba un vaciamiento creciente de
conceptos ligados al programa de la revolución socialista, puesto en práctica en
diversos puntos del continente, en las décadas posteriores a la Revolución Cubana.
Ortodoxias de izquierda y de derecha cedían al impulso de una experiencia común
que dejaba a la intemperie las heridas de una barbarie que partiendo de la violencia de la Conquista, actualizada en colonialismos diversos y reforzada en el programa modernizador, había hecho realidad la frase con que Benjamin abre su octa-
va *Tesis sobre la Filosofía de la Historia*: "la tradición de los oprimidos nos enseña
que el 'estado de emergencia' en que vivimos es la regla" (112).

Desde esa coyuntura, en años posteriores y en diversas comunidades de lectores, no fue difícil encontrar en la palabra enigmática y heterodoxa de Walter Ben-

jamin un camino abierto, visionario y quizá premonitorio, capaz de proveer herramientas inéditas para la interpretación de una historia que no lograba levantar el vuelo por encima de las ruinas del pasado reciente. Más que una nueva vanguardia ideológica, América Latina reclamaba una hermenéutica creativa, capaz de vincular teoría y praxis, tradición, discurso y experiencia colectiva, desde un nuevo horizonte no prescriptivo, imaginativo, antidogmático.

Sin embargo, en muchos contextos latinoamericanos, las lecturas de Benjamin se vieron limitadas por entonces a una minoría iniciada. El periplo desde los tiempos azarosos del Sur hacia las alegorías, aforismos y propuestas cifradas del crítico alemán se dio como una especie de peregrinación hacia la Última Thule en la que cada grupo receptor buscaba y parecía encontrar en la prosa recóndita de Benjamin claves singulares que se adaptaban, casi mágicamente, a sus expectativas.

No será, sin embargo, hasta después de los ochenta cuando Benjamin será "re-descubierto" en América Latina de un modo más cabal, siguiendo los impulsos de la revisión que de su obra se realiza en Europa, en contextos que incluyen pero también exceden el marco de los *cultural studies*. En espacios latinoamericanos postdictatoriales o marcados por revoluciones fallidas, hondamente afectados por la caída del socialismo "real" y ante los impactos múltiples del neoliberalismo y la globalización que arrasan con las economías nacionales y aceleran el vaciamiento del Estado, el pensamiento benjaminiano germina en muchos casos con un sentido errático, y sin embargo oracular. Inserta en el "espíritu de la época" la obra del alemán es reapropiada en el debate cultural como la portadora de un nuevo paradigma: el que propone un pensamiento nómada –diaspórico, según Martín-Barbero– in-disciplinado, que vive en los márgenes de las culturas oficiales y en el exterior de la academia, tematizando filosóficamente la experiencia del límite y del duelo. Desmitificador de los grandes principios de la racionalidad ilustrada y temprano deconstuctor del occidentalismo y de sus estrategias discursivas, Benjamin –héroe intelectual y mártir político– es para sus lectores latinoamericanos quizá antes que nada, el teórico de la violencia, el hermeneuta de la crisis. Finalmente, también es el modelo que desde los laberintos urbanos a la fotografía, del arte vanguardista a los monumentos de la alta cultura, permite aprehender el sentido de esa "guerra de las imágenes" que según Serge Gruzinski "tal vez sea uno de los acontecimientos mayores de este fin de siglo [el cual] disimulado en las trivialidades periodísticas o en los meandros de una tecnicidad hermética, abarca, más allá de las luchas por el poder, temas sociales y culturales cuya amplitud actual y futura aún somos incapaces de medir" (11-12).

Martín-Barbero ha indicado también que la apropiación latinoamericana de Benjamin se vincula a una de las características principales de ese autor: *la disolución del centro como método*, y la consiguiente apertura de horizontes dispares, fragmentarios, efímeros, desjerarquizados, donde las manifestaciones más insignificantes de la historia se conectan entre sí alegóricamente, de una manera oscura, como en la práctica de un alquimista o de un coleccionista (*Contemporaneidad...* 15-16). Ante la crisis de la gran narrativa de la modernidad y de la ideología del progreso, enfrentada a las consecuencias nefastas de una democracia para pocos, que se refugia sistemáticamente –sistémicamente– en la violencia de estado, los micro-relatos de la resistencia latinoamericana esconden para América Latina más "verdad" que las lecturas oficiales y totalizadoras de la historia, que las promesas del nacionalismo y las lógicas del capital globalizado. Benjamin propone una mirada oblicua que el pensamiento latinoamericano ha ensayado largamente: el ejercicio de "pasar por la historia el cepillo a contrapelo", la sustitución del "tiempo homogéneo y vacío" por el "tiempo-del-ahora", en cuya actualidad está cifrada una dialéctica que no tiene que ver con la necesaria continuidad de los tiempos, que "no es un decurso, sino una imagen, que nos asalta" y que por un instante relampaguea. Desarticulados los centros de poder y desprovistos de su aura los discursos legitimadores colonialistas y modernizadores, América Latina contempla su verdadero rostro heterogéneo, inescapablemente conflictivo, donde los márgenes revelan epistemologías alternativas que reclaman su derecho al re-conocimiento. Como José Omar Acha ha indicado, "un pensamiento dialéctico está permanentemente en conflicto con la metafísica de la totalidad" (47). Es justamente el drama de esta dialéctica sin síntesis, de este tropismo hacia una comprensión total que arma y desarma, y, caleidoscópicamente descompone las narrativas en sus relatos, las identidades en sus afiliaciones, la historia en sus diversas, sucesivas y simultáneas actualidades, la ciudad en sus pasajes y en sus laberintos, es esta operación del desmontaje, donde cada acontecer es una cita, una ocurrencia fugaz, una incidencia, lo que hace el pensamiento benjaminiano tan asimilable a la especificidad salvaje, irreductible, de América Latina.

La apropiación latinoamericana –periférica– de Walter Benjamin ha sido ya ensayada en estudios sobre el espacio urbano, en el que los diversos registros culturales luchan por insertarse en el cuerpo político, des-organizando en cada avance las distribuciones reguladas que distinguen el adentro del afuera, lo público de lo privado, lo revolucionario y lo tradicional, complicando sus límites y refuncionalizando sus interrelaciones. En el plano artístico, representacional, la obra de Benjamin ha iluminado incisivamente la relación entre arte y mercancía, y los procesos de producción, reproducción y recepción del capital simbólico que atraviesa, en distintos registros, la trama social. En este sentido, la obra del filósofo alemán ha llamado la atención primariamente sobre el valor transformador del arte que promueve la creación de nuevos horizontes perceptivos. Ha promovido, también, el reconocimiento de una "estética del desecho" donde el residuo se presta a procesos de resignificación que subvierten el orden productivo y actúa como mediación en la emergencia de cristalizaciones identitarias que subvierten los principios de la circulación de bienes materiales y simbólicos dentro de la lógica neoliberal.

Sin embargo, al margen de estos "usos" del crítico alemán, hay sin duda, también, como Sarlo indicara, un uso "bárbaro" de Benjamin (Sarlo, *Siete ensayos*... 90), que descubre en su prosa oracular las más diversas coartadas conceptuales para justificar la melancolía de la izquierda, celebrar la pérdida de identidades o discursos holísticos, y perpetuar el desencanto pos-revolucionario, pos-historico, pos-ideológico. No en vano Benjamin ha sido llamado, entre tantas otras cosas, "taxonomista de la tristeza". No hay duda tampoco de que la prosa "inmensamente citable" de Benjamin (Sarlo, *Siete ensayos*... 49) ofrece la dudosa ventaja –y no sólo en América Latina– de permitir cumplir de una vez con toda la jerga culturalista de la posmodernidad, con toda la parafernalia conceptual de los *cultural studies*.

Me preocupa poco, sin embargo, la caracterización de esa "piratería bibliográfica" a que se han referido Beatriz Sarlo y, en su respuesta a "Olvidar a Benjamin", José Omar Acha, en el debate de *Punto de Vista* de 1996. La cita libre no es, como estos críticos argentinos reconocen, una práctica que afecte solamente a la obra de Benjamin, y como el mismo Acha señala, esos usos espurios del autor alemán no son, en realidad, distintos –salvo, quizá, en la brillantez de los resultados– de los que el mismo Benjamin realizara en su propios contextos de producción crítico-teórica. En su innovadora aplicación de la "tecnología de la reproducción" cultural (Acha 48), Benjamin hace de sus propios textos un laboratorio conceptual, un *bricolage* (Acha 46) donde se ponen a prueba y se combinan, de maneras inéditas, pensamientos dispares, articulados de manera ecléctica y "salvaje".

En épocas de fragmentariedad y desagregación identitaria, de tránsitos interdisciplinarios y migración de capitales, sujetos, proyectos, mientras se asiste a la porosidad de las fronteras (de cuya rigidez fuera, literalmente, víctima, el propio Benjamin), en un continente donde se viene defendiendo desde hace tiempo el derecho a la copia, la mímica y la traducción, el valor de las apropiaciones heterogéneas y la importancia del acceso democrático al capital simbólico, no creo que sea oportuno o legítimo erigirse en guardián del sentido, sobre todo con respecto a un autor que reivindicó para sí la inestabilidad y precariedad de los significados, como camino hacia una verdad siempre evasiva y efímera, en última instancia subjetiva, y aún así –o quizá justamente por eso– política, social.

2. ALINEACIONES

Quiero situar más bien en este "exceso del significado" benjaminiano la importancia de su recuperación latinoamericana y resaltar, entonces, el sentido –quizá debería decir la intuición– profundamente *política* que guía, a mi criterio, la recepción del crítico alemán desde la actualidad continental. En mi interpretación, la obra de Benjamin abarca primordialmente el ámbito donde *lo cultural* existe no sólo como una forma de *lo social* sino como el momento de su condensación simbólico-filosófica y de su proyección político-ideológica. Se ubica, justamente, en la intersección en que se cruzan relatos y discursos, teorizaciones y prácticas concretas, individuos singulares y multitudes, historias y narrativas, entendidos como la pluralidad de formas a través de las cuales se manifiesta *lo social* en su espontaneidad transgresora y anárquica, antes de su canalización institucional, en lo que comúnmente llamamos sociedad.

Creo, entonces, que el desciframiento del alegorismo benjaminiano intersecta el campo latinoamericano no por la necesidad de una validación teórico-filosófica para el análisis culturalista, sino por el camino de una búsqueda *política*, por la que América Latina trata de encontrarse con las raíces de su específica inserción dentro del panorama de la globalidad, y de explorar las formas –heterogéneas, periféricas, "salvajes"– de su existencia histórica. De repensar, en este sentido, alineada con la prosa paradójica e inestable del pensador alemán, la positividad de su "barbarie" originaria.

Propongo que es justamente la apropiación oblicua y heterodoxa del pensamiento benjaminiano, la ilustración misma del concepto que el crítico alemán enfatizara en varias de sus *Tesis* con respecto a la temporalidad de la historia y a la relación entre pasado y *Jetztzeit* (el "tiempo-del-ahora"). Benjamin desarrolla la noción de la correspondencia (en el sentido baudelaireano) de *actualidades* procedentes de distintos momentos históricos y que el historiador materialista relaciona, como si se tratara de una alineación de planetas, cuya fraguada constelación ilumina aunque sea fugazmente el momento presente. Según la imagen utilizada por Benjamin, las estructuras más ocultas del pasado emanan sólo entonces la luz incandescente que relampaguea, como una chispa, sobre la oscuridad de la experiencia. Creo que buena parte de las lecturas latinoamericanas de Benjamin realizan con su obra una alineación asimilable a la que el crítico alemán esboza en su filosofía de la historia, buscando por las rutas de su heterodoxia, como propone Martín-Barbero, "descifrar la orfandad del presente".

Como "teórico de la discontinuidad", Benjamin se alinea con la heterodoxia gramsciana –de tan honda influencia en América Latina– en la interpretación de la resistencia de los oprimidos como una experiencia disgregada, intermitente, que se opone episódicamente a la unidad histórica de las clases dirigentes, negociando en cada caso los grados de su beligerancia con respecto a los discursos y praxis hegemónicos.

En el mismo sentido, el aspecto mesiánico y redencionista del crítico alemán evoca el pensamiento de José Carlos Mariátegui. Para citar sólo algunas de las correspondencias entre estos pensadores que compartieron (también con Gramsci) los años de la primera postguerra señalo aquí algunos de los puntos principales: la apropiación heterodoxa del materialismo dialéctico, la creencia en el mito como activador de dinámicas sociales, la proyección utópica desde un pasado estructurado menos como relevamiento de la historia que como discurso que intenta una restitución simbólica de los contenidos más *actuales* de la tradición, la valoración de la experiencia como matriz de la conciencia histórica, el cuestionamiento de los saberes académicos y las "tecnologías del conocimiento", la desconfianza de los ideologemas liberales y (neo)colonialistas (nacionalismo, progreso, modernización) y de sus monumentos culturales, la renuncia a totalizaciones que revelan el carácter hegemónico de la trama ideológica, pero sin embargo la fe en una totalización posible, liberadora, la lucha, en fin, por la constitución de un pensamiento *diferencial* que re-conozca y respete la existencia del *Otro* revelando los límites de las identidades fraguadas desde y para el poder.

Pensar la discontinuidad de la historia implica en Benjamin una crítica a las ideologías tanto del *progresismo* como del *historicismo* que, como Pablo Oyarzún ha señalado, ofrecen, desde perspectivas análogas, versiones secularizadas de la salvación. Ya sea a través de la utopía del futuro o de la veneración del pasado, progresismo e historicismo introducen un *telos necesario* hacia lo porvenir o una constante y también *necesaria* remisión hacia lo *ya sido*, produciendo así un vaciamiento del presente y evadiendo la potencialidad de la experiencia en aras de una concepción totalizante, atemporal y universalista de la historia. Benjamin descalifica la verdad de una historia universal, de una gran narrativa destinada a salvar, ante todo, la continuidad histórica, continuidad que sólo puede significar –advierte Benjamin desde los terrores del fascismo– *el absoluto de la dominación*. Contrariamente, el filósofo alemán intenta fundar una filosofía de la historia que dé las bases para una *ontología crítico-política del presente*, entendido como "la dimensión dominante de la temporalidad histórica" (Oyarzún), una dimensión donde sujeto y tiempo coinciden en la conflictividad del sufrimiento y la culpa compartida, pero también en la validación de la virtualidad revolucionaria que cada época lleva consigo. Este redimensionamiento temporal se aleja tanto del "pasado trunco" (conservador, retardatario) como de los dictámenes de una tradición tiránica ("el eco de las voces muertas") para rescatar en las actualidades anteriores sólo sus "virtualidades pendientes", aquellas que hablan con voces vivas al tiempo-del-ahora.

Desde los horizontes del neoliberalismo y ante el debilitamiento de la fuerza redentora por la que América Latina parecía viajar hacia la utopía del socialismo, en la necesidad de percibir, conceptualizar y experimentar un *afuera* de la globalidad, donde América Latina sea algo más que una cita en la experiencia de la modernidad occidental, la obra benjaminiana abre una ruta teórica para la revisión del pensamiento político y de la primacía que éste debe tener sobre la continuidad inerte de lo histórico (Wolfarth). Enfatiza, asimismo, la necesidad de replantear el problema de la verdad histórica y sus formas de representación, que reemplazan y muchas veces ocultan la singularidad de la experiencia y la caducidad de lo histórico. Finalmente, su concepto de discontinuidad permite visualizar el presente no como el devenir previsible de formas de dominación siempre referidas a las grandes narrativas del colonialismo o la modernidad, sino como el espacio recorrido por múltiples historias "menores" o micro-relatos en cuyas peripecias singulares se pueden rescatar epistemologías –verdades, agendas– alternativas a las dominantes. En definitiva, en las lecturas latinoamericanas Benjamin provee la teorización que permite explicar las irrupciones de lo histórico como intervenciones o interrupciones del proyecto de una modernidad homogenizante y excluyente. Sin celebrar la fragmentación como la forma apocalíptica de un presente sin utopía, sin ser, como Sarlo ha anotado, un apologista de la crisis, la posición benjaminiana habla *desde la destotalización* y *desde la crisis* contribuyendo teóricamente a la reformulación de subjetividades colectivas y al replanteamiento de los debates que se articulan en torno a plataformas ideológicas y modalidades nuevas o recuperadas de *political agency*.

Analizando la alegoría del muñeco de Von Kempelen que ilustra la primera *Tesis sobre la filosofía de la historia*, Oyarzún reflexiona sobre las comillas con que Benjamin enmarca sus alusiones al materialismo histórico. Como indica el crítico chileno, las comillas distancian el concepto, lo enmarcan, separando las palabras de su entorno habitual. Las comillas se usan, señala Oyarzún, con un sentido profiláctico, que pone el nombre en cuarentena, para que el medio no lo contamine, ni el nombre contamine al medio en que se inscribe. Así, el nombre *materialismo histórico* se (p)reserva para la operación de vincular materialismo histórico y teología, o, –podríamos pensar– marxismo y mesianismo, ideología y utopía, ética y política. No me cuesta pensar en una reflexión latinoamericana seducida, en su relectura de Benjamin, por el paréntesis abierto por este distanciamiento estratégico, por una actualidad donde la comprensión de la historia existe en la frontera entre familiaridad y extrañeza, que Oyarzún nos recuerda, pensando en Gadamer.

En su aclamado *Empire*, Michael Hardt y Antonio Negri, otro marxista heterodoxo que escribe desde la cárcel italiana, en el libro que ha sido considerado por muchos como la reescritura del *Manifiesto Comunista*, presentan en un tono fuertemente alegórico y oracular –benjaminiano– la que parece una extensa y sofisticada tesis sobre la filosofía de la historia. Se plantea allí, en apretado análisis, la utopía del futuro del socialismo dentro del nuevo orden mundial. En muchos más momentos que en los explícitos, el pensamiento histórico-filosófico de Walter Benjamin puede rastrearse, alineado con las tesis del libro, pero en dos casos el crítico alemán es mencionado de manera expresa. La primera, cuando se alude al poder y papel de la multitud como los "nuevos bárbaros" que irrumpen y destruyen, pero con una violencia afirmativa, como respondiendo a la pregunta profética de Nietzsche: "¿Dónde están los nuevos bárbaros del siglo XX? Obviamente saldrán a la luz y se consolidarán sólo después de una tremenda crisis socialista" (Negri y Hardt 213). La segunda alusión invoca el misticismo redencionista de la segunda *Tesis sobre la filosofía de la historia* en la que los autores de *Empire* perciben una especie de "escatología secular", que ante el vaciamiento de los valores europeos posteriores a la Primera Guerra Mundial, trata de controlar la crisis con un mensaje que no puede escapar, sin embargo, a la fuerza de una dialéctica que ahora aparecía definida en términos completamente negativos. Dice la segunda *Tesis*:

> El pasado contiene un índice temporal que lo remite a la salvación. Hay un secreto acuerdo entre las generaciones pasadas y la nuestra. Hemos sido esperados en la tierra. A nosotros, como a las generaciones que nos precedieron, nos ha sido dada una débil fuerza mesiánica sobre la cual el pasado no tiene un derecho (78).

Lo que Oyarzún llamara el tono *post* de Walter Benjamin aflora en esta cita (el tono que desplaza el estilo crítico del discurso moderno pero habiendo interiorizado y controlado aquella crítica e incorporando la creencia en la posibilidad de *administrar* –regular, procesar– la experiencia histórica).

Hardt y Negri proponen, sin embargo, un nuevo materialismo: uno que niegue todo elemento trascendente, y constituya una radical reorientación espiritual, definiendo una posición ontológica situada afuera y contra todo posible residuo dialéctico. Una posición que resulte en la producción de nuevas formas de subjetividad y de agencia política. Creo que son estas potenciaciones del discurso benjaminiano las que hablan a América Latina, por la promesa de crear nuevas constelaciones heterodoxas que carguen de sentido político los desencantos de la post-modernidad. Son también estas virtualidades las que guían muchas de las lecturas que intentan concretar lo que Hermann Herlinghaus ha esbozado en sus estudios sobre Walter Benjamin: la posibilidad de pasar, auxiliados por el pensamiento transgresivo e in-disciplinado del filósofo alemán, de un análisis de las prácticas culturales a la definición de praxis políticas que dialoguen activamente con la conflictiva y heterogénea actualidad latinoamericana.

Subjetividad y campo intelectual
en el *Diario* de Ángel Rama

1. A veinte años de la trágica muerte de Ángel Rama (1926-1983), su nombre y su obra tienen hoy una fuerza y una centralidad aún mayores que las que acompañaron la intensa trayectoria intelectual del crítico uruguayo durante más de treinta años. Como un personaje surgido de su propio relato, Ángel Rama podría ser visto como paradigma de las mismas categorías que su aguzada crítica permitió vislumbrar. Habitante indudable de la *ciudad letrada*; sujeto atravesado por las dinámicas transculturadoras que continúan dando al "baile de máscaras" de la modernidad latinoamericana su carácter específico, desencantado y marginal; sobreviviente de la "riesgosa navegación del escritor exiliado" que él tan brillantemente analizara; integrante prominente del canon crítico de una literatura que Biblioteca Ayacucho ayudara a situar en los parámetros integrados del latinoamericanismo internacional, Ángel Rama constituye, hoy por hoy, uno de los pilares ineludibles del pensamiento contemporáneo[1].

Su propia trayectoria vital ilustra, asimismo, dinámicas que rebasan lo individual y que son esenciales para la comprensión de nuestro tiempo. La dictadura que lo mantuviera durante muchos años alejado de la patria y que lo obligara a desplazamientos y reinvenciones constantes, es el origen de una peripecia personal también paradigmática. Su trabajo cultural en el medio venezolano y el que luego comenzara a afincar en Estados Unidos abren la perspectiva de un transnacionalismo sin el cual es imposible concebir, en los tiempos que corren, la reflexión cultural. Un tránsito constante a través de fronteras reales y simbólicas, una movilidad que permite relativizar pero también potenciar el localismo, una viven-

---

[1] Biblioteca Ayacucho surge en Venezuela en conmemoración del sesquicentenario de la batalla de Ayacucho, a iniciativa de Ángel Rama y de Leopoldo Zea, con el apoyo del gobierno de ese país. Se trata de un proyecto editorial destinado a publicar ediciones críticas de los más importantes textos literarios y culturales de América Latina. Intenta cubrir desde el período precolombino hasta la actualidad y se realiza con la colaboración de especialistas renombrados en las diversas disciplinas, desde la historia y la crítica literaria a la antropología, la crítica cultural, la política, etc. Rama cuenta en Venezuela con numerosos colaboradores para el planeamiento e implementación de ese monumental trabajo para el que se planearon 500 volúmenes. Rama traía al proyecto no sólo su exhaustivo conocimiento del campo y su imbatible entusiasmo, sino también su experiencia editorial de Montevideo, donde dirigiera la parte literaria de la editorial Alfa y donde creara también su propia casa de publicaciones, Arca.

cia permanente del borde que separa y que une países, culturas, lenguas, disciplinas, ideologías, hicieron de Ángel Rama un intelectual verdaderamente representativo de nuestra época y nuestra circunstancia. También su expulsión de los Estados Unidos fue y sigue siendo, más que un episodio de su biografía, una
advertencia para todos acerca de la arrogancia política y de la fuerza de la intole-
rancia en un país que se abandera con la retórica de la democracia, la igualdad de
oportunidades y el multiculturalismo[2]

Desde esta representatividad que alcanza distintas dimensiones biográficas, el
Diario. 1974-1983 de Ángel Rama nos abre, sin embargo, una puerta distinta,
quizá inesperada, a ese tiempo vital, personal y compartido, y a la intrahistoria de
los años que cubren estos textos[3]. El *Diario* se extiende con interrupciones por un
lapso de menos de diez años, que comienza cuando su autor se encontraba ya instalado en Caracas, un año después del golpe militar en Uruguay. Culmina con
anotaciones más dispersas, correspondientes al momento en que Ángel Rama y
Marta Traba se instalan en París, luego de que el Servicio de Inmigración de los
Estados Unidos negara a Rama, debido a sus supuestas y nunca comprobadas
vinculaciones con el comunismo, la extensión de la visa que le hubiera permitido
continuar residiendo y trabajando en ese país. Al año siguiente de su expulsión de
los Estados Unidos, un accidente aéreo acaecido en las cercanías de Madrid se
cobra, entre otras víctimas, las vidas del crítico uruguayo, de Marta Traba, del
escritor peruano Manuel Scorza y del mexicano Jorge Ibarguengoitia, que viaja-
ban de España a Bogotá[4].

---

[2] En su excelente prólogo al *Diario*, Rosario Peyrou da algunos detalles relacionados con la
expulsión de Rama, en particular respecto a las acciones legales y actitudes personales e institucionales que rodearon el hecho, a la llamada "Trampa 28" (aplicación del código maccartista por parte del
Servicio de Inmigración de USA) y las reacciones de organismos y gobiernos internacionales (Latin
American Studies Association y Pen Club, así como intervenciones diplomáticas por parte de Belisa-
rio Betancur y Carlos Andrés Pérez, presidentes de Colombia y Venezuela, respectivamente, entre
otras). Se refiere, asimismo, a las respuestas de Rama y a los insidiosos y traicioneros artículos publicados por Reinaldo Arenas en contra de Ángel Rama, cuando éste es rechazado por el Servicio de
Inmigración, los cuales forman parte del entramado, poco conocido, del penoso episodio. Para información sobre los artículos de Arenas, véase Peyrou, "Prólogo", página 28, nota 30.

[3] El *Diario* de Rama fue escrito, como indica su editora, en dos libretas de tapas duras, una azul,
comprada en Caracas, y otra roja, adquirida en Estados Unidos, donde escribe a partir de febrero de
1980. A ellas se agregan algunas páginas sueltas escritas en abril de 1983, cuando Rama retoma la
escritura del diario después de la última interrupción. Respecto a su representatividad, Rama era probablemente consciente de ella, y de esa conciencia nace el impulso de escribir su diario. Cómo él mismo
indica en una de sus primeras entradas, "el subjetivismo sólo es verdaderamente interesante cuando lo
es la subjetividad puesta en juego, cuando quien dice es una criatura original. Sólo en ese caso puede
interesarme el 'dicente' más que lo que 'dice', aunque sólo me llega a través de ese 'decir'" (35).

[4] La negativa de la visa para Ángel Rama lleva fecha del 20 de junio de 1982. El accidente aéreo
en Mejorada del Campo, en las afueras de Madrid, ocurre el 27 de noviembre de 1983.

2. El *Diario* nos presenta, en algunos sentidos, el reverso de la obra: nos brinda entretelones, motivaciones, repercusiones personales de una práctica cultural caracterizada por su histrionismo y su autosuficiencia. A través de las páginas del *Diario*, esta práctica se nos revela de pronto ligada a una individualidad cotidiana, vulnerable como cualquier otra a los vaivenes del sentimiento y a las imposiciones y fascinaciones del poder. Al mismo tiempo, el *Diario* nos confirma sospechas e intuiciones. Nos interna por las galerías de la genealogía personal y colectiva, y nos introduce, a través del ejercicio de la memoria, al mundo de la afectividad y el erotismo, a la relación del hombre con el cuerpo y con la propia temporalidad y a la red, no siempre gratificante, de relaciones profesionales. En sus irregulares entregas, el relato de Rama nos ofrece, en un gesto final pero de ningún modo definitivo, los rastros fragmentados de una cartografía incompleta, intermitente y necesariamente selectiva, truncada antes de tiempo por la muerte[5]. Quedan fuera de su registro, entre otras cosas, la vida en Uruguay, la participación fundamental de Rama en el semanario *Marcha* que también sufre los embates de la dictadura, la militancia de los años sesenta, y los detalles mayores que rodean la salida de Rama de los Estados Unidos[6].

Un diario, sin embargo, no tiene por qué ser un registro exhaustivo y ni siquiera, en realidad, fidedigno. Aunque la facticidad es inherente a esa forma específica de escritura, importan sobre todo en el género las estrategias de autorreconocimiento y las ceremonias de la automostración o, dicho de otro modo, los procesos a partir de los cuales el individuo construye y proyecta –es decir, socializa– una imagen más o menos convencionalizada, más o menos ficticia, que identifica con el yo. Reflexionando sobre la escritura de su propio diario, Roland Barthes afirma la calidad más que textual, discursiva del diario[7]. La figura del yo, y el dispositivo metatextual de la firma apoyan la operación escrituraria que Lejeunne definiera con la fórmula "Je suis un autre" que preside el pacto autobiográfico.

---

[5] Rama lleva su diario de modo intermitente. Él mismo dice que sus anotaciones son "pujos repentinos entre largos olvidos" (117). Los momentos en que cambia de localización (cuando inicia residencias en Venezuela, Estados Unidos, Francia o España) o en que acaecen crisis personales (la enfermedad de Marta Traba) son los que más lo impulsan a la escritura fragmentaria y autorreflexiva del diario. Sin embargo, como ha indicado Gérard Genette en sus comentarios a propósito de "Délibe-ration" de Barthes, no hay una frecuencia óptima, ni una frecuencia mínima en un diario. Lo que interesa es "menos la constancia de su práctica que la de su proyecto."(Genette, "Le journal, l'antijournal" 338). (La traducción es mía.)

[6] Rama actuó como director de la sección literaria de *Marcha* entre 1959 y 1968, después del período que ocupara en esa misma capacidad Emir Rodríguez Monegal en ese semanario.

[7] Todo texto literarario es, según Barthes, en alguna medida, "anónimo" –no pertenece a su crea-dor– y es producido bajo un "nombre de guerra" (el del autor), que se refugia bajo la convención del nombre propio, como alternativa del anonimato. En ese sentido el diario no es *literatura* y no admite la anonimicidad, ya que se apoya justamente en un proceso de personalización que nutre la escritura con la facticidad y referencialidad que permiten leer el texto como "verdad probable".

El yo a partir del cual se organiza el proceso de la autorrepresentación anuda en el lenguaje el mundo del deseo y el del acontecer, las redes de la subjetividad y la memoria colectiva, los laberintos de la autopercepción y los puentes que se tienden hacia el espacio de la exterioridad, hacia el mundo de la familia y del trabajo. Es desde esa figuración del yo y desde esa operación creativa– desde esas tecnologías representacionales– que se establece un pacto de lectura en el que la persona que escribe es objeto y sujeto, emisor, receptor primario, pero también sustancia misma del proceso comunicativo[8]. Personaje de su propio relato, el yo que habla en un diario es a su vez el que ejecuta la escritura, o sea el que establece, en esa relación especular, su autoridad acerca de la verdad de lo narrado[9]. Se ha dicho que todo texto autobiográfico, apuesta menos a ser "verdadero" o "fidedigno" que a estabilizar en el cuerpo textual una forma específica de "verdad" interior. Esa "verdad" se afirma, entonces, más en la coherencia y consistencia discursiva que en la correspondencia de ese discurso con una realidad exterior más o menos verificable. En todo caso, en literatura "la sinceridad no es más que un imaginario de segundo grado" (Barthes 366-367).

Toda historia personal, referida en un diario con la inmediatez de lo reciente pero también con las asociaciones memoriosas que van surgiendo a vuela pluma es, así, un constructo encabalgado entre el valor estético y social: un registro fragmentario y subjetivizado de experiencias que se integran en una narrativa que, siendo individual, es también, necesariamente, colectiva[10]. Un texto autobiográfico empieza, entonces, por la postulación de un ser individual que se coloca en el centro del drama de una época. Es esta localización *performativa* y regulada, la que fija los parámetros desde los cuales se definen las fronteras del yo y se accede a las políticas de la estetización identitaria. Autorreferencial y testimonialista, el diario documenta, interpreta, propone, descarta, evalúa, re-presenta la vida como discurso. La narrativa se va orientando, así, día por día, entre las tramas de la historicidad y las de su recuperación escrituraria, mediante un delicado

---

[8] Ramírez-Franco concibe el diario como "uno de los modos de la *dicción biográfica* [...] que ciertos estudiosos denominan *géneros introvertidos*" (el énfasis es del autor). Sobre el problema de la autoría en el diario, su carácter didáctico y los desdoblamientos entre escritor, hablante y personaje, véase su "Primer acercamiento a *La tentación del fracaso*".

[9] Respecto a las políticas de la autorrepresentación, véase Gilmore, sobre todo el "Prefacio", donde se ofrece un repaso de las teorías sobre autobiografía. A la estructura especular del texto autobiográfico se ha referido Paul de Man, afirmando que el mismo no es un género o un modo de escritura, sino una "figura de lectura y comprensión" en la que dos sujetos se alinean en el proceso de la lectura, determinándose entre sí y participando de un proceso de sustitución reflexiva mutua.

[10] Como Genette indica, una de las funciones del diario es la de constituir un "ayuda-memoria", o sea un dispositivo de recuperación, fijación y preservación de lo vivido. El diario, en ese sentido, "es una prótesis, pero una prótesis preventiva, ya que la necesidad no se revela sino a posteriori, es decir, demasiado tarde", cuando la imposibilidad de recordar se manifiesta (Genette 341).

equilibrio que articula las convocatorias del recuerdo, y los rituales de la imaginación y del olvido.

3. Barthes reconoce cuatro motivos posibles en la escritura de un diario: el *poético* (la voluntad de ofrecer al lector un "escritura individualizada"), el *histórico* ("desparramar, pulverizándolas, día a día, las huellas de una época"), el *utópico* ("constituir al autor en objeto del deseo", "probar a los otros que yo valgo más que lo que escribo [en mis libros])", y el que llama motivo *"enamorado"*, que focaliza el aspecto formal, el tallado apasionado y cuidadoso de la escritura misma ("convertir el diario en taller de frases"). (Barthes 367) Podría estimarse que los cuatro motivos se conjugan en el diario de Rama, en el que el horizonte de la época y el trazado de la subjetividad se combinan con la voluntad de ofrecer un trazo personal y distinto –suplementario– respecto al resto de la obra. Para ello, elabora una posición enunciativa que se nutre de su propia experiencia de lector y de crítico. Es justamente durante la preparación del libro que llevaría por título *Rufino Blanco Fombona, íntimo*, y provocado por el recuerdo de los diarios de André Gide, que Rama recupera un proyecto entrevisto desde su juventud: la escritura de su propia crónica personal[11].

Regido por las normas del género, Rama intenta eludir, como indica en la primera entrega del 1 de septiembre de 1974, una tarea exhaustiva de rememoración del pasado, refugiándose más bien en la intermitencia de una escritura más presentista que se acomoda, por su misma fragmentariedad, entre los intersticios de la rutina: "A esta edad –dice, o sea, a los 48 años– normalmente, se redactan las memorias. A falta de ellas, me decido por una anotación de diario, ni público ni íntimo" (33)[12]. ¿A qué cualidad intermedia apunta, entonces, su escritura? Salvaguardando el pudor de un desencubrimiento total, pero cuando es "total" el buceo de la interioridad y manteniendo a la distancia la idea de un lector *otro*, el diario de Ángel Rama se sitúa en una posicionalidad equidistante de lo privado y de lo público –quizá en el lugar de lo doméstico y de lo "personal"–. La escritura se elabora como un reducto preservado, de recepción diferida, que no parece dejar nunca de lado totalmente la presencia fantasmal y latente de lectores futuros[13].

---

[11] Para una primera aproximación al *Diario* de Ángel Rama, véase Laforgue y "La sedimentación del vivir" de Ramírez Franco. Agradezco a este último las referencias bibliográficas sobre aspectos formales de la autobiografía.

[12] Se cita el diario por la única edición existente hasta el momento, la de Editorial Trilce, indicando solamente la página.

[13] El diario *íntimo* (poniendo el énfasis en el adjetivo) parece ser considerado más bien una forma de escritura que se adapta al sujeto femenino, refugiado en la privacidad de lo interior e inconfesable. En este sentido, el diario íntimo, asociado a la idea romántica del yo autónomo, a la intros-

También se aloja en el lugar intermedio entre "los peligros del soliloquio" y "los beneficios de [una] subjetividad" que en el diario intercepta, siempre de manera medida y cautelosa a la persona pública, política y profesional, sin interpelarla ni cuestionarla, respetando siempre su dimensión y sus fronteras.

A partir de este pacto de lectura, el diario se desarrolla oscilando entre tres grandes ejes: la construcción del yo autobiográfico, la referencia al campo cultural latinoamericano y latinoamericanista que corresponde todavía a la plena vigencia del *boom*, y el mundo personal de los afectos, atravesado por los temas de la corporeidad y la vivencia del tiempo, y por las repercusiones de la vida profesional, que impacta de distintas maneras en la vida privada. Como telón de fondo, está siempre el problema de la desterritorialización, elaborado no sólo a partir de la experiencia del exilio sino también como resultado de la condición de "apátrida" que parece asignarle el gobierno uruguayo al negarle la renovación de su pasaporte, y articulada también al nomadismo profesional, que lo obligara a rearticulaciones múltiples y de algún modo siempre deficitarias[14]. Desde allí es que se exploran "las heridas secretas", las "obsesiones y temores" (33). También es a partir de esa vivencia del descentramiento y el nomadismo que se van recuperando, aunque de manera siempre provisional y tentativa, las coordenadas de una 'tierra sin mapa" en la que Rama incursionara asimismo, aunque en otro registro, en uno de sus poco conocidos textos narrativos[15]. En la novela de ese título (*Tierra sin mapa*, 1961), el más logrado de sus textos de ficción, Ángel Rama recupera nostálgicamente el territorio del recuerdo de la infancia materna en un lejano pueblo español. Superpone allí a las rememoraciones transmitidas por su madre las impresiones propias, recogidas en su viaje por Galicia, como saldando una deuda con ese lugar mítico del imaginario familiar. Dice, en la "entrada" al texto:

> No se hallará registro de esta tierra en ningún atlas, por grande y minucioso que sea [...] Y sin embargo existe [...] Yo sé que existe y dónde. Yo sé el lugar donde sus

---

pección y la melancolía, es, como género "literario", una paradoja, ya que supone justamente su no publicación. Véase, al respecto, Raoul.

[14] Al desarraigo se suma, en efecto, en el caso de Rama, el de la inestabilidad que agrega el hecho de que el Uruguay le niega la renovación de su pasaporte, lo cual le obliga a asumir la nacionalidad venezolana. Anota el día 15 de septiembre de 1974: "No sé si paso a la categoría de 'apátrida' y deberé pedir a las Naciones Unidas que me reconozcan como tal, o, como me dice el cónsul, a la categoría de 'confinado en Venezuela' que resuelve por mí el gobierno de Bordaberry. La dictadura es clara: nada para los que se atreven a disentir. También debe leerse en el telegrama negándome pasaporte una advertencia: no ponga los pies en el Uruguay" (36).

[15] El libro, que se hiciera acreedor del premio Valle Inclán, en Buenos Aires, se agota rápidamente y es reeditado en ese mismo año por la Editorial Alfa, con ilustraciones de Leopoldo Novoa. Sobre *Tierra sin mapa*, véase Moraña, *Memorias*.

pueblos se esconden en el campo, apenas revelados por las lámparas encendidas que van de una a otra casa de piedra gris cuando la noche avanza; sé de sus encinas plantadas en círculos y del sembradío minucioso que recubre sus tierras; sé de sus alamedas y también del mar que se abre entre montañas. Puedo ver a sus hombres y mujeres en el trabajo, en el amor, en el sufrimiento o en la fiesta, y oír correr bajo el cielo, como un viento renovado, la música (*Tierra sin mapa* 9).

El *Diario* nos devuelve, por momentos, al tono y al impulso de esa misma nostalgia, aunque ya sin la magia de la recuperación de lo vivido o de lo imaginado, sino a partir de un discurso informado más bien por la vivencia de la pérdida. Sobre todo al comienzo del diario, el exilio incorpora una dimensión en la que la percepción del deterioro físico –las huellas del tiempo que pasa– se dan al mismo tiempo que las reflexiones sobre la destrucción de redes culturales. En la entrada del 17 de septiembre de 1974 se combinan, por ejemplo, los monstruos del sueño y la vigilia, con los fantasmas de la decadencia social y la angustia del desarraigo:

Quisiera volver al abismo [del sueño] pero con los ojos abiertos, descender a ver los monstruos. Pero nada, ni hay retorno, ni ninguno de ellos se muestra. Vuelvo nuevamente de lo negro y ahora estoy en el día, como un extraño (37).

Acerca de su propio estado físico:

No puedo impedir la vívida imagen de la decadencia y del previsible final que contemplo como sorprendido, curioso, dispuesto (38).

Respecto a la cultura y al exilio:

Vivir en la inseguridad, al día, sin saber qué será de uno mañana, como en un incesante derrumbamiento. No consigo acostumbrarme (38).

Sobre el estado de la cultura uruguaya durante la dictadura:

[La] vi deshacerse como una red mal tejida. Nos dejó a todos flotando en el vacío. A mí, con la sensación constante del viaje por desfiladeros pedregosos entre cataclismos, centellas que revientan, tierra que se resquebraja, aire reseco, peligros, acechanzas inevitables. De esa condición es posible que proceda la resignación con que me veo siguiendo adelante, con calma o inconsciencia, con indulgencia (38).

Como si todos estos fueran planos de un mismo registro, el estado de ánimo tiñe de un tono existencial y lírico la experiencia del extrañamiento del yo y la de la distancia, englobando lo individual y lo social, lo privado y lo colectivo, en el espacio amplio y diversificado de su tiempo vital.

4. Roland Barthes indica, siguiendo una distinción de Mallarmé, que todo diario es, más que una obra, un álbum, "una colección de folios no sólo permutables [...] sino, sobre todo, *suprimibles al infinito*" (Barthes 377; el énfasis es del autor). En efecto, un diario está marcado primordialmente por su contingencia y por su cualidad prescindible, inesencial. Es un álbum, también, porque se apoya en la presentación de instantáneas: momentos fugaces y sincrónicamente significativos, a los que se incorpora, desde el ejercicio puntual de la memoria (la que se ejerce en un momento y en un lugar determinados), una diacronía provisional y transitoria, es decir alterable, sujeta a lógicas efímeras de organización e interpretación del material primario. El diario de Rama ilustra esta precariedad, tanto como el intento por recuperar, en un espacio monológico y de "tono menor," un tiempo que fluye y del que se rescatan micro-historias, actores y sucesos a partir de los cuales sobreviven y perduran instancias de una historia común.

El universo profesional, que es también la trama de las amistades y enemistades personales, se integra en los comentarios impresionistas del *Diario* de Ángel Rama, que no escatima opiniones tajantes sobre episodios y personajes. La visión de los otros opera como un constante testimonio de una historia que impacta y que, a veces, arrasa la individualidad. En efecto, hay en el diario una mirada que hurga constantemente en el paso del tiempo y en los registros físicos del deterioro y el anquilosamiento. Pero influyen también los procesos sociales y políticos, que desgastan la imagen personal y su proyección pública. Es como si la escena profesional fuera un proscenio en el que entran y salen personajes que las frases aguzadas del *Diario* van ensartando y fijando en el texto, como en un muestrario de mariposas:

Arturo Ardao (más fantasmal que nunca)(37) [...] Ardao es de escayola, como estatua de plaza de pueblo que todavía no ha conseguido su verdín (40).

El propio Sergio Buarque, por quien tengo tanto aprecio intelectual, me parece un viejo león cansado y sus nuevas y largas patillas blancas ayudan a esta imagen de figura retirada (40).

Roberto Fernández Retamar [...] físicamente mejor [...] aunque ya ha atravesado la línea de sombra [...] [D]esalienta verlo transformado en funcionario [...] Hablar con él es, ahora, como hablar con un diplomático de salón (37).

El reportaje [a Roberto Fernández Retamar] reitera la imagen del funcionario cultural que yo tuviera al verlo [...] Ocurre que yo conozco al "otro"; yo puedo repetir el verso juanramoniano "yo que sé qué fuiste", y por eso la imagen que él nos ofrece me resulta alucinante, como todo disfraz grotesco de pintarrajeada máscara, sobre un rostro que fue bello y luminoso (44).

¿Quién es, hoy, Gabo? No decepción, no desagrado, simplemente perplejidad. Parecen no quedar huellas del escritor, al menos como ese escritor fue, él lo sabe y aún trata de jugar con esa imagen superpuesta a la antigua. Tampoco un periodista, pero asimismo no un político, sino algo cercano a ambos términos y diferente: un viajante político-cultural quizá, un agitador, pero no un ideólogo, "of-course", sino un animador o relacionador que opera entre los centros de poder político de la izquierda (68).

[Mario Vargas Llosa] está siempre tan armado, compuesto, atento y al acecho. Todavía no ha descubierto cómo ser feliz, ni cómo aceptar el mundo, aceptándose. Todas estas cosas tan inciertas que escribe sobre el escritor y el mundo en él son realidad concreta, vivencia de ruptura, visión del animal en acecho (127)[16].

Pero no siempre son los otros el objeto de la mirada que evalúa y califica; a veces la mirada se vuelve hacia el otro en el espejo. En una entrada del diario de octubre de 1974, Rama reflexiona sobre una foto suya utilizada en *El Nacional* para ilustrar un reportaje, ofreciendo un autorretrato casi despiadado:

[...] ese rostro es el de un viejo arrasado por la edad, la cual lo ha tornado ridículo y grotesco como el de un payaso de mal circo. La calvicie, los ojos sin pestañas casi, los dientes sostenidos apenas por sus prótesis, la flojera de la carne en el cuello, cómo empiezan las bolsas bajo los ojos, tan marcados los días de fatiga, la mirada blanca, alucinada e inquisitiva, este bigote enrulado que no sé llevar, ni cortar, ni cuidar, el movimiento erguido del cuerpo como hendiendo los aires con una cabeza pronta a volar. Así soy, Dios, así soy, es inútil luchar contra el huracán con que se mueve el tiempo. Las fotos son engaños, las miradas ajenas también: sólo es verdad esta constancia (58).

Cambio y permanencia se perciben, entonces, como huellas inevitables que registran a su vez la individualidad del que mira, afectada por el mismo proceso que se localiza en los otros. A nivel familiar, el procedimiento es mucho menos categórico. La visión de los hijos y los comentarios sobre Marta Traba y sobre los amigos más cercanos eluden, justamente, ese poder de la escritura, que por momentos corroe más que el tiempo mismo. La visión de Marta como "ángel del hogar", como esa "criatura mágica, hija del fuego como las de Nerval" (119), pero también como profesional que lucha por reinsertarse, como él, en el espacio

---

[16] Anotaciones como éstas, enfocadas más en los personajes que en los textos, recuerdan, por contraposición, un párrafo incluido en *La novela en América Latina*: "Nunca me han interesado los autores, sus pequeñas historias y sus glorias efímeras, que oscurecen su yo profundo, sino la belleza, la verdad, el placer de las obras de arte, como si no tuvieran autor, como si fueran escritas por la Historia, o la Sociedad, o Dios, por todas las mayúsculas ignotas, y quedaran para nuestro esplendoroso regocijo escritas en la eternidad". Quizá la divergencia entre este principio y la práctica del comentario personal que aparece tan frecuentemente en el diario responda a dos maneras diversas de enfrentarse a los productos y procesos culturales: una, más personal y personalizada, otra que complementa la imagen del intelectual público, distanciado de la minucia empírica, imbuido de un pensamiento más solemne y una noción más trascendente del objeto poético.

del exilio, como madre y amiga, como mujer que lo vincula con el tiempo ido, se hace más entrañable con la enfermedad de ella, que amenaza el equilibrio emocional de la pareja. La escritura del diario se profundiza con las crisis, y el diario se transforma en memoria común, convocando imágenes de vida ante la amenaza de la muerte, nutriéndose del pasado como compensación del futuro en peligro.

> Tan fascinante que era, tan leve, tan brillante, tan arrojada y tan aparentemente segura de su poder de seducción. Solo yo pude llegar a saber sobre qué pánicos estaba todo eso construido, qué criatura infantil y aterrada, necesitada de amor, perdida en el mundo, encubría esa imagen fiera, combativa, centelleante, siempre con el traje de fiestas y a punto de inmolarse en la tarea [...] Aquella Marta del 69, en Chile, con su mini-mini falda, sus medias violetas, su pelito corto, delgadita, pintada como una colegiala que hubiera descubierto el maquillaje, impulsiva y desconcertante, pasional (147).

La voz que habla en el *Diario* se debate constantemente entre las dimensiones del tiempo y el espacio arrebatados: el territorio de la patria propia o de las adoptadas, siempre en huida, la historia que corre demasiado rápido para que ese transcurso pueda ser asimilado por la conciencia que es absorbida por las imposiciones de la rutina y del trabajo. El espacio de Marta, de los hijos, y de un puñado entrañable de amigos se mantiene a salvo, como el único territorio seguro al que era aún posible retornar.

5. Sin embargo, y más allá de las anotaciones contingentes y puntuales sobre individuos y alternativas de la vida cultural y política de América Latina, quizá uno de los aspectos más interesantes del *Diario* es el que gira en torno a la reconstrucción más global del campo intelectual que en los años setenta y comienzos de los ochenta se encuentra atravesado no sólo por las repercusiones del *boom* sino también por la diáspora expulsada por las dictaduras, y por las alternativas que rodean a la Revolución Cubana, principalmente el caso Padilla.

De acuerdo a los términos propuestos por Pierre Bourdieu, en la descripción que hace Rama del clima intelectual de esa década se identifican no sólo las líneas de fuerza político-ideológicas que recorren el latinoamericanismo internacional, sino asimismo los determinantes socio-culturales que caracterizaban a las distintas regiones y sectores. Es esencial, en este panorama, su conciencia de la localización periférica de América Latina y de su desarrollo comparativamente retardado con respecto a reflexiones geopolíticas más centrales. Dice Rama, por ejemplo, reflexionando sobre los libros de Jorge Semprún y de Fernando Claudín que movilizaran por esos años la polémica sobre eurocomunismo en España[17]:

---

[17] Se trata de los libros *Autobiografía de Federico Sánchez* de Jorge Semprún y *Documentos de una divergencia comunista* de Fernando Claudín.

Sensación inquietante de cómo se queda atrás América Latina en un momento clave de revaloración del marxismo y de defensa de su democratismo raigal y percepción del vínculo entre este pensamiento renovado y los niveles más altos del desarrollo económico de los regímenes capitalistas que no son, obviamente, los de nuestros países (95).

Es la percepción de ese "vínculo" entre desarrollo económico y desarrollo intelectual aludida por Rama desde una perspectiva dependentista que es corriente en la época, la que marca la visión de su propia labor, que él parece entender como una misión mediadora que puede unir corrientes internacionales y producción vernácula en el ejercicio de una crítica cosmopolita y transnacionalizada. De ahí sus repetidas protestas contra el provincianismo, y contra los debates que animan los "patios de vecindad" de la intelectualidad continental:

[...] en todo caso chapuzamos todos en la alberca provinciana [...] Probablemente a mí me corresponde ser el chejoviano que en la provincia sueña y delira con la capital, sirve de tránsito a los productos entre una y otra, pero no alcanza a las capitales. Siempre he desdeñado la provincia, como corresponde a un provinciano y como tal es posible que siempre me haya imaginado (bovarísticamente) por encima de ese desdeñable nivel, pero cuando he creído salir de ella no he hecho otra cosa que cambiar de nombre de lugar pero no de jerarquía (58).

Incluso el medio venezolano, que tan generosamente acogiera a tantos exiliados del Cono Sur en esas mismas décadas, con frecuencia se le aparece también como estrecho y mezquino. Alude, en dos entradas de 1978, a las limitaciones del campo cultural en ese país y al vacío que a veces percibe en torno a su propio trabajo: "No hay vida intelectual. Chismografía, pequeños intereses, exhibicionismos pueblerinos. Pero nada de auténtica pasión por la tarea intelectual, ni diálogo sobre sus proposiciones" (113). Justo después de su renuncia a la Escuela de Letras, en la Universidad Central de Venezuela, se queja de que ni siquiera intentaran retenerle, y vuelve a la escritura personal como desahogo: "Qué otra razón para que retome este diario olvidado que el sentirme herido, sufriente y apenado" [...] "Otra vez con la provincia hemos dado, Sancho" (114).

Es en el contexto de esa preocupación transnacional y en atención a la importancia de los procesos de institucionalización cultural a nivel continental que Rama se involucra ya desde sus primeros años en Venezuela en el proyecto de continuar con la publicación del semanario *Marcha* en el exilio, como manera de contrarrestar "el universo fantasmal y siniestro" (67) de la cultura nacional bajo la dictadura y expandir el trabajo crítico en otros horizontes más abiertos. Asimismo, se concentra en la fundación de la Biblioteca Ayacucho, tarea que emprende con el apoyo del gobierno venezolano y de muchos colegas de ese país, pero que también le depara momentos de frustración. A propósito de este proyecto titánico, Rama reflexiona en su diario, en 1974, sobre el tema de los contextos que constituyen el hispanismo como disciplina y como campo cultural a nivel internacional[18]: El *Diario* alude a las críticas que recibe el proyecto, por ejemplo de parte de un periodista español que lo ataca desde las páginas del diario caraqueño *El Nacional* quien, según Rama, siguiendo tras las huellas neocolonialistas de Menéndez y Pelayo, duda de que se puedan conseguir 300 títulos latinoamericanos para formar el corpus canónico de esa colección. El diario registra el episodio en los siguientes términos:

> [...] fuera de un puñado de excepciones, la independencia de América sigue siendo vivida, en la conciencia colectiva española, como una ingratitud, una perversión y un ultraje. Y los hispanoamericanos siguen siendo percibidos como retrasados colonos indignos de manejar un idioma que ellos no han creado y que no hacen sino deteriorar. Que quinientos años de historia cultural no puedan depararnos trescientos volúmenes calificados sería certificar la interioridad de un pueblo y una verdadera fatalidad histórica que lo condenaría por siempre a la esterilidad (39).

Dentro del contexto latinoamericano y, más ampliamente, occidental, Rama va delimitando los espacios de producción cultural y de lucha ideológica como ámbitos diferenciados de competencia, donde la acción individual está siempre definida y restringida por la legalidad propia del campo. Esas "reglas profanas del juego social" a partir de las cuales Bourdieu desacraliza la práctica intelectual e incursiona en su lógica interna, aparecen en el *Diario* de Rama claramente definidas[19]. Sus posiciones acerca de los autores y las obras del *boom*, así como respecto de lo que considera el proceso de esclerotización burocrática de la Revolución Cubana y las necesidades de construir, desde adentro y desde afuera de la isla, un pensamiento crítico solidario pero antirrepresivo y antidogmático, se delimitan siempre en atención a las leyes internas que rigen la formación de horizontes estético-ideológicos en ese particular momento histórico, y a la necesidad de sostener posiciones éticas –y no sólo estratégicas– en la definición de lealtades políticas.

Ilustran esta veta de su pensamiento sobre cultura, ideología y sociedad en América Latina, el conocido antagonismo de Rama con Emir Rodríguez Monegal, sobre todo en el período de los debates sobre *Mundo Nuevo*, en 1966; su renuncia (nunca formalizada) al comité editorial de Casa de las Américas cuando el caso Padilla, en 1971, y la polémica sostenida con Oswaldo Barreto desde las

---

[18] Sobre los debates que atraviesan en la actualidad el campo del hispanismo y el latinoamericanismo internacional, véase Moraña, *Ideologies of Hispanism*.

[19] Sobre la noción de campo intelectual, véase Bourdieu, *Razones prácticas*, *Cosas dichas* e *Intelectuales*.

páginas de *El Nacional* en noviembre-diciembre de 1977 en torno a la interpretación del concepto de negritud en Leopold Sedar Senghor, para entonces presidente de Senegal. De algún modo, las tres instancias mencionadas pautan de modo significativo y no contradictorio la adhesión de Rama a la izquierda, su defensa del pensamiento crítico por encima de lo que percibe como endurecimiento dogmático del programa socialista particularmente en el plano de las políticas culturales de la Revolución, y su independencia respecto a la ortodoxia marxista, que dejaría de lado especificidades nacionales y culturales imprescindibles para la aplicación de los principios filosóficos del materialismo histórico en sociedades periféricas[20].

A pesar, o quizá justamente en razón de su adhesión al proyecto revolucionario, Rama no escatima comentarios en torno al endurecimiento de posiciones en Cuba, y a las dificultades de pronunciarse críticamente en relación a ellas, dado el indudable valor simbólico de la Revolución:

> No [...] he guardado nunca [silencio] en el caso de la Unión Soviética e incluso he escrito desde siempre a favor de los disidentes (desde el juicio a Siniavski allá por los sesenta) pero en el caso de Cuba era más complicado todo. La revolución en las puertas del Imperio tenía un heroísmo y una verdad, había luchado a favor de tantas cosas por las que creo en nuestra América Latina, que parecía injusto hablar del error en que se había entrado (130)[21].

El tema de la disidencia, que Rama elabora en términos generales tanto como en los casos particulares de Heberto Padilla y de Norberto Fuentes, por ejemplo, ayuda a la definición de la posición enunciativa morigerada y equilibradamente crítica que organiza el discurso autobiográfico en el *Diario*. Sin condenar el proyecto y el significado de la Revolución Cubana, se distancia de los "guardianes" o "funcionarios" que resguardan el régimen llamando la atención, en ocasiones, también acerca de las limitaciones que han causado la "insatisfacción de la población que ya tiene veinte años –dice en 1977– de dificultades sin solucionarse" (131). Se distancia, también, hasta en las reflexiones de 1980, cercanas al final de su diario, de otros posicionamientos más "afectivos" acerca de la Revolución, como el de Gabriel García Márquez quien, según Rama, "se maneja con 'historias' que son casi materiales literarios, sucesos de la vida que resultan llamativos e ilustrativos, pero sin trasladarlos al servicio de normas generales o leyes del

---

[20] Para una introducción a estos temas, al menos en la dimensión en que fueron tratados en el *Diario* de Rama, y su conexión con artículos del mismo autor publicados principalmente en el semanario *Marcha*, véase el apartado titulado "La polémica política" en el prólogo de Peyrou.

[21] Rama recuerda aquí los artículos que escribiera cuando el caso Padilla en el semanario *Marcha*, en junio de 1971.

funcionamiento político o económico, como tiendo a hacer yo" (159). El "realismo" de García Márquez contrasta, según Rama, con su propia visión, orientada hacia la necesaria "interpretación idealista de los comportamientos políticos de los estados" (160), posicionamiento que considera más estricto y saludablemente utópico, más basado en la necesidad de fundar tanto una ética revolucionaria que acompañe la praxis, como un pensamiento crítico que las combine a ambas.

6. Además de la situación política internacional y de la angustia de la patria arrasada por la dictadura, interesa a Rama en las décadas cubiertas por el *Diario* el rastreo de una tradición crítica y creativa que persigue en preparación para *La ciudad letrada* y otros trabajos que están en gestación en ese período. Abarca entonces desde la producción cultural de la colonia hasta la del descuidado siglo XVIII y la época contemporánea, trabajos a los que se aboca con una pasión que reclama también de los demás críticos. Al mismo tiempo, se puede percibir a lo largo del *Diario* la preocupación acerca de la vigencia y límites de la cultura nacional, justamente en momentos en que ésta se encuentra amenazada por la represión militar y por los impulsos centrífugos de las diásporas que dispersan a creadores, críticos y profesionales en general. Rama advierte los modos peculiares e inéditos en que estas dinámicas van conduciendo a una redefinición de las categorías de intelectual, lector, canon y valor estético a lo largo del continente, al modificar radicalmente las condiciones materiales de producción cultural y alterar los procesos de circulación y de distribución de capital simbólico[22].

Será justamente en coincidencia con estas dinámicas que Rama elaborará su estudio sobre transculturación narrativa[23]. En Rama, el concepto articula en un mismo movimiento teórico el registro del particularismo estético-ideológico de las culturas vernáculas y las improntas de los procesos modernizadores, que introducen transformaciones sustanciales en la literatura continental, tanto a nivel de temas como de recursos representacionales. Pero el concepto se extiende también a una comprensión amplia de la mediación cultural en la periferia de los grandes sistemas europeos y norteamericanos. Tanto la carga político-ideológica de la época abarcada por el *Diario* como las obligadas reinserciones de su autor en uno y otro medio intelectual en América Latina, Estados Unidos y Europa, juegan sin duda un papel determinante en su conciencia crítica. La visión transnacionalista de Rama, que tan bien articula a través del subgénero crítico de los

---

[22] Para una lectura crítica de *La ciudad letrada* en relación con el tema de la cultura nacional, véase Moraña, "De *La ciudad letrada* al imaginario nacionalista".

[23] Sobre el concepto de transculturación, véase Moraña, "Ideología de la transculturación", en *Ángel Rama y los estudios latinoamericanos*.

panoramas, parte justamente de la conciencia de que el paradigma de la cultura nacional, constituido y consolidado como parte de los proyectos de la modernidad, debe ser no sólo analizado sino incluso rebasado por un método crítico capaz de descubrir los trazos que interceptan y cruzan la producción simbólica, desautorizando toda visión del arte como territorio autónomo y autolegitimado. Discípulo, durante sus años de estudios en Francia, de Marcel Bataillon y de Fernand Braudel, Rama entiende el campo intelectual y el "recinto enigmático" (42) de la literatura como un orden simbólico en el que se dirimen conflictos y proyectos mediatizadamente vinculados con la sociedad de la que surgen, y a la que se dirigen. Dentro de los procesos y dispositivos de institucionalización cultural, Rama asigna a la crítica un espacio neurálgico. Como máquina demoledora o consagratoria, reductora o monumentalizante, la crítica no deja de ser nunca, en su obra, no sólo un trabajo de documentación y un acicate a la sensibilidad lectora, sino también un ejercicio intuitivo que nos acerca, en los mejores casos, a la posibilidad de rozar "las significaciones verdaderas y ocultas" del arte. Pero, al mismo tiempo, Rama es consciente de que el capital cultural está sujeto a transacciones en las que se negocia el reconocimiento y los grados de "legitimidad" del producto simbólico. Es en base a la representatividad que se adjudica a las obras mismas y a los agentes intelectuales (creadores, críticos, profesores, editores, etc.) que se producen transformaciones en el campo intelectual, dentro de un determinado sistema de relaciones sociales y políticas.

Los constantes estudios de Ángel Rama sobre autores del *boom* se extienden también, en los años cubiertos por el *Diario* y siguiendo una tónica abierta ya desde los tiempos en que dirigía la sección literaria de *Marcha*, hacia el amplio panorama de los "novísimos" escritores latinoamericanos, en quienes siempre trata de detectar ya no sólo la supervivencia de tradiciones continentales y las vinculaciones con corrientes internacionales, sino también los momentos de ruptura y de transformación de los modelos de representación simbólica. Es significativa, por ejemplo, la referencia a la obra de José María Arguedas, particularmente a *Los ríos profundos*, que relee en 1980. Anota:

> Admiración por su escritura precisa y rápida, por el movimiento empinado de la acción, por los niveles de la construcción que la transforman en una "ópera" más que en una novela. La fabulosa ópera de los pobres.[...] Mejor escrita que los *Cien años*, con un don poético esencial, ríspido, original, que maneja pasmosas visiones [...] una violencia delicada que pone en ascuas a toda la historia, le da un fuego que ilumina y no quema (137).

Su mirada crítica sobre el *boom* es siempre vigilante de los nuevos productos que los escritores consagrados por la industria editorial van aportando, como nuevas entregas que no siempre parecen ser capaces de sostener el impulso inicial. En su totalidad, la cultura latinoamericana es un campo asediado, que desde su propia desterritorialización, Rama percibe como un proceso incierto.

Las entradas del diario correspondientes a 1980, escritas en aeropuertos, en casa de amigos o entre domicilios provisionales, están recorridas por el desasosiego y la esperanza de la recuperación física de Marta Traba, por la referencia a proyectos de trabajo, y por la profundización de su desconfianza en los derroteros que iba siguiendo el régimen cubano. Las dos últimas entregas, las del 20 de abril y 2 de mayo de 1983, registran los primeros días en el nuevo domicilio de París y la persistente amargura por la expulsión de los Estados Unidos. Nuevamente las fotos entregan una imagen ajena "que nada tiene que ver con la fuerza interior y, desde luego, aún menos con el incendio de la imaginación, del deseo" (166). La idea del disfraz que oculta, para los demás, el ser verdadero, retorna con intensidad. "Ganas de salir disfrazado a la calle, como otro, contradiciendo la imagen que no puedo aceptar" (166). "Revestir un nuevo disfraz" parece ser la tarea más inmediata e ineludible: "nuevos amigos, intereses, planes, nuevos libros y asuntos, nuevos gozos. No nuevo destino, para el cual no parece quedar tiempo; cumpliré 57 años el próximo 30 de abril" (166).

8. Un diario es, en varios sentidos, una escritura ex-céntrica o, mejor, una escritura en busca de su centro. En el proceso de ese ejercicio autobiográfico, el yo se abisma narcisistamente en su propio reflejo, se subsume en la voz del que habla, a partir de la cual se organiza el relato. En éste habita, a su vez, el personaje que se ha apropiado de una vida que, supuestamente, lo precede. Por eso para Barthes todo diario es, en este sentido, esencialmente inauténtico, producto de una doble simulación[24]. Pero la identidad creada es no sólo un espacio de estetización identitaria, sino también el lugar de una agencia política: el sitio desde el cual se ejerce y socializa la memoria que es siempre, en última instancia, colectiva. Todo diario es así, antes que nada, una función poética y, en este sentido, una de las formas de la ficción.

En el diario, las figuras de escribiente, hablante y personaje, se observan y se asedian mutuamente, ya sea para vencer la aridez monológica del texto, ya para conjurar, en convergencia, las presencias afantasmadas que amenazan con dispersar aún más los fragmentos del espejo representacional. En la entrada del 3 de octubre de 1974 dice Rama:

---

[24] Para Barthes, todo diario es posible sólo a partir de una doble simulación, de una inautenticidad esencial, ya que "como toda emoción es copia de la misma emoción leída en algún sitio, dar cuenta de un "humor" en el lenguaje codificado de la relación de humores es copiar una copia; aunque el texto fuera "original" sería una copia" (Barthes 378).

Entre el "yo" y el "super ego" puestos en pugna creo haber seguido a éste y no al primero: ¿excesiva fe o respeto de las coordenadas sociales que rigen los valores? ¿o por lo mismo desconfianza, temor o vergüenza de lo que el primero pedía? Por el "super ego" he ido a la defensa de lo social, y cuando ella pareció demasiado resecante para la vida interior, he pretendido volverme a ésta, recuperar mi yo, vivo, confusamente, entre una niebla. No sé si en este deambular insatisfecho y nervioso, no he perdido a ambos y me he perdido (48).

En otras instancias, los desdoblamientos dramatizan en un *performance* dialógico, episodios que canalizan como en un procedimiento de cajas chinas, varios niveles de la subjetividad y de la autopercepción. Cuando comenta, en septiembre de 1978, la actitud indiferente y hasta aliviada de sus colegas de la Escuela de Letras de la UCV ante su renuncia, Rama anota:

Es como un dolor juvenil, el del malquerido, el que más me toca. He resuelto irme y esperaba que me dijeran "¡Ángel, no nos dejes! ¡Te necesitamos! Tú eres uno de los nuestros". Otra vez me engañaba –esa sensibilidad de adolescente puro y fervoroso– [...]" (113).

En algún momento, las reflexiones sobre el diario se unen a la idea de la muerte. Ésta es pensada como un libro que se cierra; la vida como un libro que se escribe:

Pienso que aunque sí, la rechazo interiormente, [...] cuando venga la muerte, cerraré con calma el libro, sin duda lamentando no haber tenido tiempo para un trabajo más, otro ensayo para otro libro inconcluso (140).

Todas las ausencias (la del sujeto, la del tiempo, la de la literatura) se conjugan en una imagen donde la muerte mata al que lee y al que escribe, para matar al hombre. El diario es el registro más que del ser, del tiempo, de lo que va quedando:

No es el presente, es el pasado [lo que se fuga velozmente], y no es que lo pierda, sino que está mucho más lejos que el tiempo que ha transcurrido desde que existió como presente (78).

No es el cambio de medio y sus hostilidades, sino la tarea del tiempo que me lleva a un ámbito interior para el que he sido tantas veces sordo y me propone su calma y la sedimentación del vivir (98).

Obviamente, lo que se reclama primariamente en quien escribe un diario, es menos la autoridad epistemológica o la coherencia representacional que la elaboración convincente de un lugar enunciativo a partir del cual se proyecta y despliega la red simbólica que construye el relato. Pero, otra vez, todo diario es, sobre todo, un álbum, más que una obra; un registro de voces, algunas de las cuales se presentan como ajenas cuando son, en realidad, todas propias. La narrativización de una historia primariamente oral y contingente, hecha de percepciones, vivencias, chismes, anécdotas, opiniones, imágenes. Una autoproducción *performativa*, una voz *otra* que habla, como un ventrílocuo, a través del personaje. Como escritura, apenas un contrato provisional y precario, una incertidumbre, un entrelugar:

> ¿Por qué este cuidado con el Diario? ¿Por qué este gusto por el soliloquio que con él estoy ejerciendo, hasta el punto de traerlo en un viaje corto de apenas cinco días y aprovechar un tiempo libre ocasional para escribir en él? (140).

> Reencuentro esta libreta al abrir el equipaje y compruebo que nada he anotado en los últimos meses. Nunca sé por qué la abandono ni por qué vuelvo a ella (160).

> Estoy lejos de un diario. No siento necesidad de él, ni deseo. Lo encontré en el progresivo ordenamiento de los papeles, que voy haciendo desde que dispongo de estanterías y archivadores. Tampoco tengo tiempo [...] Pero necesitaba un cuaderno de anotaciones (correspondencia, pagos, etc.) y éste se adapta. Lo seguiré como anotador (165).

II. DEBATES LITERARIOS Y CULTURALES LATINOAMERICANOS

CHICAGO Y AMÉRICA LATINA:
COLÓN INVITA A LA FIESTA

Además de una estructura material y una compleja red de interrelaciones culturales, étnicas, discursivas, una ciudad es también, quizá principalmente, el diagra-
ma en el que toma forma un sueño colectivo, un sueño en que el poder imagina el
ideal de su reproducción *ad infinitum*, pero en cuyos intersticios se filtra también
la pesadilla de la realidad. Por eso toda ciudad puede ser leída como panopticon y
como palimpsesto, como acumulación pero también como fragmentación de significados que sólo históricamente van venciendo su dispersión y revelando una
racionalidad oculta, y a veces un sentido oracular, como si todo se hubiera ido
escribiendo en la cartografía ciudadana en códigos diversos, antes de que el sujeto adquiriera la habilidad para leer sus propios trazos.

Quizá una de las maneras posibles de aproximarse a la ciudad de Chicago, en
toda su compleja contradictoriedad, sea a partir de la América hispana o mejor
dicho, a través de las formas históricas en que Chicago se instaló en el imaginario
latinoamericano como paradigma de la agresiva modernidad industrial. Al mismo
tiempo, es posible efectuar también la operación inversa y ver de qué manera
Chicago se apropió, premonitoriamente y por sus propias razones, ya desde
comienzos del siglo XIX, del icono fundacional de la latinidad, aquel en que se
juntan el espacio y el tiempo como coordenadas unidas en el tópico simbólico del
viaje, en un imaginario de migraciones, diásporas y conquistas que marcan todo
el transcurso histórico de América Latina. Quiero aquí proponer que la genealogía de la latinidad de Chicago se inicia, paradójicamente, no con las migraciones
contemporáneas ni con los enclaves de comunidades hispanas que suceden al
proceso modernizador, sino con el propio gesto de la ciudad que define su misión
en el contexto del colonialismo moderno, inaugurándose con la incorporación
urbanística y el reciclaje ideológico de una de las instancias más significativas de
la memoria occidental: el descubrimiento de América, iniciando así un tránsito
simbólico y material hacia la latinidad, que luego, andando el tiempo, adquirirá
un sentido bidireccional, de colonizaciones simbólicas recíprocas y cambiantes.

Se ha dicho que 1492 fue el *annus mirabilis* en el que se consagra la preeminencia española en el imaginario europeo. Si la unión de los reinos de Castilla y
Aragón y la expulsión de moros y judíos de la Península, consolidan el poder
político, militar y religioso de España, celebrando la gloria de la homogeneización y el centralismo, la casi mágica aparición de América en el horizonte atlánti-

co renovaría la amenaza de una heterogeneidad cultural que pondría a prueba, hasta sus más radicales consecuencias, el proyecto de "un rey, un dios, una lengua" con que se intentaría afirmar el dominio imperial sobre una realidad irreductible.

Deslumbrante por su magnitud material y por su despliegue simbólico y discursivo, la empresa de la conquista de América se fijaría desde entonces como paradigma irrefutable y contradictorio en la imaginación occidental, la cual volvería obsesivamente sobre la emblemática del Descubrimiento, para escudriñar en ella una supuesta lección de la historia capaz de guiar a las metrópolis modernas en sus nuevas empresas imperiales.

Cuatro siglos después del descubrimiento de América, 1892 constituiría el *annus mirabilis* para los Estados Unidos, justamente por la celebración del cuarto centenario del descubrimiento del Nuevo Mundo, llevada a cabo en la ciudad de Chicago, como anuncio simbólico del orden mundial que redefiniría el colonialismo de cara al nuevo siglo. Convertido en el héroe de la modernidad y la diversidad cultural, Colón no evoca ya, en las celebraciones de Chicago, las glorias de España sino las del coloso del Norte, que descubre en la imagen del Almirante el símbolo del espíritu empresarial transnacionalizado.

La Feria Mundial de 1893, conocida como la Exposición Colombina Mundial (The World's Columbian Exposition) se desplegó en Chicago centrada en la figura del navegante genovés, articulando en un mismo movimiento colonialismo y poder tecnológico, y anunciando así simbólicamente, con este redescubrimiento de América, el período de auge de la expansión capitalista a nivel internacional y el predomino de los Estados Unidos, consolidado a partir de la Primera Guerra Mundial, como centro imperial de la modernidad.

Sobre el lago Michigan, Daniel Burnham y un conjunto de distinguidos arquitectos americanos crearon entonces en Chicago el espectáculo holliwoodense de la exposición que hizo pensar a Henry Adams no en la paradigmática metrópolis europea que había perdido sus dominios sino en el nuevo imperio en pujante emergencia que nacía ante sus ojos, noción que se confirmaría pronto con las anexiones de Puerto Rico, Cuba, Hawai, Filipinas, Guam y Samoa. Desde Chicago, la América sajona buscaba así, en héroes no-británicos, nuevos ancestros a partir de los cuales justificar su doctrina del "destino manifiesto" y su expansionismo sobre el subcontinente. Con motivo de las celebraciones del Quinto Centenario, el periodista Paul Gray recordaba que ya en 1828 Colón había sido introducido en la imaginación popular norteamericana con la obra de Washington Irving, *A History of the Life and Voyages of Christopher Columbus*, donde se glorificaba al Almirante como personaje que reunía, por su condición multicultural y por su espíritu expansionista las virtudes a que debía aspirar cualquier ciudadano norteamericano. El navegante genovés, otrora representante máximo de la España católica, monárquica e inquisitorial, se transformaba, de esta manera, en el campeón de los valores de la América anglosajona, republicana y protestante. Colón es así canonizado como el icono de la movilidad infinita de las fronteras materiales e ideológicas, como el líder que triunfa por el poder mancomunado de las armas y el capital, como adalid del progreso y la conquista espiritual, pero también como emblema del multiculturalismo moderno y la circulación globalizada del capital simbólico.

De la categoría de "Nuevo Mundo" América Latina pasaría, a su vez, a través de este reciclaje ideológico y de las estrategias político-económicas que lo acompañaron, a la más degradada condición de "patio de atrás" del imperio del norte. Las antiguas colonias serían, de allí en más, satélites de otro centro, sustituyendo la ideología neocolonial del hispanismo que seguía cultivando los lazos entre la Madre Patria y las antiguas colonias en nombre del legado cultural, reemplazándola por un discurso economicista de legitimación imperial, en todo compatible con los planes de inversión transnacionalizada del capital y la conquista de mercados internacionales. La "diplomacia del dólar" y la Doctrina Monroe darían un apoyo menos brillante aunque no menos efectivo a la praxis neocolonial que la que había brindado a fines del siglo XV la reformulación del *orbis terrarum* al agregar un continente al imaginario europeo, poniendo "en crisis el dogma de la unidad fundamental del género humano".

En el espíritu de la celebración estadounidense, Colón es monumentalizado en Chicago en una estatua de 14 pies donde se le representa conduciendo no ya una carabela sino un carro romano de cuatro caballos, expresando, quizá, que no eran ya las aguas del espacio atlántico las que recorrería el imperio moderno sino el amplio territorio continental que se extendía desde México a la Tierra del Fuego, sin olvidar las islas que cuatro siglos antes habían visto llegar los barcos españoles. La estatua del Almirante fue, significativamente, levantada por el escultor Daniel Chester French, responsable también del Lincoln Memorial de Washington DC, desde donde el viejo presidente repasa en nuestros días las teorías del poscolonialismo, mientras observa, meditativamente, las miserias domésticas de la Casa Blanca.

Anunciando el futuro desde el horizonte del poderío tecnológico, Chicago se abría entonces a la latinidad, superponiendo en el espacio urbano de la ciudad que emergía triunfante de las cenizas del 71 con su explosión de rascacielos y factorías, la figura mítica que simbolizaba la posibilidad de materializar el sueño imperial, con el nuevo catequismo moderno de un progreso sin límites.

Con la apropiación de Colón Chicago proponía así otra visión de las Américas como espacio cultural e ideológicamente integrado, pero era, por supuesto, una relectura de la historia realizada desde el poder político-económico, cultural y tecnológico, que no consideraba necesario reparar en el genocidio y en la depredación que habían acompañado la gloria del Almirante durante el largo proceso de occidentalización que resultara de su histórico error. En clave anglosajona, la imagen de Colón recuperaba la lección histórica que se inspira en el espíritu de la cruzada, aquel por el cual pudo afirmarse la preeminencia del centro por la inauguración de una periferia que llenó de sentido la categoría vacía del confín y del margen.

Pragmáticamente, la ciudad de Chicago plasma así en el imaginario colectivo una memoria ajena, ligando la historia y las aspiraciones nacionales con un héroe que personalizaba la agresividad visionaria, el paternalismo y la obsesión de poder, capaz de legitimar con religión y providencialismo la lujuria del capital transnacionalizado. Colón era, definitivamente, un *self-made-man* que encarnaba los ideales imprescindibles para la redefinición y la implementación del imperialismo moderno, que veía en América Latina un *mare nostrum* que se abría a la voracidad contemporánea.

De entonces a hoy, Latinoamérica no ha dejado de ser redescubierta y subalternizada, de distintas maneras y en distintos estilos, dentro y fuera de sus fronteras convencionales, y su historia de migraciones continúa desarrollándose hacia el norte, en una época en que las estrategias poscoloniales han logrado sustituir la conquista por la seducción, la fuerza militar por las comunicaciones, la anexión colonizadora por la globalización.

En cuanto a Chicago, es indudable que la ciudad ha seguido manteniendo un lugar preeminente en el imaginario latinoamericano, no sólo por el recuerdo de sus mártires obreros y sus Chicago Boys, sino porque también ella encarnó para los países del sur, desde el horizonte de nuestros modernistas, un sueño de progreso inalcanzable, un lugar del deseo donde se materializarían los logros del trabajo y la perseverancia, el cosmopolitismo y la democracia, los mismos sueños, que han llegado a convertirla en una de las grandes capitales de la diáspora latinoamericana.

Vista con perspectiva histórica, en el revés de sus celebraciones y de sus monumentos, la Exposición Colombina Mundial de 1893 fue también, a su modo, quizá sin percibirlo, una convocatoria y un llamado de atención, una invitación a la fiesta y una cifrada premonición de lo que iba incluido en el paquete de la apropiación del patrimonio material y simbólico de la latinidad. En su revés, la exposición advertía sobre las otras caras que se inscribirían, crecientemente, en el revés de la moneda: sobre la colonización de los imperios, definitivamente transformados por la otredad del dominado que se entronizaba en la semiótica urbana y en la imaginación de las metrópolis, sobre el precio de hibridación y transculturalismo que habría que pagar por la conquista de mercados y la realización de un sueño de poder absoluto más viejo que la historia. Mirando más hacia el futuro que hacia el pasado, Chicago definía así, tempranamente, su lugar dentro del amplio espacio de la latinidad contemporánea y su misión dentro del nuevo orden transnacional y transculturalizado que desde el siglo pasado acompaña los lujos y miserias de la modernidad.

La literatura y el ángel de la historia

Creo que toda reflexión acerca de la historia, y particularmente de la historia cultural o literaria, en nuestro caso, implica una reflexión acerca del lugar del sujeto y del sentido político que esa historia conlleva dadas las circunstancias precisas del observador y sus expectativas y proyectos con respecto al campo analizado.

No voy a detenerme aquí a examinar el sentido preciso de la novena tesis benjaminiana sobre la filosofía de la historia aludida en el título de este trabajo, ni los significados múltiples que han sido atribuidos a la recuperación que Walter Benjamin realizara del Angelus Novus de Paul Klee, de 1920, en el contexto de la Segunda Guerra Mundial y ante las circunstancias catastróficas creadas por el avance del fascismo en el mundo occidental. Creo, sin embargo, que para nuestros efectos, importa retener, no ya la mera alegoricidad de la imagen, sino el sentido de su interrogación en una coyuntura que, como la nuestra, ha elaborado, de una manera frecuentemente errática y efectista, la idea de la muerte de las ideologías y del fin de la historia, como parte de un diagnóstico milenarista en el que se canalizan, muchas veces de manera encubierta, crisis políticas, culturales e ideológicas de mayor complejidad y alcance.

Para el caso de América Latina, y en momentos de redefinición del espacio que ocupa su cultura dentro de la lógica de la globalización, donde nacionalismos, regionalismos y agendas sectoriales intentan refundamentar su especificidad y al mismo tiempo asumir sus articulaciones dentro de la macroeconomía comunicacional que caracteriza nuestro presente, la mirada retrospectiva del Angelus Novus escudriña no sólo los testimonios del pasado colonial sino los vestigios de ideologías que, de derecha a izquierda, han demostrado ya su insuficiencia para dar cuenta de los flujos, intercambios y transformaciones que están teniendo lugar en sociedades fuertemente afectadas por las redefiniciones del capitalismo central en esta etapa de su desarrollo, y por las dinámicas locales, tal como éstas se definen a partir de la caída del socialismo real, o sea desde la década de los ochenta.

Repensar la historia literaria es, en este contexto, reflexionar acerca del lugar de las humanidades dentro de un panorama de cambios ideológicos y disciplinarios fundamentales, que están teniendo lugar con una intensidad que no tiene precedentes en la historia continental. Es, también, asumir el problema de la memoria histórica, y reconocer la importancia de problemáticas como la de la institucionalización cultural, que son centrales para la reflexión historiográfica.

Repensar la cuestión de la historia implica, asimismo, tratar de incorporar a la práctica historiográfica los aportes de estrategias y metodologías que impulsan una democratización del criterio canónico de cara a los procesos de activación social –nuevos movimientos sociales, nuevos sujetos, nuevas agendas– que pueblan el panorama actual y desafían lo que pueda quedar en nuestros días de la historiografía liberal y neopositivista. Implica, en este sentido, repensar la cultura como un todo integrado por muy diversas manifestaciones, proyectos y procedimientos expresivos y representacionales, desde la oralidad al arte público, desde el *grafitti* a la telenovela, desde el paisaje urbano a los viajes virtuales por Internet, desde las formas poéticas más domésticas e intimistas a la retórica política, desde los productos audiovisuales a las más tradicionales formas literarias que siguen emergiendo de círculos letrados que no son impermeables a los influjos transgresores de los medios de comunicación masiva, la literatura "menor", el testimonio, o la cultura popular. De ahí que el tema del valor estético haya vuelto a aflorar en nuestros días, como replanteo de las relaciones entre poética e historia, y de las vinculaciones entre la llamada literatura "culta" y las múltiples manifestaciones que revelan un grado mayor, a veces impactante, de hibridación formal, temática y compositiva. En un nivel de macro-análisis, repensar la historia literaria latinoamericana implica reflexionar una vez más, desde nuevos parámetros, ya no sólo sobre el tema de las políticas culturales concretas que se aplican en distintos contextos sociales, sino sobre el problema más amplio de la universalidad y el occidentalismo, que atañe a la inscripción de América Latina en el contexto internacional y el espacio filosófico que integra la tradición dominante en ese continente desde la conquista. Esta reflexión supone, entre otras cosas, considerar los cambios a que ha estado sujeta la función del intelectual en las últimas décadas, y sus reconversiones como *advisor* estatal, mediador cultural o educador, de cara a las transformaciones que están teniendo lugar en la esfera pública, y que afectan a la función estatal e institucional en múltiples niveles. Finalmente, repensar la historia literaria en el momento actual, implica obligatoriamente revisar los aportes de las metodologías comparatistas e interdisciplinarias que encuentran en nuestros días nuevos horizontes de aplicación en medio de los cambios producidos por el advenimiento y popularización de los estudios culturales en la academia en Estados Unidos y América Latina.

De todo esto se desprende que la historia literaria no es, en ningún caso, una práctica pura sino esencialmente ancilar, tributaria de otros dominios de reflexión y análisis cultural, es decir un espacio que existe en el cruce de relaciones y problemas que procediendo de otras áreas nutren y dan sentido político, social, y aún filosófico, a la historiografía. De ahí que en nuestros días la reflexión sobre la historia literaria vuelva a ser un tema fundamental, ya que anuda cuestiones que tocan esencialmente a nuestra relación con el pasado y el futuro no sólo de las humanidades dentro de la revolución culturalista de las últimas décadas, sino con respecto a la reubicación de América Latina dentro del panorama de intercambios transnacionales y transdisciplinarios que afectan todos los planos de funcionamiento social.

Paradójicamente, aunque quizá por efecto indirecto de esta red de interconexiones que condiciona desde distintos ángulos la práctica y la reflexión historiográfica, la historia literaria ha ocupado tradicionalmente un lugar secundario dentro de los estudios literarios, mientras que la crítica y la teoría literarias tuvieron siempre un espacio de prestigio mayor, evidente en la distribución curricular y en los registros de producción académica e intelectual. En un trabajo de 1984, Herbert Lindenberger reconocía que, en el medio académico norteamericano, ser identificado como un historiador de la literatura no constituía ningún elogio, sino que sugería más bien la dedicación a una práctica que aunque necesaria para fijar el *background* de estudiantes en ciertos niveles de la formación académica, revelaba en general una excesiva dependencia de principios extrapoéticos y una ceguera muchas veces alarmante con respecto a los valores estilísticos del texto literario, cuya importancia intrínseca se supeditaba a la secuencia temporal en que se lo inscribiera, reduciendo la singularidad –o incluso la excepcionalidad y grandeza– de las obras o autores literarios al carácter "representativo" que se les adjudicara dentro de un movimiento, período, o generación determinados. Ni aun la fuerza del New Criticism logró variar fundamentalmente este criterio, aunque la organicidad que proveyeran aportes como los de Erich Auerbach o M. H. Abrams haya sido sin duda determinante en la formación del pensamiento crítico literario tanto en este país como en América Latina. Pero los méritos reconocidos en estas obras maestras del pensamiento historiográfico se atribuían a la teoría y al arsenal crítico que los organizaba, más que a la estructuración historicista *per se*. En efecto, el historiador de la literatura ha sido conceptualizado, tradicionalmente, como guardián de la tradición y custodia de un pasado monumentalizado y congelado en el tiempo, es decir, como protector y transmisor de un *legado* que pasaba, por medio de las historias y antologías literarias, de generación en generación. El historiador de la literatura no ha sido identificado, en consecuencia, como productor original y responsable de un tipo de conocimiento que informa, él mismo, el trabajo crítico, en el que se proponen conceptos y teorías de la literatura que permanecen, sin embargo, infusos en la práctica historiográfica renunciando a la opacidad con que se presentan en otro tipo de estudios literarios, donde teoría y crítica llaman la atención sobre sí mismos, convirtiéndose así en objeto de debate, revisión y cuestionamiento.

En el contexto latinoamericano, autores como Mariano Picón Salas, Pedro Henríquez Ureña y José Carlos Mariátegui, para citar sólo algunos de los fundadores de la historiografía latinoamericana, sentaron las bases de una elaboración historiográfica que hizo mucho más que fijar en el tiempo una serie de obras y de autores que constituyen hasta hoy buena parte del repertorio de la literatura culta a nivel continental. Ellos entendieron el desarrollo cultural de América Latina de acuerdo a concepciones de la historia, del cambio social, y de los procesos de intercambio cultural e ideológico que ayudaron a moldear el imaginario latinoamericano y articularon las historias nacionales y las particularidades regionales en visiones de conjunto que aunque puedan considerarse hoy superadas o artificiosas en muchos de sus términos, permiten aún concebir la cultura continental como un objeto de estudio acotado y diferenciado dentro del panorama occidental. En su práctica historiográfica, esos autores partieron de principios de crítica cultural fundamentales, sin los cuales su visión de la historia no habría superado nunca el inventario cronológico de textos, autores o movimientos literarios. Para dar sólo dos ejemplos significativos, Picón Salas integra al estudio literario, tres décadas antes que Ángel Rama, la noción de transculturación tomada directamente de la aproximación antropológica de Fernando Ortiz, articulando en torno a ese concepto, que hoy ha vuelto a adquirir tanta vigencia en el contexto de los estudios culturales, su interpretación del desarrollo de la literatura latinoamericana desde el siglo XVI. José Carlos Mariátegui, a su vez, ve "el proceso de la literatura" a partir de una afinada elaboración de la cuestión nacional como problemática que la teoría marxista apenas elabora en sus textos mayores, y que sirve de base a la única alternativa político-filosófica seria que ha tenido en América Latina el modelo liberal.

A partir de esta colaboración mutua con la crítica y la teoría, la historia literaria fija, en términos generales, las fronteras de lo literario, no sólo con respecto a otras manifestaciones artísticas y disciplinarias, sino también con respecto a otras formas de representación y expresión de sujetos y de agendas sociales. De ahí que la historia literaria sea el campo a partir del cual se manifiestan primariamente las variaciones del gusto dominante y los procesos de selección que guían la definición del discurso poético y los límites asignados al conjunto canónico, más allá del cual se extiende el universo de prácticas excluidas, marginadas o subalternizadas por las ideologías hegemónicas, que reclaman su propio registro historiográfico y desafían la fijeza y los criterios de selección que guían los repertorios oficiales.

En esta historia de la historiografía creo que las variables principales que interesa considerar son las que se refieren a los modos de explorar la genealogía literaria y la que se dirige a definir los productos o artefactos que integran el corpus canónico a nivel continental y en los diversos dominios nacionales. Si en la década de los años sesenta la historiografía influida por el formalismo y el estructuralismo entregó una visión de la literatura basada en la idea de la autonomía del texto poético, donde la *serie estética* se vinculaba a la *serie histórica* por un proceso de intersecciones, cruces y deslindes efectuados a partir de los signos descifrables en el cuerpo textual, la década de los setenta abriría la comprensión de la obra a la más amplia determinación de lo social, y a los procesos de lectura que definían, a través de estrategias diversas, los modos de recuperación del mensaje poético según los horizontes de expectativas de los distintos grupos receptores, situados en diferentes niveles de la escala social, cultural y política, en una sociedad determinada.

Cada vez más, desde el estructuralismo, la socio-historia y las teorías de la recepción hasta nuestros días, la obra pierde fijeza, permanencia, monumentalidad, desapareciendo progresivamente la demarcación que separa literatura e historia. La historia social o política de América Latina aparece con frecuencia como duplicando o replicando los términos de la ficción, de modo que la historia literaria llega a constituir, en muchos casos, un discurso histórico en segunda potencia, a partir del cual puede leerse, en clave simbólica, la historia "real", es decir lograrse una aproximación mediatizada a los distintos momentos o coyunturas que registran el cambio social, político, ideológico, en diversos momentos del desarrollo cultural de América Latina (ejemplos de lo cual son, por ejemplo, la novela de la dictadura, el testimonio, la novela histórica, donde la trama histórica y ficticia se entretejen e intercondicionan en procesos complejos de interpretación y representación simbólica). Por su lado, el discurso de la historia ha sido, él mismo, literaturizado, es decir asimilado a la categoría de un relato que se organiza de acuerdo a las estrategias del discurso poético. El influyente libro *Metahistory* (1973) de Hyden White, proporcionó, en la agitada década de los años setenta, el argumento inverso pero complementario al que guiara la práctica de la historiografía literaria tradicional, que importaba al desarrollo cultural las periodizaciones, conflictos y transformaciones que se registraban en la historia política y social. White transfiere al relato histórico las nociones de trama, género y representación propias de la prosa poética y el drama, y trata el texto histórico como estructura verbal, demostrando que las hibridaciones discursivas se realizan de formas más constantes y subrepticias de lo que han permitido advertir las distribuciones disciplinarias heredadas del positivismo y las particulares estrategias de lectura que convencionalmente se articulan a cada dominio discursivo.

Estos aportes abren el panorama de lo que White llamara "la imaginación histórica" a nuevas exploraciones, desafiando las ideas de facticidad, objetividad y veracidad sobre las que se afirmara tradicionalmente la inapelabilidad de las historias oficiales, logrando que la historiografía literaria registrara, en su propio domino, el efecto de estas deconstrucciones.

En América Latina, la década de los años setenta se corresponde con los más ambiciosos proyectos globales, que a partir de la Revolución Cubana intentan releer la historia continental, en todos sus niveles, de acuerdo a nuevas formas de desmontaje ideológico y crítica cultural. Los trabajos de Ángel Rama, Carlos Rincón, Nelson Osorio, Beatriz González, Hugo Achugar, Antonio Cornejo Polar, Antonio Candido, Ana Pizarro, apuntan todos al intento de totalización del conocimiento desde y acerca de América Latina, entendida como unidad histórica, política y social en la que persisten, sin embargo, variables culturales fundamentales que, aun tomando en cuenta los riesgos de fragmentación o regionalización, debían integrarse al análisis histórico. En el mismo terreno de la historia social o la filosofía, autores como Tulio Halperin Donghi, Agustín Cueva, Leopoldo Zea, Arturo Ardao o José Pedro Barrán hacen inmensos aportes al estudio de la literatura, entendiéndola como parte de una "historia de las mentalidades" o de una "historia de las ideas" estrechamente vinculada a los procesos de representación simbólica en distintos niveles, incluida la producción literaria.

En ese contexto, uno de los intentos más tenaces y menos recordados fue el que llevara a cabo Alejandro Losada Guido, desde la Universidad Libre de Berlín pero en contacto constante con investigadores de América Latina. Su intento de pensar la historia literaria en base a la noción de sistema constituyó uno de los más importantes proyectos de los años setenta, como búsqueda de una superación de las historias nacionales, que habían reducido en lo literario la producción continental a una práctica similar a las historias patrias nacionales, con su repertorio de héroes, batallas y procesos sincréticos enhebrados en torno a rígidos esquemas cronológicos y periodizaciones convencionalizadas. Losada intentó una articulación de la producción literaria a las dinámicas sociales y políticas continentales, apelando a un repertorio crítico-teórico ecléctico y constantemente negociado entre los principios de la historiografía marxista y un funcionalismo liberal que adelgazaba, a veces, la perspectiva histórica. Pero en muchos sentidos, sus planteamientos y articulaciones lograron movilizar el conjunto inerte de las historias tradicionales, problematizar los criterios canónicos, y superar los esquemas de la historiografía liberal, reducidos a una identificación casi detectivesca de orígenes, evoluciones e influencias que permitieran explicar el desarrollo literario en base a teleologías dependientes aún de las nociones de progreso y causalidad que guiaban aún la perspectiva histórica, no sólo en el terreno de los estudios literarios. En estrecha vinculación con este proyecto, la estrategia de diseños históricos parciales que Ángel Rama popularizara en sus insuperados panoramas histórico-literarios, dieron un golpe fundamental al monumentalismo historiográfico y a las nociones de obra literaria, autor y autonomía poética, proponiendo en su lugar la noción de producción cultural, como estrato diferenciado del quehacer intelectual fuertemente entretejido con las dinámicas sociales. En los años setenta, la historia funcionaba así, en el panorama fuertemente afectado por la intensa politización de dictaduras y movimientos de liberación, como un espacio de acción y debate, en el que se descubren, aun en el plano de la literatura, alianzas, desplazamientos y reacciones a un nivel transnacional que permite lecturas transversales del desarrollo histórico donde se articulan espacios y tiempos en procesos que reemplazan los ordenamientos lineales. En este contexto, *El cambio en la noción de literatura* de Carlos Rincón (1978) propone una inédita interacción entre crítica, teoría e historia literaria que revela el impacto de reflexiones más explícitas en torno a la noción de transformación y conflicto social, así como un cuestionamiento de las fronteras que separaban, en la historiografía tradicional, literatura culta, y expresiones de la cultura masiva y popular en distintos niveles.

En este panorama, la influencia de Michel Foucault ha sido sin duda fundamental. La introducción de los procedimientos derivados de su "arqueología cultural" ha abierto definitivamente las puertas a aportes disciplinarios de la antropología y las ciencias sociales y ha dinamizado los análisis de las genealogías literarias más allá de los congelados dualismos tradición/originalidad, alta cultura/cultura popular, que guiaron a la historiografía liberal desde el siglo XIX. Desde la década de los años ochenta, con el surgimiento de nuevos movimientos sociales y nuevas corrientes de pensamiento a partir de las cuales tiende a solidificarse la noción de *cultura* como concepto central en la interpretación de la historia social, la práctica historiográfica entra en otra etapa de deconstrucción y cuestionamiento.

Entre otros, los aportes de Pierre Bourdieu a la definición de "campo intelectual" y del microcosmos social en el que se produce la obra artística o literaria como "un espacio de relaciones objetivas entre posiciones" (*Razones prácticas* 60) entre las cuales se distribuye, por medio de tensiones y negociaciones, el "capital simbólico", ayudan a comprender las conexiones entre productor cultural, obra y sociedad evitando el mecanicismo a que puede conducir la aplicación del concepto marxista de estructura/superestructura al nivel de la cultura, en particular de la literatura. Para Bourdieu, la cultura sólo puede ser entendida como un sistema relacional donde "por grande que sea la autonomía del campo, [éste] nunca es completamente independiente de los factores externos" (*Razones prácticas* 65). Sin embargo, esa vinculación dista mucho de ser directa o sobredeterminada, ya que, según Bourdieu, la estructuración misma del campo de producción cultural es la que verdaderamente rige los cambios o la perpetuación del material artístico, cuya elaboración no responde nunca mecánicamente a las imposiciones del medio sino a las tensiones que existen en el interior del espacio de producción simbólica, es decir, responden a las estrategias desplegadas por los agentes y las instituciones culturales involucrados en las luchas por la afirmación del poder representacional.

Teorizaciones como ésta contribuyen a relativizar en gran medida lo que Bourdieu llama "la reducción al contexto", y los excesos reflejistas o deterministas que caracterizaron muchas de las aplicaciones del método socio-histórico a la literatura, particularmente en el caso de América Latina. Contribuyen también a mitigar el verticalismo de un análisis exclusivamente *de clase*, realizado de espaldas a otras problemáticas sociales que no siempre resultan absorbidas o resueltas por esa perspectiva. En las últimas décadas, las nociones de raza y género, por ejemplo, atraviesan horizontalmente la construcción canónica y la interpretación del corpus literario latinoamericano, y desafían los criterios de selección, clasificación y periodización tradicionales desde nuevos ángulos. Asimismo, la revisión de la cuestión nacional, ya iniciada por Mariátegui pero replanteada con nuevos bríos y muy distinta orientación ideológica a partir del fin de la guerra fría, obliga a repensar las historias nacionales y las particularidades regionales en un proceso que cuestiona la noción de frontera –política, geocultural, disciplinaria– sustituyéndola por conceptualizaciones que ponen énfasis más bien en la identificación de *zonas de contacto* así como en los procesos de hibridación y transculturación que relacionan diversos contextos socioculturales, fijando los análisis más en los transvases, intercambios y negociaciones interculturales que en las divisiones nacionales y particularismos locales. El desafío, realizado desde diversos frentes, a la concepción de un *sujeto nacional* homogéneo, definido por políticas culturales implementadas a partir del Estado y las instituciones culturales, ha sido también fundamental como apertura hacia la concepción de las formaciones sociales latinoamericanas no como cotos históricamente definidos y cerrados dentro de sus límites, sino como espacios multiculturales constituidos por la acción de subjetividades múltiples que se interrelacionan a través de la negociación político-cultural, en contiendas abiertas por el derecho a la participación cultural y el poder representacional.

Finalmente, los años noventa cristalizan aún nuevos avances en la práctica historiográfica, abriendo las propuestas históricas a lecturas *against the grain* de las historias oficiales, e interpretando los silencios de sectores dominados, tanto como las manifestaciones cifradas que se filtran a través de las fisuras del discurso hegemónico. De esta manera, la historia, tanto social como literaria, reconoce la existencia de otros actores, otras agendas, otros procesos y estrategias representacionales no relevados por la historiografía liberal, que leía los desarrollos culturales como productos de réplica de los proyectos nacionales y en base a los parámetros que había fijado el eurocentrismo dominante desde el siglo XIX, reconocido como "el siglo de la historia", donde se consolidan nuevas formas de colonialismo ideológico y colonización de los imaginarios.

Como Thomas E. Skidmore ha notado, la conciencia creciente en torno a los procesos de institucionalización cultural –sobre los cuales tan bien informara la obra de Ángel Rama– aleja progresivamente la práctica historiográfica, desde la década de los años sesenta, de la historia política, nacionalista y liberal, para aproximarla a la historia social, incorporando a ésta cada vez más aportes teóricos y metodológicos de las ciencias sociales, y abriéndola a las peripecias múltiples de sectores excluidos de la historiografía tradicional. Transformaciones como ésta revelan la existencia de un proceso de democratización que registra los cambios que afectan, en otros niveles, la realidad de culturas transnacionalizadas que requieren un análisis comparativo y transdisciplinario, que comience por cuestionar los centros de poder representacional y las narrativas que los mismos producen para legitimar su centralidad.

Hacia el final del siglo XX y comienzos del XXI, el ángel de la historia sobrevuela no sólo el transcurso temporal, lanzado hacia el futuro pero volviendo la cabeza, como en la imagen evocada por Walter Benjamin, hacia los escombros del pasado para encontrar sentido cultural, político, ideológico –pero también ético y filosófico– a los vestigios que constituirán la tradición de las nuevas generaciones. El ángel de la historia observa también *espacios* divididos, jerarquizados y compartimentados, en los que se revelan los estragos del poder, escudriñando la dialéctica entre destrucción y construcción, canonización y exclusión, hegemonía y marginalidad, tradición y revolución. Como Benjamin nos recuerda, el historiador es un profeta que mira hacia atrás, un visionario que interpreta el pasado porque tiene conciencia de su tiempo y porque reconoce el presente sólo a través de la interpretación de las fatalidades y catástrofes que lo precedieron. El vuelo no es una fuga, ni una mera nostalgia, sino un tránsito, un viaje, un proceso que conduce a destinos siempre provisionales. La historia no es un discurso que pueda crear sus propias formas de validación o legitimación, sino que está ella misma sujeta a los principios y dinámicas que releva como si fueran exteriores a su curso ideológico. Aquí es donde la crítica vuelve a interrogar a la historia literaria de la cual se nutre, y a la cual, incansablemente, interpela.

CRÍTICA LITERARIA Y GLOBALIZACIÓN CULTURAL

Una de las formas más manidas de responder a las transformaciones y problemas que presenta el ejercicio de la crítica literaria y en general de los estudios humanísticos en América Latina ha sido, tradicionalmente, la de hacer referencia a *crisis* –sociales, culturales, ideológicas– que, afectando el estatuto teórico y/o las prácticas de producción y aplicación disciplinaria, ponen en entredicho la metodología, objetivos y propósitos de un campo de conocimiento que es, por naturaleza, ancilar, es decir, dependiente del espacio que la misma disciplina define como su área de reflexión y análisis.

Si bien la historia latinoamericana no ha estado exenta, por cierto, de coyunturas que bien pueden reivindicar con toda legitimidad el uso de aquel término, la apropiación retórica del mismo ha terminado por debilitarlo, convirtiéndolo en un lugar común que exime, en muchos casos, de análisis de fondo.

Aunque el fin de la centuria tentó a interpretaciones "terminales" y hasta apocalípticas de fenómenos y prácticas que caracterizaron nuestro horizonte sociocultural en las últimas décadas –sobre todo a partir de la Revolución Cubana, cuyo marco teórico-ideológico marcó a fuego, en América Latina, la aproximación a lo que entonces se identificaba como fenómenos superestructurales– debe vencerse, me parece, la tentación de vislumbrar en la situación actual una nueva catástrofe, "solucionando" así, mecánicamente, por las vías del escepticismo radical, el deslumbramiento por nuevas modas críticas o el aún más fácil conservadurismo teórico, la problemática del cambio que es, en definitiva, el tema que nos ocupa en esta reflexión colectiva[1].

Después de todo, *crítica* (del griego, *kriticós*, "el que juzga o decide") deriva etimológicamente de *crisis*: "mutación grave que sobreviene en una enfermedad para mejoría o empeoramiento" (Corominas 179). Nada indica, sin embargo, en la equivalencia en que se basa el campo semántico de esa definición, que el paciente tenga, necesariamente, que morir, ni que a la mutación sobrevenga, mágicamente, la restitución de un estado anterior, donde los factores que condujeron a la situación *crítica* continúen presentes e insuperados, en una amenazante virtualidad. *Crisis* implica, más bien, en su acepción más constructiva, una transformación sustancial, a partir de la cual, y cualquiera sea el producto obtenido con el cambio, los sujetos y objetos involucrados en esa situación no volverán ya nunca a ser los mismos.

---

[1] Sobre el tema de la relación entre crítica y cambio social, véase Lentricchia.

Vinculada con la facultad de juzgar, deslindar y evaluar situaciones de cambio, la crítica se enfrenta con frecuencia, a su vez, a su propia inestabilidad interior, que la lleva a revisar periódicamente, en una operación autorreflexiva, sus fundamentos, los límites de su supuesta autonomía, sus agendas y alianzas con campos afines, los vínculos que la unen a los niveles "exteriores" que le brindan referencialidad, sentido histórico y valor ideológico. Cuando las condiciones de producción cultural se tensan y se extreman debido a alteraciones sustanciales en el entorno teórico o social, el campo de la crítica se vuelve una verdadera caja de resonancia en la que hacen eco los factores que obligan a una nueva búsqueda de parámetros que permitan fundar una "lógica" interpretativa y representacional capaz de relevar e incorporar el cambio.

Es en este sentido que puede afirmarse responsablemente que, en los tiempos que corren, la crítica está en crisis. No, necesariamente, por asociar con facilismo teórico, la problemática disciplinaria con diagnósticos totalizadores y definitivos tales como "el fin de la historia", "la muerte del sujeto", "el fin de las ideologías" o la cancelación de los "grandes relatos" que guiaron desde el siglo pasado nuestra reflexión estético-filosófica en Occidente. Pero tampoco completamente al margen del alerta que estas declaraciones introducen con respecto a la progresiva pérdida de vigencia de los parámetros crítico-teóricos en los que estábamos acostumbrados a inscribir nuestro trabajo[2].

Una breve mirada a algunas instancias del panorama histórico en el que se ha desarrollado el pensamiento crítico-literario latinoamericano puede servir, quizá, para ilustrar el momento presente. Surgida en el siglo XIX dentro del marco del proyecto ilustrado, y con el objetivo primario de institucionalizar la mediación entre los momentos de producción/recepción cultural, la crítica asume desde entonces la función "civil" de arbitrar el proceso de consolidación de la esfera pública basada en los ideales de consenso, centralismo estatal y pluralismo democrático. Consolidada progresivamente como parte del aparato ideológico que acompañó a la fundación de estados nacionales, la crítica latinoamericana "moderna" –para no referirnos aquí a sus antecedentes coloniales, sujetos a una "lógica" y una epistemología diferentes– se desarrolla así, aun en sus formas más conservadoras, dentro del marco general del pensamiento liberal, asociada al surgimiento y consolidación de burguesías nacionales y a la necesidad de creación y expansión de mercados donde el producto cultural fuera capaz de difundirse e intercambiarse, como mercancía y como instrumento privilegiado de reproduc-

---

[2] Este repertorio conceptual ha sido ampliamente discutido en los más conocidos trabajos sobre la cuestión de la posmodernidad. Para el caso de América Latina pueden verse, entre otras cosas, los ensayos recogidos por Beverley y José Oviedo, y Fukuyama. Para un estudio crítico-teórico sobre cultura latinoamericana posmoderna, véase Rincón 1996.

ción ideológica, entre los sectores sociales que a través del disciplinamiento nacionalista, podían desarrollar una capacidad aceptable de consumo y reconversión cultural[3].

Desde que la penetración misionera comenzara a aplicar en América la "violencia del alfabeto" de que ha hablado Walter Mignolo, hasta la actualidad, la figura del crítico ha servido para consolidar la alianza entre letra y poder. Su trabajo se define, entonces, por el conjunto de estrategias desplegadas con respecto a las instituciones de poder cultural a las que necesariamente se afilia en el proceso de modelación de las relaciones entre espacio doméstico y vida pública. La labor de la crítica implica, así, una capacidad de negociación ideológica variable, según las formas que asuma, en cada caso, la estructuración estatal y según la articulación específica del intelectual con respecto a los proyectos político-ideológicos de su tiempo.

La crítica que caracterizamos como tradicional o dominante se orienta desde el Romanticismo al diseño de un *canon* (del griego *kanon*: "tallo", "regla", "norma") (Corominas 126) que, legitimado por la hermenéutica ejercida por la *intelligentsia* criolla, pudiera representar en sus fundamentos ideológicos las bases de la "nación imaginada", centrada en el ejercicio del poder letrado y en los ideales, selectivamente apropiados (más adoptados que adaptados) del proyecto ilustrado.

No voy a detenerme aquí en las inmensas áreas de la cultura nacional que ese ejercicio crítico-historiográfico margina y "desconoce", porque las prácticas disciplinarias más actuales se han ocupado ampliamente de ellas, otorgándoles el lugar que merecen dentro de los estudios culturales. Pero baste indicar que esas lecturas canónicas derivan de una determinada concepción de qué y quiénes constituyen la *cultura nacional* –y, en definitiva, lo que en el plan de construcción de la sociedad civil dio en llamarse la *ciudadanía*– en formaciones sociales siempre marcadas por una condición neocolonial –en lo político, económico y cultural– la cual se extiende, como se sabe, mucho más allá de los límites que los ideologemas de independencia y soberanía quisieron fijar en el imaginario continental.

El positivismo arbitró en buena medida en las últimas décadas del siglo pasado la transición desde el idealismo romántico hacia un cientificismo que comenzaba por reformular la función de la crítica como instrumento para el diagnóstico y la regulación socio-cultural. Sus fórmulas y sobre todo su metodología marcarían en muchos sentidos su impronta en América Latina, tanto en la creación y en la teorización cultural como en el terreno político-ideológico, proveyendo al pro-

---

[3] Sobre crítica hispanoamericana colonial, véase Moraña ("Formación del pensamiento crítico literario en Hispanoamérica: época colonial"). Para una historia de la historiografía latinoamericana puede consultarse González-Stephan, "Crítica e historia literaria en América Latina".

yecto oligárquico los principios de legitimación de un nacionalismo autoritario a partir del cual se intentaba garantizar la articulación de América Latina con el ideal de un progreso dictado de acuerdo a los modelos de los grandes centros internacionales.

Será sólo cuando se acentúe la conciencia acerca de las miserias de la modernidad, mostrando las fisuras y trampas de los proyectos nacionalistas que irá perdiendo vigencia, progresivamente, el modelo positivista, el humanismo burgués, y con él el basamento epistemológico de una disciplina fundada en la preservación de la "razón de Estado" y en la defensa de los valores estéticos que podían perpetuarla y legitimarla a nivel popular. El "criterio de calidad" sustentado por el "belleletrismo" burgués va cediendo terreno a la necesidad de relevar y comprender una producción que –canónica o no– comienza por desafiar, cada vez de manera más evidente, los modelos representacionales e interpretativos de un "orden" en proceso de descomposición .

A partir del período de las vanguardias las estrategias discursivas se refuncionalizan, a nivel literario y a nivel crítico, para poder dar cuenta de las nuevas agendas y las necesidades expresivas de sectores marginalizados, ahora activados por los procesos de cambio a nivel continental. La oralidad, el multilingüismo, el documentalismo, los productos culturales "heterogéneos" que revelan las interconexiones entre varios sistemas culturales, reivindican la hibridez cultural no como la conciliatoria fórmula propuesta en América, ya desde las etapas protonacionales, por la ideología del mestizaje, sino como la forma que asume un latinoamericanismo en conflicto con sus propias raíces y con la misma tradición esencialista y eurocéntrica que lo había legitimado, un siglo antes, como ideologema del occidentalismo neocolonial[4].

Las modificaciones sufridas por las formaciones sociales latinoamericanas desde principios de siglo, y particularmente desde la Primera Guerra Mundial, obligan a la crítica a distanciarse progresivamente de los postulados a cuya luz se había inaugurado y desarrollado históricamente. Esto requirió un complejo proceso de autoanálisis y reformulación teórica principalmente verificable en el período de entreguerras, cuando la recepción del marxismo marca en América Latina la primera alternativa orgánica al pensamiento liberal, aunque esta alternativa nunca llegara a realizarse plenamente fuera del área de influencia de esta matriz ideológica. El pensamiento de Mariátegui constituye quizá, en ese período, la consolidación más prominente de un proyecto nacional-popular capaz de poner *en crisis* la tradición crítica a nivel continental. Su cuestionamiento de los

---

[4] El concepto de heterogeneidad y de lo nacional como "totalidad contradictoria" pertenece a Cornejo Polar, en sus estudios sobre la historia cultural peruana. Para una crítica de estos conceptos, véase Mazzotti.

modelos teóricos a partir de los cuales se había interpretado, desde el siglo anterior, la problemática latinoamericana, sus propuestas para un nuevo ordenamiento historiográfico de la producción continental, sus análisis sobre la cuestión
nacional y, de manera más general, su concepción gramsciana pero, antes aun,
latinoamericanista, del lugar y función del intelectual en la construcción de una
contracultura capaz de remover el basamento ideológico de la nación moderna,
marcan un hito inescapable en la historia de la crítica cultural latinoamericana.

En lo que tiene que ver directamente con la literatura, la perspectiva abierta
por Mariátegui mostrará hasta qué punto, una vez removidos los filtros de la
selectividad burguesa, la crítica podrá desencubrir ese universo híbrido antes
mencionado, configurado por el entrecruzamiento de discursos, prácticas y agendas culturales de cualidad diversa, el cual revela a través del *collage*, la fragmentación, la heterodoxia y el redimensionamiento de las "grandes narrativas", géneros y tradiciones heredados dentro del paquete de la modernidad eurocentrista, la
condición multifacética –multiétnica, multilingüística, multicultural– de un continente difícilmente reductible a sustancialismos y universalismos surgidos para
otras realidades culturales.

La posibilidad de realizar, a partir de entonces, una lectura materialista de los
procesos culturales latinoamericanos entra en colisión con las orientaciones alen-
tadas por la historiografía liberal, y particularmente con las que descansaban en
definiciones esencialistas y a-históricas derivadas de la problemática de las identidades sociales, tópico revisitado con frecuencia, con distintas perspectivas y
alcance, a lo largo de la historia cultural latinoamericana. La más notoria elaboración se da, en ese momento, en torno a ideologemas idealistas que pretendían
capturar la esencia del *ser nacional* o continental (la argentinidad, la peruanidad,
la americanidad, la negritud) con el objetivo de inscribir su particularismo dentro
de parámetros estables que resistían, sin embargo, tanto la necesidad de dar cuenta de las transformaciones históricas como de la multiplicidad de proyectos y
agendas que coexistían e interactuaban en las totalidades estudiadas. En la base
de estas divergencias no estaba solamente el conflicto entre proyectos sociales y
políticos de pragmáticas irreconciliables, sino principalmente el surgimiento de
una nueva teoría del sujeto y la "agencia" política capaz de remover la función
cultural y rearticularla a la totalidad nacional con una nueva y amenazante potenciación[5].

La adopción del modelo estructuralista –como el positivismo, en sus aplicaciones al campo de la crítica y la literatura– constituyó, en su hora, en América

---

[5] Sobre la elaboración del tema de la identidad en la época de entreguerras, en relación con el
concepto de cultura nacional y populismo, véase Moraña, *Literatura y cultura nacional en Hispanoamérica 1910-1940*.

Latina, uno de los intentos más orgánicos por proveer parámetros interpretativos globalizantes del fenómeno cultural, pero sus postulados no lograron rebasar, por la misma definición teórica de la que partían, un nivel analítico fijado en el estrato del significante y en el principio de autonomía discursiva, aunque las fronteras de estas categorías se flexibilizaran en las distintas aplicaciones del modelo. La crítica latinoamericana que se dejó seducir por la fascinación del inmanentismo y la ilusión de un cientificismo capaz de controlar la producción cultural y sus derivaciones ideológicas debió negociar constantemente la problemática del cambio social, combinando a veces, eclécticamente, el modelo semiótico con otros –el socio-histórico, por ejemplo– con resultados variables.

Pero será principalmente a partir de la década de los años sesenta que el pensamiento posestructuralista comenzará a explorar nuevas avenidas para una crítica latinoamericana capaz de empezar a *leer* a nueva luz una producción que, impulsada por las transformaciones sociales y políticas a nivel continental e internacional, presentaba nuevamente un desafío *crítico* –en las dos acepciones del término que vienen manejándose– al analista cultural. La noción derrideana de deconstrucción, así como la arqueología cultural propuesta por Foucault se proyectarán entonces, con nueva fuerza, sobre los modelos interpretativos que tratan de aprehender las direcciones y sentido de las transformaciones sociales a nivel internacional, y su impacto sobre América Latina.

Si la narrativa del *boom* pone a prueba el aparato crítico tradicional, llevando a sus extremos la dudosa estrategia hermenéutica de la *aplicación* de modelos y *marcos* teóricos, será más bien el universo heterogéneo de la producción cultural que rodea y sucede al canon sesentista el que constituirá el desafío más importante para la interpretación cultural.

El descaecimiento de la diferenciación genérico-literaria, el advenimiento de nuevas modalidades de escritura en las que se combinan historia, documentalismo, periodismo y ficción (testimonio, (auto)biografía, crónicas urbanas, etc.), el incremento de formas tradicionalmente "sub"literarias que revelan, en la factura misma del texto poético, la influencia de los medios masivos de comunicación y difusión cultural (telenovelas, vídeos, novela policial), el desdibujamiento del "autor" reemplazado o "extendido" hacia las funciones de un "gestor" textual o colectivizado a través de la proliferación de talleres de creación literaria, experiencias de poesía colectiva, teatro poblacional, etc., provocaron una relativización irreversible de las nociones de autoría y "literariedad" (*literaturnost*) con las que el formalismo, en sus múltiples modalidades, intentó controlar y defender, con un purismo esencialista y dicotómico de problemática aplicación en América Latina, el estatuto de las "bellas letras". En su lugar, se plantea el debate en torno a las posibilidades de una teorización latinoamericana capaz de aprehender *desde adentro*, aunque sin renunciar a un diálogo con propuestas afines incorporadas desde otros contextos culturales, la producción continental.

En 1973, *Para una teoría de la literatura hispanoamericana* del cubano Roberto Fernández Retamar, marca un hito en el proceso y en el procesamiento del pensamiento crítico latinoamericano. De alguna manera, y aún dentro del marco del historicismo cientificista que caracterizaba al pensamiento de la época, es el suyo uno de los intentos más fuertes e influyentes de articular la teoría crítica a las modificaciones que estaban verificándose en las sociedades y en la producción cultural del continente. A partir de este aporte, la discusión se centra predominantemente en la necesidad de una revisión profunda del canon literario latinoamericano, así como de los parámetros que habían guiado hasta entonces el ordenamiento historiográfico de la producción continental.

Cuando en *El cambio en la noción de literatura* (1978) el investigador colombiano Carlos Rincón indicaba, hace ya casi veinte años, que "han acabado por estallar los límites de la noción periclitada de la literatura, elemento central de la ideología literaria hegemónica y matriz determinante del funcionamiento de las formas de recepción de la literatura en una sociedad como la nuestra" (18), no estaba solamente relevando las transformaciones sufridas en la producción cultural del continente desde la década anterior. Estaba también reconociendo que tales modificaciones implicaban una corrosión irreversible de los ideologemas de "el mito del Autor-Demiurgo soberano, de la constitución autónoma del sentido, [y d]el fetichismo de la Creación", en los que se afincó, durante tanto tiempo, la concepción burguesa de la cultura y las correlativas nociones de gusto y valor literario desde las que se elaboró una historiografía excluyente (elitista, euro y etnocentrista, esteticista, urbana, patriarcal, "escrituraria") que aún consigue definir, para muchos, el corpus canónico de las letras latinoamericanas.

Lo que quedaba, en la segunda mitad de nuestro siglo, del proyecto burgués originario, se quiebra definitivamente, en América Latina, en la década de los años setenta. La activación de movimientos de liberación nacional a nivel continental, la experiencia de las dictaduras, el agravamiento económico y los exilios masivos corroen definitivamente el estatuto de una disciplina que había oscilado desde el comienzo entre la aspiración universalista y el afincamiento institucional y localista que legitimaba su tarea de definir la cultura nacional como unidad de sentido dentro del programa del humanismo burgués. La ruptura del orden democrático y la consecuente fragmentación de la esfera pública como espacio de coexistencia y articulación discursiva hacen de la crítica, quizá como en ningún otro momento de la historia latinoamericana, una práctica opaca, que llama la atención sobre sí misma, obligando a una nueva y radical redefinición del lugar y función del intelectual dentro de los procesos sociales y políticos. La noción sartreana de "compromiso" del trabajador cultural –como la gramsciana de "intelectual orgánico"– es operativa en su momento, pero insuficiente para dar cuenta de las profundas fracturas de un sistema social colocado ante el abismo de sus propias contradicciones.

Los fenómenos de represión y desterritorialización de los años setenta y ochenta afectan no solamente la relación del escritor y el crítico con los referentes históricos, la lengua, el público, la tradición, sino también, principalmente, su vinculación con las prácticas y valores hegemónicos que habían regido, en muchos casos subrepticiamente, la producción y el consumo cultural desde el siglo anterior. Dentro o fuera de los territorios latinoamericanos asediados por la opresión político-económica, el productor cultural trabaja, entonces, desde un "exilio epistemológico" y una constante "vigilancia escritural" (desde una "hermenéutica de la sospecha", De la Campa, "Hibridez posmoderna..." 5) que obliga a refundar las bases y objetivos del trabajo intelectual en todos los niveles.

La *mise en abîme* del concepto de lo nacional incorpora la necesidad de regionalizar y "horizontalizar" los análisis, atravesándolos con categorías y problemáticas inscritas en un universalismo "otro", desterritorializado y globalizante, que no pierde sin embargo de vista las condiciones concretas que analiza. Como consecuencia de las transformaciones sociales y políticas y los cambios teórico-ideológicos que se van produciendo a nivel continental e internacional, se incorporan al análisis cultural otras categorías, principalmente aquellas que rescatan los niveles de etnicidad y género sexual, absorbiendo los avances realizados en esos campos principalmente en el mundo anglosajón y europeo, como problematización de los conceptos de nación y cultura en la etapa neocolonial del "capitalismo tardío"[6].

Más que una crítica de la *id*-entidad como categoría estable y sobredeterminada (como una *mismidad* individual o colectiva), se efectúa la transición hacia una crítica de la no-entidad del sujeto, es decir, de los cruces e intercambios que constituyen la subjetividad social como concepto relacional, es decir, negociable y sujeto a transformaciones históricas, sociales y políticas. El *lugar* del sujeto será entonces percibido como aquel en el que se articulan conflictivamente múltiples discursos, prácticas y agendas que pueden colocarlo, simultáneamente, en situaciones de poder o subordinación, según se atienda a su definición de clase, raza, sexo o preferencia sexual, nivel educativo, afiliación política, religiosa, etc. Más que la nación como unidad significante y unificadora se estudian sus fronteras y márgenes, y los estratos que la atraviesan como espacios de tránsito cultural y producción de significados heterogéneos y cambiantes que se realizan justamente a partir de la intercambiabilidad y el conflicto entre géneros, lenguas, etnias e ideologías negociadas a través de diversos sistemas de adscripción cultural.

---

[6] Jameson presentó hace más de una década las relaciones entre cultura posmoderna y capitalismo tardío. De 1986 es su conocido y polémico trabajo sobre las relaciones entre capitalismo y literatura del Tercer Mundo, en el que incluye la idea de que todos los textos producidos en este contexto tienen un carácter necesariamente alegórico.

El problema es, entonces, *desde dónde* se escribe o se produce conocimiento, o sea cuál es el *locus* de la representación y la interpretación cultural[7]. Ya no se trata de que, echando mano a una dicotomía esencialista, el intelectual se sitúe frente a –o del lado de– la *otredad* para aprehenderla, teorizarla o reivindicarla, sino de que descubra en su propia gestión tanto como en su objeto de estudio las marcas de alteridad que afectan su trabajo y su posición de sujeto que interpela y es interpelado por discursos que aunque no procedan de un diseño apriorístico de la cultura pueden proveer las bases para una nueva epistemología.

De ahí que los trabajos de Ángel Rama hayan tenido en la última década tan fuerte impacto dentro y fuera de América Latina tanto en las nuevas exploraciones del canon literario como en el campo de los estudios culturales. Si *La ciudad letrada* fue determinante para la captación de la función intelectual en América Latina y de la interrelación entre letra y poder, sobre todo en el nivel de producción de ideologías hegemónicas a lo largo del desarrollo cultural del continente, su concepto de transculturación está siendo utilizado para explorar principalmente la lógica de la modernidad, y los pactos variables entre Estado y sociedad civil. En estos estudios Rama sentó las bases para establecer una genealogía del poder letrado y la institucionalidad literaria (*á la* Foucault), y para analizar las estrategias que se articulan como respuesta a la "pulsión de homogeneización" impulsada por las agendas nacionalistas y las políticas desarrollistas en la segunda mitad de nuestro siglo. Más ampliamente, el transvase del concepto de transculturación del campo de la antropología al de los estudios literarios formaliza anticipadamente lo que será uno de los puntos principales en el repertorio teórico de los *cultural studies*: la necesidad de negociar las fronteras disciplinarias como superación del sociologismo lukacsiano tanto como de ciertas modalidades del formalismo a-historicista[8].

Creo que las mismas limitaciones del proyecto de Rama (mantenimiento de la dicotomía culturas regionales/culturas urbanas asumiendo aún el utopismo de lo vernáculo, polarización escritura/oralidad, sostenimiento de la fundamentación dependentista aún en boga en los años setenta, marginación del problema de la heterogeneidad cultural y de la coexistencia de diversos sistemas culturales en las

---

[7] Acerca del tema del *lugar* desde donde se ejerce el saber ha insistido, por ejemplo Mignolo, refiriéndose a la posición de América Latina como espacio de producción de conocimientos y no sólo como objeto de estudio.

[8] Los estudios sobre la obra de Rama han proliferado en los últimos años. Al respecto pueden consultarse , por ejemplo, De la Campa, Schmidt, Moraña. El Insituto Internacional de Literatura Iberoamericana (Pittsburgh) publicó en 1997 el libro *Ángel Rama y los estudios latinoamericanos*. Asimismo, el concepto de transculturación y su articulación al estudio de la cultura latinoamericana desde la colonia a la actualidad constituirá un capítulo de la Historia Comparada de América Latina, en varios volúmenes, en preparación, bajo la coordinación de Linda Hutcheon, Djelal Kadir y Mario J. Valdés.

formaciones sociales analizadas) apuntan al problema de la localización y refuncionalización del productor cultural, y sus posibilidades de cooptación institucional en
el contexto de los cambios de esa década, y ante la desarticulación de las estructuras de resistencia y organización popular. Aunque su visión se centra en el foco de
la cultura urbana "escrituraria", le preocupa el problema de la gestión letrada como
praxis de mediación (apropiación y re-presentación de contenidos exógenos), es
decir la cuestión de la transitividad cultural a partir de la cual lo regional se inscribe
en una globalidad que ya es imposible pensar restringida a lo latinoamericano[9].

Ante la imposibilidad de ignorar la importancia de los transvases culturales
en un mundo económicamente integrado, y frente a la intensidad de los procesos
migratorios y a los avances de las comunicaciones que crean la desterritorialización y colectivización informativa, Rama advierte la progresiva pérdida de vigencia de la organicidad nacionalista y se pregunta por el lugar ideológico desde
donde se ejerce la representación de *lo popular*, que en la década de los setenta
constituía aún un referente estable y suficientemente definido. Sus respuestas sirven sobre todo para iluminar la transición hacia nuevas maneras se concebir los
conceptos de nación, pueblo y cultura en la presente etapa de globalización y
transnacionalización cultural, es decir, para marcar la entrada a una post-modernidad (y, desde perspectivas afines, postcolonialismo, postoccidentalismo) y a los
problemas de representación y representatividad que ésta presenta. Sirven también para el replanteo del nuevo papel que la ciudad letrada puede ejercer en los
debates teóricos actuales y en las luchas por el poder representacional.

Los estudios culturales surgidos de la escuela inglesa de Birmingham (E. P.
Thompson, Stuart Hall, Raymond Williams) han aportado las bases teóricas para
la constitución de un nuevo espacio interdisciplinario capaz de revisar los lega-
dos del marxismo tradicional, orientándose hacia la exploración de un *materialismo cultural* como estudio de los procesos de significación que producen subjetividades colectivas y espacios axiológicos para la construcción de sistemas de
interpelación ideológica[10].

Este espacio teórico responde a la necesidad de comprender e integrar en el
estudio cultural nuevos movimientos sociales activados durante la década de los
años setenta: fenómenos migratorios, feminismo, movimiento homosexual, tec-
nocratización de la enseñanza, activación de focos de rebelión popular y reivindicación regional dentro de la globalidad, etc. Intentan asimismo hacerse cargo del
impacto de los medios de comunicación (audiovisuales, informáticos) en las praxis sociales y en el sistema educativo, que al mismo tiempo absorbe y resiste los

---

[9] Para una crítica de *La ciudad letrada* y el concepto de transculturación pueden verse mis propios estudios sobre esos temas, en los que se cita buena parte de la bibliografía existente al respecto.

[10] Para una visión sobre las bases y proyectos de los *cultural studies* y los aportes de la escuela
de Birmingham, véase Beverley.

influjos de sociedades en acelerado proceso de transformación. Finalmente, este nuevo aparato teórico de interpretación cultural intenta rebasar las dicotomías tradicionales ("alta" cultura/cultura popular, arte comercial/arte humanístico, cultura urbana/cultura campesina, centro/periferia, hegemonía/marginalidad) explorando el proceso de sustitución de las categorías más prestigiosas de la cultura burguesa por otras dependientes de la configuración de mercados culturales transnacionalizados, centradas en los conceptos de hibridez, simulacro, heterogeneidad, margen o frontera cultural, multiculturalismo, transculturación.

Los reclamos para la negociación de la compartimentación disciplinaria, los esfuerzos por establecer las bases para una nueva epistemología "fronteriza" que pueda establecer, desde el método de las ciencias sociales, la antropología y los nuevos estudios históricos y literarios una nueva cartografía de la cultura, son también una forma de reflexionar sobre la globalidad y las alternativas que ésta deja abiertas para la producción de conocimiento y la definición de valores y estrategias pedagógicas que rescaten lo regional y "popular" dentro de la totalidad transnacional. De ahí que categorías como lo *identitario*, lo *vernáculo*, lo *foráneo*, lo *central* o *marginal* pierdan fijeza, revelándose más bien como diseños apriorísticos desde los que la modernidad, desde el mapa político del Estado, realizaba un aparte de aguas para controlar el mapa cultural de la nación.

En este nuevo marco, la cuestión política se articula de una manera inédita, sin una apelación definitiva a parámetros teórico-ideológicos preexistentes sino más bien desde una crítica o suspensión de los mismos. Lo "político" se orienta fundamentalmente hacia la pregunta por el *lugar* y la *voz* del subalterno, la *representatividad* y representación de sus agendas y el papel del gestor –político, intelectual o tecnócrata– en el proceso de producción de los individuos como *sujetos* capaces de interpelar y ser interpelados por el sistema en el que se inscriben. O sea se enfatizan principalmente las estrategias ideológicas y disciplinarias a partir de las cuales puede explorarse la relación entre Estado y sociedad civil modificando el sistema de mediaciones vigente hasta la década de los ochenta.

No es casual, entonces, que en la debacle teórica que sigue a la fractura del socialismo "real" y en plena teorización postmoderna se siga rescatando, sin embargo, la perspectiva gramsciana que en estudios recogidos en los *Cuadernos de la cárcel*, propone una definición de lo popular como un estrato de activación "episódica"que ante la unidad histórica de las clases dirigentes, se presenta como un nivel disgregado y discontinuo que no puede ser aprehendido sin una comprensión global de sus grados de adhesión con los sectores dominantes. Pero que tampoco es un reflejo paciente y pasivo de los determinantes que han marcado su devenir histórico[11].

---

[11] Sobre la definición del concepto de subalterno en Gramsci puede verse, por ejemplo, "Apuntes sobre la historia de las clases subalternas. Criterios metódicos", en A. Gramsci, *Antología*, 490-493.

Si sobrevive la cuestión de la subalternidad, sobrevive también la que ha marcado tradicionalmente los hemisferios Norte y Sur como asientos, respectivamente, del saber, la riqueza, la verdad, el poder.

En la última década, la *crisis de transformación de la crítica*, si no fuera ésta una expresión doblemente redundante, debe conducirnos más bien, me parece, a una *crítica de la crisis* en tanto reflexión no sólo sobre los cambios que sufrimos y los que se avecinan, sino sobre nuestras propias expectativas, valores y principios[12]. Y debe acentuar también nuestra preocupación por el lugar –epistemológico, ideológico, geocultural– desde donde se habla, es decir, desde donde se predica, se interpela, se reivindica, se niega o se reafirma América Latina no sólo en tanto espacio de producción de conocimiento y praxis político-sociales, sino también en tanto objeto del deseo y la experimentación teórica de quienes la construyen de acuerdo a sus propias agendas y valores. La globalidad amenaza con irse convirtiendo ya no sólo en una realidad inescapable, sino también, más peligrosamente, en el mito e ideologema de tecnocracias tendientes a consolidar nuevas formas de hegemonía, y no hay por qué dudarlo, nuevas formas de marginación y subalternidad, que se sumarán a las nunca superadas estrategias excluyentes de la modernidad. Pero, como nos enseñara Foucault en sus iluminadores trabajos, donde hay hegemonía hay resistencia. Quizá es esta última la que hay que instrumentar, no para bloquear –desde un conservadurismo defensivo– los influjos del cambio que puede dar como resultado una mayor democratización e integración en el espacio internacionalizado de la cultura global de la que seremos parte en la nueva centuria, sino para asegurar que los mismos preservan los valores y programas que definimos como "propios" y que la mutación postmoderna no debería invalidar.

---

[12] Acerca de la relación entre globalidad y cultura y sus posibles derivaciones, véase Hopenhayn.

Literatura, subjetividad y estudios culturales

En los debates que siguieron a la diseminación de los estudios culturales en el ámbito anglosajón, y a la extensión de estos al campo del latinoamericanismo internacional, el tema de la subjetividad ha estado presente, aunque con frecuencia camuflado bajo reclamos de distinta índole.

En muchos casos, esos reclamos se presentaron bajo la forma de interrogantes acerca del lugar que los estudios literarios mantendrían dentro de la nueva distribución de saberes. La articulación literatura/subjetividad, mediada por el dispositivo ambiguo y desfasado del valor estético, se enfrentó desventajosamente a los nuevos modelos de interpretación cultural y a los debates acerca del impacto de las distintas prácticas simbólicas en formaciones sociales singulares pero cada vez mas determinadas por la presión de mercados globalizados.

La innegable descentralización de la literatura con respecto al conjunto de discursos y prácticas que pasaron a ocupar el primer plano de la textualidad cultural, fue interpretada en general como el desplazamiento de aquella forma familiar y especializada de exploración epistemológica –la crítica y la teoría literaria–, ligadas fuertemente a la distribución disciplinaria neopositivista y a la jerarquización de prácticas culturales que comenzó a hacer crisis sobre todo a partir de los años ochenta.

Entendida como espacio privilegiado de expresión de la individualidad burguesa y como conjunto de estrategias de formalización identitaria sobre todo para los sectores dominantes de productores y receptores culturales, la literatura pareció llevar consigo en su supuesta caída cuestiones inherentes a la formación y (auto)representación de sujetos colectivos, así como problemas vinculados a la articulación entre individualidad y colectividad, o entre particularismo y universalismo, entendidos como polos de la dinámica social.

Los ataques radicales al discurso letrado contribuyeron a fortalecer la falsa oposición entre las diversas formas de conocimiento pertenecientes a distintos estratos y sistemas culturales, y a sugerir la solidez y homogeneidad del discurso hegemónico, que la matriz letrada contribuiría a perpetuar. Identificada con las ideas de individualismo, interioridad, espacio privado y hedonismo burgués, la noción de subjetividad –y, junto a ella, la pregunta por el destino de los estudios literarios– mantuvo una porfiada y poco productiva vigencia. Algunos concluyeron que se trataba de un resabio –un residuo– *belletrista* (¿arielista?) que los embates de la izquierda de los setenta no habrían logrado desvanecer, y que pasada la turbulencia revolucionaria, la subjetividad y los estudios literarios volvían por sus fueros, intentando asegurarse un espacio en el ambiguo panorama ideológico del culturalismo posmoderno, que negocia adecuadamente –hay que reconocerlo– tanto con el mercado neoliberal como con la institucionalidad académica.

Algunos embates particulares, como el de Beatriz Sarlo ("Los estudios culturales..."), por ejemplo, no dieron resultado contundente, quizá por que la pregunta inicial ("¿qué vuelve a un discurso socialmente significativo?") no encontró, en su propio artículo, respuesta convincente, y el reclamo final (no dejar a la burguesía conservadora el placer y monopolio de lo estético), al no partir de un análisis afinado de los procesos que anteceden a la actual compartimentación del conocimiento, trasmitía un revanchismo sectorial de poco peso en la actual situación política y social de América Latina. Pero quizá lo menos eficaz haya sido su apelación frankfurtiana a la autovalidación y "resistencia" del texto literario, a esa cualidad innombrable, a ese "no se qué" que Sarlo no define, que hace permanecer a ciertos textos a través de la historia y reactivarse, cuando todo indicaría que han perdido sus funciones sociales.

Si la cuestión del valor nos mete un poco anacrónicamente en el espacio de una ética de la belleza a la que muchos de nosotros no tenemos intención de volver, la cuestión de la "resistencia", la canonicidad, el clasicismo de los textos requiere sin duda, un debate renovado, sin demagogias ni radicalismos, sobre bases que contemplen críticamente el escenario actual: el predominio del mensaje audiovisual en la cultura del nuevo siglo, la fecundidad transdisciplinaria, el vacío de una pedagogía nacionalista no reemplazado aún por ninguna estrategia de interpelación colectiva, el cambio en la función del intelectual y las instituciones académicas y culturales, etc.

Pero el tema de la resistencia del texto literario nos introduce, al mismo tiempo, a otra cuestión, que en el terreno cultural se vincula más bien a los estudios que han sido realizados en las últimas décadas sobre el tópico de la museofilia y la memoria cultural, o sea sobre la necesidad de asegurar permanencia a ciertos productos o artefactos culturales a través de diversos rituales que aseguran su preservación en el espacio sagrado de la institucionalidad cultural. Sarlo se pregunta "qué es lo que vuelve a un discurso socialmente significativo" y parece responderse, implícitamente, con la apelación a la cualidad aurática de la literatura, que aseguraría la relevancia social de ciertos artefactos culturales a partir de su valor de uso en el nivel de los imaginarios, legitimando, entonces, su preservación y transmisibilidad cultural, y explicando, asimismo, su perdurabilidad histórica.

Sin embargo, es lógico preguntarse, en el contexto de los cambios producidos por el neoliberalismo y la globalización, cómo se justifican y legitiman estas formas de preservación de saberes o productos auráticos, en museos, historias y currícula literarios. Si en tiempos de fragmentación social, mercantilización cultural, relativismo ideológico, simulacro creativo, la vuelta a ciertos textos ya canonizados, y la continuidad de ese proceso de canonización sigue teniendo sentido, para preservar qué saberes y capturar qué experiencias sociales, qué negociaciones simbólicas, qué prácticas hermenéuticas y sobre todo, quizá, qué memorias colectivas.

Creo que la aproximación a una respuesta a estas cuestiones viene por el lado, justamente de ese valor de uso y del modo en que estemos dispuestos a reformular la praxis cultural de la lectura, de cuántos nuevos continentes creamos haber descubierto con los estudios culturales, y de qué es lo que pensemos hacer con el tema de la subjetividad.

La necesidad de objetos auráticos en plena fugacidad posmoderna parece estar cumpliendo la función de marcar un afuera de la circulación permanente de la mercancía, así como la de mantener espacios simbólicos en los que la opacidad representacional admite la conflictividad de memorias múltiples, expone transposiciones simbólicas entre diversos sistemas y agendas culturales, y deja en evidencia la porosidad y mutabilidad de los imaginarios. El desafío es, entonces, desprender de la literatura el valor de verdad que la cualidad aurática que Sarlo parece reclamar lleva consigo, y admitir la posibilidad de que el texto literario funcione como cualquier otra trama o artefacto simbólico-cultural, no para fijar identidades sino para facilitar identificaciones.

Creo que en un salto no mayor que el que realizó la crítica literaria en su paso de la estilística a la socio-historia, el desafío de los nuevos tiempos exige una revalorización del discurso literario como *una* de las formas simbólicas y representacionales que se interconectan en la trama social, sin llegar a adjudicarle por eso un privilegio epistemológico –ni a ésta ni a otras formas representacionales que serán, a su vez, opacas, ideológicas, contradictorias, polivalentes–. Esto, aunque más no sea, para observar el modo en que se negocia el poder en el nivel de lo simbólico, y las maneras en que *lo social* –ese flujo de prácticas comunitarias, aún poco visibles y no institucionalizadas, que Benjamin Arditi oponía a *la sociedad*– empuja, atraviesa, coloniza, los modelos representacionales e interpretativos más establecidos o, en otras palabras, cómo esos flujos e impulsos nomádicos de lo social finalmente "corrompen" y transforman la episteme de la modernidad.

En todo caso, creo que queda claro que no me interesa articular aquí una "elegía por el canon" *á la Bloom* ni por los estudios literarios que gozan, a mi criterio, y a pesar de todo, de buena salud. Pero creo que hemos entrado al debate necesario sobre la vigencia y reformulación de la crítica literaria por una puerta falsa. Quiero sugerir que algunos de los términos aportados por Félix Guattari para un nueva reflexión sobre el tema de la subjetividad pueden servir de punto de partida para estas discusiones.

Guattari se preguntaba si, a pesar de la lección dejada por la negligencia del marxismo, que excluyó el problema de la subjetividad de sus análisis sociales, el progresismo de los estudios culturales repetiría el error. Ante el fracaso de la representación universalista de la subjetividad encarnada por el colonialismo capitalista de Oriente y Occidente, y cancelada la posibilidad histórica de una subjetividad proletaria que actuara como una "máquina de guerra" capaz de reducir a la identidad de clase las agendas étnicas, sexuales, genéricas, religiosas, etc., Guattari propone reenfocar el tema de la producción de subjetividad en el contexto del capitalismo integrado, entendiendo por subjetividad la instancia individual o colectiva que emerge como *territorio existencial* y autorreferencial, en relación con una alteridad a su vez subjetiva.

Afirmando la idea de una subjetividad siempre plural y polifónica, su propuesta apunta a la exploración de los elementos subjetivos que actúan como impulso poco visible pero siempre presente de los movimientos sociales, ligados ya a dinámicas emancipadoras ya a reacciones de tipo conservador (arcaísmos sociales, fundamentalismos religiosos, resurgimientos regionalistas, etc.). El estudio de pulsiones, deseos, sentimientos que impulsan, en un lugar y en un tiempo determinados la movilización social ha encontrado a través de la historia un registro en la literatura, tanto como en otras modalidades de *performance* social, donde el imaginario y las interacciones comunitarias se materializan en el nivel de lo simbólico, ficticio, utópico o alegórico, impregnando la trama cultural en diferentes grados y a través de diversas modalidades.

Oralidad y escritura, discurso letrado y espacio electrónico, mensajes visuales, auditivos y escritos, han dejado de ser compartimientos estancos y lugares marcados de formas culturales definitivamente enfrentadas en la trama social. Asimismo, las negociaciones entre las diversas formas de expresión y producción cultural y los poderes existentes a distintos niveles (nacional, familiar, regional, global, comunitario) han superado las adscripciones fijas de contenidos ideológicos y la Verdad no está ya, definitivamente, afortunadamente, en ninguna parte, en ningún aura, en ningún medio, constructo o artefacto cultural singular y apriorísticamente designado, sino que recorre más bien, evasiva y multiforme, las interacciones, negociaciones, interpelaciones que forman lo social. Excluir a la literatura de tales transposiciones y negociaciones simbólicas sería tan absurdo, innecesario y autoritario como desterrar al comandante Marcos de Internet; echar a los poetas de la nueva república de los estudios culturales, sería impensable –o casi– como estrategia teórica. Exigir a la literatura una visa especial para atravesar las fronteras inter o transdisciplinarias sería una medida vergonzante en un mundo integrado. Creo, entonces, que la literatura tiene un sitio asegurado en los nuevos intercambios teóricos y en las metodologías que se están ensayando como recursos y procedimientos para *leer* la cultura. Y creo que ese lugar está directamente vinculado a la producción de sujetos y tramas intersubjetivas a través de las cuales toda sociedad o comunidad expresa sus reclamos, expectativas y frustraciones. El problema es, entonces cómo interrogaremos al texto literario desde un nuevo horizonte teórico, y cómo integraremos las respuestas que vayamos obteniendo en una epistemología quizá posestética pero sospecho que no posideológica.

GLOBAL/LOCAL: DESAFÍOS A LA MEMORIA HISTÓRICA

MEMORIA/OLVIDO: VARIACIONES SOBRE LO LOCAL

El tema de la memoria histórica se inscribe por derecho propio dentro de la serie de problemas que la globalización obliga a replantear en nuestro fin de siglo. Por un lado, la globalización nos lleva a repensar el impacto que pueden tener las agendas locales en su articulación a contextos más amplios. Al mismo tiempo, lo global imprime, a su vez, nuevos parámetros a contenidos propios, que nos habíamos acostumbrado a pensar en términos de conciencia individual o colectiva, restringiéndolos siempre a la familiaridad comunitaria.

Desde la década de los años ochenta, el tema de la memoria histórica debió abrirse paso en nuestra región en medio del clima planteado por redemocratizaciones pactadas, que dejaban en un lugar incierto del imaginario colectivo los quiebres, despojos e interrogantes que habían sucedido a la cancelación del estado de derecho en la década anterior.

En el contexto de la conciliación y los acuerdos que caracterizaron las "políticas de transacción", la memoria fue vista como un dispositivo perturbador, un mecanismo capaz de reapropiarse de la violencia sufrida y devolverla procesada en un recuerdo que desautoriza las lecturas oficiales del pasado inmediato y las propuestas que imponían, en una asociación que superaba, sin duda, las etimologías, una relación demasiado estrecha entre amnistía y amnesia colectiva[1]. En otros contextos –pienso, por ejemplo, en la situación indígena guatemalteca denunciada en testimonios y documentos de diversa índole– el tema de la memoria histórica se abre paso también fuertemente apegado a la reivindicación de derechos humanos y a la problemática étnico-social, donde memoria es también tradición, ancestros, genealogía. Los ejemplos de memorias locales que pugnan por hallar su lugar en los flujos acelerados de información transnacionalizada podrían multiplicarse.

Con toda su dramática particularidad, la temática de los derechos humanos apela, ella misma, a un tránsito conceptual e ideológico universalista, que saca de fronteras –no sin las obligadas matizaciones socioculturales– la repercusión ética de los atentados realizados contra individuos en diversos contextos, proponiendo una normativización de principios y unas estrategias de control político, de con-

---

[1] Sobre la relación entre amnistía y amnesia (olvido), véase Loraux.

flictiva aplicabilidad. El discurso de los derechos humanos es, en este sentido, una narrativa de alcance global, que aproxima en el tiempo espacios y actores políticos, en una recuperación que intenta articular conocimiento y acción.

En un sentido más amplio y temporalmente dilatado, la recuperación memorialista de la que Marcelo Viñar llamara "fracturas de la memoria" apela también a una circulación social de los relatos o las reminiscencias simbólicas del pasado a partir de las cuales se va efectuando el duelo y la recuperación postraumática. Esa recuperación memoriada se apoya, asimismo, en las nociones de permanencia y pertenencia del individuo y de su acervo de recuerdos, en una comunidad determinada. En diversos contextos –el judío, por ejemplo– se han registrado reflexiones similares a las que estoy aludiendo, ya que después de todo, como Yerushalmi ha indicado en diversas oportunidades, la fenomenología de memoria y olvido es la misma en todos los grupos sociales; sólo cambian los detalles[2].

El tema de la memoria/olvido es, así, inherente a toda reflexión acerca de la constitución de identidades y construcción de ciudadanía, y no podía estar ajeno a la polémica en torno a los efectos locales o regionales de la globalización. Si identidad es memoria –recordar quiénes somos, cuál es nuestra genealogía individual y colectiva, qué sucesos constituyen nuestro pasado– es indudable que el tema mantiene su vigencia, aunque la identidad no pueda ya ser entendida a nivel social como una estructura fija, homogénea, esencializada o atemporalizada, cerrada autistamente sobre sí misma o afincada territorialmente, sino como un sistema de afiliaciones móviles y múltiples que constituyen al individuo de distinta manera, en distintos contextos. Identidad implica así, memoria, y sólo entonces, responsabilidad: el individuo constituido en "persona" jurídica debe reconocer como propias sus acciones, atender a la continuidad de su (id)entidad social, ser-igual-a-sí-mismo y ser-igual-con-otros, a través del reconocimiento de su propio pasado y el de la comunidad en que vive[3].

Legítimamente, el tema del olvido ha sido a su vez objeto de numerosos estudios, como contracara de los problemas antes anotados, relacionados con la rememoración. No sólo el olvido supone el ejercicio pleno de la memoria, no sólo puede olvidarse solamente aquello que ya ocupa un lugar en el archivo del individuo o la comunidad, sino que el olvido es una forma de filtrar el recuerdo, de hacerlo soportable, de facilitar su incorporación en el orden del saber, que ha resultado definitivamente afectado por el hecho traumático[4]. En todo recuerdo de

---

[2] Yerushalmi, Yoseph H., "Reflexiones sobre el olvido", en Yerushalmi et al., *Usos del olvido* 20.

[3] Rabossi recuerda la relación entre lo recordado y la constitución de "persona jurídica", o sea el valor forense de la memoria individual y colectiva, apoyándose la definición de Locke acerca de los constituyentes de la identidad y de la "mismidad" (8-9).

[4] Según Augé, el olvido es un componente de la memoria, y ya no sólo su contrapartida, como puede entenderse cuando se asimila el par memoria/olvido como similar al de vida/muerte.

un trauma o de una catástrofe hay un trasfondo de olvido de los detalles del horror, una selección que tamiza la empiria y la traduce a términos más moderados, que permiten su recuperación y re-presentación actualizada[5]. De ahí que se haya puesto tanto énfasis en los debates sobre el tema de la memoria/olvido en torno a los "usos" o "formas" del olvido (véase Yerushalmi, Loreaux et al. *Usos del olvido* y Augé). Hay, en efecto, un "uso" higiénico, terapéutico del olvido, como también hay, entre otros, usos perversos, relacionados con la impunidad, que tocan ya no sólo al orden del saber, que antes aludía, sino al orden del hacer[6]. El ejercicio de la memoria histórica parece exigir siempre acciones, prácticas sociales que deben derivar, de alguna manera, del hecho recordado, asimilado como experiencia a partir de la cual puede evitarse la repetición de sucesos traumáticos. El olvido sucede, como ha indicado Yerushalmi, cuando un grupo humano no logra transmitir a la posteridad lo que aprendió en el pasado (Yerushalmi, "Reflexiones sobre el olvido" 18). Según el mismo autor, quizá el antónimo de olvido que tenemos en mente en muchos contextos no sea memoria, sino justicia (26). Pero el olvido relativo es también lo que asegura, hasta cierto punto, la no apelación a la venganza. De ahí que la instancia política se adjudique, en el ejercicio del poder, la regulación de la memoria/olvido: la política –la vida de la polis entendida como núcleo social sancionado por la presencia del Estado– se apoya en la suspensión de la memoria, en la administración del recuerdo, en el estilo que ha recordado Nicole Loraux respecto a la Atenas del siglo v a.C. en que se decretó una ley que prohibía "recordar las desgracias", para poder realizar, sobre esa inhibición de la memoria cívica, el ideal de la reconciliación. Como ha indicado Tomás Moulián en un contexto mucho más cercano, "el consenso es la etapa superior del olvido"[7].

Con esta carga específica, conflictiva, reivindicativa y también, sin duda, fuertemente política, el tema de la memoria histórica interpela las estrategias de globalización, incorporando en la valoración de estos procesos interrogantes de tipo ético que tienden a quedar desplazadas de análisis más preocupados con las implicaciones económicas o político-sociales de las transformaciones que se viven a nivel planetario. Si se asimila globalización a homogeneización, desidentidad, uniformismo, es evidente que la memoria juega, en el otro polo, como elemento diferenciador, como el momento en que el pasado moderno y premoderno se inscribe en los procesos actuales y los interpela.

---

[5] Loraux, Nicole, "De la amnistía y su contrario", en Yerushalmi et al., *Usos del olvido*.

[6] Milner (*Usos del olvido*) ha resaltado esta doble adscripción del olvido, en el orden de lo que se sabe o se conoce, y en el orden concreto de las acciones. Ambas formas se traducen en el lenguaje que se usa para hablar del olvido: olvidarse de algo y olvidar hacer algo, respectivamente.

[7] Citado por Nelly Richard, "Historia, memoria y actualidad: reescrituras, sobreimpresiones", en Moraña, Mabel (ed.), *Nuevas perspectivas desde/sobre América Latina: el desafío de los estudios culturales*.

En los debates acerca del lugar de lo local en los procesos de globalización, es válido volver a preguntarse qué lugar se reserva al particularismo y al pasado, a la peripecia de sectores sociales movilizados en torno a agendas de emergencia, en los dos sentidos posibles de la palabra, a las fracturas infligidas en el cuerpo social, al borramiento de tradiciones, individuos, acciones, que por haber amenazado con variar el curso de la historia, fueran reprimidas del escenario social y luego, también pretendidamente suprimidas de su actualización como recuerdo, discurso, relato, narrativa del otro que resultó vencido en la lucha social.

Usos de la memoria

Al igual que se ha hablado de los usos posibles del olvido, cabe ahora preguntarse, en mi opinión, por los usos posibles de la memoria, en momentos de fuerte modificación de la esfera pública, cuando se replantea el lugar del intelectual en el planeamiento e implementación de políticas culturales que deben reforzar la diferencia –local, regional, sectorial– en la definición de nuevas formas de ciudadanía capaces de articularse eficazmente a la totalidad globalizada. Si la ciudadanía se refiere, como se ha sugerido, "al sentimiento de pertenecer, compartir intereses, memorias y experiencias con otros, sentirse parte de una amplia colectividad, poseer valores en común y sentimientos profundos de identificación" (Arantes 146), es lógico que gran parte del debate se centre en el lugar de lo histórico a partir del cual se vincula particularismo y universalismo, individualidad y comunidad, fuerzas indudablemente constitutivas de la noción de ciudadanía. De la misma manera, es lógico que se reactualicen las interrogantes sobre cómo integrar el pasado al imaginario fragmentado de la posmodernidad, a su canto a lo efímero, a la banalización de lo político en relación con el predominio que adquiere una vivencia nueva de lo cultural, situado ahora en el centro de las dinámicas sociales. Si bien el tema de la memoria reaparece en el menú teórico y discursivo en diversos contextos, el tópico recibe un tratamiento donde historia, política y memoria toman caminos paradójicamente divergentes. Martín-Barbero recuerda al respecto los conceptos de P. Nora en *Les lieux de memoire*, donde este autor se preocupa por "una contradicción crucial en este fin de siglo, la que entraña el desvanecimiento del sentimiento histórico y el crecimiento de la pasión por la memoria" (Martín-Barbero, "Globalización comunicacional..." 36). La memoria es en muchos casos objeto de una monumentalización que al fetichizarla la desaloja de contenido político reivindicativo, cuestionador, contracultural, asimilándola al *statu quo*, y a una noción en muchos aspectos perimida de totalidad o identidad nacional, que sirve a objetivos de regulación conservadora e inmovilista del pasado histórico. Según la cita de Nora, "La nación de Renán ha muerto y no volverá. No volverá porque el relevo del mito nacional por la memoria supone una mutación profunda: un pasado que ha perdido la coherencia organizativa de la historia, se convierte por completo en un espacio patrimonial" (Martín-Barbero, "Globalización comunicacional..." 36). Sin una conceptualización del sentido y direcciones de la historia, que sólo puede abarcarse desde una comprensión politizada de la sociedad, de sus impulsos y frenos, de sus horizontes de desarrollo, la memoria se vuelve un protocolo inoperante, una formalidad que integra el repertorio institucionalizado de una discursividad sin referentes.

En un sentido similar, Nelly Richard ha aludido, en múltiples ocasiones, a ese vaciamiento de la memoria histórica –memoria pública, memoria colectiva, memoria cívica, en otras denominaciones–. Junto al ahuecamiento del lenguaje que se refiere a la violencia ("palabras debilitadas por las rutinas oficiales" ("La cita de la violencia..." 28), el consenso político del transaccionismo redemocratizador ha implementado, según Richard, el pluralismo de la no-contradicción, en torno al, eje de una reconciliación nacional ajena a la justicia. Como indica esta autora, "el consenso político sólo es capaz de 'referirse a' la memoria (de evocarla como tema, de procesarla como información) pero no de practicarla ni tampoco de expresar sus tormentos" ya que "'practicar la memoria implica disponer de instrumentos conceptuales e interpretativos necesarios para investigar la densidad simbólica de los relatos" ("La cita de la violencia..." 27; el énfasis es del autor). La memoria se reduce así a "una doble cita respetuosa y casi indolora. Tribunales, comisiones y monumentos a los derechos humanos citan respetuosamente a la memoria (hacen mención de ella, la notifican), pero dejando fuera de sus hablas diligentes toda la materia herida del recuerdo" ("La cita de la violencia..." 27).

En el artículo que estoy citando, Richard se extiende sobre las múltiples formas del olvido: el que propone mirar hacia el futuro y concentrarse en la cualidad efímera de la posmodernidad y en sus fragmentaciones, el que se regodea en los postulados de "el orden y la reintegración social", las técnicas de "obliteración institucional de la culpa que a través de las leyes de no castigo (indulto y amnistía), separan a la verdad de la justicia", las que implementan los medios de comunicación con estrategias de supresión o "cosificación" de la memoria en noticia, etcétera[8].

El problema nos devuelve, nuevamente y por otra avenida, al tema que venimos abordando: no sólo ya al de la globalización, con sus desafíos y enigmas político-económicos, sino al de las cualidades del mundo posmoderno, donde el vaciamiento de ciertos protocolos y lenguajes que remiten a la memoria histórica demuestra otro vaciamiento mayor. Me refiero no sólo al vaciamiento de la des-

---

[8] Parafraseo, aquí, el análisis de Richard sobre las distintas formas del olvido, tomando conceptos de varios de sus artículos sobre el tema.

historización al que se refería Martín-Barbero sino al de la despolitización en las maneras de construir e interpretar la cultura, entendida ésta en sentido amplio, como práctica interpelante que, en tanto producción simbólica, sólo se completa cuando se la analiza como respuesta activa a determinadas estructuras de poder y autoridad.

En otro trabajo sobre el tema de la memoria histórica ("La cita de la violencia..."), Richard ha analizado las reacciones registradas en la sociedad chilena a raíz de la captura y detención de Pinochet en Londres, el 16 de octubre de 1998. Resultado local de una dilatada pero sin duda pertinente repercusión globalizada de la memoria histórica, el apresamiento del ex dictador y senador vitalicio de Chile despertó en ese país pasiones políticas adormecidas o canalizadas por el transaccionismo de la Transición, las cuales se orientaron en diversas direcciones. Richard recoge principalmente la que conmocionó a las mujeres pinochetistas que se movilizaron en manifestaciones que junto a las caceroladas que precipitaron la caída de Allende en 1973 echaron mano a un ritual que incluía desde la creación de un altar de la patria en que la figura de Pinochet se superponía al rostro de la Virgen María, hasta la utilización de carteles y camisetas que decían: "Yo amo a Pinochet" o "Pinochet es inmortal", conjugando "en una misma ritualidad creyente, la imaginería católica y el kitsch patriótico, el culto mariano y el fervor pinochetista"[9].

Dentro de esa misma ritualidad, que incluye una determinada actualización de la lengua, así como una resignificación del espacio público, del cuerpo presente y ausente como lugares simbólicos en los que se aloja y exhibe la memoria, es todavía necesario preguntarse qué memoria, y al servicio de qué causa, para legitimar qué valores, y como contracara de qué olvidos individuales, colectivos, institucionales.

En el contexto argentino se ha debatido también acerca de los límites entre memoria social e impunidad, y se han avanzado reflexiones sobre la estética de la memoria –y no ya sólo su retórica–, sobre las estrategias a partir de las cuales se impone a la memoria no ya una relación con las identidades sociales, sino con los procesos de identificación que devuelven al individuo la responsabilidad social por lo que los recuerdos actualizan, para que la memoria sea algo más que un tópico, y tenga un espesor que supere al de la noticia fugaz, formalizada, vaciada de contenido emocional y, como no, político[10].

---

[9] Cito y gloso aquí, con cierta extensión, el excelente artículo de Richard, ya que éste se encuentra aún en prensa, pero el estudio de la autora se extiende sobre detalles muy significativos de la movilización femenina y su articulación con la memoria histórica, en niveles que no es posible reproducir en esta corta exposición.

[10] Al respecto, véase por ejemplo el artículo de Hugo Vezzetti, y la respuesta de Dalmaroni y Merbilhaa.

En la contracara de la movilización de mujeres pinochetistas están, por ejemplo, las Madres de la Plaza de Mayo y movimientos similares, es decir otro uso posible de la memoria, otras prácticas, otras agendas culturales que apelan de otro modo a las posibilidades de una actualización globalizada de agendas, agentes, acciones localizadas en lugares y momentos precisos de una historia común. Otras maneras de vivir el cuerpo, de recuperar con el cuerpo y la imagen, presentes y desaparecidos, un mismo corte de la peripecia colectiva que constituyó nuestro ser-con-otros, para que la memoria sea interpelación, intervención, y no sólo evocación memoriosa.

Al mismo tiempo, sin duda estas diversas actualizaciones de la memoria histórica implican modos diversos de inscribir la cuestión genérica, la situación de la mujer con relación al espacio doméstico y público, y las mediaciones que en cada caso se ponen en juego para vincular familia y nación; memoria, ciudadanía e institucionalidad; ética y política. Nicole Loraux ha recordado la larga genealogía cultural que se asocia a la figura de la madre enlutada, desde la tragedia griega en adelante, la cual ha marcado, a lo largo de la historia, ese espacio simbólico en que la sociedad civil se mira en el espejo de sus propios recuerdos y sus propias acciones, poniendo la emoción frente a la historia y permitiendo interpretar la ira del héroe como una relectura que desplaza y actualiza (pone "en acto", traduce en acción) el dolor de las madres que sufren el duelo político. Esta compartimentación de roles y funciones genéricas, en gran medida superadas por los flujos sociales y políticos de nuestro siglo, son retomados en otro orden por Marc Augé, cuando interpreta que quienes tienen el "deber de la memoria histórica" son los que no han sido testigos directos o víctimas de los acontecimientos traumáticos (los cuales viven, por así decirlo, en la memoria) sino que "el deber de la memoria es el deber de los descendientes" (Augé, *Las formas del olvido* 102), el cual debe canalizarse tanto por la vía del recuerdo, como por la vía de la vigilancia. Otra compartimentación de funciones y deberes sociales que se presta a debate y que muestra el entramado complejo social, psicológico, político, tanto como local y a la vez universalizado, de la problemática ligada a la memoria.

Todo esto para señalar que los usos de la memoria –más que la mera reivindicación formalística de ésta–, imponen una reflexión sobre el lugar de lo político, y por ende por la redefinición de lo histórico en los procesos actuales, y para sugerir que quizá una de las funciones de la crítica cultural sea justamente la de constituirse en una alternativa capaz de relativizar, en alguna medida, la retórica de lo efímero y de cargar con la fuerza y las urgencias de lo local el escenario de la globalidad.

Estudios Culturales, Acción Intelectual
y Recuperación de lo Político

Resulta casi imposible no ver en la reciente clausura del Departamento de Estudios Culturales de la Universidad de Birmingham un alegórico signo de los tiempos que corren. Ese espacio académico, que fuera cuna de los *cultural studies* a mediados de los años sesenta, se cierra "en su forma presente", según la información provista por *The Guardian* el jueves 27 de junio de 2002, derivando sus componentes de sociología, comunicación, cultura y sociedad hacia otros institutos de estudios sociales aplicados[1]. Según la nota periodística, que lleva por título "Birmingham's Cultural Studies Department Given the Chop", la medida responde, al parecer, a la baja clasificación que el departamento obtuviera, pese a su excelencia educativa, en los ranking anuales que estiman sobre todo el nivel de investigación realizada por los miembros del departamento en cuestión. Los rigores y restricciones de la institucionalización, que en tantos otros planos habría atentado ya, según muchos practicantes de los *cultural studies*, contra el espíritu mismo de esta orientación en la que convergen esfuerzos renovadores de distintas vertientes de la izquierda académica, pone punto si no final al menos suspensivo a las casi cuatro décadas de desarrollo institucional, en el ámbito británico, de esta modalidad de análisis e interpretación cultural que resiste aún el ser calificada como escuela, método o disciplina. El futuro de los *cultural studies* británicos enfrenta ahora, por lo menos en Birmingham, la realidad de una *desterritorialización* académica que exigirá nuevas formas de supervivencia y diseminación del conocimiento, nuevas estrategias y articulaciones transdisciplinarias, nuevas políticas educativas dentro del campo de poder institucional.

No es la tarea de difusión académica ni el expansionismo transnacional de la *buena nueva* de los estudios culturales lo que estaría fallando, según algunos –y no sólo en el caso británico– sino quizá, podría especularse, su grado de exploración y productividad epistemológica, su rendimiento concreto y profundo en la aplicación misma de los principios del análisis, su cualidad revulsiva (¿o habría que decir, simplemente, política o –usando un arcaísmo– revolucionaria?). En

---

[1] Según Polly Curtis, quien firma la nota en la que *The Guardian* da cuenta del cierre del Departamento de Estudios Culturales, esta unidad académica se encontraría en proceso de reestructuración. Ante la puerta cerrada alguien habría colocado un papel en que se lee: "This department has been cancelled. Nothing else matters". Agradezco a Carlos Jáuregui la referencia a este artículo.

otros contextos –en Estados Unidos, Australia, América Latina– variantes de la versión británica continúan desarrollándose con un vitalismo en que la cantidad abrumadora de aportes parece exceder en mucho a su profundidad e innovación. En muchos casos, podría afirmarse que algunos de los mejores artículos producidos en el campo de los estudios culturales son aquellos en los que esa práctica reflexiona, en un gesto pesadamente autorreferencial, sobre sí misma: sus fundamentos epistemológicos, sus principios anti, post o transdisciplinarios, su carencia de restricciones y definiciones metodológicas, su genealogía, *necesidad* histórico-ideológica y funcionalidad académica e intelectual.

En "El malestar en los estudios culturales", un texto de 1997, Néstor García Canclini caracterizaba ya entonces el estado de los estudios culturales en el campo de las Humanidades con un término usado para describir crisis económicas: *estanflación* ("estancamiento con inflación"), indicando que

> En los últimos años se multiplican los congresos, libros y revistas dedicados a estudios culturales, pero el torrente de artículos y ponencias casi nunca ofrece más audacias que ejercicios de aplicación de las preguntas habituales de un poeta del siglo XVII, un texto ajeno al canon o un movimiento de resistencia marginal que aún no habían sido reorganizados bajo este estilo indagatorio (45).

Citaba, sin embargo, algunos logros que habrían permitido, a su juicio, en el ámbito estadounidense, "pensar de otro modo los vínculos con la cultura y la sociedad" (46) modificando sustancialmente el análisis de los discursos dentro del espacio de las Humanidades, campo que acusó más ampliamente incluso que el de las ciencias sociales, el impacto renovador de los estudios culturales[2]. Y resaltaba la importancia de esos estudios sobre todo para el asedio de los problemas vinculados con el multiculturalismo tanto dentro de América Latina como en las relaciones de contacto y flujo cultural que ésta mantiene con Estados Unidos.

En todo caso, es obvio que a pesar de las múltiples debilidades que muestra hoy en día la práctica culturalista, su rendimiento teórico frente a problemas como los que presenta la globalización, su propuesta ya no inter sino decididamente transdisciplinaria, su trabajo de erosión del proyecto ilustrado y modernizador, su crítica de las identidades entendidas ontológicamente como esencias a-históricas y administradas a partir de las ideologías e instituciones dominantes, para citar sólo algunos de los planos a que se aboca el análisis cultural, resulta insoslayable.

---

[2] En el caso de América Latina, libros como *La jaula de la melancolía* (1987) de Roger Bartra y *Escenas de la vida posmoderna* (1994) de Beatriz Sarlo, darían ejemplo, según García Canclini, de estudios fecundos en los que se analizan "las injusticias de la representación" dentro del marco de una crítica que resalta "la necesaria reforma del Estado-nación".

Quizá la gran popularidad alcanzada por los estudios culturales –popularidad que en gran medida contribuye a que el balance de los resultados resulte a veces desalentador– haya sido el signo más claro de que la apertura de las Humanidades hacia la orientación originada en Birmingham responde no solamente a un agotamiento de los recursos disciplinarios ante nuevos desafíos presentados por la cultura, entendida ahora más que nunca, en tiempos de globalización, como un campo de poder, sino asimismo a una transformación radical del espacio social transnacionalizado. Esta transformación requeriría instrumentos inéditos, o al menos innovadoramente combinados, de análisis e interpretación. Al hablar de esas transformaciones radicales me refiero no solamente a los cambios económicos profundos del tardocapitalismo y el diseño global empresarial, sino asimismo a la cancelación de muchas de las vías que permitieron durante la vigencia plena de los proyectos modernizadores organizar respuestas orgánicas a estrategias de poder e ideologías hegemónicas a diversos niveles. Abarco, asimismo, las modificaciones profundas del sistema educativo y su articulación cada vez más estrecha al mercado cultural, desde los niveles más básicos de instrucción hasta las capacitaciones técnico-profesionales y el desarrollo de espacios de competencia (*expertise*) que superan en mucho lo que podía ser abarcado desde las formas más establecidas de las ciencias sociales, la hermenéutica, la semiótica y las ciencias políticas.

La caída del socialismo real, el resurgimiento de fundamentalismos religiosos, políticos y epistémicos, el vaciamiento acelerado del Estado y las instituciones políticas y sociales mediadoras entre cúpula política y sociedad civil, la proliferación de discursos y de espacios de intercambio intelectual reales y virtuales, el incremento de las comunicaciones a partir de las cuales la cultura de masas atraviesa, coloniza y fermenta a la "alta" cultura, la pérdida de centralidad del discurso letrado ante las formas más agresivas y accesibles del mensaje audiovisual, para citar sólo algunos de los cambios más visibles en la sociedad actual, producen rupturas muy profundas en los fundamentos mismos del saber occidental, técnico y humanístico, y multiplican las preguntas que se hacen al campo cultural como lugar privilegiado de intercambios, procesos y rearticulaciones ideológicas. El surgimiento de nuevas hegemonías en el contexto de la globalidad y la reactivación, ahora sustancialmente modificada, de las relaciones Norte/Sur en el caso de América Latina, son niveles que requieren un trabajo crítico e interpretativo que no puede efectuarse desde espacios intelectuales marcados por dinámicas sociales y políticas que delineaban, en el siglo pasado, horizontes de acción y reflexión muy diversos a los actuales. Ante el descaecimiento de políticas partidistas y movimientos de liberación, ante el debilitamiento creciente de las culturas nacionales como espacios de identidades fijas, fuertemente territorializadas y administradas a partir del Estado, ante la reproductibilidad constante de discursos, mensajes, informaciones y productos culturales, y ante el surgimiento de movimientos sociales que se expresan a través de agendas híbridas, de fuerte capacidad desestabilizadora para el Estado liberal y sus instituciones, los parámetros conceptuales a partir de los cuales se efectúa el análisis de discursos y la interpretación de prácticas sociales requiere una renovación sustancial de sus bases filosóficas, éticas y políticas.

En este sentido, los estudios culturales parecieron ofrecer una plataforma de acción intelectual, un espacio de convergencia y debate que enfocaba prioritariamente, como espacio de análisis, los campos de fuerza que tensan y atraviesan el espacio dialógico de la cultura y los actores, agendas y estrategias que los ponen en funcionamiento. Gran parte de los esfuerzos teóricos se orientó hacia una crítica profunda de la modernidad como proyecto hegemónico de las burguesías nacionales, que trasladaron al campo de la cultura las luchas por la monopolización de los discursos que ordenaban el mapa cultural y social a todos los niveles: políticos, educativos, históricos, recreativos, religiosos, artísticos, comunicacionales, etc. La noción de *diferencia*, que plantea en diversos niveles la contracara de los discursos identitarios, nacionalistas y liberales, pasa así a un primer plano, permitiendo dar cuenta de la diversidad y conflictividad (*heterogeneidad*, *hibridez*) de formaciones sociales que no responden a los principios de conciliación y consenso que auspiciaran los proyectos republicanos desde la Independencia, sino que manifiestan en su constitución y funcionamiento la tensión irresuelta derivada de su condición neocolonial. La superación de los modelos que dieron base a la historiografía liberal no sólo pone a prueba las bases conceptuales de las disciplinas que se consolidan con el positivismo, sino que al mismo tiempo potencia el campo cultural como el lugar en el que se dirimen las luchas representacionales entre fuerzas políticas y sociales que se asientan no ya en raíces de territorialidad inmediata y administrada por los proyectos nacionales, sino en dinámicas reales y virtuales que rebasan la noción misma de *realidad* (la temporalidad, la espacialidad) promovida por la razón ilustrada y por la lógica modernizadora. La subjetividad, a nivel individual y colectivo, sufre transformaciones que alteran los procesos de (re)conocimiento, interacción y proyección social, al ser interpelada desde lugares no previstos de producción y reproducción simbólica. Los sujetos que plantean programas alternativos antihegemónicos, activados como actores sociales ya no articulados desde las plataformas de la izquierda, el sindicato, el partido, etc., elaboran agendas sectoriales que permiten movilizaciones acotadas, más reivindicativas que políticas (para utilizar una distinción *setentista* que va cayendo en desuso) que responden a problemáticas puntuales, que desplazan lo político a lo social, lo ideológico a lo cultural, creando flujos e intercambios entre niveles que la modernidad había creado el hábito de separar asépticamente. Lo *político* aparece en muchos casos apenas como un excedente (un residuo, un resabio, un epifenómeno) de lo cultural y no como la trama misma de sus interacciones.

En este panorama, los estudios culturales se mueven no sólo efectuando un diagnóstico –analítico e interpretativo–de lo social, sino como un síntoma, ellos mismos, del "nuevo orden" político, económico y cultural globalizado. El problema es, entonces, cómo recapturar lo político: desde qué plataformas, con qué propuestas, a partir de qué bases filosóficas, éticas, conceptuales, y de acuerdo a qué objetivos. Cómo relocalizar, entonces, el lugar de la cultura, para evitar su reificación. Sin que esto haga necesaria una base consensual ni una recuperación de los universales que marcaron los proyectos de la modernidad, es evidente que el problema llama a una reagrupación, aunque sea estratégica, del pensamiento crítico y de las políticas alternativas a la globalización, y a una redefinición del lugar del intelectual en las escenas locales, regionales, nacionales y transnacionales.

En este sentido, los estudios culturales han ayudado, por un lado, a vislumbrar plataformas posibles para la reubicación del intelectual, tanto a nivel académico como en las instancias de actuación pública e independiente que abrirían lugares inéditos de acción y reflexión, desde las funciones educativas a las posiciones vinculadas a la administración del mercado de los bienes simbólicos, desde los puestos de trabajo de las ONG hasta las capacitaciones tecnológicas avanzadas, desde el *advisement* en el terreno de las políticas culturales alternativas hasta las cercanías más peligrosas de asesoramiento al poder estatal y sus instituciones orgánicas. La tarea intelectual se modifica, complica y combina, de maneras inéditas, con otras funciones o "misiones" menos "pedagógicas" y muy diversamente "hermenéuticas", a veces de corte administrativo, empresarial o tecnocrático[3].

Es evidente, en todo caso, que la función del intelectual moderno como vocero del nacionalismo o como humanista/político programáticamente "situado", articulado o contrapuesto al Estado y sus instituciones, va dejando lugar –y esto varía según los contextos culturales– al intelectual como figura de negociación o mediación que existe en los intersticios entre disciplinas, espacios de poder, ideologías, territorios, cuyo valor se establece en gran parte en la medida en que los productos –saberes– que es capaz de colocar en el mercado de bienes simbólicos capturan las necesidades y la imaginación de un mercado omnipotente y omnipresente, local y al mismo tiempo globalizado[4].

Por otro lado, los estudios culturales impulsaron también otras modalidades de acción intelectual que, marcadas por la voluntad de conquistar una "vanguardia" político-ideológico-cultural ante el vacío de propuestas antihegemónicas orgánicas, convirtieron la reflexión sobre la *diferencia* en una escena de autorre-

---

[3] Para un análisis sumario de los cambios sociales y la función interpretativa de los *cultural studies*, véase el artículo de Yúdice "Estudios culturales y sociedad civil".

[4] Sobre la modificación de la función intelectual en el contexto de la globalidad, en el caso particular de las revistas, véase Moraña, "Revistas culturales y mediación letrada", en este mismo libro.

conocimiento. En ésta, el intelectual explora nuevas formas posibles para afirmar su centralidad y mesianismo frente a una otredad que sirve primariamente como confirmación del yo que piensa. En el artículo antes citado, García Canclini, llama la atención sobre la necesidad de "pasar del énfasis sobre la identidad a una política de reconocimiento" y sobre la conveniencia de distinguir, entonces, en la elaboración de políticas antihegemónicas, "entre conocimiento, acción y actuación; o sea entre ciencia, política y teatro":

> Un conocimiento descentrado de la propia perspectiva, que no quede subordinado a las posibilidades de actuar transformadoramente o de dramatizar la propia posición en los conflictos, puede ayudar a comprender mejor las múltiples perspectivas en cuya interacción se forma cada estructura intercultural. Los estudios culturales, entendidos como estudios científicos, puede ser ese modo de renunciar a la parcialidad del propio punto de vista para reivindicarlo como sujeto no delirante de la acción política (60).

Creo que la tentación por reafirmar el protagonismo intelectual desde posiciones de centralidad y privilegio atenta centralmente contra una verdadera recuperación de lo político, entendido no ya sólo como el teatro en que se escenifican y dirimen las luchas de poder a nivel simbólico y representacional, sino como un espacio participativo y creativo de resistencia y movilización social.

En esta economía de acciones y principios, plataformas y parámetros conceptuales, los estudios culturales siguen constituyendo una arena importante y al mismo tiempo movediza e inestable de intercambio y elaboración, cuyo principal desafío quizá sea el de resistir los peligros de la cooptación institucional y aprender a desarrollar estrategias no ya sólo de supervivencia sino de autocuestionamiento y *control de calidad* de sus propios productos simbólicos, teóricos e ideológicos. Hasta ahora, el desmontaje de la Ilustración y la modernidad ha sido mucho más efectivo que el del neoliberalismo y la globalización, y la crítica a la institucionalidad académica, la restricción disciplinaria y el exclusivismo humanístico mucho más productiva que las estrategias para reemplazarlos con proyectos verdaderamente democráticos en el interior de los cuales sobrevivan la independencia intelectual y las políticas de inclusión tanto como las posibilidades de conflicto, intercambio y pluralización. Si bien ya es evidente que los estudios culturales han triunfado en la tarea de colonizar el estatuto de las humanidades y las ciencias sociales, queda aún por probarse su verdadera capacidad de intervención y de interpelación política. Esto permitiría saber, una vez desmontada la modernidad, qué hacer con sus fantasmas.

TEORÍAS NÓMADAS:
ORIENTALISMO Y MODERNIDAD EN AMÉRICA LATINA

El estudio del orientalismo hispanoamericano, que puede ser rastreado desde las crónicas y relaciones de la conquista hasta la actualidad, ha estado marcado en general por la aplicación de modelos interpretativos simplificadores, que recorren como un lugar común la historiografía literaria y la tradición crítica de todo el continente. Desde los textos del descubrimiento y de la Ilustración, pasando por las narrativas que acompañan la fundación de naciones en el siglo XIX, hasta llegar a la literatura modernista y la escritura más universalista y cosmopolita de autores como Borges, Neruda, Sarduy, Paz, etc., las alusiones a Oriente han sido con frecuencia consideradas como meros procedimientos de expansión referencial destinados a lograr efectos escapistas o exotizantes, cuya función sería la de insertar en la representación de contenidos localistas una dimensión cultural diferente, hibridizando así los imaginarios regionales[1]. En la actualidad, muchos autores latinoamericanos continúan esa vertiente canónica, ahora desde los escenarios posmodernos. Para citar sólo el caso de México, Mario Bellatín retoma las culturas de Japón y China en novelas como *El jardín de la Señora Murakani* (2000) y *La escuela del dolor humano de Sechuán* (2001). Ignacio Padilla organiza sus recuerdos de África en *Crónicas de Swazilandia* (2002) y Alberto Ruy Sánchez recrea diversos aspectos del mundo árabe en *Los nombres del aire* (1987), *En los labios del agua* (1992) y *Los Jardines de Mogador* (2000), resaltando un sensualismo erótico que se remonta a *Las Mil y Una Noches*[2].

Las adopciones del *haiku*, las referencias al budismo o a los escenarios refinados y ritualizados del mundo asiático, la inserción de personajes, temas o entornos que remiten a las formas milenarias de espiritualidad y sabiduría tradicionalmente

---

[1] Al respecto, véase Kushigian. En opinión de esta autora, el orientalismo hispánico incorpora el Oriente como arquetipo del romanticismo o como captación de un misticismo exótico cuya función sería "to describe phenomena that were at once fantastically new and familiar to [XIXth-century Latin American writers]" (7). Asimismo, "Orientalism of the modernista period, or turn of the century, was a presentiment of the end of things. This inescapable despair reinforced a sense of mystery and fatality between East and West that inspired a sad elegance, an emotionalism expressed chromatically, and an obsession with the past in poetry and prose". El recurso orientalista lograría una fusión de opuestos Este/Oeste "in which geopolitical oppositions are dissolved, and the licit an illicit, as well as the profane and sacred join" (8).

[2] Agradezco a Ignacio Sánchez Prado estas referencias bibliográficas.

asociadas con las culturas orientales, representadas a veces en contraste con formas de barbarie atribuidas, por ejemplo, al mundo musulmán, contribuyen en distintos registros a la composición de un sistema heterotópico recurrente en la literatura continental. El Nuevo Mundo conecta así con genealogías espacio-temporales que actúan como contraparte de la racionalidad europea abriendo espacios diversos y plurales, en construcciones que se apoyan tanto en la erudición y la experiencia intercultural como en la fantasía. La razón moderna se articula entonces, al menos provisionalmente, con las imágenes de un universo alternativo, idealizado y homogeneizado desde la recepción americana, sin que las coordenadas del discurso letrado –sus valores éticos o estéticos, sus principios ideológicos– se vean sustancialmente alteradas. La operación orientalista incorpora un componente de diversidad racial y pluralidad lingüística también propio de la cultura americana. En el caso de Oriente, sin embargo, la representación de estas características parte de un universo que desfamiliariza la percepción de la diferencia cultural, y que ofrece un concepto distinto de antigüedad y de totalidad, aunque siempre a partir de imaginarios colonizados por la dinámica de apropiación transcultural. El panorama referencial se ensancha, así, en diversas direcciones. Temporalmente, el Oriente se extiende hacia la pre-historia de las narrativas occidentalistas, en la que se inscriben también las culturas prehispánicas. Espacialmente, evoca horizontes que superan los límites de los imperialismos modernos.

Al mismo tiempo, la operación orientalista conecta con la visión primera de "las Indias" americanas como la meta utópica perseguida por navegantes y mercaderes en busca de la ruta de las especies, en un procedimiento arcaizante que vincula las etapas actuales con los orígenes del occidentalismo americano. La ecuación colonialista, que en la visión de la conquista de América como una guerra santa sustituye moros por indios, da pie a una percepción en la que el Oriente aparece, para América Latina, como un mundo exótico y al mismo tiempo equivalente al propio, en tanto espacio políticamente sojuzgado y culturalmente "producido" desde los paradigmas europeos. De esta manera, la invocación de Oriente reivindica la pluralidad y reconoce la común posicionalidad exógena de Oriente y del Nuevo Mundo como los afueras de la civilización occidental.

Al explicar el occidentalismo como "the master metaphor of colonial discourse" (la metáfora principal del discurso colonial) Edward Said señala que "el Oriente no sólo es adyacente a Europa, sino también el lugar de sus más grandes, ricas y antiguas colonias, la fuente de sus civilizaciones y lenguajes, su opuesto cultural y una de las más profundas y recurrentes imágenes del Otro". El Oriente es, también, más que interlocutor, un "Otro silencioso" que, como las culturas prehispánicas, puede ser estereotipado, apropiado y asimilado, por su valor emblemático, como si existiera fuera del tiempo histórico, y ya sin voz, en una dimensión paralela, poshistórica, posideológica, poscomunicativa. Estudiosos del orientalismo hispánico opinan, sin embargo, de otro modo. Según Julia Kushigian:

In the Hispanic literary tradition, the Orient is drawn away fom the role of silent partner to that of "cultural contestant", which offers more than the indifference of a static Other. Fundamental to the Orientalism of the Hispanic literary tradition is a mutual recognition that fosters a bond based on a respect of plural realities, in addition to an invitation to a broader system of reality (109).

La pregunta sería, entonces, en primer lugar, en qué medida la alteridad cultural de las remotas culturas del Este, al estar construida –como Said ha indicado– a partir de los valores y modelos eurocéntricos, es absorbida en representaciones que domestican su irreductibilidad. En segundo lugar, cabría preguntarse si es posible afirmar que la posición de discurso elaborada desde Latinoamérica se abre, en efecto, a nuevos modos de incorporación que permitirían, desde la conciencia periférica y poscolonial, formas de representación interperiférica a través de las cuales se canalizarían formas de resistencia y estrategias de subjetivación capaces de desafiar y socavar las narrativas del colonialismo.

El propósito de estas reflexiones es el de conectar la modalidad orientalista con la condición neocolonial de América Latina. Sugerir, entonces, en esa dirección, algunas líneas a partir de las cuales podría organizarse una nueva lectura del orientalismo hispanoamericano, desde perspectivas articuladas a los nuevos debates sobre constitución de identidades colectivas, y sobre la constitución de sujetos que elaboran, desde los protocolos del pensamiento poscolonial, su inserción en los grandes sistemas, y sus estrategias de autorreconocimiento, resistencia y alternatividad.

Desde la perspectiva de Said, cualquier forma de representación orientalista –tomando orientalismo en tanto conjunto de conceptualizaciones a partir de las cuales Europa "produce" a su *otro* oriental– es, sin escapatoria, una apropiación *mediada*. La conexión inter-periférica –entre Oriente y América Latina– se realizaría, así, sólo vicariamente, a través de los modelos etnocéntricos que terminan siempre por confirmar la hegemonía ideológica y cultural de las metrópolis europeas. Al mismo tiempo, es obvio que tal apropiación es realizada también desde un imaginario –el latinoamericano– que se encuentra a su vez formalizado en torno a paradigmas de auto-percepción y auto-representación que derivan de la relación con los centros. El orientalismo se elabora desde parámetros condicionados por la experiencia del margen y por la participación deficitaria en los productos de una dominación que relega a las sociedades poscoloniales a los confines de la civilización definida por los modelos de la Europa occidental y extendida, a través de la acción imperial, a los territorios de ultramar. No existiría, entonces, posibilidad de conocimiento "verdadero" de la otredad, tanto oriental como propia –sino sólo conocimiento vicario, *ideológico* en el sentido de "falsa conciencia"– ya que los procesos de conocimiento parten y se remiten a los modelos formalizados por las epistemologías dominantes. Teorías, conceptos, géneros discursivos y estrategias representacionales, viajan, así, por el espacio colonizado de los imaginarios sojuzgados por las formas de racionalidad que subalternizan e invisibilizan, de diversas maneras, a las culturas *otras* que existen en sus propias territorialidades. Pero este tránsito se realiza siempre en un espacio controlado desde las narrativas centrales y producido desde la colonialidad que sobrevive en el orden de la modernidad.

Las críticas a Said rechazan, sin embargo, una visión demasiado sólida y homogeneizante de la representación orientalista, que deja poco espacio para la distinción entre variadas formas de apropiación ideológica y recorta la posibilidad de elaboración de discursos de resistencia desde las posiciones discursivas subalternizadas por la hegemonía euro/etnocéntrica. La crítica poscolonial reconoce, al menos en algunas de sus vertientes, que la producción cultural periférica existe no sólo condicionada por las epistemologías hegemónicas, sino que se encuentra también atravesada por los procesos de transculturación, sincretismo, heterogeneidad, hibridez, dialogismo y diglosia que caracterizan los escenarios poscoloniales. Las periferias son, ante todo, zonas fronterizas, espacios de contacto en que se mezclan y combinan, de distintas maneras, no sólo componentes de distinta naturaleza cultural, sino también diversos proyectos político-ideológicos y variadas modalidades de adscripción identitaria y también de resistencia a los imaginarios dominantes. Como espacio de encuentros, empréstitos y reciclajes culturales, los espacios poscoloniales mantienen, a su vez, reductos preservados de territorialidad simbólica, nunca del todo asimilados a la fuerza e influencia de los centros. En los heterogéneos escenarios latinoamericanos, la visión orientalista no sólo reproduce las visiones centrales, sino que se apoya asimismo en formas más directas de experiencia heterotópica, por ejemplo los fenómenos de migración que acompañaron en América Latina los procesos de formación y consolidación nacional, integrando los aportes de diversas culturas orientales a las vertientes española, indígena y africana. El orientalismo latinoamericano se apoya entonces, también en estas formas de hibridación, transculturación y reelaboración identitaria. La pluralidad identitaria y cultural de los sujetos que participan en la producción de imaginarios no permite, entonces, una conceptualización niveladora de sus estrategias representacionales, ni de los territorios existenciales de los que se nutre su apropiación estética.

Reflexionar sobre cualquier forma de orientalismo en la literatura y en el discurso cultural latinoamericano implica entonces, en primer lugar, pensar sobre los modos en que el problema de la *localidad* es producido –es decir, transformado en materia representacional, a través de las formas simbólicas (los géneros, poéticas, teorías y modelos discursivos) disponibles dentro de los diversos horizontes culturales de la modernidad. Implica, así, pensar la relación entre diversos modelos de *particularismo* y *universalidad*, así como sobre las estrategias a partir de las cuales se refrendan o cuestionan los diseños globales y la inscripción de epistemologías y subjetividades colectivas dentro de esos arreglos.

Si el orientalismo es, como nos recordara Edward Said en su "Orientalism reconsidered", sobre todo una frontera ideológica, un paradigma cultural que se apoya en la postulación de una geografía imaginaria e imaginativa, su apropiación latinoamericana implica, de algún modo, la superposición de dos formas sólo aparentemente paralelas de *deseo poscolonial*. Primero, aquella por la cual América Latina explora su *inserción en el occidentalismo* que le impone su condición de territorio conquistado, a través de las prácticas del expansionismo imperial y luego, en las etapas que suceden a la emancipación, por la imposición de los modelos nacionalistas y modernizadores. En segundo lugar, el deseo de explorar los *afueras* que constituyen las condiciones de posibilidad de ese occidentalismo, o incluso los reductos internos de mayor resistencia, a través de los cuales se expresa una *otredad* que reivindica, expone y re-presenta espicificidades regionales. Esos deseos de *pertenencia* o *diferenciación*, apoyados, como Homi Bhabha sugieriera, ya en la mímesis, ya en la mímica de los imaginarios hegemónicos, apelan, desde distintas perspectivas, a los recursos de la exotización como una exploración no sólo decorativista y de apropiación estética, sino también como una forma de repensar ideológicamente los procesos de reconocimiento y subjetivación cultural.

La producción orientalista –que toma referencias del Oriente construido desde el poder cultural de Occidente para acercarlas, por contigüidad o por oposición, a los constructos de América Latina– parte, así, en muchos casos, de una *conciencia descentrada*, que tensa ideológicamente, a partir de esa aproximación, los procesos de producción de (auto)conocimiento y sus formas de representación. Una conciencia, entonces, que refuta las fronteras de su propia localización fragmentando las nociones recibidas de totalidad cultural y completitud histórica, y sustituyéndolas por fragmentaciones y recomposiciones que redimensionan el lugar del sujeto y sus territorios existenciales. Michel Foucault define la noción de heterotopía justamente en esos términos: como el desorden que se impone sobre una totalidad, fraccionándola, y permitiendo así que cada fragmento ilumine, por sí mismo, "sin ley ni geometría", un orden diferente, sin que sea ya posible volver a encontrar un espacio simbólico único y monológico –"un lugar de residencia"– que los abarque a todos.

Es posible pensar que las operaciones orientalistas ensayadas a lo largo de toda la historia poscolonial de América Latina experimentan justamente esa heterotopía como un proyecto utópico de descentramiento y desafío de las epistemologías dominantes. Se recupera así una vivencia *otra* de los márgenes de las modernidades orquestadas desde la civilización occidental, reivindicando la existencia de otros espacios y otros tiempos –de otros territorios simbólicos– que marcan un *afuera* y un *antes* de los colonialismos modernos. Iris Zavala ha destacado que, en algunos casos, el orientalismo –junto a la recuperación de elementos de misticismo, experiencias sobrenaturales, ocultismo, etc.– ha constituido no sólo una forma de estetización de ideas racionales, sino que "acted as a mechanism for dealing with or mediating social contradictions" (*Colonialism and Culture* 127). En el modernismo de Martí y Darío, por ejemplo, Zavala percibe la elaboración de narrativas que se oponen a las figuraciones europeas respecto a la formación de identidades culturales y nacionales. Indica que:

> If in Orientalism, according to Said (1979), the influential idea was to construct the Orient as other while establishing coherent European national identities, by contrast, what these modernists had in mind was not a monolithic construction of Europe but the projection of another cultural sphere [...] It was not, so to speak, a discourse of power to create, incorporate, and control, but pluridirected discourses against power articulated within a heterogeneous and plurally inscribed discursive terrain" (*Colonialism and Culture* 85).

Si Oriente es, en el nivel de los imaginarios, el afuera constitutivo e imprescindible del poder eurocéntrico –el Otro que limita las fronteras del Yo– a partir del cual se sustenta el diseño global, la apropiación latinoamericana de esa "imaginative geography" conecta, a su vez, con el tema del *identity politics*: toda propuesta representacional sugiere una relación íntima entre las subjetividades colectivas y el poder que administra su territorio existencial, pero también un vínculo inescapable entre las estrategias de (auto)reconocimiento y los proyectos que guían a los distintos sectores en sus procesos de resistencia y emancipación.

Como un espejo de dos caras, Europa se refleja, en un mismo movimiento, a través de la colonización de los imaginarios, tanto en sus construcciones del Oriente, como en la de las culturas amerindias, devastadas primero e invisibilizadas después en sus supervivencias contemporáneas. Pero América y Oriente se convocan entre sí, aun a partir de sus sobredeterminados imaginarios poscoloniales, en la representación orientalista, en una alianza de otredades que potencia el espacio periférico y refuerza la idea de la existencia de epistemologías alternativas aun dentro del espacio regulado y monológico de la modernidad.

La operación orientalista no puede ser, entonces, evaluada fuera de estos contextos ideológicos, ni las estéticas de conexión interperiférica pueden ser consideradas en bloque, como meros recursos de reproducción de epistemologías hegemónicas, o de escapismo, exotización o decorativismo decadente. Creo, más bien, que estos recursos representacionales requieren lecturas que los inscriban dentro de los imaginarios marcados por las formas contemporáneas de colonialidad, que contienen tanto narrativas de legitimación de diseños globales y homogeneizadores, como procesos de hibridación cultural y pluralización discursiva a través de los cuales se canaliza la resistencia al proyecto moderno y se exploran las posibilidades de existencia de epistemologías alternativas.

IMAGINARIOS POSTNACIONALES:
MIGRACIONES DEL LATINOAMERICANISMO

1. PLANTEAMIENTOS

Migración, nomadismo, y reterritorialización, parecen ser algunos de los tópicos más recurrentes en la crítica actual. Los mismos son con frecuencia utilizados de manera directa, para hacer referencia a fenómenos sociales y culturales vinculados con la movilización humana más allá de límites nacionales o regionales. En otros casos, esos términos son aplicados, por extensión, a campos conceptuales, disciplinarios o ideológicos que pretenden dar cuenta de aquellos fenómenos. Así, es frecuente encontrar, en los más variados contextos, alusiones al "sujeto migrante", las "disciplinas nómades", o la (des) (re)territorialización de individuos o nociones que, desprendidos de su arraigo originario, pasan a articularse a parámetros *otros*, posibilitando, desde su nueva localización, procesos de resignificación que en muchos casos se revelan como más adecuados a la interpretación de la cultura actual.

Sin duda alguna, esa renovación léxico-conceptual apunta a cambios profundos en el saber académico, en el ordenamiento profesional (institucional, educativo) y, principalmente, en las realidades analizadas. De hecho, hace ya tiempo que la crítica latinoamericanista ha registrado el descaecimiento de nociones que fueran, hasta la década pasada, centrales a este campo de estudio. En efecto, los ejes principales que articulaban el latinoamericanismo han hecho crisis sobre todo a partir de los cambios que cuestionaran los principios y alcances de la modernidad y cancelaran la vía socialista como alternativa viable para el futuro próximo de América Latina, dejando el horizonte de la globalidad como el más visible e inquietante tanto a nivel económico como cultural. Algunos de los niveles en los que se efectúan las transformaciones más profundas a que estoy aludiendo son los que se vinculan a la noción de *identidad* como principio fijo y operador político-ideológico de proyectos nacionales, al concepto de *sociedad civil* como arena en la que se dirimen las prácticas simbólicas de una comunidad entendida como totalidad orgánica y territorialmente asentada, a la idea de *ciudadanía* como disciplina de articulación social basada en las nociones de consenso y participación democrática, y a la comprensión del *Estado* como núcleo de procesos de institucionalización y gestión político-cultural.

La activación de sectores sociales articulados horizontalmente, con agendas que atraviesan las jerarquías de clases, así como la reducción de las funciones del

Estado sobre todo por la implementación de políticas neoliberales basadas en la descentralización y la expansión transnacional de mercados en los que circulan tanto mercancías materiales como bienes simbólicos, han posibilitado formas de *afiliación* social, cultural y política que cancelan las formas tradicionales de (auto)reconocimiento identitario, y movilizan los posicionamientos de poder (hegemónicos, marginales o subalternos), creando flujos sociales no previstos desde los horizontes marcados por el ordenamiento modernizador.

Concomitantemente, los reacomodos económicos y políticos que vienen dando como resultado procesos de globalización y acuerdos regionales de intercambio económico (NAFTA, Mercosur) favorecen fenómenos de integración y transnacionalización nunca registrados con tal alcance y profundidad en el contexto que nos compete. La crítica al colonialismo que se activa a partir de la década de los sesenta, se vincula sin duda estrechamente a una *crisis de representación* que alcanza los dominios del conocimiento –con particular efecto sobre los *area studies*– que el fin de la guerra fría contribuiría a desdibujar a partir de estrategias mucho mas *trans* que *inter*-disciplinarias. Estos trasvases no podían dejar intacto el objeto estudiado, que es, de alguna manera, "producido", reinventado, de la manera que había sugerido Barthes, hace ya tantos años, cuando indicaba que el verdadero trabajo interdisciplinario consistía no en enfrentar, en torno a un objeto de estudio, disciplinas ya constituidas que en realidad no quieren renunciar a sí mismas, ni en convocar en torno a un tema dos o tres aproximaciones científicas distintas. Según Barthes, la verdadera práctica interdisciplinaria consistiría, más bien, en *crear un nuevo objeto que no pertenece a ninguna de aquellas disciplinas*. A algunas de estas invenciones, a sus reclamos de legitimidad y al espacio del latinoamericanismo como *lugar del deseo*, es que se refieren estas notas.

2. Preguntas migrantes

¿Cómo interconectan las transformaciones sociales, económicas y políticas antes aludidas, a nivel cultural, y cómo se traducen en el terreno específico del latinoamericanismo, siempre disputado, reclamado o relegado por disciplinas y campos culturales, a partir de las más diversas agendas político-ideológicas? ¿Qué fuerzas tensan hoy la trama problemática del latinoamericanismo y por qué rutas se disparan las fuerzas que construyen, deconstruyen y reconstruyen históricamente ese campo? ¿Cómo se redefine la función del productor y el crítico cultural en una arena polarizada falsamente entre las seducciones universalistas de la teoría y los requerimientos del pensamiento histórico, que exige reivindicaciones, descolonizaciones, relecturas, siempre apegadas a los avatares de la peripecia –del particularismo– continental? ¿Qué papel juega la lengua en estos reacomodos políticos, culturales y disciplinarios?

Para intentar aproximarme a esas preguntas, con el título de *migraciones del latinoamericanismo* quiero hacer referencia a la reformulación que ese campo de estudio esta registrando como efecto de desplazamientos humanos, rearticulaciones disciplinarias y movilizaciones ideológicas que lo reconfiguran día a día, conceptual y metodológicamente. O sea, que utilizo el concepto de *migración* para enfocar el traslado que resitúa individuos y culturas a través de fronteras, así como para hacer referencia a prácticas culturales y redefiniciones profesionales que existen *en fuga* con respecto a ese campo, con el cual mantienen una relación a la vez de ruptura y de continuidad.

No se me escapa que la alusión al latinoamericanismo como a un espacio en el que se registran movimientos centrífugos implica la idea de que ese campo posee una existencia definida anterior, y que es a partir de ese horizonte relativamente estable que pueden reconocerse los cambios a que haré referencia. No es mi intención afirmar aquí, con excesivo énfasis, esa existencia *a priori* ni entenderla de ninguna manera como un terreno fijo e incambiable de exploración y análisis. Deseo, sin embargo, asumir, al menos como hipótesis de trabajo, que la referencia al latinoamericanismo designaba, por lo menos hasta hace unas dos décadas, un espacio que comprendía, en sus distintas manifestaciones, el estudio de culturas anteriores y posteriores al "descubrimiento" que iniciara la historia colonial de América Latina. Esas culturas se estudiaban en sus manifestaciones *in situ*, tal como éstas se registraban dentro de sus parámetros territoriales, aunque ese estudio se realizara dentro o fuera del espacio geocultural latinoamericano.

Pero esta *unicidad relativa del campo* –un campo que compromete muchas lenguas, tradiciones y proyectos, existentes en más de veinte países y con una trayectoria histórica pre y posoccidental– unicidad sin duda reductiva y en gran medida homogeneizante y centralizadora, se vio desafiada desde adentro, en diversas instancias de la historia continental. Numerosos movimientos y movilizaciones rebasaron la idea de cultura nacional o continental en distintas épocas, demostrando que más allá de los límites de una modernidad entendida de manera estrecha, esas categorías no alcanzan a dar cuenta de culturas diaspóricas, exilios, o relocalizaciones individuales o colectivas de variada índole, cuya productividad cultural, aun cuando se mantiene vinculada a la tierra de origen y a las alternativas de la historia y la política local, se articula a públicos, lenguas y dinámicas sociales diversos a los propios, al desterritorializarse. De las identidades cautivas o desterradas del Cono Sur de los años setenta a las "identidades en el aire" (Sandoval, "Puerto Rican Identity...") de Puerto Rico y Cuba, de la des-centralidad estratégica y obligada de Martí a la producción recentralizada de Cortázar o Sarduy, de los exiliados argentinos de la generación del 37 al periplo paradigmático de Flora Tristán, el desplazamiento y el tránsito son connaturales a la constitución del latinoamericanismo, que ha absorbido estas dinámicas, con mayor o menor fuerza y respondiendo a distintas pulsiones político-culturales.

Sin embargo, entender esos tránsitos y esa localización variable, desplazada, como *la condición que mejor representa* al latinoamericanismo, o que mejor caracteriza su posicionalidad enunciativa o político-ideológica, me parece excesivo. El latinoamericanismo no será *solamente*, pero tiene que ser *en gran medida* aquel que reflexiona sobre culturas que se desarrollan dentro de sus coordenadas espacio-temporales nacionales, regionales o continentales, aunque el latinoamericanismo deba admitir también, inevitablemente, desplazamientos culturales y posicionalidades variables de reflexión desde las cuales pensar aquellas realidades.

Pero si el latinoamericanismo ha debido absorber las dinámicas de la desterritorialización, tampoco es posible dejar de considerar las enormes tensiones que han caracterizado, también desde adentro, las políticas culturales a nivel continental en las distintas épocas y regiones. Como espacio de articulación multidisciplinaria, el latinoamericanismo se ha sostenido sobre *formas de hegemonía* que han situado tradicionalmente ciertos saberes, lenguas y prácticas disciplinarias (la cultura letrada y criolla, el castellano o el portugués, las ciencias sociales) por encima de otros (los sistemas orales, las lenguas indígenas, los estudios artístico-literarios o comunicacionales), reproduciendo así relaciones de poder existentes más allá de sus dominios crítico-teóricos, en el universo sociocultural analizado.

Así las cosas, las preguntas actuales sobre la reconfiguración del latinoamericanismo deben hacerse cargo, para comenzar, de las tensiones intrínsecas de ese campo, las cuales se derivan, históricamente, de las nociones de cultura nacional, humanista y liberal, compartimentación disciplinaria e inmanencia de saberes autorreferidos, que caracterizaron nuestra modernidad. De más está decir que ha sido la misma historia cultural y política del continente la que ha asestado los principales golpes a esos pilares del latinoamericanismo moderno. La década de los años setenta, sin ir más lejos, puso a prueba los arraigos vernáculos o localistas, con el desplazamiento violento del exilio político-económico, que desarticuló para siempre la noción de culturas nacionales como asiento de identidades territorializadas, planificadas verticalmente, y comprendidas dentro de los límites político-administrativos que definía la nación-Estado, que naufragaba por las dictaduras. El latinoamericanismo tuvo aquí, quizá, una de sus más significativas *fugas* contemporáneas, en la medida en que una literatura, una pintura, una crítica, una historia, estaban siendo producidas fuera de fronteras, pero como contribuciones directas e imprescindibles a dinámicas interiores, nacional o regionalmente acotadas. Esta realidad, que se registra en muchos otros contextos, es apenas uno de los ejemplos posibles de las fisuras que la historia ha impuesto a nivel continental, fisuras que hacen imposible perpetuar los proyectos utópicos de entender la cultura latinoamericana como unidad orgánica y coherente. Esto, sin contar las tensiones políticas, lingüísticas, ideológicas, que caracterizaron desde sus orígenes a las culturas latinoamericanas, que Antonio Cornejo Polar

aludiera como totalidades heterogéneas y fluidas, marcadas por una contradictoriedad no-dialéctica ("Literatura peruana...").

3. FUGAS

Quiero referirme aquí, sin embargo, a otras direcciones académico-disciplinarias
que, vinculadas al campo del latinoamericanismo, y desde muy diversas fronteras
y horizontes teóricos, lo rebasan, recortan o problematizan de distintas maneras,
proponiendo transvases inéditos o renovados que están ya resultando en una
modificación importante de su fisonomía. Se trata, esencialmente, de repercusiones de la crisis de los *estudios de área* para el caso de América Latina, y del advenimiento de direcciones alternativas que buscan su reapropiación teórica a partir
de diversos posicionamientos.

Así es el caso de *latino studies*, por ejemplo, un campo conectado con el más
general del latinoamericanismo, pero que cambia el énfasis desde la cultura
nacional mexicana, cubana o puertorriqueña, hacia las que –teniendo como raíz
la historia cultural de esos países– se rearticulan o (re)nacen, territorialmente desplazadas, en Estados Unidos. La fuerza ideológica de los *latino studies* surge,
justamente, de los efectos de esta desterritorialización, y de la condición relocali-
zada de la población latina en Estados Unidos (desplazada tanto de la tierra de
origen como del espacio de una ciudadanía de primera clase en este país). Nutrido con el impulso que llega de campos afines (*Border studies*, *ethnic studies*,
etc.), los *latino studies* se disparan del campo latinoamericano hacia nuevos territorios culturales, sociales, disciplinarios, reteniendo de aquél la vinculación cultural con la lengua, la historia y la tradición derivada del colonialismo español,
pero agregando a ésta la condición nuevamente transculturada que resulta de
migraciones y condensaciones poblacionales en tierras inicialmente fronterizas
(entre México y EE UU, por ejemplo) y luego conquistadas a través de dinámicas
sociales y económicas complejas a todo lo largo del territorio estadounidense.
Una mirada a algunos de los libros que marcan el terreno ideológico y disciplinario de este campo de estudios permite percibir que el énfasis principal está situado en la articulación de la cultura latina dentro del espacio geocultural estadounidense, o sea en la voluntad de establecer "mapas cognitivos" que permitan
rebasar una lectura nacionalista fijada en localizaciones a partir de las cuales se
"produjeron" tradiciones, lenguas o memorias históricas reconocidas como "originarias". En palabras de José David Saldívar, por ejemplo, el propósito de los
latino studies y particularmente de los análisis de culturas fronterizas que ejemplifica su libro *Border Matters. Remapping American Cultural Studies* es:

> to show how to treat culture as a social force, how to read the presence of social con-
> texts within cultural texts, and how to re-imagine the nation as a site within many

'cognitive maps" in which the nation-state is not congruent with cultural identity (*Border Matters* ix).

Aunque el proyecto desafía, como parte de su agenda, el concepto nacionalista de territorialidad como asiento de las identidades fluidas e híbridas que constituyen el objeto de estudio de los *latino studies*, la homogeneidad que trata de problematizarse es, primariamente, la de Estados Unidos. En palabras del mismo autor, "*Border Matters* puts forth a model of a new kind of U.S. cultural studies, one that challenges the homogeneity of U.S. nationalism and popular culture" (ix), lo cual constituiría, podría alegarse, una nueva reterritorialización en la que las nociones de límite (frontera) y pertenencia (autorreconocimiento identitario) se refuncionalizan. En consecuencia, el redimensionamiento que esta relectura efectúa de los contenidos culturales latinoamericanos es un efecto agregado de una agenda *otra*, que al definirse en el *entre-lugar* conceptual, ideológico y sociocultural que vincula EE UU y América Latina, crea una perspectiva a partir de la cual todos los componentes comienzan a vincularse de maneras inéditas y autorreflexivas. Y si bien es cierto que este movimiento ha contribuido notoriamente, como indican algunos críticos, a la "mundialización" de los *american studies*, también es cierto que el mismo está incidiendo de maneras múltiples y a veces sin proponérselo en el modo en que los estudios latinoamericanos se autoperciben en épocas de globalización y, por tanto, de redefinición de agendas regionales.

Al hablar de las *fugas* del latinoamericanismo me refiero también a los *atlantic studies*, donde se restablece para el caso de América Latina una mirada desde afuera, desde los centros transoceánicos que fueran recorridos por las antiguas metrópolis para afirmar el dominio colonial sobre las nuevas tierras, en tiempos coloniales y posteriores a la independencia. El énfasis está puesto, aquí, justamente, en los tránsitos originados principalmente en África y Europa, que dieron como resultado procesos complejos de transvase económico, político y cultural, creando a ambos lados del océano culturas en las que se registran los efectos del intercambio intercultural tanto como los resultados de las diversas formas de dominación económica, política y cultural que los presidiera. El conocido libro *Black Atlantic* de Paul Gilroy ejemplifica bien esta dirección de estudios donde América aparece como receptora y procesadora de influjos occidentales y como espacio de transculturación que en muchos casos revierte sobre los poderes, culturas y procesos localizados del otro lado de la extensión oceánica. Aunque Gilroy articula su reflexión en torno al eje de la raza y lo refiere principalmente a los flujos culturales que vincularon África a Estados Unidos y el Caribe, su noción de *double consciousness*, originada en la teoría de Du Bois, como crítica que alcanza los diversos aspectos de la modernidad, aboga por una concepción también aquí transnacional y fluida de las formas identitarias que surgen de los contactos intercontinentales. Estos estudios, que se nutren centralmente de la teorización poscolonial, son productivos para el caso de América Latina, a la cual iluminan desde la perspectiva de proyectos globales, pasados y presentes, pero también, a su manera, la rebasan, en la medida en que el foco de sus análisis se sitúa en la zona material y simbólica de contacto e influencia y en los desarrollos económicos, políticos, comerciales, comunicacionales, y culturales en sentido amplio, que derivan de aquellas dinámicas.

De una manera similar a la anotada, hago también referencia con el concepto de *fugas* o "migraciones del latinoamericanismo" a los programas de los *studies of the Americas*, en los cuales lo que los especialistas en América Latina estábamos acostumbrados a concebir –para bien o para mal– como la *especificidad* latinoamericana se reconecta con la totalidad hemisférica buscando esclarecer la naturaleza y alcances de un eje vertical, que permita entender los contextos históricos y culturales más allá de las variables de lengua, religión, desarrollo económico, etc, enfatizando en su lugar las condiciones de existencia de conglomerados sociales formados de manera simultánea, a partir de la experiencia del colonialismo. En este caso, la totalidad "americana" vincula América Latina a los Estados Unidos pero con un anclaje fijamente situado en este último, en una perspectiva comparatista o asociativa que muchas veces se establece sin atención a lo que las relaciones Norte/Sur han implicado a lo largo de los siglos, ni a los devastadores efectos que la hegemonía estadounidense realizara tanto a nivel económico como en distintos niveles de la política y la cultura latinoamericana. Aunque la tardía autoconciencia de Estados Unidos como potencia imperial alcanza en muchos casos los estudios realizados desde este campo, en muchos casos se sobrevuelan condiciones económicas, políticas y sociales que desautorizan un comparativismo culturalista de superficie, que se legitima con una anexión teórica que recuerda otras formas no simbólicas de apropiación y expansión internacional.

Finalmente, quizá valdría la pena hacer referencia al contexto general del hispanismo y al campo, más antiguo y menos definido, de los *estudios peninsulares*, que partiendo también de la experiencia del colonialismo –aunque sin capitalizarla políticamente– se concentran en la asimilación que articuló las culturas del "Nuevo Mundo", por lengua, religión e historia a las metrópolis española y portuguesa. La idea de matriz cultural es, en este contexto, constantemente evocada como lazo indisoluble que mantendría a las culturas americanas ligadas por su raíz con las peninsulares, más allá de las rutas dispares que puedan haber seguido esas culturas a uno y otro lado del Atlántico y de la evaluación que pueda hacerse de aquel traumático vínculo inicial y de sus proyecciones hacia el presente.

La reactivación, de tiempo en tiempo, de un peninsularismo que intenta nuevas formas de reapropiación del "espíritu de la lengua" o del legado hispánico en sus formas americanas, demuestra que Latinoamérica se mantiene, en más de un sentido, como lugar del deseo, como territorio a conquistar para el fortalecimiento de programas culturales, o para la formalización de un patrimonio transnacionalizado capaz de nutrir con capital simbólico de valor renovado las arcas menguadas de las antiguas metrópolis. Quizá lo mismo pueda decirse de direcciones que desde los Estados Unidos proponen nuevos ejes en los que el espacio cultural latinoamericano aparece nuevamente dentro del *área de influencia* de los centros internacionales que en el contexto de la globalidad crean nuevas formas de hegemonía, penetración teórica y subalternización cultural.

Es significativo, en este sentido, el tema de *la lengua*, que ocupa en las economías académicas e intelectuales un lugar contradictorio: mientras nos movemos decididamente hacia el multilingüismo como efecto de la globalización y la integración cultural, algunas de las tendencias que señalamos como *fugas* del latinoamericanismo recurren a la lengua como dispositivo de perpetuación neocolonialista, mientras que en otros casos se prescinde de ella como si desde el inglés la realidad cultural de América Latina pudiera ser captada sin obstáculos. La noción de "las Américas" pasa a ser entendida, entonces, como una unidad supralingüística y, en este sentido, casi supracultural, o sea como objeto de conocimiento teórico de acuerdo a programas de indagación acotados y autorreferidos. El inglés es en esos contextos el idioma que se propone como la "lengua fuerte" de la teoría y la *lingua franca* de la globalización. El español marcaría el lugar de la historia, y de una realidad empírica –política y social– que muchas de las teorizaciones latinoamericanistas no consideran necesario conocer de primera mano porque el conocimiento que algunas de esas teorías promueven es también, en este sentido, autorreferido, supraempírico.

Desde los territorios del Sur, América Latina responde a estos impulsos de distintas maneras. Unas veces, responde con intentos de apropiación de paquetes teórico-conceptuales elaborados en los grandes centros de industria cultural, buscando en ellos la legitimación exterior de un latinoamericanismo *in situ* que ha sido tildado de "vernáculo" o "neorregionalista" y, así, descalificado desde localizaciones centrales y supuestamente autolegitimadas. En otros casos, el latinoamericanismo no globalizado impugna las tendencias *en fuga* desde un fundamentalismo cerrado que se refuerza a sí mismo con el borramiento de un *afuera* que se filtra, sin embargo, por todas las fisuras posibles de la cultura, a nivel lingüístico, comunicacional, estético y político-económico.

Aunque parecería que ninguna de estas dinámicas es nueva, lo es, al menos, el grado de permeabilidad de las culturas, la diversificación de los productores y los públicos culturales, y los recursos renovados de la penetración ideológica. También son nuevas las condiciones de integración transnacional y la crisis ideológica que hace necesario repensar *desde adentro* la posición de América Latina en los nuevos contextos.

Es evidente que los estudios latinoamericanos no podrán ser concebidos, en tiempos futuros, sin la consideración de los aportes y particularidades de las que

Román de la Campa aludiera como las "comunidades discursivas" de América Latina –y, por extensión, del latinoamericanismo– a que nos hemos venido refiriendo. También parece claro que en las dinámicas presentes y futuras de análisis e interpretación cultural América Latina deberá mantener, en gran medida, su condición histórica de *territorio asediado y en resistencia*, en busca de bases sólidas y propias de autorreconocimiento y autorrepresentación, más allá de las imposiciones neocoloniales que se delinean en el contexto de la globalidad. Y en estas luchas representacionales, será esencial el modo en que se juegue el papel de la lengua en los diálogos entre Norte y Sur, cultura letrada y culturas orales, teoría e historia, donde la preeminencia del inglés amenaza con superponerse a la hegemonía del castellano, creando nuevos palimpsestos de poder en el campo del latinoamericanismo, como en una metáfora elocuente de los flujos y posicionamientos materiales y simbólicos del "nuevo orden" mundial.

IDENTIDAD Y NACIÓN: ¿MÁS DE LO MISMO?

En un artículo reciente titulado "Cultural Studies: Reworking the Nation, Revisiting Identity", analizando el resultado de debates actuales sobre temas de *nación e identidad* en América Latina, Beatriz Sarlo realiza un sucinto análisis de los recorridos a partir de los cuales se habría llegado, principalmente desde las elaboraciones teóricas de los *cultural studies*, al estado actual de esta cuestión, que late en el centro mismo de la problemática latinoamericana, desde las guerras de independencia hasta el presente. Yo quisiera contribuir aquí, en alguna medida, al tema mencionado, y señalar algunas disidencias con respecto al análisis de Sarlo, con quien comparto, sin embargo, la preocupación central que guía sus reflexiones, y el reclamo final que ella expresa en el ensayo mencionado. Creo que comparto también con Beatriz Sarlo, la idea de que los estudios culturales están marcados por un talante público más que propiamente político, a partir del cual se proyecta un deseo de intervención social. En muchos casos, ese deseo no pasa de ser una expresión voluntarista que, agotada en sí misma, resulta, sin embargo, un útil punto de partida para la definición de la "misión" histórico-intelectual que Sarlo identifica –misión redencionista y autolegitimada, agrego yo– al menos en algunas direcciones de los *cultural studies*. Dicho esto, quiero indicar también que, a mi juicio, no es, sin embargo, en la práctica deficitaria o en la teorización globalizante de los *cultural studies* donde debe situarse el problema que plantea el estado actual de los debates sobre identidad y nación para el caso de América Latina. Aunque la tentación de matar varios pájaros con una sola piedra pueda ser comprensible, me parece que el deslinde entre la necesidad de criticar al crítico y la naturaleza misma de los fenómenos analizados puede entregar una reflexión más profunda sobre el tema que nos ocupa.

En un trabajo que publiqué hace tiempo titulado "Mariátegui y la 'cuestión nacional': un ensayo de interpretación" traté de revisar algunos aspectos vinculados a lo que hoy discutimos. Traía entonces a colación el hecho de que en la elaboración de la cuestión nacional tan fuertemente analizada en los *Siete ensayos*, en *Peruanicemos al Perú* y otros trabajos, el teórico peruano se enfrenta a la necesidad de elaborar una idea de nación que se haga cargo de una paradoja fundamental: la de que, por un lado, como indicaba yo en el artículo aludido, para pensar desde el marxismo problemas vinculados a la nación "la matriz liberal, en la que fermenta el cultivo de la nacionalidad burguesa, constituye una impronta político-ideológica inescapable" (156). En palabras de Mariátegui, "el socialismo contemporáneo [...] es la antítesis del liberalismo, pero nace de su entraña y se nutre de su experiencia". Mariátegui parte, entonces, de esa premisa histórica, pero se apoya, al mismo tiempo, en una crítica –inevitable para el caso peruano– de "la 'nación criolla', que se crea a la sombra de la dominación colonial, se legitima a través de las fórmulas del discurso ilustrado, y se consolida en los fuegos fatuos del librecambio y de la ideología del progreso" (Moraña, "Mariátegui y la cuestión nacional..." 156). En este sentido, el desafío que debe enfrentar Mariátegui es el de afinar las estrategias interpretativas del gran relato marxista, promoviendo el surgimiento de un sujeto interpretante propiamente latinoamericano, que el crítico peruano vincula a la definición de un objeto de estudio –de deseo– nacional-popular como centro desde el cual elaborar el problema de la identidad nacional. Desde esta base es que intenta vincular la cuestión nacional con el concepto de internacionalismo y efectuar la inserción de lo nacional y de lo regional, críticamente, en el contexto de la universalidad teórica de los grandes relatos del occidentalismo moderno. Como él mismo indicara en un texto de 1924 titulado "Lo nacional y lo exótico", "la realidad nacional está menos desconectada, es menos independiente [...] de lo que suponen nuestros nacionalistas [...], la mistificada realidad nacional no es sino un segmento, una parcela de la vasta realidad mundial" (Terán, *Discutir Mariátegui* 92).

No es mi intención reivindicar aquí sin más, a-crítica o a-históricamente, una teorización surgida hace ya tantas décadas desde una realidad sociocultural tan específica como la peruana, aunque venga de la pluma de uno de los más grandes pensadores de nuestro continente. Quiero simplemente rescatar dos hechos importantes. El primero, que la pionera labor teórica de Mariátegui se debe levantar en su momento no sólo en contraposición a la tradición liberal a la que busca revertir, proponiendo "la constitución de un sujeto nacional revolucionario capaz de interpelar a la nación burguesa desde adentro". Mariátegui también debe afirmarse sobre el vacío –sobre la negatividad– del propio pensamiento marxista que aunque reconoce la problemática de la formación nacional (en los escritos de Marx sobre la India, o sobre el avance del capitalismo en China, o sobre Irlanda o la comuna rural rusa) no llega a teorizarla, al menos no con el alcance teórico que hubiera permitido la aplicación conceptual de esos problemas al caso latinoamericano. Esto da pie a que teóricos mucho más actuales hayan hablado de la cuestión nacional como de la gran "anomalía" del pensamiento marxista, cuyo énfasis en el *inter*nacionalismo parece saltearse la etapa inmediatamente anterior, desplegando así lo que sería –por ejemplo para Tom Nairn– una narratividad "defectuosa", al menos en el primer marxismo, cuyos vacíos llenan, de diversa manera, los trabajos de Lenin y de Trotsky a comienzos del siglo XX, y muchos estudios posteriores, en esta tradición.

Como a nosotros hoy, preocupan a Mariátegui entonces tanto el tema de la heterogeneidad y del particularismo nacional y regional como la cualidad universalizante del gran relato marxista, cuyo principio internacionalista sólo resultaría practicable, para el autor de los *Siete ensayos*, a partir de la articulación de la excepcionalidad latinoamericana –regional, nacional– a las narrativas globalizadas de la modernidad y el socialismo.

Quiero decir con esto que llegamos al debate sobre la vigencia y sentido de lo nacional, sobre la articulación de lo local a lo global, y sobre el asiento territorial de las identidades nacionales, afincados aún en la matriz liberal que Mariátegui busca, oportunamente, contrarrestar. Yo aventuraba en mi trabajo sobre Mariátegui la hipótesis de que el teórico peruano responde al tema "premoderno" de la nación (*premoderno* en el sentido de ver a la nación como el puente históricamente *necesario* entre colonialismo y modernidad) con una elaboración "posmoderna" *avant la lettre*, basada en el protagonismo productivo de la *diferencia*. En efecto, Mariátegui llega a reflexionar sobre el tema de lo nacional asediado por la realidad de la diversidad andina (el multiculturalismo, el multilingüismo, lo que los bolivianos aluden como la condición "pluri-multi" de la región). Sobre todo, atiende a la existencia superpuesta, dentro de la nación, de diversos sistemas productivos y culturales que atraviesan la lucha de clases sin cancelarla, y que operan como fuerzas centrífugas que amenazan con desmantelar, de entonces a hoy, la cualidad unificadora del Estado, y el valor simbólico de lo nacional como categoría cohesiva y aglutinante.

Como Sarlo reconoce en su oportuno reclamo por una *nueva* reflexión sobre estos temas, otros factores se suman, desde la segunda mitad del siglo XX, a la problemática de la nación. Entre ellos, el fenómeno creciente de las migraciones, la apertura de canales virtuales que interconectan y superponen los espacios reales, la aceleración y alcance masivo de las comunicaciones, el surgimiento de movimientos sociales que trascienden cualquier limitación territorial, las estrategias de globalización capitalista y el trasiego económico transnacionalizado, la sobreimposición en las periferias de modelos interpretativos creados e implementados desde los grandes centros de procesamiento teórico, las nuevas formas de marginalidad que resultan de las nuevas formas de hegemonía a nivel planetario. Sin duda estos fenómenos contribuyen a un desdibujamiento de lo nacional y a un borramiento de fronteras reales y simbólicas que viene siendo analizado desde hace varias décadas. Esto también relativiza inevitablemente la vigencia de la nación como parámetro de ordenamiento político-administrativo, y obliga a una también radical reformulación de la noción y funcionalidad de las identidades colectivas. Impone, al mismo tiempo, la necesidad de profundizar las diferencias y los roles sociales y políticos de los conceptos de estado y de nación, como vienen proponiendo desde hace tiempo los *cultural studies*.

Junto a los fenómenos de transformación antes analizados, nada resulta tan dramático, sin embargo, como la erosión que se opera desde adentro mismo de los asentamientos nacionales. El vaciamiento político del Estado y su afantasmada capacidad económica, fruto principalmente de la implementación de políticas neoliberales y del endeudamiento público, el descaecimiento casi total de liderazgo y de organización partidista, el desmantelamiento del pensamiento de izquierda y la falta de modelos para un cambio desde las periferias, agudizan la vivencia de la fragmentación social, y conducen a un nihilismo que se extiende, también sin fronteras, como una forma globalizada de melancolía.

Desde la percepción de estas transformaciones, y reflexionando sobre el fenómeno de la nación-Estado a nivel planetario, Eric Hobsbawn ha indicado que la historia mundial "no puede ya ser contenida dentro de los límites de 'naciones' o 'naciones-Estado' tal como éstas solían ser definidas política, económica, cultural o aun lingüísticamente. [La historia mundial] verá a la 'nación-Estado' y a las 'naciones', o a los grupos étnico/lingüísticos primariamente replegándose, resistiendo y adaptándose, siendo absorbidos o dislocados por la nueva estructuración supranacional del mundo. Las naciones y el nacionalismo estarán presentes en esta historia, pero jugarán un papel subordinado, y con frecuencia bastante menor" (*Nation and Nationalism* 182; la traducción es mía).

Aunque quizá coincidiría en buena parte con estas predicciones, desde su propia circunstancia geopolítica Sarlo descree con razón de las explicaciones universalistas y desconfía, también con razón, de la ambigüedad con que los estudios culturales han conducido, desde realidades políticas, económicas y sociales tan diversas a las latinoamericanas, la discusión en torno a la cuestión nacional, generalizando sus diagnósticos acerca de la cancelación de la nación y la muerte del sujeto a nivel planetario. Pero debemos reconocer, al mismo tiempo, que en la tarea de consolidar el estatus epistemológico del discurso teórico y de reclamar la verificabilidad de esas teorías de cara a las variantes locales, debe incorporarse también una crítica severa de los protocolos y estrategias a partir de los cuales la modernidad impuso parámetros que las transformaciones sociales, culturales y políticas han hecho descaecer, a lo largo y a lo ancho del mundo occidental. Es cierto, a mi juicio, que la reflexión culturalista releva tales cambios con un impulso –a qué negarlo– fuertemente *ideológico* (como Sarlo señala), en el sentido de promotor de formas de falsa conciencia que afectan los procesos de reconocimiento y autorreconocimiento social. Pero no es menos cierto que el nacionalismo, en sus modalidades más frecuentes, es a su vez una ideología que consolida el liderazgo intelectual de la clase media, y las identidades nacionales verticalizadas desde la centralidad del Estado liberal o neoliberal, reproduciendo los mitos del orden nacional, el progreso y la ciudadanía. Esto, como si fuera posible articular un solo proyecto social –político, étnico, de género– bajo el paraguas de la estadidad y como si el autoritarismo, la corrupción y la incapacidad política y financiera de nuestros gobiernos no hubieran desautorizado ya la legitimación del Estado como lugar de la verdad social. Nuevamente, se hace necesaria aquí una discusión extensa sobre las distinciones entre nación y Estado, para afinar el rol que asignaremos a cada una de esas categorías, y a sus grados de agenciamiento histórico y político.

Cuando Sarlo reclama una nueva teorización acerca de la nación y las identidades reacciona, a mi criterio, contra la arrogancia generalizadora de los estudios culturales, y la tendencia de éstos a diagnósticos realizados de espaldas a las realidades concretas sobre las que esos diagnósticos se aplican. Su posición, obviamente, no parte de una "resistencia a la teoría" sino de la legítima necesidad de repensar las bases para una nueva forma de concebir el sujeto nacional-popular y las formas posibles de organización a partir de las cuales buscar respuestas a las profundas crisis que atraviesan los países latinoamericanos, de cara a los desmanes de la globalización y el neoliberalismo.

Podría alegarse, sin embargo, que quizá estas crisis reclaman en la actualidad, más que nunca, justamente el desmantelamiento de nociones modernas que han estado en la base histórica de las situaciones extremas que se viven hoy en día. En este sentido, podría aventurarse que lo que se hace necesario es más bien una reflexión que a partir de las especificidades locales sea capaz, como quería Mariátegui en otros tiempos, desde otros horizontes, de desafiar a la nación burguesa desde adentro, con un pensamiento crítico, político, alternativo a los modelos de la modernidad liberal, y de pensar el tema de las identidades incorporando la fragmentación, la sectorialización y la pluralidad identitaria como requisitos indispensables en los procesos de (auto)reconocimiento social.

Creo también que más incluso que un pensamiento sobre lo nacional, lo que se impone es una reflexión acerca de problemáticas regionales, recordando que fue justamente la violencia de la compartimentación nacional la que rompió la lógica cultural y económica de las distintas áreas continentales desde la independencia. En el momento actual, es fácil reconocer que problemas como el del narcotráfico en el área andina, o los quiebres político-económicos en el Río de la Plata, son impensables si no se logra superar los parámetros reducidos de lo nacional, aunque dentro de ellos se jueguen las batallas cotidianas y se sufran los daños principales. En un mismo sentido, fenómenos como los movimientos de liberación nacional, las dictaduras y las resistencias populares que las enfrentaron, o las políticas del neoliberalismo, nos enseñaron hace tiempo la importancia de comprender dinámicas que exceden lo nacional y hasta superan las previsiones que podían haberse hecho desde el menú de la modernidad. Paralelamente, la importancia de *lo local* fractura la organicidad que sugiere la cuestión nacional: la problemática de las provincias argentinas, que Sarlo señala en su artículo, es una buena prueba. Pero también el fraccionamiento, en todos los países, de la noción misma de ciudadanía y de sus referentes concretos, los cuales se ven sustituidos por una proliferación de agendas sectoriales transnacionalizadas –cada una con su propio imaginario, sus propias tradiciones y sus propias metas– que apuntan a la necesidad de repensar las identidades culturales desde bases y principios que rebasan los límites del Estado-nación, obligando a estrategias micro-analíticas tanto como a extensiones teóricas que puedan alcanzar, en un estudio de lo nacional, a las comunidades dispersas y expatriadas.

Creo que el artículo de Beatriz Sarlo no resalta suficientemente lo que es, a mi criterio, la necesidad principal de los replanteos acerca de los conceptos de nación e identidades culturales: lo que Chantal Mouffe ha concentrado en la fórmula que urge por un *retorno de lo político* como un requisito indispensable para la conformación de "democracias plurales y radicales" en diversos contextos. Para Sarlo, las ideas de nación e identidad y sus referentes sociales concretos, se potencian como una plataforma indispensable para esa recuperación. Pero la pregunta que nos acerca Chantal Mouffe es más puntual. Ella interroga acerca de qué tipo de identidad política puede favorecer ese proyecto de recuperación de lo político. Y apuesta por *estrategias descentralizantes*, y por la afirmación de *posiciones de sujeto* que sin caer en un "pluralismo radical" que crea la ilusión de una coexistencia social basada en una diversidad "sin fronteras ni conflicto", permita recuperar un "nosotros" que no coincidirá, probablemente, con la noción moderna de ciudadanía ni se articulará en torno a los programas estatales. Esta noción de "identidades contingentes" que reemplaza el esencialismo teórico de la modernidad se basa tanto en *equivalencias* como en *diferencias* en el interior de los distintos sectores que hoy en día fragmentan la utópica unidad político-administrativa de la nación-Estado.

América Latina parte, entonces, en su reflexión sobre la cuestión nacional, de una doble negatividad. Primero, de esa idea que, gestada desde la matriz liberal exclusionista, concibe a la nación como un espacio controlado y homogéneo para la proliferación de mercados en beneficio de las elites, y al Estado como a la máquina de producción y reproducción de subjetividades colectivas. En segundo lugar, la reflexión latinoamericana o latinoamericanista sobre la cuestión nacional también carga en su haber, como veíamos, una elaboración deficitaria en torno a la cuestión nacional desde el ala del pensamiento marxista que, a pesar de todo, ha sido hasta ahora el único pensamiento alternativo al liberal que ha tenido un impacto indudable sobre nuestros imaginarios políticos y culturales. El pensamiento latinoamericano ha retenido, sin embargo, como se ve a través del debate que nos ocupa, la dimensión mítica de lo nacional como lugar de "comunión" colectiva, "solidaridad en gran escala" y "plebiscito diario" que Renán insertara en los imaginarios latinoamericanos de comienzos del siglo XX y que Mariátegui deconstruyera desde los horizontes del marxismo gramsciano. Quizá sea, en el fondo, a esta dimensión a la que nos estamos refiriendo en realidad al hablar de nación desde los horizontes del neoliberalismo y la globalidad: a la necesidad de recuperar, como si se tratara de un fenómeno de creencia, una fraternidad ciudadana que cumpla un rol aglutinante y movilizador en los tiempos que corren. Si éste fuera el caso, sería un verdadero desafío para la praxis y para la teoría examinar los modos de articular el mito de lo nacional a las realidades de la globalización.

Creo que no es la conocida arrogancia teórica de los estudios culturales la que ha puesto las ideas de nación e identidades culturales al borde de su propio abismo programático, sino los cambios globales que impactan, eso sí, de maneras tan distintas, las diversas regiones del planeta y los distintos sectores que coexisten tensamente en naciones o ex-naciones o inter-naciones, en el mundo de hoy. Así es que puede hablarse de "Estados multinacionales", o "naciones transestatales", o de "nacionalismos sin nación", o de naciones sin Estado. Se registran así, en estas variaciones, los modos en que uno de los ideologemas claves de la modernidad —la idea de nación— persiste afantasmado en un mundo en que la complejidad real de lo social rebasa, incluso, la complejidad imaginada de la teoría.

En mi artículo sobre Mariátegui yo terminaba valorando un rasgo que me parece conveniente volver a mencionar ahora. El de que el mérito principal de su teorización sobre la cuestión nacional logró percibir, desde los márgenes —al menos ideológicos— de la nación moderna no ya tanto la vigencia, centralidad y perversidad de la nación como constructo burgués, sino su disemi-Nación (Baba, "DissemiNation. Time, Narrative..."): la pluralidad intrínseca y agónica de los múltiples actores y proyectos que existen y luchan en su interior, y fuera de fronteras. Pienso aún, como indicaba entonces, que esta dialéctica teórica entre grandes narrativas —pensamiento globalizado— y destotalización, entre universalismo y particularismo, entre problemática nacional, regional y politización internacionalista constituyó en su momento "un lujo teórico que atraviesa la historia hasta nuestros días, como un desafío aún a la praxis y a la imaginación latinoamericana." Una enseñanza, entonces, que aún perteneciendo a otro momento histórico, quizá vale la pena recuperar.

INTELECTUALES, GÉNERO Y ESTADO: NUEVOS DISEÑOS

La cuestión del género y la redefinición de la función intelectual que está teniendo lugar como resultado de debates más amplios sobre globalización, transformación de la sociedad civil y recuperación de lo político, involucran el campo de los estudios que tradicionalmente se agrupan bajo el rótulo de las humanidades, alcanzando los ámbitos de las ciencias sociales, la antropología, las comunicaciones y la historiografía. La cuestión del género se extiende, asimismo, dentro de los dominios de los estudios culturales y poscoloniales. Introduce en ellos no solamente la necesidad de una teorización que inscriba los particularismos del género en el espacio más amplio de una reflexión filosófica sobre ciudadanía, subjetividades colectivas y epistemologías alternativas a las que dominaron los escenarios de la modernidad. También impone la necesidad de una *pragmática* que permita revisitar las agendas del feminismo que acompañó las etapas más álgidas de la guerra fría y sus instancias inmediatamente posteriores, para redefinir el lugar de la cuestión genérica de cara a los procesos más actuales. Hablar de una pragmática implica reconocer, de una manera explícita, la relación entre teoría y praxis, academia y sociedad civil, pero también matizar los excesos teóricos con las atenuaciones y los relativismos que se hagan necesarios a partir de la observación de prácticas concretas, situadas, contingentes, que surgen de condiciones materiales de producción cultural y comprometen sujetos histórica y geoculturalmente constituidos. Implica vincular teoría y acción, y explorar la función intelectual como mediadora no sólo en los niveles de producción e interpretación de material simbólico, sino también en las formas más acotadas de la gestión y el activismo, la movilización y la enseñanza.

1. LA IDENTIDAD GENÉRICA Y SU PRODUCTIVA PRECARIEDAD

Entre los puntos que quiero destacar como bases para un debate sobre "Intelectuales, género y Estado", figuraría en primer lugar el hecho de que la coyuntura actual estaría signada, a mi criterio, por una modificación fundamental de la noción de *identidad genérica* que desde perspectivas sustancialistas, identificaron durante varias décadas como objeto de las políticas feministas a un *sujeto universalizado*, marcado por las determinaciones sociales y biosicológicas adjudicadas a los sexos y visibilizado en su negatividad por el sistema de dominación patriarcal. En su lugar, creo que las corrientes dominantes de la teorización feminista se pliegan más bien al reconocimiento de las intersecciones culturales y políticas que "producen" las subjetividades colectivas tanto como sus formas de representación simbólica[1]. La crítica al universalismo esencialista de las primeras posiciones aludidas –con todas las variantes conocidas dentro de ese campo de reflexión– ha permitido no sólo la afirmación teórica de la condición inacabada, fluida e inestable de las identidades de género, sino asimismo la recuperación de las condiciones materiales e históricas que permiten afirmar tal contingencia y que remiten a contextos más amplios de la conflictividad social, cultural o económica. Esta concepción particularista de identidad genérica ha bloqueado el camino, entonces, al hegemonismo teórico que impondría sobre sujetos sometidos a muy diversas condiciones de existencia social, categorías de análisis niveladoras y homogeneizantes, forzando sobre ellos políticas de (auto)reconocimiento que violentan epistemológicamente sus imaginarios en los niveles ético, estético, y ampliamente "político". No creo que esto impida, de ninguna manera, elaborar a partir de la reflexión sobre prácticas *situadas*, alcances teórico-filosóficos, alianzas o intercambios que bajo la forma de articulaciones políticas permitan proyectar la teoría y la praxis hacia situaciones trans-contingentes o suprasectoriales. El problema planteado es, entonces, cómo negociar las categorías de universalidad y particularismo o, dicho de otro modo, a través de qué retenciones estratégicas se puede mantener una diferencialidad crítica operativa que permita inscribir la cuestión del género, más allá de posicionamientos feministas, dentro de problemáticas mayores. Cómo hacer jugar, entonces, las especificidades históricas y culturales, cómo articular identidad y diversidad dentro de los contextos de alta integración y persistente desigualdad transnacional. Quizá por el camino de rechazar antagonismos, en los términos que sugiere María Luisa Femenías: "Ni igualdad ni diferencia, tal como se plantea habitualmente, sino ambas" (294).

2. EL VACIAMIENTO DEL ESTADO Y EL LUGAR DE LO POLÍTICO

En segundo lugar, y en diálogo con lo anterior, quiero traer a colación un hecho fundamental que afecta de múltiples maneras los debates y políticas del género en América Latina. Me refiero al fenómeno, que viene gestándose desde hace varias décadas, del *vaciamiento político del Estado* y sus instituciones mediado-

---

[1] Al respecto, indica Judith Butler: "...gender is not always constituted coherently or consistently in different historical contexts, and [...] intersects with racial, class, ethnic, sexual, and regional modalities of discursively constituted identities. As a result, it becomes impossible to separate out 'gender' from the political and cultural intersections in which it is invariably produced and maintained" (3).

ras, principalmente los aparatos ideológicos que alcanzan desde la función académica y el sistema jurídico hasta los partidos políticos y los medios de comunicación. Ante situaciones extremas aunque tan diversas como las de Argentina, Colombia o Venezuela se asiste a un tiempo a la disolución de las redes sociales y a los esfuerzos por reconstituir lo político en sus tramas primarias de resistencia popular, supervivencia cotidiana y reagrupamientos ideológicos. *Lo social* sobrevive a la sociedad misma, demuestra su existencia más allá o más acá de lo institucional o partidista, reemplaza liderazgos tradicionales, clientelismos y condescendencias patriarcalistas con movilizaciones espontáneas y en muchos casos inorgánicas, con "estrategias del caracol" que se apoyan en el desplazamiento para reterritorializarse, en la solidaridad, el nomadismo y la creatividad para afirmar nuevos asentamientos materiales y simbólicos. Lejos de disolverse en esta trama inestable e inédita de problematicidad, la cuestión del género se reinscribe camaleónicamente en el interior de movimientos sociales y busca nuevas formas de representación y representatividad. Pero no existe fuera ni con prescindencia de tales dinámicas.

El descaecimiento de las que podríamos llamar conceptualizaciones "duras" de las identidades sociales y su reemplazo por definiciones que rescatan más bien su productiva *precariedad*, así como la disolución de las formas modernas de *lo político* no deben resultar, a mi criterio, en la celebración *per se* del fragmentarismo, la residualidad, la multiplicidad o la ruptura, más que si son entendidos como síntomas de una dinámica deconstructora capaz de desestabilizar posiciones de poder, de los que puede extraerse un conocimiento transformador. Creo que vamos en camino de ir superando *el destape* posmoderno y entendiendo la necesidad de recuperar, más allá de carnavalizaciones pospolíticas, perspectivas epistemológicas que nos devuelvan de algún modo a un concepto revisado de *realidad social* desde el cual articular diversas posiciones de sujeto, individuales y colectivas[2]. Entre la fascinación de lo pluri/multi y la romantización –y fetichización– de lo popular hay, creo, un inmenso espectro de posibilidades críticas, teóricas y políticas, a las que se debe interrogar *desde los estudios del género* que tampoco son ajenos a la seducción de los extremos.

En América Latina, donde los estudios de género nacen marcados por la distribución disciplinaria y también, en los años de mayor influencia de la teoría de la dependencia, por el sociologismo que los ligó fuertemente al anti-imperialismo y a los movimientos de liberación nacional, la noción de *sujeto político* continúa manteniéndose (Navarro, Redclift). Esos estudios registran, sin embargo, cambios fundamentales relacionados con los efectos del capitalismo periférico sobre la construcción genérica. Al tiempo, otras dinámicas feministas se liberan, en

---

[2] Véase, al respecto, Dore, "Introduction" en *Controversies in Gender Politics*.

contextos precisos, de esos determinismos, afianzándose más bien en la politici-
dad dispersa de una resistencia que se filtra por las fisuras de los discursos hegemónicos, de izquierda y de derecha, buscando nuevas formas de canalizar agendas, y poner en práctica epistemologías que contemplen el modo en que los
niveles de clase, raza y género no sólo se intersectan sino se sustentan recíprocamente[3]. Sin embargo, creo que es necesario todavía seguir analizando las relaciones entre materialidad social y formas simbólicas y el modo en que ambos planos
negocian y divergen, según los casos. El modo, entonces, en que la unidad que es
imprescindible para la lucha política puede admitir diferencialidad, antagonismos
y multiplicidad, sin debilitarse, recordando que, para esos análisis, no existe ya
una conexión implícita o necesaria entre feminismo y estudios de género[4].

3. Cambios en la función intelectual y la cuestión del género

Finalmente, entre el Estado –saturado o vaciado de contenido político– y la cuestión del género, *la función intelectual* se sitúa con un status mediador pero asimismo problemático, afectado por una *crisis situacional* que abarca aspectos
ideológicos pero también *estratégicos* de posicionalidad institucional. Esta crisis
–sin duda más profunda que las que se registraron durante el siglo xx– obliga a
revisar agendas y programas, plataformas y prebendas, alianzas y deslindes. Inte-
rrumpir el discurso dominante e interpelar ya no sólo a los discursos del poder
–cualesquiera que éstos sean, incluida la ortodoxia feminista– sino también a la
sociedad civil es no sólo una de las funciones del intelectual sino también la clave
del pensamiento crítico. ¿Pero qué hacer cuando el intelectual, que por definición
se encuentra siempre de una manera u otra entronizado él mismo en los discursos
interpretativos de la trama social, está más preocupado por redefinir su función
en los nuevos arreglos globales que en afinar su trabajo hermenéutico? ¿Qué
hacer cuándo el oportunismo de río revuelto hace más fácil levantar las redes y
capitalizar la crisis como un espacio en el que todo vale, donde la prédica es más
fácil que el análisis y muchísimo más fácil que la acción, y el atiborramiento teórico se convierte en la estrategia más lúcida de impunidad ideológica y subalternización de lo teorizado? Las agendas teóricamente saturadas del latinoamericanismo central no dejan de evidenciar, en muchas de sus formas, justamente la
crisis de esa centralidad que la función intelectual disfrutó con el liberalismo y

---

[3] Como indica Redclift –retomando posiciones de Dore y Nazari en el mismo libro– "Class, gender, and race [...] are not merely connected, they do not simply intersect [....] they *are/stand for* each
other" (227).

[4] La frase, que recoge algo ya ampliamente reconocido, viene de Nanneke Redclift, "There is no
longer an intrinsic connection between feminism and gender studies" (Redclift, 223).

que el neoliberalismo podría sacrificar en el proceso de privatización del conocimiento y sometimiento de las materias primas de la cultura periférica a la mercantilización teórica globalizada. Dentro de esas agendas saturadas, el feminismo se ha convertido en una referencia obligada y, para muchos, obligatoria –creo, en definitiva, que hay *demasiados* feministas– y que esta naturalización de la cuestión del género –que yo debería estar aquí estimando como fundamentalmente positiva– atenta contra el carácter necesariamente contracultural, deconstructor y *político* de una forma fundamental de crítica social que habría sido, quizá, cooptada no por sus enemigos, sino por sus compañeros de ruta.

4. CONCLUSIÓN

Se ha dicho que la cuestión del género es el punto ciego de las teorías de la subjetividad que dominaron los escenarios de la modernidad; habría que agregar que es también parte de su mala conciencia. En todo caso, creo que las dinámicas a las que antes aludía en referencia al vaciamiento del Estado, el desdibujamiento –positivo– de la función intelectual y su más efectiva diseminación en lo social, y la presencia inescapable pero siempre redefinida de la cuestión del género marcan los parámetros principales por donde puede orientarse nuestro trabajo. Chantal Mouffe aboga por un *retorno de lo político* que incluya una transformación sustancial de la noción de ciudadanía, o sea que modifique las relaciones de sujeto existentes y construya, en su lugar, una identidad política común que no elimine las diferencias, las agendas, las especificidades. En este sentido, si es cierto que tras la supuesta "neutralidad multiculturalista [...] siempre se esconde el hombre blanco eurocéntrico"[5] –y también anglocéntrico– queda claro que en las nuevas etapas que se abren, alguien tendrá que mantenerse vigilante para que la construcción de ese "nosotros" (que ya empieza por ser masculino) no mantenga, en su "afuera constitutivo" a la cuestión del género, bajo nuevas modalidades. Bajo estas condiciones, creo que *el retorno de lo político* –al que he aludido también en otros trabajos– es el nombre de nuestra agenda de las próximas décadas, sea desde la configuración de la utopía de una democracia radical, como propone Chantal Mouffe, sea en las formas más modestas que puedan alcanzarse en nuestras dolorosas repúblicas latinoamericanas.

---

[5] Santiago Castro Gómez alude a esta noción al revisar el contra-argumento poscolonial respecto al multiculturalismo, y para llamar la atención sobre el modo en que el capitalismo actual no solamente oculta exclusiones de raza, género, etc, sino asimismo se apoya en la estrategia de negación del "anonimato universal del capital", como si no existiera ningún sujeto "dirigiendo la máquina" (Castro-Gómez, *Pensar (en) los intersticios* 14.

Revistas culturales y mediación letrada en América Latina

Desde el contexto actual, sería imposible emprender una reflexión productiva sobre la función de la cultura y particularmente sobre el papel mediador de las revistas literarias y culturales de América Latina sin atender a dos ejes principales: el primero, tiene que ver con la larga *tradición* continental, que reserva a la prensa periódica y luego a las revistas, tanto académicas como independientes, una función principal en el diseño de las culturas nacionales y transnacionales, y en el asentamiento de las bases ideológicas y culturales que conforman la noción de ciudadanía y, más ampliamente, regulan el funcionamiento de la sociedad civil. En segundo lugar, sería imposible no reconocer los múltiples y complejos procesos de resignificación cultural que están teniendo lugar ante nuestros ojos en el contexto de la *globalización*, y que desde hace décadas están modificando sustancialmente el campo cultural.

Respecto al primer punto, ya ha sido exhaustivamente analizado el papel que jugaron, en las distintas épocas, revistas que impulsaron no solamente la cristalización de nuevas formas de subjetividad colectiva sino la representación de nuevos actores sociales que surgían en la escena social tratando de definir no sólo una voz a través de la cual expresar sus perspectivas y demandas, sino intentando al mismo tiempo *crear un público* que funcionara como sistema de control y caja de resonancia de las nuevas agendas. Para citar sólo algunos ejemplos, en el siglo XIX, *O Journal das Senhoras*, creado por la argentina Juana Manso en Río de Janeiro, es una empresa transnacionalizada de temprano feminismo americano que nuclea, como alternativa a los proyectos estatales de homogeneización ciudadana y patriarcalismo socio-cultural, a un sector que reclamaba nuevas formas de representatividad política y representación simbólica. En el siglo XX, la cubana *Revista de avance* (1927-1930) o *Amauta* (publicada "en tres actos" entre 1926 y 1930) en el Perú, son órganos fundamentales en la diseminación y fertilización del pensamiento marxista en América Latina y en la redefinición de la relación entre identidades colectivas y gestión estatal. La famosa *Revista de Antropofagia* (cuyos 26 números se publican en dos "denticiones", entre mayo de 1928 y agosto del siguiente año) marca a su vez, en el Brasil, un momento fundamental en la búsqueda de una comprensión productiva de las culturas nacionales en América Latina y su relación con los proyectos modernizadores y occidentalistas a nivel continental. Finalmente, para el análisis de la cultura actual, situada en la encrucijada creada por el deterioro de la cultura letrada, la globalización y las políticas culturales del neoliberalismo, son imprescindibles los aportes de revistas como *Punto de Vista* y *Revista de Crítica Cultural* (surgidas en 1978 y 1990, respectivamente), que ofrecen lecturas dispares pero convergentes de las problemáticas regionales y de su diálogo con vertientes diversas del pensamiento crítico-cultural a nivel internacional.

Como instrumento de mediación cultural (que actúa en la zona de contacto entre políticas culturales hegemónicas y proyectos alternativos, entre creación artística y grupos receptores, entre el sector intelectual o académico y el lector que es introducido al producto cultural a través de la interpretación o la selección que la publicación le presenta), la revista es casi siempre una *empresa educativa* –política y pedagógica– aunque no sea más que por las maneras en que organiza y filtra los *relatos de identidad* y traza los vínculos ente el campo cultural y sus afueras (regionales, nacionales, internacionales). Es, asimismo, un vehículo del *gusto* de determinados sectores sociales o intelectuales, que buscan proponerlo, difundirlo, legitimarlo, a través de diversas operaciones conceptuales, y de diferentes apuestas estético-ideológicas. Y cuando me refiero al gusto quiero abarcar a todas las selecciones, elecciones y preferencias –así como a las exclusiones de ciertas formas de producción cultural– que marcan una determinada adscripción a la dinámica cultural en su totalidad, es decir, al sistema dominante de valores, ordenamiento social y proyectos políticos que forman el entorno al que la práctica cultural inevitablemente se refiere. Las polarizaciones entre "alta" cultura y cultura popular no son ajenas, por ejemplo, a ese establecimiento del gusto, que depende de la compleja red de producción, reproducción y consumo de mercancías culturales, en las distintas épocas y lugares, y de los valores que esos productos descalifican o consagran. Al mismo tiempo, la mediación letrada que la revista asume está directamente inmersa en la totalidad de la institucionalidad social, o sea interactúa y depende, en distintos grados y formas, de las políticas culturales dominantes, ya sea para confirmarlas y ayudar a su implementación, ya sea para contrarrestarlas con una nueva visión de los términos en que se define el protagonismo cultural, y del reconocimiento que merecen sus reclamos de legitimidad política y social.

Encabalgada así entre la institucionalidad cultural, las imposiciones y lógicas internas del mercado cultural, y la definición de sus propias agendas referidas a la representación y administración de bienes simbólicos, la revista es una pieza fundamental en el procesamiento y divulgación de mensajes, la interconexión de sectores sociales y la canalización de nuevos proyectos que se ven obligados a negociar constantemente su lugar en la esfera pública.

Por la revista circula y se recicla la tradición, al pasar por la prueba de nuevos públicos, nuevas lecturas, nuevas demandas. A través de la revista se producen rearticulaciones del archivo de la cultura burguesa, y se construyen experiencias de recepción que exploran las audiencias y tratan de capitalizar o dirigir sus intereses. También a través de la revista se desafían procesos y políticas, interpretaciones y programas, proyectos y dinámicas. Se inventan o se ignoran fenómenos sociales, políticos o culturales, o se invisibilizan las vinculaciones siempre complejas pero no siempre evidentes entre esos niveles. O sea, *la revista es una pieza central tanto en la reproductibilidad técnica de relatos, programas y discursos, como en el fortalecimiento o debilitamiento de su auratización.* A través de esta forma particular de mediación, en que el crítico es la pieza intermedia entre el producto de arte y su recepción, y el que trata de gestionar los impactos de la mercancía simbólica y regular su inserción en el imaginario colectivo, las zonas resistentes a la letra (la oralidad, las formas vastas y variadas de la cultura popular, los nuevos productos culturales para los que no existe aún una retórica interpretativa formalizada) enfrentan con la institucionalidad letrada sus más diversos estatutos, apoyos y reclamos, disputando zonas aunque sea marginales –con frecuencia de fuerte potencialidad cuestionadora y contracultural– del espacio público.

Si la representación, tanto simbólica como política, es ya un campo de batalla por la hegemonía de los discursos, *el mercado* traduce esas tensiones a niveles materiales que decretan la continuidad o desaparición de las publicaciones que compiten por el consumidor cultural. Es indudable que los procesos de globalización han acentuado notoriamente estos fenómenos, complicándolos en la medida en que agudizan desafíos que la modernidad sólo insinuara en la primera mitad del siglo XX, en distintos grados, en las diversas partes del continente. Para empezar, la globalización necesita *lenguajes* capaces de crear puentes culturales y facilitar la traductibilidad de códigos y parámetros valorativos. Junto a la variada gama de lenguajes y soportes visuales, electrónicos y sígnicos, las lenguas se sitúan en una competencia no sólo enfrentada a las interacciones multimediáticas, sino también colocadas ante nuevos conflictos y luchas de poder. Sería ingenuo pensar que la simultaneidad de tiempos y de espacios que la revolución electrónica ha creado a nivel planetario crea solamente flujos de integración y de intercambio que democratizan, sin otras consecuencias, el espacio cultural transnacionalizado. Más bien, resulta imprescindible enfocar la realidad de nuevas o reforzadas *hegemonías* que atraviesan el campo cultural globalizado en un impulso por capitalizar los procesos de resignificación discursiva y gestionar las dinámicas de hibridación que se desarrollan en distintos contextos.

En este sentido, quiero destacar solamente la refuncionalización que se registra en la relación *centro y periferia*, que en algunos aspectos podemos hacer equivaler al dualismo "moderno" Norte/Sur, pero que se duplica también dentro de las regiones, a nivel nacional, entre áreas urbanas y rurales, entre grupos étnicos, géneros, sectores políticos, etc. Me refiero a la presión que ejercen en cualquiera de esos terrenos fuerzas hegemónicas en el afán por monopolizar la representación apelando a la existencia o a la formación de un *público universal*, capaz de recibir y aceptar mensajes o mediaciones manufacturados desde posiciones de poder a partir de las cuales los discursos monopólicos intentan reducir, negar o cooptar la *diferencia*, que es esencial a la comunicación cultural.

En el caso particular de las revistas literarias o culturales que se producen en Estados Unidos, por ejemplo, las *luchas por el predominio lingüístico* se conectan directamente no sólo con el estado actual de lo que tradicionalmente se conociera como "el hispanismo" o los estudios luso-brasileños en relación al amplio espacio del *latinoamericanismo* (entendido éste como la arena en la que se dirimen las luchas representacionales e interpretativas que tienen como objeto a la totalidad de América Latina). La batalla por el predominio lingüístico se vincula también a la competencia por el mercado de las *lenguas* dentro de la estructura socio-cultural y particularmente académica, a distintos niveles. Del complejo problema que esta competencia apareja, que se relaciona a temas como los de la traductibilidad cultural, la apropiación de la *otredad* y el estatuto epistemológico desde el cual aprehender y "administrar" la *diferencia* cultural, quiero rescatar solamente la problemática de *lo local*, no sólo en términos geoculturales, sino también en términos simbólicos. Me refiero, entonces, a las localidades o formas de localización (o de co-locación) de los discursos y de las mediaciones a través de las cuales estos discursos se diseminan socialmente, institucionalmente, comercialmente, en distintos contextos.

Evidentemente, la globalización crea la necesidad de una reinserción de lo local en el nivel de lo transnacional, obligando tiempo a la redefinición de agendas locales, regionales, sectoriales, etc., capaces de empujar productivamente los flujos acelerados y homogeneizantes de la superintegración planetaria. Pero por otro lado, la *reivindicación de lo local*, que como George Yúdice ha analizado, asegura rentabilidad a los discursos porque introduce la diferencia como una variante (como una mercancía) que estimula el consumo de bienes simbólicos, corre el peligro de ser absorbida dentro de los modelos de exotización que administra la lógica del mercado cultural, perdiendo entonces fuerza, autenticidad, capacidad contracultural, es decir, potencialidad para desafiar proyectos o modelos hegemónicos. En este sentido, el dilema planteado por Nelly Richard de "¿cómo intersectar Latinoamérica con el latinoamericanismo?" sigue teniendo la mayor vigencia, porque nos enfrenta con los compromisos político-ideológicos que tenemos que asumir como mediadores de la cultura latinoamericana y de los conflictos sociales que ella re-presenta simbólicamente.

¿Qué co-locación adquieren entonces los discursos culturales que las revistas diseminan, proponen, implementan? Y al mismo tiempo, ¿cómo regular la función que el *locus* de enunciación está llamado a tener en los intercambios ideológico-culturales en el contexto de la globalidad? ¿Cómo construir una territorialidad cultural para América Latina que sea específica sin ser cerrada y autorreferida, que admita flujos culturales y migraciones discursivas sin convertirse en una tierra de nadie, que sea nuevamente política sin ser sectaria, ni conservadora, ni fundamentalista, que sea dialógica y hasta polifónica sin convertirse en un campo babélico donde Calibán sólo puede seguir balbuceando en la lengua del amo, que reconozca y sea capaz de integrar los flujos de lo latinoamericano hacia otras inserciones geoculturales y la incorporación de otras culturas en la propia sin que ésta se sienta necesariamente deglutida, desnaturalizada, recolonizada?

Creo que las revistas, tanto por su alcance y características de *objetos* culturales, como por los protocolos de lectura que proponen y el público que son capaces de convocar, tienen un papel fundamental que jugar en el proceso de definir, delimitar y defender esa territorialidad. Para mencionar sólo algunos de los *desafíos a que debe responder la revista cultural en la actualidad*, podemos referirnos a los siguientes:

a) Demandas del *multiculturalismo*, no ya en el carácter de "anodina noción liberal" que Homi Bahbha reconociera en él ("Cultural diversity..."), sino en tanto realidad directamente derivada de los fenómenos de migración de sujetos e ideas, implementación de estrategias culturales regionalizadas (tipo Mercosur, NAFTA, Pacto Andino, etc.) e hibridación étnica, lingüística y cultural a todo nivel.

b) *Multilingüismo*, entendido no sólo como un espacio de intercambio y comunicación abiertos –tampoco como el lugar babélico donde los mensajes no llegan en realidad a conectar– sino como una arena de lucha y conflicto por la hegemonía y a veces por el monopolio de los discursos y los saberes. Creo que ahora que las lenguas compiten no sólo entre sí sino con lenguajes virtuales y sígnicos de distinta naturaleza, es importante reconocer que las áreas de competencia y actuación de las distintas lenguas están directamente relacionadas con formas de poder y de dominación cultural, de penetración y re-colonización de territorios geoculturales y simbólicos, que luchan por el predominio –a veces sólo por la presencia– en el contexto de las dinámicas globales. Mientras que algunos esfuerzos en la actualidad están encaminados a impulsar el reconocimiento de *la estética* del bilingüismo o del multilingüismo –tratando de administrar así, productivamente, la diferencia cultural– creo que debe seguirse insistiendo en las políticas culturales que están detrás de los conflictos lingüísticos, y en el *carácter político* de estas luchas. Reconocer, entonces, que se trata de luchas representacionales, tanto en el sentido de la representación simbólica, como de la representatividad política de determinados sectores sociales y culturales que se expresan en códigos diversos.

c) *Transdisciplinariedad* o incluso, según algunos, post-disciplinariedad, que nos enfrenta a interrogantes, cuestionamientos y búsqueda de respuestas innovadoras a problemas que atraviesan los campos del saber, limitando al mínimo la posibilidad de una superespecialización sobre todo en el área del conocimiento cultural no-científico. En este mismo sentido, el cuestionamiento y debilitamiento del lugar de las humanidades como forma de conocimiento abarcador y totalizante, obliga a nuevas formas de legitimación del papel de la cultura y de las "ciencias humanas" dentro de los procesos actuales dominados por la comunicación de masas, los mensajes visuales y electrónicos, y los trasiegos de información a nivel planetario.

d) *Modificación del campo cultural y de la función intelectual.* Ante la pérdida de vigencia de la función mesiánica heredada en tiempos de secularización cultural de las antiguas alianzas entre Iglesia y Estado, la función pedagógica, "heroica" e iluminada del intelectual de los siglos XIX y buena parte del XX va dejando lugar a formas de tecnificación que rearticulan la relación entre cultura, instituciones y sociedad civil. Mientras que en muchos contextos el intelectual se recicla como *advisor* gubernamental en temas relacionados con el análisis de mercados y la definición de políticas culturales (educativas, de financiamiento o subvención de las artes, de institucionalización o regulación del acervo histórico, antropológico, etc.) en otros casos el intelectual lucha por retener espacios de relativa y cada vez menor autonomía con el propósito de ejercer una labor "independiente" en organismos de acción social (ONG) o en proyectos culturales acotados a problemáticas locales, sectoriales, etc, que pueden alcanzar grados diversos de incidencia y proyección social. Las revistas son fundamentales como plataformas de debate y transformación de estas funciones, y como termómetros que miden la temperatura social en el campo específico de la acción cultural.

e) Surgimiento de *nuevas zonas de análisis* aparecidas a consecuencia de los cambios sociales, económicos y culturales que acompañan a la globalización. Así tenemos la intersección fuerte y productiva de estudios de cine, feminismo, *latino studies*, estudios gay, estudios étnicos, etc., que convergen, por ejemplo con el análisis literario, cultural e ideológico, proponiendo nuevas formas de integrar el conocimiento de las ciencias sociales (historia, antropología, sociología, ciencias políticas) que antes mantenían un dominio independiente, en el estudio de productos y políticas culturales. Muchas de estas nuevas zonas de estudio cultural mantienen obvias correspondencias con el surgimiento de movimientos sociales (como los *sem terra*, Madres de la Plaza de Mayo, zapatistas, movimiento homosexual, feminismo, ecologistas, etc.) que constituyen nuevas formas de resistencia y acción social en el contexto marcado por el modelo neoliberal. Se vinculan también con el recrudecimiento y cambio de signo de fenómenos como la violencia urbana, la intensificación de las comunicaciones, la emergencia de nuevas formas de subjetividad colectiva, que obviamente empujan a la escena política, social y cultural nuevos actores, sujetos, agendas, que requieren representación. Finalmente, con los impulsos aportados por el pensamiento poscolonial, la teorización sobre la "condición posmoderna" y la correlativa crítica de la "modernidad periférica" en América Latina, la fuerza de los *cultural studies* diversifica notoriamente, quizá con una intensidad antes desconocida en nuestro campo de trabajo, las ofertas y las demandas del trabajo intelectual. Éste, que ya no se puede limitar al espacio antes preservado de la función letrada, académica y pedagógica, ni se identifica necesariamente con el "compromiso" político, ni goza de los privilegios del mesianismo ni del reconocimiento que el "productor cultural" tuvo en los años de la guerra fría, se enfrenta ahora al *descentramiento y a la desauratización de la cultura letrada* y al predominio de la razón instrumental. A partir de ésta se exploran transformaciones de la función intelectual y los mensajes y códigos en que ésta se apoya en dispositivos que transmiten un saber especializado (*expertise*) y al mismo tiempo negociable en el mercado vasto de los bienes simbólicos.

f) *Reacomodos políticos en el interior de los campos culturales.* Sería largo pero imprescindible analizar los cambios que han sufrido las nociones de "hispanismo" y de luso-brasileñismo, por ejemplo, desde su orígenes (que pueden rastrearse en la época colonial) hasta nuestros días. De estas reconfiguraciones depende la relación "de lengua" entre las "madres patrias" europeas y las culturas nacionales latinoamericanas, y el modo en que se ha concebido a través de las épocas esa vinculación. En el caso de Hispanoamérica, las instancias de la colonia, la independencia, la Guerra hispanoamericana de 1898, la Guerra Civil española, la Revolución Cubana, las celebraciones del Quinto Centenario, por ejemplo, son sólo algunos de los momentos que pautan el largo camino iniciado por el colonialismo y sostenido por más disimuladas formas de reanexión cultural, reapropiaciones ideológicas, etc., que mantienen a algunas revistas simbólica o estratégicamente asociadas con contextos culturales y políticos anteriores, propiciando o impidiendo otras asociaciones. Por ejemplo la *Revista Iberoamericana* sigue asociada por su nombre al componente "ibérico" (desde su fundación en 1938). Éste es aún uno de los factores que la mantiene ajena a la cultura latino/chicano/riqueña que se desarrolla en Estados Unidos, entre otras cosas en atención a la tradición de las lenguas ibéricas como marcas de diferenciación y, a su vez, como nexos culturales.

g) *Vaciamiento ideológico* que se registra a nivel social, en general, en América Latina. Este fenómeno se hace evidente en particular en la constitución del campo cultural. Éste acusa el impacto del debilitamiento del Estado y las instituciones mediadoras –políticas y culturales–, los efectos de la privatización neoliberal, la pérdida de plataformas políticas a nivel nacional e internacional, la proliferación y diversificación de agendas sectoriales, el descaecimiento de lenguajes y estrategias de convocatoria popular, la descreencia en discursos totalizadores, y el fraccionamiento de la trama social a diversos niveles. Todo lo anterior indica que nos encontramos no solamente ante una crisis de representación a nivel simbólico sino ante una más profunda aún *crisis de representatividad social* (política), donde amplísimos sectores sociales han perdido la voz. Los estudios latinoamericanos aparecen así, en muchos casos, como una tierra de nadie que puede ser recolonizada por las teorías centrales. De aquí que la pregunta por la legitimidad de los discursos salvíficos desde/sobre América Latina, y la redefinición de las dinámicas Norte/Sur adquieran una nueva vigencia para el análisis cultural en el contexto de la globalidad post-guerra fría. Esto sugiere nuevamente la urgencia de un reagrupamiento aunque sea estratégico del pensamiento de izquierda que permita efectuar una crítica productiva de las políticas culturales del neoliberalismo. La cuestión principal no es, entonces, a mi criterio, desde qué lugar geopolítico se produce la crítica o la teoría cultural, sino desde qué lugar –desde qué co-locación– ideológica se efectúa el cuestionamiento de los impactos que el neoliberalismo está teniendo en la producción y en el análisis de la cultura latinoamericana.

Para terminar, pienso que es imprescindible, en el contexto actual, una atención cuidadosa a los desafíos antes anotados, y una implementación sagaz de nuevas estrategias tanto profesionales como político-ideológicas, en el campo de la producción y la crítica de la cultura. La inserción de los aportes y las agendas latinoamericanas en el espacio cultural globalizado exige una comprensión amplia y abierta del espectáculo de la cultura a nivel planetario: del modo en que funcionan sus avenidas virtuales y económicas, sus mensajes sígnicos y simbólicos, y sobre todo, sus actores, en la lucha por insertar las agendas locales dentro de los conflictos, intereses y fuerzas que actúan a nivel transnacional pero que repercuten directamente en nuestras comunidades culturales. *Las revistas constituyen, a mi juicio, no sólo bases para proyectos críticos sino también plataformas desde las cuales se discuten o aprueban, se revelan o invisibilizan aspectos de la conflictividad social y de sus representaciones simbólicas.* Los lenguajes que en ellas se manejan, las mediaciones que a través de ellas se efectúan, los espacios que se abren en sus páginas reales o virtuales remiten siempre, con mayor o menor inmediatez, a dinámicas mayores. La proliferación de centros en las periferias tanto como los inmensos y múltiples suburbios que existen en el interior de los grandes núcleos de la globalidad exigen nuevos tránsitos, nuevos vehículos y energías renovadas en actores culturales que tienen a su favor, en el caso de América Latina, una larga tradición de resistencia y creatividad liberadora. Desde esas bases es que debe emprenderse, a mi juicio, el reagrupamiento de los intelectuales para rehacer agendas culturales y políticas de acuerdo con los desafíos que nos imponen los tiempos simultáneos de la globalidad, recordando que por más superestructurada que pueda parecer toda política, ésta termina siendo siempre local, individual y cotidiana.

III. Antonio Cornejo Polar ante la crítica

ESCRIBIR EN EL AIRE:
HETEROGENEIDAD Y ESTUDIOS CULTURALES

Es indudable que en la última década los estudios culturales latinoamericanos han recibido el impacto de numerosas transformaciones que han alterado notoriamente tanto los métodos como los objetivos y fronteras disciplinarias. Sin entrar a discutir aquí los trazados de ese complejo mapa de rearticulaciones, valga afirmar que es a partir de procesos tales como los de fragmentación y reagrupamientos nacionales, el resquebrajamiento del "marxismo real", los fuertes resurgimientos de cuestiones étnicas, religiosas y genéricas, y los planes de intercambio económico-comercial transnacional tanto en Europa como en los Estados Unidos y América Latina, que se han ido modificando las agendas culturales y entrando en crisis numerosas premisas que guiaron, hasta la década de los ochenta, muchos de los debates sostenidos dentro o a propósito del área "dependiente", "tercermundista" o del "subcontinente", para usar expresiones que acompañaron conceptualizaciones de entonces.

Estudios en torno a nociones como identidad o nación, polarizaciones del tipo centro/periferia, hegemonía/subalternidad, "alta cultura"/cultura popular, han cedido lugar a análisis más fluidos y notoriamente menos totalizantes, y en muchos casos menos riesgosos en la tarea de captación de la especificidad cultural latinoamericana. Los debates más actuales en torno a temas como los de modernidad, "agencia" política, globalización, los estudios sobre oralidad y construcción de sujetos, nociones como las de hibridez, alteridad, alternatividad, han dinamizado notoriamente el fatigado espacio intelectual que hacia mediados de los ochenta comenzaba a reponerse apenas de las dictaduras del Cono Sur y otros desastres continentales, mientras asistía al debilitamiento de los movimientos de liberación nacional y los deterioros político-económicos de las otrora más "desarrolladas" naciones hispanoamericanas.

Es de este panorama de problemas y nuevas avenidas crítico-ideológicas del que implícitamente se hace cargo Antonio Cornejo Polar en *Escribir en el aire. Ensayo sobre la heterogeneidad socio-cultural en las literaturas andinas*, el cual sirve como pre-texto a estas notas. En este estudio de estructura premeditadamente abierta, muchos de estos temas se perciben, de manera más o menos infusa, en el subtexto del análisis de la literatura y la cultura andina; otros se discuten de manera expresa, con mayor o menor exhaustividad, dejando planteadas asimismo numerosas cuestiones, que ocuparán sin duda a la crítica cultural en años venideros.

Entretejido con los hallazgos de trabajos como los de Regina Harrison, Martín Lienhard, Néstor García Canclini, Ángel Rama, Walter Mignolo, Rolena Adorno, René Zavaleta Mercado, entre tantos otros, el libro de Cornejo Polar promueve sus propias categorías de análisis como complementación o alternativa, según los casos, de las propuestas de esos investigadores, construyendo un campo crítico-teórico que nutre, a través de un método de asociaciones, trasiegos y contraposiciones, sus aproximaciones sincrónicas y diacrónicas al material andino.

Compuesto a partir del análisis de núcleos discursivos paradigmáticos dentro del área cultural andina, *Escribir en el aire* se extiende desde el cuasi mítico "diálogo" de Cajamarca (1532) entre el Inca Atahualpa y el padre Vicente Valverde hasta el discurso testimonial que en las últimas décadas incorpora, a través de diversas estrategias, la voz del indio al corpus de las letras andinas a través de textos tales como *Si me permiten hablar. Testimonio de Domitila, una mujer de las minas de Bolivia* (1977) de Domitila Barrios y Moema Viezzer, *Gregorio Condori Mamani. Autobiografía* (1977) de Ricardo Valderrama y Carmen Escalante, *Nosotros los humanos/Nuqanchik runakuna. Testimonio de los quechuas del siglo xx* (1992) de Carmen Escalante y Ricardo Valderrama (elaborado en base a los testimonios de Victoriano Tarapaki y Lusiku Ankalli).

En el intermedio de esta larga secuencia cronológica (de los albores de la conquista a la época actual), el estudio de Cornejo Polar se detiene en una serie discursiva que acompaña los proyectos de formación y consolidación nacional en la región andina. Analiza así tanto textos canónicos (*Aves sin nido*, *Cumandá*, *Juan de la Rosa*, *Raza de bronce*, *Huasipungo*, entre otros) como ejemplos de oratoria política ("Proclama de la Independencia del Perú" de San Martín [1821] *vis á vis* la arenga de José Domingo Choquehuanca a Bolívar, en 1825) y poemas "nacionales" que celebran el Centenario de la Independencia: *Redención* (1925) de Gregorio Reynolds y *Ayacucho y los Andes* (1924) de José Santos Chocano. Las "políticas del idioma" en Ricardo Palma, las obras de José María Arguedas, Luis E. Valcárcel, Ciro Alegría, José Carlos Mariátegui, entre tantas otras, nutren asimismo este estudio que se cierra, significativamente, con un análisis de "Pedro Rojas" de César Vallejo, texto que sirve de eje en varios niveles a la recuperación crítica de sujetos, discursos, representaciones, que este libro propone.

En todo el desarrollo, es sin embargo la lectura de textos coloniales y pertenecientes a la cultura incaica prehispánica la que expone con mayor claridad la propuesta del libro consistente en rastrear la formalización de versiones producidas por sujetos sociales de filiación cultural diversa e incluso divergente, explorando sus entrecruzamientos y articulaciones. La crítica cultural se lleva a cabo entonces como una *arqueología* que atraviesa los sistemas orales y escriturarios que compiten entre sí en el proceso de producción de significados revelando impensadas estratificaciones y conflictos ("cruces de identidades y alteridades") que muestran una proliferación de vertientes y tradiciones que no siempre se perciben en el estudio de la literatura quechua o de las crónicas o relaciones de la Conquista, al ser éstas enfocadas en sí mismas como un *horizonte* o un *origen* dentro de una acotada canonicidad.

Así es que se inserta, por ejemplo, la recuperación de los *wanka* (textos dramáticos o "tragedias" en la traducción aproximativa de Jesús Lara) que tematizan la muerte de Atahualpa, composiciones cuya arcaica raíz oral, popular y folclórica se distingue del corpus colonial al cual nutren a través de invisibles vasos comunicantes. Las más conocidas formulaciones del Inca Garcilaso, Guamán Poma de Ayala, Titu Cusi Yupanqui o Santa Cruz Pachacuti resultan a esta luz articulables a un vasto y subterráneo cuerpo disperso de versiones que convierten el hecho histórico o el relato mítico en signo y símbolo cultural, apropiado y expropiado, a lo largo de la historia cultural andina, por sujetos sociales entronizados de muy diversas maneras al poder político y cultural. Por esta razón, como indica Cornejo Polar, incluso el dialogismo bajtiniano y la idea de orquestación de voces que éste supone, son insuficientes para hacer inteligible un cruce discursivo cuya verdadera esencia es la contradictoriedad y la "armonía imposible".

Al mismo tiempo abarcadora y puntual, la lectura selectiva de la literatura andina realizada en *Escribir en el aire* es sin duda convincente. El estudio no oculta sus propósitos ni sus riesgos: "historiar la sincronía" (18), explorar "la índole excepcionalmente compleja de una literatura (entendida en su sentido más amplio) que funciona en los bordes de sistemas culturales disonantes, a veces incompatibles entre sí" (17).

Si el libro es exhaustivo e incorporante por método, es asimismo acotado y selectivo por sistema. Sin dejarse atrapar en antinomias o esquematismos (centro/margen, oralidad/escritura, colonial/ nacional, indio/criollo), *Escribir en el aire* se instala justamente en los pliegues de superposición que crean las diversas praxis culturales analizando sus particulares aportes, sus empréstitos y sus contradicciones. Pero en ese mismo nivel el libro elude a su vez el peligro de mitificación de las combinatorias que la historia cultural ha sugerido como hipóstasis y conciliación de los opuestos. Es en este sentido que *Escribir en el aire* analiza no sólo la conflictividad del multiculturalismo andino sino los "discursos de la homogeneidad o la armonía imposible" (la "canonización patriótica" del Inca Garcilaso, la ideología del mestizaje) a través de los cuales las políticas de la lengua y de la letra tratan de "afantasmar" la diferencia y negar el conflicto, sugiriendo la existencia de identidades de amalgama que, en tanto espacios ideológicos negociados a la historia, facilitan la implementación de agendas políticas y culturales bien determinadas.

Desde la muerte de Atahualpa (que atraviesa los sucesivos ciclos de la historia, se inserta en los discursos de la "alta cultura" y se recicla en relatos orales y folclóricos) hasta esa otra muerte múltiple de un Pedro Rojas que hunde sus raí-

ces en las entrañas mismas de la Guerra Civil española rescribiendo la letra ago-
nizante y anónima de un militante republicano, la lectura palimpséstica de núcleos culturales que ofrece *Escribir en el aire*, tiene en la propuesta de Cornejo Polar
al menos dos efectos concretos. Primero, intenta tanto desmitificar la inaccesibi-
lidad de las praxis culturales hegemónicas y los "grandes relatos" entendidos
como matrices de circulación privilegiada y exclusiva, como advertir contra la
romantización del subalterno en tanto constructo letrado y reducto de excedentes
ideológicos generados en el proceso de constitución de discursos centrales.
Segundo, se propone articular el proceso de producción de significados (literarios, históricos, culturales) no a "marcos" o "contextos" (a la manera de la sociocrítica tradicional) ni a teorizaciones exógenas, sino a coyunturas políticas y
socio-culturales, intrahistorias, desplazamientos y entrecruzamientos discursivos,
que generan el texto como una representación, por medio de la palabra escrita y
los códigos discursivos de que se trate en cada caso, de conflictos y formas de
conciencia social, subjetividades y "agencias" a través de los cuales se expresan
y proyectan los "ritos de la memoria" del individuo y la comunidad.

Sin decirlo con estas palabras, el libro de Cornejo Polar nos propone descubrir *versiones* allí donde se nos imponen *visiones* de la historia, desmontar el discurso de la armonía, la estabilidad y la homogeneidad (la tan cristiana "salvación
por la letra", la retórica de "la gran familia" de la nación moderna, la folclórica
combinatoria del mestizaje, la mística de la modernización, la mítica y demagógica unicidad del sujeto) para captar las tensiones que son constitutivas de la contradictoriedad latinoamericana. Asimismo, sugiere la necesidad de sacrificar el
afán de totalización, exhaustividad y taxonomía que nos impusiera el pensamiento positivista de fines del siglo XIX y reavivara el neopositivismo de los setenta
para recuperar el significado de micro-relatos históricos, culturales, literarios, a
partir de los cuales puede construirse una historicidad alternativa. Nos insta, en
resumen, a descomponer el mapa discursivo de la historiografía, el culturalismo
y la antropología cultural, y a trabajar más bien las zonas de conflicto que revelan
la existencia de actores sociales, productores y receptores culturales y praxis
político-ideológicas no reductibles a la formalización de categorías y conceptualizaciones totalizantes.

Con esto, *Escribir en el aire* no solamente actualiza el estudio de las letras
andinas sino que las conecta con los más importantes debates de la crítica actual:
la cuestión de la voz del subalterno y su incidencia en los discursos centrales, el
tema de la "construcción de la diferencia" y la problemática de la tantas veces
equívoca identidad (individual, colectiva) en el interior de formaciones sociales
neocoloniales, la conflictividad inherente a la que Beatriz Sarlo llamara "modernidad periférica" del continente, la conexión entre regionalización y globalización dentro de los estudios culturales, la función de la letra dentro de los ordenamientos político-institucionales de América Latina de la colonia a nuestros días y

la polémica acerca de la "cuestión nacional" en el presente contexto de desagregación política y rearticulaciones regionales. El libro sugiere asimismo la necesidad de una nunca realizada revisión, para el caso latinoamericano, de teorías acerca de la escritura de la historia y la construcción de sujetos (Michel de Certeau, Hayden White, Gayatri Spivak) dada la especificidad histórica y cultural de las formaciones sociales que se articulan a nivel continental.

Creo, sin embargo, que la más incitante y fermental cualidad del estudio de Cornejo Polar reside en el hecho de que el propio análisis cultural desarrollado en el libro termina por poner a prueba sus propias bases epistemológicas, desbordando los límites de una ya bien establecida propuesta crítica que el mismo autor desarrolla en sus múltiples estudios sobre la novela indigenista, a partir de los años setenta. En algunos casos en *Escribir en el aire* nociones como las de *heterogeneidad* y *sistema* parecen interferir en el análisis más que nutrirlo o sustentarlo. En otros casos, conceptos como los de *historia* o *totalidad* parecen resemantizarse en el interior del discurso crítico como consecuencia de los cortes y ensamblajes que el análisis propone.

En efecto, la noción de "heterogeneidad" trabajada por Cornejo Polar a propósito de textos de Ciro Alegría, Arguedas, Matto de Turner, Vargas Llosa, entre otros –y convertida junto a la idea de transculturación promovida por Ángel Rama, en una de las categorías más recurridas del análisis cultural latinoamericano– guía sin duda el desarrollo crítico de *Escribir en el aire*. El análisis que el libro realiza no se somete, sin embargo, pasivamente a ella, y es en esa franja entre conceptualización y análisis, o si se quiere, entre teoría y crítica, que se sitúa, me parece, el espacio más potencial, abierto y desafiante de este estudio. Vale la pena, por esta razón, considerar algunos de los desarrollos conceptuales que expone o sugiere *Escribir en el aire*, a la luz de los propios conceptos del autor.

Aplicada a los procesos y/o productos culturales, la noción de heterogeneidad es un concepto "plano" destinado prioritariamente a relevar el hecho de la coexistencia de elementos disímiles o heteróclitos dentro de formaciones sociales o culturales determinadas. Paradójicamente, esta noción adquiere su espesor crítico-teórico sólo en la medida en que supera su descriptividad. Se carga de sentido, en efecto, al combinarse con la conceptualización de la formación cultural andina en tanto "totalidad contradictoria", avanzada por Cornejo Polar al examinar las implicancias de calificativos como "nacional", "hispánico" o "mestizo" generalmente utilizados por la crítica para el estudio de la producción literaria del Perú (me refiero aquí a "Literatura peruana: totalidad contradictoria").

En esta fórmula –que jugando en las fronteras de la paradoja problematiza ya la idea de "heterogeneidad"– el primer término indica la voluntad de globalización y exhaustividad que es característica de tantos otros proyectos de la década de los setenta (Losada, Rama, González Stephan, Osorio, Rincón, entre otros), mientras que la nota de contradictoriedad se dirige más bien a dar cuenta de las tensiones, pugnas y desfasajes de la plural realidad latinoamericana, señalando las líneas de fracción que terminarían por poner en crisis la estrategia misma de totalización. En el mencionado artículo de 1983 la revisión de las alternativas que se plantean en torno a los términos nacional/hispánico/mestizo da ya como conclusión la "crisis de la categoría de unidad" en la medida en que con ésta, como plantea el crítico, "es imposible dar razón a la multiplicidad de los sistemas literarios que efectivamente se producen en el Perú" (40), sistemas que, como indica Cornejo Polar, por lo menos incluirían tres: el culto, el popular, y el de las literaturas étnicas. El análisis de la literatura andina, de acuerdo a esos parámetros, está marcado por una explícita voluntad de totalización que entonces se negocia en términos de contradictoriedad.

De acuerdo a la agenda cultural de la década de los ochenta, el proyecto de Cornejo Polar gira en torno a los conceptos-eje de la literatura como representación estética de conflictos sociales, la historia cultural como articulación sistémica, la historia como red englobante y cohesiva de componentes plurales y disímiles, los antagonismos sociales en tanto términos necesarios de una dialéctica en busca de su síntesis final, términos todos que plasmaban la omnicomprensiva búsqueda de un método que resultara más o menos ratificable dentro del marco del para entonces consagrado campo de las ciencias sociales.

Gracias a los aportes del pensamiento mariateguiano, es posible así visualizar, en el análisis de Cornejo Polar, las literaturas nacionales como "espacios conflictivos" efectuando la transición desde la idea de *diferencia* (que subyacía en el concepto "plano" de heterogeneidad) al de *antagonismo* (para usar la conocida traslación mencionada por Laclau), ideas implícitas en las nociones de contradictoriedad y de conflicto usadas por Cornejo Polar. Rinde así frutos el heterodoxo desmontaje marxista del autor de los *Siete ensayos de interpretación de la realidad peruana* acerca de la cuestión nacional y sus desplazamientos internos (tensiones de clase y lo que podríamos llamar el "efecto de la regionalización" que desarticula la categoría de unidad) y externos (necesidad de definir la condición neocolonial de América Latina y de la región andina en particular, así como de determinar los efectos de "cosmopolitización" del área).

Dos derivaciones surgen de este análisis. En primer lugar, la insuficiencia de la conceptualización pluralista, que no supera su empirismo de base. Segundo, las dificultades inherentes a la noción de sistema (tan ampliamente discutida con Alejando Losada en esa década) que no termina de esclarecer los límites, criterios o intercambios que sustentan esa compartimentación. Se mantienen férreamente, sin embargo, en la argumentación de Cornejo, las ideas de la *historia* en tanto "red de condicionamientos genéricos" (46) y de *totalidad* en tanto conjunto de relaciones ("virtuales" o "reales") que efectúan la "reintegración" de los sistemas literarios (productos y procesos de producción literaria) a la historia social y cultural correlativa.

Implicando el concepto de "equilibrio inestable" esta matización en torno a la idea de "totalidad contradictoria" anuncia la expansión del campo conceptual que había tenido como centro el concepto de heterogeneidad. Como ahora consigna *Escribir en el aire*, este concepto vería extender sus fronteras de aplicabilidad a todos los elementos que integran el circuito de producción/representación/recepción cultural en el área estudiada, amenazando con diluir su rigor, y obligando a volcar gradualmente la atención del análisis de los productos culturales al de los procesos de su producción, con un creciente énfasis historificador e ideológico. Son justamente las consecuencias de este desplazamiento las que ilustran *Escribir en el aire*, aunque los principios teóricos gestados en etapas anteriores (principalmente la constante de la heterogeneidad andina) tiendan a reaparecer en un análisis cuyo ritmo interior supera, en muchos casos, el peso específico de sus propias premisas.

Terreno ganado ya para los estudios culturales latinoamericanos, la noción de "heterogeneidad" se adelgaza, en efecto, frente a los mismos desarrollos críticos que generara, en los que es justamente el principio de totalización el que hace crisis. La noción cede asimismo ante planteamientos más actuales –con los que implícitamente este estudio dialoga– acerca de la construcción del sujeto, particularmente frente a los estudios sobre cuestiones de raza, clase, género, que sin duda interrogan al complejísimo corpus de la literatura latinoamericana desde perspectivas del todo articulables al análisis que propone *Escribir en el aire*.

De acuerdo al desarrollo de este libro, los "sistemas culturales disonantes, a veces incompatibles entre sí" que constituyen el corpus analizado por Cornejo Polar no son ya meramente heterogéneos por revelar la filiación "diversa y encontrada" de las instancias de producción/recepción, referente/representación sobre las que se articulan, sino que parecen cancelar la idea misma de la *intersección* (aunque ésta sea, como Cornejo indica siempre, "conflictiva") de *universos* socio-culturales (entendiendo por tales unidades de sentido autónomas que a pesar de su coyuntural entrecruzamiento se mantienen idénticas a sí mismas). De ahí que *Escribir en el aire* deba promover una concepción del discurso como red fluida, interpretativo/representativa, y del sujeto como categoría también *relacional*, es decir no absoluta sino en constante construcción, redefinición e intercambio. Y es justamente la postulación de esta fluidez e interconexión de los discursos la que resulta más fermental no sólo para el análisis textual sino para las estrategias interpretativas y el establecimiento de cuestiones de método.

En efecto, el libro no sólo se libera de las restricciones de un corpus limitado a las "bellas letras" y las poéticas "centrales" para abocarse a la proposición de cauces discursivos subterráneos que interpelan y en muchos casos nutren la producción canónica sino que desmantela la noción de "literaturas nacionales" así como la idea de la necesidad de reconocer un "origen" cultural o incluso histórico en las formaciones culturales como punto de partida para el análisis discursivo. Se desembaraza asimismo de las compartimentadas periodizaciones de la historiografía tradicional, y de la misma unicidad del sujeto en tanto "figura social" fija y sobredeterminada, y en tanto constructo teórico elaborado a priori y casi con prescindencia de todo referente verificable. La única *totalidad* que mantiene *Escribir en el aire* (fundamentalmente, me parece, por su funcionalidad como unidad epistemológica) es la del área cultural andina en cuanto tal, a pesar de que, paradójicamente, esta globalización sólo es sustentable en base a la especificidad (o habría que decir, más bien, a la diversidad) lingüística, histórica y social que la cohesiona (si no fuera falaz –o al menos paradójico– adjudicar a la dispersión cualidades unificadoras). La diversidad (la heterogeneidad) es propuesta entonces como el único elemento globalizante que "armoniza" el conjunto.

A mi criterio, el discurso crítico de *Escribir en el aire* oscila entre este último reducto de globalización (que asegura todavía la vigencia de la noción de heterogeneidad, ya que sólo pueden calificarse de heterogéneos los elementos –disímiles entre sí– que integran una totalidad) y la desagregación definitiva de aquellos "*universos* socio-culturales" que el autor reconocía en sus estudios previos sobre el indigenismo. El análisis del libro de Cornejo Polar parece sugerir, durante todo su desarrollo, que esta desagregación es efectivamente necesaria, desde un punto de vista teórico, para poder dar cuenta de la condición multicultural, multiétnica, multilingüística (y por lo tanto, ideológicamente híbrida y contradictoria) de la literatura y la cultura andina y de sus múltiples y encontrados proyectos, agendas y realizaciones. De ser así, y pareciendo como parece insustentable el retorno a la noción de sistemas, la simple posición pluralista o la apelación a "la historia" como proceso englobante y generador (de por sí) de significado, entonces, creo, la cualidad heteróclita tanto como la nostalgia de totalización se harían irrelevantes para el caso andino, que admitiría, definitivamente, lecturas horizontales del tipo de las que impulsa *Escribir en el aire*, que no cancelan sino que potencian (a nueva luz, con una nueva agenda) las producidas en décadas anteriores.

En este sentido, ante este desplazamiento crítico (de las conceptualizaciones totalizantes hacia el análisis de los micro-relatos o los textos concretos en tanto redes de significación) que *Escribir en el aire* ilustra exhaustivamente durante todo su desarrollo, es insuficiente consignar, a mi criterio, que "la heterogeneidad se [infiltra] en la configuración interna de cada una de esas instancias [emisor/discurso, texto/referente/receptor (17)], haciéndolas dispersas, quebradizas, inestables, contradictorias y heteróclitas dentro de sus propios limites" (17). Creo que de lo que se trata es de que esas instancias, y de acuerdo a los parámetros que el mismo enfoque crítico establece, requieren otras categorías de análisis que no hagan necesaria (como la de heterogeneidad) la postulación de totalizaciones (que luego puedan revelar, en su interior, la cualidad de lo diverso, heteróclito, conflictivo).

Dicho de otra manera, creo que por momentos la categoría de heterogeneidad lastra un análisis que, por otra parte, sin más, la supone como una cualidad finalmente entendida como inherente al objeto de estudio, aunque ya superada (pero no cancelada) por las nuevas articulaciones discursivas que el libro propone a través del análisis textual y cultural.

Creo asimismo que el brillante libro de Cornejo Polar, bien afincado en lo que llama "la materialidad de los discursos" opera con razonable cautela ante el riesgo de fundar una posible estética de la disgregación que, a fuerza de "desmitificar al sujeto monolítico, unidimensional y siempre orgulloso de su coherencia consigo mismo, al discurso armonioso de una voz única a la que sólo responden sus ecos y a las representaciones del mundo que lo fuerzan a girar constantemente sobre un mismo eje" (23) pueda terminar por "[festejar] el caos", es decir –tal como yo lo entiendo– por fragmentar las bases del imaginario cultural andino, o representarlo, fenomenológicamente, al menos en su estructura de superficie, como un ejemplo de *collage* cuya fragmentación sería adjudicable ya no a la praxis e intereses de sujetos histórico-políticos concretos, sino a los fuegos fatuos de la teorización posmoderna.

Escribir en el aire es, sin embargo, un libro decantado, de riesgos calculados y de indudable equilibrio crítico-teórico, donde se recupera y fortalece la red de las historias plurales, ocultas, silenciadas, que es la que realmente importa rescatar. Y esta interrelación queda completamente a salvo no sólo para el caso concreto del área andina sino para cualquier otra área cultural que sea homologable a ésta, en alguno de los múltiples niveles que esta investigación propone. Cada lectura puede, en este sentido, formular sus propias preguntas, atender a sus propios pre-juicios, y derribar sus propias barreras.

Debe señalarse, finalmente, como otro de los sutiles y definitivos méritos de este análisis, la decidida defensa que supone de la posicionalidad (podría decirse, con un lenguaje que tiende a estar nuevamente de moda, de la subjetividad) del crítico, la reivindicación de sus lealtades, su punto de observación, sus compromisos con respecto a su objeto de estudio, haciendo de la función interpretativa también una fructífera intersección de discursos, circunstancias, agendas. Estudio de desplazamientos, interdiscursos, sincronías, voces y silencios textuales, este libro nos entrega, como se mencionara antes, una agenda inconclusa, abierta a todas las interrogantes que surgirán en el proceso de rescribir la historia (cultural, literaria, política) de América Latina.

De metáforas y metonimias:
Antonio Cornejo Polar en la encrucijada
del latinoamericanismo internacional

Las numerosas revisiones que ha estado recibiendo la obra de Antonio Cornejo Polar en los últimos tiempos han puesto en evidencia, de múltiples maneras, la inserción que ésta tiene en los debates que agitan actualmente el campo del latinoamericanismo y de los estudios culturales producidos en y sobre América Latina. Sin embargo, y a pesar de las diversos perspectivas que se han utilizado para explorar los distintos aspectos de su critica, el estudio de la obra de Cornejo Polar tiene aún un carácter fragmentario y selectivo, que retiene las marcas acotadas de la trayectoria intelectual premeditadamente regionalizada y predominantemente textualista del crítico peruano se olvida con frecuencia, también, que esta obra respondió, en casi todas sus instancias, a los requerimientos de debates concretos, así como a necesidades académicas, y a coyunturas ideológicas precisas.

Considerada generalmente como uno de los más altos exponentes de los alcances –aunque también, quizá, según algunos, de las limitaciones– de la *intelligentzia* criolla, la obra de Cornejo ha sido interpretada como producto propio de la *ciudad letrada*, y contrapuesta, cuando no asimilada –erróneamente, en general– al pensamiento de Ángel Rama, particularmente a las reflexiones del crítico uruguayo sobre transculturación, discurso diaspórico y procesos de institucionalización cultural[1]. Según algunos, para bien o para mal, la obra de Cornejo Polar se presenta, asimismo, como una de las más representativas del "latinoamericanismo vernáculo" o "neorregionalista", el cual se encuentra hoy, nuevamente, como en otros momentos de su historia, bajo escrutinio, en diversos contextos académicos.

Es bien sabido que la contribución historiográfica de Cornejo Polar fue, desde la década de los años setenta, fundamental y particularmente productiva en el cuestionamiento y flexibilización de los modelos y principios canónicos que institucionalizaron en América Latina el gusto y la ideología dominante desde los

---

[1] La aproximación de las categorías de heterogeneidad, hibridez y transcultración ha sido objeto de múltiples estudios, que intentan explicar similitudes y diferencias entre esos contextos, así como las ventajas o especificidades de su uso en distintos contextos. Al respecto véase, por ejemplo, Schmidt, García-Bedoya, Lienhard.

orígenes de la vida independiente. Al mismo tiempo, en el terreno crítico, sus aportes definieron una nueva manera de concebir y analizar las sociedades y culturas latinoamericanas, de cara justamente al corpus que aquella institucionalización excluía ò desplazaba del repertorio oficial de las literaturas nacionales. Aunque sea cierto, entonces, que la obra del crítico peruano confirma la centralidad letrado-escrituraria en tanto espacio privilegiado de construcción simbólica y reproducción ideológica, es indudable que en el revés de la operación canonizadora, su obra crítica descubre y desencubre los juegos de poder y las negociaciones que hacen posible esa centralidad y la complicidad de esas operaciones con los proyectos de constitución y consolidación de culturas nacionales, tal como éstos fueron concebidos por el pensamiento ilustrado.

Sin embargo, aunque la importancia fundamental de la contribución crítica e historiográfica de la obra de Cornejo Polar es indudable, creo que sería erróneo no ver en ella, además, una *dimensión teórica*, que se construye evolutivamente en sus textos durante más de veinticinco años, y que brinda las bases para un debate acerca de los modelos epistemológicos y representacionales a partir de los cuales se efectúa la crítica de la cultura y la literatura latinoamericanas[2].

En otra parte he avanzado algunas ideas acerca de la elaboración que recibe en la obra de Cornejo Polar, principalmente a partir de *Escribir en el aire*, la noción de sujeto como instancia que, partiendo y superando el concepto de heterogeneidad, registra y analiza otras instancias del proceso representacional y de la construcción de subjetividades colectivas, tal como éstas se inscriben en el campo cultural latinoamericano[3]. En estas páginas quiero referirme a otros aspectos teóricos relacionados con esa elaboración de la noción de sujeto como categoría relacional en la que se anudan y despliegan las contradicciones del sistema social, como desafío a toda noción fija, homogeneizante y verticalista de los procesos culturales y las (id)entidades nacionales. Quiero desembocar, sobre todo, en el último texto de este autor, que tuviera una polarizada recepción entre los críticos que interpretaron hasta ahora este documento predictivo y de alguna

---

[2] Debe decirse que tal dimensión teórica no respondió, en la obra de Cornejo Polar, a un propósito de concepto sino que el crítico enfatizó más bien, en diversas oportunidades, la dimensión "meramente" crítica de su trabajo. Sin embargo, en casi todos sus textos críticos, pero más agudamente en *Escribir en el aire* su crítica "antiteórica" se presenta en diálogo evidente y con frecuencia explícito con teorizaciones pertenecientes no sólo al campo de la crítica literaria sino de la antropología, los estudios culturales y las ciencias sociales.

[3] Me refiero aquí a mi nota sobre "*Escribir en el aire:* heterogeneidad y estudios culturales" (reproducida en este libro) donde analizó la evolución del concepto de heterogeneidad en la obra de Cornejo Polar y el viraje crítico que se advierte en su último libro, donde la crítica se sitúa más explícitamente en la noción de sujeto y en las prácticas discursivas que corresponden a distintas posiciones enunciativas.

manera testamentario del crítico peruano, producido en las últimas etapas de su vida y leído en su ausencia en el congreso de LASA (1997), en Guadalajara[4].

Me consta que Cornejo fue plenamente consciente, al producir el artículo titulado "Mestizaje e hibridez: el riesgo de las metáforas" de que éste se inscribía polémica y provocadoramente en el centro de los debates actuales sobre el latinoamericanismo, en el cruce mismo de la reflexión acerca de la vigencia de los "estudios de área" y el avance de los estudios culturales como nueva estrategia analítica y transdisciplinaria dentro y fuera de América Latina[5]. En este sentido, creo que las encontradas opiniones que ese texto suscitara hasta ahora demuestran que ha cumplido con su propósito, sin que su propuesta se agote, sin embargo, por el carácter doblemente coyuntural de su producción ni por las acotadas posiciones a las que ha interpelado.

En sus escasas cuatro páginas, el texto de Cornejo se organiza en torno a dos núcleos fundamentales, estrechamente vinculados. El primero constituye, con toda su brevedad, un emplazamiento firme de categorizaciones teóricas (mestizaje, hibridez, transculturación) y de estrategias críticas (por ej. la utilización de conceptos antropológicos para el caso de la cultura andina) que supuestamente explicarían al crítico exterior a las culturas estudiadas, por asimilación o por continuidad con los textos analizados, el espesor significativo de éstos, su dimensión estética y su configuración discursiva. Cornejo advierte que la relación entre epistemología crítica y producción estética, al ser, como indica, "inevitablemente metafórica", se apoya en un desplazamiento o traslación imperfecta, forzada, oblicua, de significados, operando muchas veces una transferencia de sentidos –de dudoso "rendimiento teórico"– entre diversos dominios del saber. Aunque Cornejo reconoce el valor relativo de estos alcances como aproximaciones parciales o provisionales a un campo de estudio, entiende que tales categorizaciones o estrategias críticas provienen en general de un espacio epistemológico "distinto y distante" del campo interpretado.

El segundo núcleo del texto de Cornejo, en estrecha vinculación con lo anterior, advierte contra la hegemonía creciente –o habría que decir, contra el nuevo empuje– del inglés como lengua del Saber, la Teoría, la Interpretación, en el ámbito del latinoamericanismo internacional.

Cornejo se refiere al uso del inglés como lengua de un procesamiento teórico que se efectúa con prescindencia de los aportes bibliográficos latinoamericanos y

---

[4] Respondo aquí particularmente a la interpretación realizada por Julio Ramos, "Genealogías de la moral latinoamericanista: el cuerpo y la deuda de Flora Tristán". Sin embargo, el texto de Cornejo Polar ha sido comentado también por otros críticos en simposios y conferencias.

[5] Este texto de Cornejo Polar, publicado por primera vez en *Revista Iberoamericana*, fue reproducido luego en otras publicaciones, por ej. en *Revista de Crítica Literaria Latinoamericana* y en el libro de homenaje editado por Tomás Escajadillo. Cito aquí por la versión de *RI*.

a la tarea de diseminación pedagógica realizada muchas veces en esa misma lengua y con arreglo a un canon teórico posmoderno que se sobre impone, a veces con violencia, al corpus estudiado. Enfatiza, sobre todo, las implicancias que se desprenden de esas prácticas a partir de las cuales se prestigia y jerarquiza la cultura interpretante sobre la interpretada, subalternizando, por así decirlo, al objeto de estudio, y a los productores culturales (creadores, críticos, receptores inmediatos) del acervo cultural hispanoamericano. Cornejo advierte, finalmente, sobre el reemplazo imperfecto de los textos hispanoamericanos por traducciones muchas veces parciales o imperfectas, y sobre el proceso general de "falsa universalización de la literatura a partir del instrumento lingüístico con que se la trabaja". Sugiere, en este sentido, que esta tendencia podría significar, en sus palabras, "el deshilachado y poco honroso final del hispanoamericanismo" (344).

En mi opinión, el texto de Cornejo debe ser visto, por el carácter rápido y puntual de sus reflexiones y por las condiciones mismas de su producción, como una *intervención* en el sentido lato, casi *performativo*, de la palabra. O sea, no sólo como una toma de partido sino como una operación por medio de la cual se interpone un recurso, se actúa e intercede para examinar la validez –en este sentido, la legitimidad o los principios de autorización– de un procedimiento determinado.

Ni el reclamo de Cornejo es nuevo –¿cómo podría serlo?– en el debate latinoamericanista, ni se sustenta, como el autor subraya enfáticamente, en un fundamentalismo lingüístico que reivindique la *necesaria* continuidad entre la lengua de la literatura o la cultura analizadas y la de quienes las toman como objeto de estudio. El texto de Cornejo advierte en el uso de la lengua la delimitación de espacios de poder –de autoría, autoridad y autorización teórica– que no se configuran independientemente del lugar (metafórico) desde donde se habla, es decir de los constituyentes ideológicos y la cosmovisión que acompañan esa centralidad, de las agendas en las que se inscribe –se escribe, se adscribe– un discurso crítico-teórico. Cornejo advierte en el uso preponderante del inglés y en las estrategias de exclusión que la academia norteamericana utiliza para relegar el trabajo de críticos, editores, creadores latinoamericanos a los suburbios de sus elaboraciones teóricas, la utilización de un dispositivo que es indicio de un proceso más amplio de producción y circulación de saberes y de bienes simbólicos en el contexto de la globalidad, en el cual se manifiestan claramente las presiones ejercidas por parte de académicos norteamericanos sobre el dominio del latinoamericanismo, con vistas a la solidificación de nuevas o al menos renovadas hegemonías ideológicas y profesionales. En otras palabras, llama la atención sobre el valor de uso de América Latina para la posmodernidad hegemónica, y sobre el uso del inglés como metáfora del capitalismo global.

El texto de Cornejo no distingue, por su misma premura, entre distintos proyectos teórico-ideológicos dentro del latinoamericanismo, digamos "no vernáculo" –se refiere, ampliamente, a los estudios culturales, a la crítica posmoderna, al subalternismo– preocupado como está, sobre todo por demarcar los alcances e implicancias *ideológicas* de una práctica académica y pedagógica, de un conjunto de estrategias profesionales, de un reacomodo, en definitiva, de los espacios de poder y legitimación discursiva que tiene en el uso de la lengua su expresión metafórica más significativa y sintomática.

Creo que aun asumiendo los riesgos de una violenta desconexión de estas cuatro páginas finales de Cornejo Polar del resto de su producción crítica, sería erróneo e injusto atribuir la reivindicación del español a un apego identitario fundado fijamente en la noción de origen (¿cuál, el prehispánico del Incario, el del descubrimiento, el de la independencia, el cultural y metafórico de la lengua o la religión?) o a nociones de territorialidad y tradición, o a cualquier otro tipo de arraigos marcados por un conservadurismo recalcitrante, esencialista, telurista, vernacular, pesadamente axiológico, cultivado de espaldas a las transformaciones del latinoamericanismo tanto como a los cambios producidos en las mismas sociedades a las que el campo de estudios se dirige y desde donde ese latinoamericanismo se cultiva, en lenguas diversas. Peculiar, sobre todo, atribuírselo a quien redefiniera con su trabajo crítico-historiográfico la naturaleza misma de las culturas analizadas al colocar un énfasis definitivo en la constitución diferenciada y desigual de los componentes socioculturales de los que esas culturas emergen. Erróneo, sobre todo, atribuirle la fijeza y proyección de un "legado" sustraído de los cambios históricos y culturales a quien supo moverse de la noción más plana de heterogeneidad –que sirvió, sin embargo, a pesar de su carácter inicialmente descriptivo, para desarticular ese deseo burgués y liberal llamado culturas nacionales–, hacia una concepción relacional de sujeto definido como "complejo, disperso, múltiple", hasta llegar a una final focalización en el discurso migrante, producto de la sucesiva o simultanea adscripción de individuos o grupos comunitarios en espacios culturales diversos, como resultado de los desplazamientos ciudad/campo o de la traslación interurbana[6]. Creo que es erróneo también ver en el texto de Cornejo un alegato reducido a la cuestión de valor estético, cultural, incluso ético, sin advertir que la principal preocupación que lo anima es de carácter ideológico, social si se quiere, en la medida en que el latinoamericanismo se ha sustentado en América Latina, sobre todo a partir de la modernidad, en tanto reflexión acerca de los procesos de simbolización y representación de actores y procesos sociales que van definiendo históricamente su lucha por la supervivencia política, económica, cultural, dentro de los contextos de la occidentalización y de la dependencia económica.

Creo que debe recordarse, en contra de estas interpretaciones, que la crítica de Cornejo Polar, centrada aunque no reducida a la noción de heterogeneidad, explo-

---

[6] Véase, por ejemplo, el artículo de Antonio Cornejo Polar: "Una heterogeneidad no dialéctica".

ra principalmente desde sus comienzos, la naturaleza problemática de la mediación letrada y de las operaciones de apropiación cultural e ideológica que acompañan los procesos representacionales en América Latina. En este sentido, su obra se elabora sobre todo como una *teoría del conflicto* –social, cultural, ideológico– que hace énfasis en los antagonismos que distinguen la historia y la cultura latinoamericana más que en el simple registro –y mucho menos aún en la celebración– de la cualidad diferencial que organiza, agónicamente, los componentes de esa cultura y de la literatura producida dentro de los parámetros de la nación burguesa y liberal. En el texto final en el que alerta sobre la diglosia crítica y las nuevas estrategias de universalización cultural, esa *teoría del conflicto* se expande a nuevas zonas de contacto e hibridación cultural: la que resulta de la apropiación y procesamiento del material latinoamericano por parte de un sujeto *heterogéneo* (el latinoamericanista metropolitano) "distinto y distante", epistemológicamente hablando, de la realidad interpretada.

El tema de la traducción y la preocupación con los desplazamientos y licencias metafóricas no es, entonces, una preocupación reciente en la obra de Cornejo Polar, sino uno de sus ejes principales. Como Francine Masiello anotara, la crítica de Cornejo se enfoca –sobre todo en *Escribir en el aire*–justamente en las tensiones lingüísticas que producen desde la colonia, en el proceso comunicativo, zonas de conflicto tanto como espacios de impensadas alianzas; entre grupos diversos, entre oralidad y escritura, entre lenguas distintas. En este sentido, Cornejo reflexiona en distintos registros –a propósito de la literatura, en su atención a las hibridaciones interculturales, en su definición del sujeto migrante, y también en lo que se refiere a cuestiones de bilingüismo o "diglosia crítica"– en torno al tema de la *traducción* pero no, como indica bien Masiello, con un sentido meramente celebratorio, sino para enfatizar el problema de las ambigüedades, los fracasos y las experiencias de falso reconocimiento a que conduce la traslación de sentidos entre lenguas o culturas diversas. Las reflexiones del último texto de Cornejo, "Mestizaje e hibridez: los riesgos de las metáforas" –el cual debió quizá ser titulado, previendo la tentación de sus intérpretes, "el riesgo de las metonimias"– se inscriben justamente dentro de este registro. Cornejo advierte que la traslación de categorías teóricas de un espacio epistemológico a otro, al igual que el predominio diglósico que afirma el prestigio del inglés sobre el español, mantienen a ambos dominios –los de esas dos lenguas, pero también los de la Teoría y la Interpretación por un lado, y el de la cultura interpretada por otro– sólo falsa o metafóricamente unidos por los puentes quebrados de categorizaciones sólo aproximativas, pero a veces también violenta o tendenciosamente desviadas del material interpretado.

La importancia central que tiene en la obra de Cornejo Polar la idea de totalidades o de simultaneidades contradictorias que coexisten tensamente dentro de un mismo curso histórico y con arreglo a una territorialidad convencionalmente asignada como el espacio orgánico de la nación-Estado no supone, sin embargo, la mera recuperación de un pluralismo étnico lingüístico, ideológico, en las formaciones sociales latinoamericanas, ni la celebración de un multiculturalismo anodino y falsamente conciliatorio. Cornejo avanza, más bien, hacia la afirmación de una negatividad constitutiva, de una disgregación originaria, específica e históricamente determinada, que resiste todo intento de centralización reductiva o dilución teórica.

Muy lejos, en este sentido, de la visión de Rama, para quien "la cultura de la modernidad es una y la misma en todos los puntos de América Latina" (*Transculturación narrativa*, 218), Cornejo articula su *teoría del conflicto* sobre la idea de una desigualdad constitutiva que resiste la armonía y la conciliación, tanto como la mera traslación de categorías teóricas fijas de un dominio epistemológico a otro, aunque los componentes culturales sean permeables y fluidos, en distintos grados y de acuerdo a sus propias condiciones de existencia social. Su denuncia de la ideología del mestizaje como propuesta planamente multiculturalista y conciliatoria de los antagonismos socioculturales latinoamericanos muestra que su crítica no se detuvo en el mero registro de las tensiones interculturales a nivel continental, ni en la mera referencia funcionalista a los términos que rigieron el choque cultural y político que resultara en el desmantelamiento de las culturas prehispánicas a partir de la conquista. Más bien, su *teoría del conflicto* aborda los productos de la cultura criolla como resultantes de la condición neocolonial de América Latina, condición no cancelada por la independencia política y el surgimiento de naciones a nivel continental, ni por los procesos de modernización a partir de los cuales la cultura americana redefinió históricamente su participación en el contexto occidental. Condición no cancelada, tampoco, por la convivencia en la globalidad ni por los procesos de transnacionalización cultural, por muy determinante que pueda ser su impacto para América Latina y para los centros desde los que se orquesta y organiza la mundialización. Ni los procesos de criollización o cholificación propios del área cultural andina, ni la ideología del mestizaje alentada por las elites criollas ya desde la colonia, ni las estrategias integradoras del populismo de Estado ni, más recientemente, las teorías poscoloniales distrajeron nunca en la obra de Cornejo Polar de los antagonismos inherentes al proceso de producción cultural y construcción identitaria en y para América Latina, antagonismos que la mediación letrada contribuyó históricamente a evidenciar −y a veces a encubrir− por medio de estrategias variadas de representación simbólica.

Cornejo pone el énfasis en una contradictoriedad que se resiste a la síntesis, o sea en una antidialéctica que partiendo de la violencia colonizadora, resiste la unificación nacionalista −y en el caso de su último texto, la unicidad lingüística− dejando en evidencia, en el interior de los distintos sistemas que constituyen la sociedad latinoamericana y sus representaciones simbólicas, las pulsiones de

agresión y resistencia, totalización y fragmentación, homogeneización y heterogeneidad, hegemonía y subalternidad.

Partiendo de la problematización de la mediación letrada, la obra de Cornejo
se aplica sobre todo a la elaboración de la *otredad,* como contrapartida de los
esencialismos identitarios, de cuño romántico-idealista, y de los reclamos de un
universalismo que pretenda borrar la especificidad histórica, cultural y política de
América Latina, especificidad que, no por las transformaciones que impone la
globalización, parece en vías de desaparecer. En este sentido, *su teoría del con-*
flicto se concentra en las operaciones de apropiación discursiva e ideológica inherentes a toda forma de representación simbólica realizada dentro de los modelos
dominantes en el imaginario criollo y también en los imaginarios que se construyen desde fuera sobre ese objeto de deseo llamado América Latina. Pero el énfasis de su crítica está puesto, principalmente, en la permeabilidad, tensiones y
negociaciones que hacen posible esa representación de un *otro* al que define
como esencialmente diverso, exterior, antagónico, con respecto al ser social y a la
conciencia que organiza las representaciones del mundo y la cultura.

Si esta teoría se opone a los principios que promueven la idea de una unificación nacionalista o de un universalismo abstracto, resistiéndose a elaborar como
mera *diferencia* los *antagonismos* de fondo, se opondrá también a toda forma de
globalización que suponga, en el contexto del multiculturalismo neoliberal, el
borramiento de problemáticas y de agendas locales, desconociendo los efectos de
nuevas formas de hegemonía en las etapas que suceden a la irresuelta modernidad latinoamericana.

La denuncia final de Cornejo acerca del predominio del inglés sobre el español y acerca de la pujante propuesta de América Latina como constructo determinado por los procesos de redefinición profesional o disciplinaria en los centros de
acumulación teórica a nivel internacional es una reflexión sobre el conflicto que
es inherente a la constitución misma del campo, en la modernidad y en los estadios actuales de globalización. Ni el localismo puede ser ya un refugio contra los
flujos y efectos de la transnacionalización cultural, ni la globalidad puede ser
asumida como una panacea universalizante donde la *diferencia* sea, como advirtiera Jameson, la esencia identitaria de la posmodernidad y el multiculturalismo
el pluralismo conciliatorio de la nueva época. El texto de Cornejo no promulga lo
primero, ni se deja deslumbrar por lo segundo. Su reflexión sobre la diglosia crítica y, por esta vía, sobre el posible final del hispanoamericanismo, no se escribe
de espaldas a las nuevas articulaciones culturales. Habla, aunque con menos radi-
calismo del que le han atribuido sus intérpretes, de un predominio, de un peligro,
de un exceso, de una distribución desigual de saberes, de una parcializada red de
producción y circulación de bienes simbólicos.

Creo que Cornejo Polar percibe detrás de la tendencia de universalización
cultural lo que Román de la Campa ha aludido como el desasosiego político de

un sector intelectual que promueve una lectura del devenir histórico latinoamericano a partir de levitaciones epistemológicas por medio de las cuales los centros de la globalidad puedan llegar a imaginar sociedades distintas desde la lejanía[7].

Seguramente Cornejo tenía presente al escribir su texto, junto a la red de teorías posmodernas y poscoloniales, los antagonismos intrínsecos, no superables a través del discurso, que son propios de las sociedades latinoamericanas, enquistadas en una premodernidad que más allá de las hibridaciones, existe aún sustraída, en muchos casos, a las leyes del mercado cultural, o a las elucubraciones proyectadas desde los grandes supermercados teóricos de un norte que sigue siendo norte en medio de la globalidad, y que no por desmontar o relegar las agendas locales decidirá su desaparición.

Toda teoría "central" (internacional o localmente hablando) –letrada, urbana, escrituraria– necesita su "indio", su subalterno, para definir en su revés el lugar del que habla, situación sin duda tributaria, como muchos críticos han reconocido, de la condición neocolonial de América Latina, que ha dejado la idea de que el "subcontinente" sólo puede ser asediado de manera unidireccional, sin llegar a adquirir reciprocidad discursiva ni llegar a obtener pleno derecho en el proceso de su autorrepresentación[8]. Siendo así, tiene razón Cornejo al pensar que más allá de los efectos de la globalización y de los beneficios de la transculturación, cada lado del debate y del proceso interpretativo seguirá manteniendo su ritmo disciplinario y defendiendo intransigentemente sus cánones[9]. Quizá, en este sentido,

---

[7] La referencia corresponde a la comunicación presentada por De la Campa en el congreso de LASA de Chicago, 1998. Sobre las posiciones de este crítico respecto a la inserción de estos problemas en el campo de los estudios latinoamericanos, véase, por ejemplo, su artículo "Latinoamérica y sus nuevos cartógrafos: discurso poscolonial, diásporas intelectuales y enunciación fronteriza".

[8] Edward Said ha señalado la misma situación al referirse al silenciamiento del colonizado, concebido, como indica Said, con la frase de V. S. Naipaul, como alguien "condenado sólo a usar el teléfono, nunca a inventarlo" (Citado por Said en "Representing The Colonized: Anthropology's Interlocutor" 207; la traducción es mía). En el mismo artículo, Said analiza la problemática del observador, principalmente en antropología, dando ejemplos de la falta de teorización del analista acerca de sí mismo, de su propia posición y determinación enunciativa (212).

[9] En relación con la nota anterior, que toca al problema de la elaboración de la posición enunciativa desde la que se emite el discurso crítico, vale la pena señalar que Cornejo Polar no desconoce, en este sentido, las contradicciones que el problema de la traducción interpretativa –vía antropología, crítica literaria o estudios culturales– representa incluso para su propia posición "heterogénea" de intelectual criollo situado en la exterioridad letrada, urbana, escrituraria, con respecto a las culturas indígenas estudiadas por él. Dice, al respecto, en *Escribir en el aire*: "[...] no voy a caer en el elegante sofisma de Spivak para quien el subalterno como tal no puede hablar, primero porque es obvio que *sí* habla, y elocuentemente, con los suyos y en su mundo y segundo porque lo que en realidad sucede es que los no subalternos *no* tenemos oídos para escucharlo, salvo cuando trasladamos su palabra al espacio de nuestra consuetudinaria estrategia decodificadora. Tenemos que reconocer –al menos yo lo reconozco– que los críticos, como los gestores de testimonios o como los recopiladores-traductores de discursos otros, generalmente nativos, somos algo así como una incómoda parodia del Rey Midas:

como advierte Cornejo Polar, no sea la pregunta de Spivak la que cuenta –si el
subalterno puede, en efecto, hablar–, sino si el *otro*, desde sus lugares de privilegio lingüístico, interpretativo, representacional, puede, realmente, aprender a
escuchar.

todo lo que tocamos se 'convierte' en literatura. Y sin embargo, por poco cómoda que sea, esta sospechosa alquimia resulta inevitable al menos para todos los que fuimos formados, y para que los que
nosotros mismos seguimos formando, como hermeneutas de textos escritos. En última instancia, y es
bueno tener conciencia de ello, la voz del subalterno nos invade en la vida cotidiana pero solamente la
asumimos como parte de nuestras preocupaciones académicas cuando ha sido sometida por ciertos
requerimientos: haber sido seleccionada y adecuada (y con frecuencia traducida) por colegas más o
menos prestigiosos o haber quedado transpuesta y transformada (vía otro colega) en 'testimonio'. En
realidad, frente a esa inmensa masa de discursos subalternos que discurren dentro de su propio espacio, y ante los que estamos desarmados, los especialistas en literatura deberíamos comenzar a sentir la
misma angustiosa desazón de los nuevos antropólogos y etnólogos y encontrar el lugar desde el cual y
la relación con la que nuestra práctica académica no termine por hacer del discurso del subalterno
poco más que la materia prima de un producto hecho a imagen y semejanza de nosotros mismos"
(220-221). Aunque Cornejo no se refiere aquí expresamente al tema de la lengua, su consideración
acerca de la "exterioridad" del crítico respecto a las culturas estudiadas queda en evidencia. Agradezco a Armado Muyolema, estudiante de la Universidad de Pittsburgh, haber puntualizado la "heterogeneidad" en la obra de Cornejo Polar respecto a las culturas indígenas, particularmente en lo que toca
al privilegio del español con respecto a las lenguas quechua y aymara, por ejemplo. Esta consideración obliga no a minimizar el argumento de Cornejo respecto a la relación español/inglés, pero sí a
ponerlo en la perspectiva que le corresponde. Vale la pena señalar, en este sentido, que Cornejo se
refiere en su artículo principalmente al uso académico del castellano en el contexto disciplinar académico del latinoamericanismo y a los juegos de poder que se registran en ese campo particularmente
en los Estados Unidos. La relación entre la puntualización de Muyolema y este parámetro preciso al
que se refiere el reclamo de Cornejo Polar en su último artículo merecería, sin duda, más elaboración.

Desplazamientos, voces y el lugar de la lengua en la crítica de Antonio Cornejo Polar

1. Introducción

Podría considerarse que uno de los temas de reflexión más importantes que la teorización poscolonial ha entregado a los estudios latinoamericanos es el que se vincula con el lugar central de la lengua en intercambios interculturales, y su función determinante como dispositivo esencial en el proceso de construcción y negociación de identidades colectivas. Esta cuestión, que implica un reconocimiento de la distancia que separa a los sujetos que intervienen en situaciones comunicativas, y de la necesidad de captar y elaborar productivamente la *diferencia* que articula agentes y proyectos culturales, es uno de los temas que Antonio Cornejo Polar trabajara, durante sus muchas décadas de labor intelectual, y con el que decidiera cerrar (o mejor aún, dejar abierto) el ciclo de sus reflexiones sobre literatura y cultura latinoamericana.

En torno a ese tema, que recorre la cultura americana desde sus orígenes occidentales, se ha reconocido que todo discurso, escrito u oral, lleva las marcas no sólo de la posicionalidad individual de los sujetos involucrados en el acto comunicativo, sino de la "situación de discurso" que da lugar al intercambio lingüístico. Para decirlo en la forma resumida que da a esta cuestión Bill Ashcroft, "todo texto escrito es una situación social", de la misma manera que todo significado es una realización o un logro social *posicionado* ("a situated accomplishment") caracterizado por la participación de escritor y lector en un discurso particular ("Constitutive Graphonomy..." 298)[1].

La tensión entre este particularismo pautado por la lengua y el paradigma universalista de lo postcolonial se sitúa en el centro mismo de los debates actuales sobre globalización, transdisciplinariedad y *area studies*, debates que se nutren en gran medida, muchas veces sin dar(se) cuenta de ello, de la crítica de Cornejo Polar y de lo que en otra parte he llamado su "teoría del conflicto"[2]. En efecto, la

---

[1] En palabras de Ashcroft: "The written text is a social situation [...] Meaning is a social accomplishment characterized by the participation of the writer and reader functions within the 'event' of a particular discourse. To take into account the necessary presence of these functions and the situation in which the meaning occurs, the meaning may be called a 'situated accomplishment'" ("Constitutive Graphonomy..." 298-299)

[2] Véase, al respecto, mi artículo "De metáforas y metonimias".

vinculación estrecha entre *los usos de la lengua, el posicionamiento geocultural de discursos y sujetos*, y los *desplazamientos transterritoriales* (exilios, migraciones, diásporas, y los consecuentes "imaginarios postnacionales" que ellos generan) son el trasfondo teórico que informa las nociones de *heterogeneidad, totalidad contradictoria* (*no dialéctica*) y *sujeto migrante*, que son centrales en la obra del crítico peruano.

2. DESPLAZAMIENTOS PARADIGMÁTICOS

Quiero proponer aquí que el caso de Antonio Cornejo Polar, cuya labor crítica latinoamericanista es motivo de estas reflexiones, puede ser entendido como paradigmático del recorrido que el campo ha realizado en las últimas décadas. Digo paradigmático, sin olvidar las advertencias que yo misma incluyera en un estudio anterior sobre este mismo tema (Moraña, "De metáforas y metonimias"), en el que, parafraseando el último artículo de Cornejo Polar, me refería a "los riesgos de las metonimias". Tratando de no caer en fáciles y riesgosas asimilaciones, propongo que entender la trayectoria de Cornejo Polar desde las letras coloniales hasta las nacionales, desde un latinoamericanismo *in situ* hasta su práctica transnacionalizada, desde los avatares de la política andina que lo desplazaran de su contexto cultural originario a la institucionalidad académica norteamericana que lo acogiera hasta el final de sus días es, de alguna manera, penetrar por uno de los ángulos posibles, en el intrincado desarrollo del campo latinoamericanista y en algunas de las *fugas* que lo caracterizan en la actualidad[3]. Tampoco es ajeno a ese carácter paradigmático el sentido que asume en la obra de Cornejo Polar la posicionalidad criolla con respecto a los universos heterogéneos, principalmente indígenas, que enfocara en su trabajo[4].

Los varios desplazamientos arriba mencionados, ya sea los que se refieren al tránsito historiográfico que va desde el estudio del "Discurso en loor de la poesía" y de los *Comentarios reales* del Inca Garcilaso hasta la obra de escritores contemporáneos, o el que moviliza la práctica profesional desde la periferia latinoamericana hacia los centros más privilegiados del latinoamericanismo internacional, con la consiguiente reinscripción lingüística (yendo, así, desde la hege-

---

[3] He elaborado la idea de las "fugas" que se registran en este campo de estudios en mi artículo "Migraciones del latinoamericanismo", en el que aludo al lugar de la lengua en distintas orientaciones disciplinarias.

[4] Como se sabe, el mismo Cornejo Polar trabajó el tema de la migración y de los cambios que este fenómeno provoca a nivel de identidades individuales o colectivas. Véase, por ejemplo, sus artículos "Condición migrante e intertextualidad multicultural" y "Una heterogeneidad no dialéctica: sujeto y discurso migrantes...".

monía del castellano como instrumento de la cultura criolla, dominante de las indígenas, hasta el predominio del inglés como lengua de poder teórico y negociación intercultural en la globalidad), giran en torno a otro problema fundamental: el de la reformulación y descentralización que sufre el concepto de *nación* como ideologema nuclear de la reflexión crítico-historiográfica y como base de las elaboraciones en torno a la vigencia o descaecimiento de *culturas nacionales*, que fuera uno de los puntos de apoyo principales de la crítica latinoamericana desde los orígenes de la nación-Estado.

a) Heterogeneidad y subjetividad: de lo pre a lo pos-nacional

La obra crítica de Cornejo Polar realizo, en este sentido, todo el periplo que va desde las etapas protonacionales en la colonia hasta la consolidación de los conglomerados nacionales, estudiando la función del discurso letrado como lugar de producción y reproducción de hegemonías y como representación de la otredad indígena a partir de la identidad criolla. Pero, como la obra de José Carlos Mariátegui, la de Cornejo Polar manifestó siempre una desconfianza fundamental en la función cohesiva y homogeneizante que el proyecto de cultura nacional implicara como plan centralizador, elitista y excluyente de los múltiples sistemas socio culturales que coexisten en las distintas regiones latinoamericanas[5]. La temprana conciencia de que América Latina era abarcable mucho más a partir de una visión regionalista que desde una perspectiva restringidamente "nacional" o totalizadoramente continentalista permitió a Cornejo Polar impulsar pioneramente la idea de la existencia de imaginarios sub, supra o post-nacionales, según los casos, que el discurso poscolonial descubriera mucho después, al registrar la crisis de la noción esencialista de identidad y la corrosión de la centralidad de la institucionalidad estatal en tiempos de predominio neoliberal.

La noción de heterogeneidad, bien anterior a la de hibridez que popularizara en los ochenta Néstor García Canclini, entrega justamente la herramienta para impulsar la desagregación de los elementos que componen ideológicamente la idea de nación, dejando al descubierto la importancia de una multiplicidad de proyectos, sistemas y modalidades culturales que dinamizan, fragmentan y reacomodan constantemente a las formaciones sociales americanas[6]. El concepto y

---

[5] Respecto al tema de lo nacional en la obra de Mariátegui, en la que se apoya la concepción de Cornejo Polar, puede verse mi articulo "Mariátegui y la 'cuestión nacional' un ensayo de interpretación".

[6] Para una primera postulación de la noción de heterogeneidad, véase Cornejo Polar, "El indigenismo y las literaturas heterogéneas..". Sobre las relaciones y diferencias entre los conceptos de heterogeneidad, hibridez y transculturación puede verse, por ejemplo, Schmidt, Fernández Retamar, Lienhard, Mazzotti. El artículo de Fernández Retamar es en respuesta al texto de Cornejo Polar titulado

la práctica del multiculturalismo derivan de un reconocimiento similar, que cristaliza cuando los estudios culturales se hacen cargo, al menos en su versión estadounidense, de una realidad social en la que los distintos sectores negocian su presencia política, económica y social en términos culturales, con un énfasis ineludible en el particularismo de sus agendas, tradiciones, y formas de (auto)reconocimiento identitario. Quizá lo que distingue mejor ambas agendas es, nuevamente, la desconfianza radical de Cornejo Polar en la conciliación entre culturas cuya relación ha estado siempre marcada por el signo del conflicto (económico, racial, religioso, lingüístico, social), y su convicción de que la negatividad de la *otredad* indígena no podía (no debía) resolverse en América Latina en una síntesis futura que la reabsorbiera en la positividad hegemónica.

El tránsito que Cornejo Polar efectúa desde la noción de *heterogeneidad* a la de *sujeto* implica un paso más en esa concepción que busca resituar el problema de la cultura más allá de las coartadas teóricas de la modernidad, sin renunciar a considerar en sus elaboraciones los rastros, en muchos casos devastadores, que la misma imprimiera sobre las culturas americanas originarias[7].

Su idea acerca de la construcción y funcionamiento social de subjetividades colectivas es bien consciente de los resabios que esta noción arrastra a partir de ciertas tradiciones[8]. Así, indica Cornejo Polar en *Escribir en el aire* que "si del sujeto se trata, es claro que la experiencia y el concepto modernos del sujeto son indesligables de la imaginación y el pensamiento románticos" (18). Su propósito, sin embargo, es justamente apartarse de esta concepción que sugiere la primacía de "un yo exaltado y hasta mudable, pero suficientemente firme y coherente como para poder regresar siempre sobre sí mismo" (18). Cornejo Polar busca, más bien, establecer su énfasis sobre la cualidad *relacional* de la subjetividad social, elaborando las "fisuras y superposiciones" (20), y el "inestable quiebre e intersección de muchas identidades disímiles, oscilantes y heteróclitas" (21). Su objetivo es "desmitificar al sujeto monolítico, unidimensional y siempre orgulloso de su coherencia consigo mismo, al discurso armonioso de una voz única a la que sólo responden sus ecos y a las representaciones del mundo que lo fuerzan a girar constantemente sobre un mismo eje" (23).

En su elaboración, Cornejo Polar se aleja progresivamente de la noción de *sujeto autónomo* que la historiografía y la antropología tradicionales tendieran a

---

"Mestizaje, transculturación, heterogeneidad", que guiara parte del debate en las Jornadas Andinas de Literatura Latinoamericana (JALLA), Tucumán, 1995.

[7] Me he referido antes a este tema de la transición heterogeneidad cultural/construcción de sujetos en "ACP y los debates actuales del latinoamericanismo" y en "*Escribir en el aire*, heterogeneidad y estudios culturales", ambos en este mismo volumen.

[8] Para ver las ideas de Cornejo Polar respecto al tema del sujeto, que desarrolla en *Escribir en el aire*, puede consultarse su artículo "Ensayo sobre el sujeto y la representación".

presentar en sus análisis de la cultura indígena. Promueve en su lugar, más bien, la idea de ruptura o fragmentación de la utópica unicidad nacionalista –y de las *otredades* gestionadas desde el Poder– a partir de la recuperación del registro colonialista que deja como saldo articulaciones disfuncionales de las culturas sometidas a la cultura criolla, que ocupa en la región andina el lugar dominante. Esta noción, que el subalternismo elaborara también como crítica a la historiografía liberal, humanista y eurocéntrica, al enfatizar la dinámica discontinua y espontánea de la resistencia popular en distintos contextos, se registra en el énfasis que presenta la crítica de Cornejo Polar en la disgregación, descentramiento y desdoblamientos que descubre en las polifonías de la cultura andina y en sus modalidades de (auto)representación. *Escribir en el aire* es, en este sentido, la culminación crítica de Cornejo Polar en su búsqueda del *sujeto plural, relacional y diversamente situado*, cuyas prácticas dejan en evidencia las posiciones encontradas y siempre conflictivas que los distintos grupos ocupan desde el punto de vista económico, político, y social en América Latina.

b) Del latinoamericanismo in situ al latinoamericanismo transnacionalizado: de la lengua, a la voz, a la lengua

La transición de la práctica profesional de Cornejo Polar desde la región andina a contextos internacionales no se dio abruptamente. Para el crítico peruano, la América Latina que analizara siempre como parte de su labor profesional, sin ser una unidad, era sin duda un conjunto unificado históricamente, donde las diferencias dialogaban entre sí, aun en los niveles más álgidos de sus enfrentamientos y conflictos. Pero el paso a la academia norteamericana significó sin duda, en su vida y en su obra, un salto cualitativo que estuvo siempre marcado, a mi juicio, por un sentimiento de pérdida que, como el mismo crítico reconociera en un nivel teórico más amplio, acompañan ineludiblemente al migrante en todas las etapas de su itinerario. Lo que algunos han preferido poner en términos de la antinomia entre lo vernáculo y lo internacional, y que yo prefiero aludir como el paso de prácticas intelectuales *in situ* a prácticas transnacionalizadas, estuvo materializado en la crítica de Cornejo Polar en sus reflexiones sobre el lugar que la lengua ocupaba en la labor intelectual y académica. Cornejo Polar reconocía, como testimonian muchos de sus escritos, las políticas que regulan y determinan los usos de la lengua, a las que estudia en sus múltiples manifestaciones escritas y orales, cultas y populares, individuales y colectivas, y en muchas de las negociaciones que vinculan los extremos aparentes del espectro lingüístico. De esta manera, más allá de la voluntad de enfocar minuciosamente la *estética* que resulta de la experiencia lingüística, su obra manifiesta también conciencia clara de la necesidad de ver la lengua como instrumento *ideológico*, creador y reproductor de hegemonía.

En la academia norteamericana, y sobre todo con el creciente avance de los estudios culturales, que tomaron vuelo a partir de la década de los ochenta, el predominio del inglés se reafirma con el prestigio creciente de la teoría, que pasa a ocupar, en el campo amplio del latinoamericanismo internacional, el lugar que la historia había tenido hasta la década anterior, mientras el paradigma socialista se mantuvo en vigencia y, con él, el impulso por mantener en primer plano el estudio de la materialidad cultural[9].

Dentro del campo del latinoamericanismo, que nunca llegó a elaborar suficientemente la mala conciencia de su propia heterogeneidad lingüística y cultural con respecto a las culturas americanas no hispano-hablantes, la superposición del inglés –lengua de la teoría y la globalidad– al castellano –lengua hegemónica de la cultura criolla y código expresivo de conflictos históricos, políticos y sociales en América desde la colonia–, pareció demasiado. Aunque pueda y deba recalcarse la falsa oposición entre estos aparentes extremos del espectro epistemológico (historia/teoría), vale la pena reconocer que dentro de los paradigmas de prestigio del latinoamericanismo internacional, la subalternización del castellano parece reproducir, en círculos concéntricos, situaciones de colonialismo cultural que dejan a las culturas estudiadas, sobre todo a las no hispano-hablantes, encerradas en la interioridad de sus códigos expresivos y (auto)representacionales, que sólo sucesivos sistemas de traducción lingüística y cultural, pueden hacer relativamente accesibles. Finalmente, el tema de la *traducción cultural* que ha ocupado uno de los puntos neurálgicos del debate antropológico en las últimas décadas, ha llegado de lleno a los estudios literarios, trayendo consigo la conciencia (culposa) de la desigualdad de las lenguas o, dicho de otro modo, de las asimetrías de poder que controlan el campo intelectual sobre todo en el estudio de culturas *otras*. La noción de *lenguas calientes* y *lenguas frías*, que deriva de Levi-Strauss, o de *lenguas fuertes* y *lenguas débiles* que recorre la disciplina etnográfica, se aplica claramente al problema que venimos mencionando.

Tales desplazamientos no pasaron inadvertidos a Cornejo Polar, de ahí su preocupación por el problema de la primacía del inglés en el hispanismo norteamericano, y por los cambios que las migraciones de sujetos y prácticas disciplinarias están produciendo en nuestro campo de estudio. Sin embargo, si bien el problema de la lengua lo preocupó, como digo, centralmente, en su misma tarea interpretativa Cornejo Polar realizó, a lo largo de décadas de estudio y reflexión, un desplazamiento crítico desde la interrogación sobre las políticas de la lengua a las estrategias de recuperación de *las voces* ocultas en textos o discursos. Su trabajo no constituyó, sin embargo, una vacía celebración de la polifonía multivocal, ni

---

[9] Sobre el tema de la relación inglés (teoría)/español (historia) puede verse, por ejemplo, Avelar, "The Clandestine Menage a Trois of Cultural Studies, Spanish, and Critical Theory".

un regodeo especulativo sobre los silencios del texto o el sujeto, sino más bien una indagación cuidadosa de las estrategias representacionales que permiten afirmar una presencia –incompleta y mediatizada– de sujetos existentes fuera de los límites de la *ciudad letrada*.

En sus análisis de la obra de Arguedas, por ejemplo, Cornejo Polar analiza no sólo los diversos sistemas lingüísticos y culturales que se entrecruzan en la prosa del autor de *Los ríos profundos* sino que trata también de detectar la disidencia y los pronunciamientos concretos que esos textos incluyen contra o desde el Poder. En sus alusiones al testimonio, se preocupa por el proceso que sigue la "palabra primera" (*Escribir en el aire* 221) y por el efecto de las sucesivas interpretaciones, traducciones, recopilaciones de que es objeto esa palabra originaria antes de transformarse en mercancía cultural. Lo que preocupa al crítico peruano no es sólo la conquista de un espacio donde el *performance* de la comunicación se juegue dentro de los códigos previstos por la "estrategia decodificadora" (*Escribir en el aire* 220), sino el resto que persiste o se pierde en el nivel de aquél que "lee la voz" (*Escribir en el aire* 221) del *otro* fuera de su registro.

En los casos de los testimonios de Domitila Barrios de Chungara y Gregorio Condori Mamani, Cornejo Polar persigue la transformación del sujeto individual en sujeto colectivo. En el primero, la voz se va reformulando a partir de las sucesivas conexiones de la palabra de la mujer con la del proletariado minero, y su ampliación interpelativa a toda la extensión de esta clase social a nivel nacional, y a los horizontes mismos de la utopía socialista transnacional todavía vigente a finales de los setenta. En la *Autobiografía* de Condori Mamani no se repite, sin embargo, la misma situación. Como resultante de "la experiencia de la marginalidad originaria" (*Escribir en el aire* 225) la individualidad se mantiene como un reducto que no alcanza el nivel de la socialización más que en ciertos alcances de información política que remiten al sujeto a un ámbito nacional imaginado y a algunos de sus rituales cívicos. Pero Cornejo Polar está atento, sobre todo, al modo en que la esfera privada se inscribe en el territorio de la lengua, en este caso el quechua, lengua materna y única de Gregorio y Asunta, su mujer, a quien corresponde el relato de los últimos capítulos de la "autobiografía" construida de manera plural, a través de versiones, traducciones, recopilaciones. Pero a este territorio de la *lengua* donde se inscriben las *voces* corresponde el más vasto campo de la *cultura*, con sus mitos, tradiciones y posicionalidad política dentro de la región que la comprende. Ésta es, entonces, la instancia de socialización que a Cornejo Polar le interesa rastrear: la de las vías de identificación a través de las cuales voces, lenguas y culturas se vinculan, entrecruzan y fundamentan recíprocamente. Así, recoge las referencias de Gregorio a Tupac Amaru, a quien los españoles "le habían sacado su lengua, sus ojos desde la raíz" (*Autobiografía* 49, cit. por Cornejo Polar, 227-228), la alusión a Atahualpa, que tira al suelo la Biblia en el controvertido "diálogo" de Cajamarca y, finalmente, la rememoración de su insuficiente adquisición del castellano ("Se entraba al cuartel sin ojos y sin ojos se salía, porque no podías salir con abecedario correcto. También sin boca entrabas y sin boca salías, apenas reventando a castellano la boca" (*Autobiografía* 45, cit. por Cornejo Polar 229). Según Cornejo Polar, las metafóricas mutilaciones del cuerpo remiten a la trágica y ancestral peripecia indígena: el sujeto sin lengua es un hombre sin ojos y sin boca, amputación que remite a la pérdida de la cultura propia, a la "expropiación del cuerpo" (229) individual y social, que es material y simbólicamente apropiado por la cultura y el poder dominantes. Pero lo más interesante es, quizá, el propio posicionamiento de Cornejo Polar –quien en muchos sentidos representa el *establishment* de la alta cultura universitaria y el paradigma del discurso letrado– que se reconoce entrando indirectamente al universo de la cultura quechua a través de transcripciones, traducciones y recopilaciones varias que mediatizan la comunicación con el *otro*:

> Ambiguamente nos felicitamos de poder ingresar, siquiera por la puerta falsa, casi subrepticiamente, en una conciencia que en un cierto nivel parece agotarse en su propia experiencia, pero que en otro se socializa en un complejo y ambiguo interdiscurso que aunque habla de derrotas, al momento mismo de hacerlo prueba –paradójica pero incontrastablemente– la fortaleza, la persistencia y la vitalidad del sujeto que lo enuncia. Habla también, a través de las mediaciones a las que ha sido sometido, de la disgregada índole del mundo andino y de la desubicación que sufre el trabajo intelectual, singularmente el crítico, frente a esa configuración socio-cultural que no cesa de evidenciar su radical heterogeneidad (229).

En el testimonio final analizado por Cornejo Polar, *Nosotros los humanos/ Nuqanchik runakuna* éste destaca la presencia de fenómenos de transculturación y sincretismo religioso que revelan la existencia de cruces y contradicciones que tensan los procesos de construcción de sujetos y los discursos de (auto)reconocimiento individual y colectivo. Para Cornejo Polar, a través del espacio multiétnico se interconectan

> varias y borrosas conciencias, instaladas en culturas diversas y en tiempos desacompasados [que] compiten por la hegemonía semántica del discurso sin llegar a alcanzarla nunca, convirtiendo el texto íntegro en un campo de batalla, pero también de alianzas y negociaciones, donde fracasa irremediablemente todo recurso a la subjetividad individualizada, con su correlato de identidades sólidas y coherentes, y sus implicancias en la crítica y la hermenéutica literarias (233).

Lo que me interesa destacar en el fino análisis de Cornejo Polar es, nuevamente, su posicionamiento exterior y sólo aparentemente equidistante de las culturas encontradas en el espacio textual, y convocadas por el ejercicio crítico. La "heterogeneidad" y "desubicación" que percibe en el trabajo intelectual tiene que ver con las posiciones de poder que afectan el proceso de construcción de subjetividades colectivas, y con su propio *locus* letrado, urbano, criollo, que de alguna manera construye a su objeto de estudio negociando la *diferencia* a través de estrategias interpretativas que no operan nunca sin dejar un resto irrecuperable que no puede ser alcanzado en su totalidad. En esta economía crítica, el lugar de la lengua es central y determinante. Constituye, en efecto, un espacio álgido y *distinto*, un campo de lucha interpretativa y representacional que admite "alianzas y negociaciones", pero del que nunca son ajenos conflictos ideológicos y luchas de poder que se remontan a las primeras prácticas del colonialismo y se perpetúan en las prácticas modernizadoras.

Las dinámicas que descubre Cornejo Polar en la academia norteamericana de los noventa no son ajenas a estos recorridos anteriores entre lenguas hegemónicas y subalternizadas, sólo que ahora se han invertido los papeles, y el castellano y la cultura hispánica a la que remite son el objeto de la traducción y la "gestión" letrada. Su artículo final "Mestizaje e hibridez: el riesgo de las metáforas", que levantara tantas reacciones por parte de la crítica, llama la atención justamente sobre el predominio del inglés y el descaecimiento de un latinoamericanismo basado en la textualidad y la recuperación de las culturas originarias, que está sufriendo ahora nuevos desplazamientos, al someterse a niveles exógenos de elaboración lingüística.

La superposición de esta nueva forma de hegemonía cultural se agrega a la preeminencia del castellano, que testimonia el colonialismo interno que la cultura criolla practicara con respecto a las culturas originarias desde el origen mismo de las formaciones sociales americanas. Las voces quedan nuevamente cautivas en las políticas de la lengua, dependiendo de la red de traducciones, transcripciones y selecciones que se ejercitan para recuperarlas. Cornejo Polar percibe en el latinoamericanismo globalizado esta instancia nueva de dominación que reconoce, por cierto, como parte de la reformulación de subjetividades colectivas que deriva no sólo del proceso de mundialización al cual no es ajeno ese campo de estudio, sino también de los mismos sujetos involucrados en ese campo, al desplazarse, integrarse, transculturarse. Este nuevo proceso requiere, entonces, nuevas estrategias de posicionamiento para la vinculación de voces y lenguas en el espacio del supradiscurso multicultural, en su etapa actual de formalización y redefinición ideológica. La situación requiere, también, conciencia de los juegos de poder que la determinan, y de los alcances que toma en el contexto de la globalización, el tema de la heterogeneidad que Cornejo Polar insertara tempranamente en sus análisis de la cultura latinoamericana.

Antonio Cornejo Polar y los debates actuales del latinoamericanismo: noción de sujeto, hibridez, representación

Este trabajo, cuyo título es sin duda mucho más ambicioso y prometedor de lo que pueden llegar a alcanzar estas páginas, se propone como una incitación doble a los estudiosos de la literatura y la cultura latinoamericana. Invita, por un lado, a descubrir cómo algunas de las categorías más recurridas del análisis cultural de las últimas décadas (sujeto, representación, hibridez) surgen y evolucionan en el pensamiento de quien fuera uno de los representantes más brillantes del latinoamericanismo contemporáneo. Por otro lado, está pensado como una introductoria –y sin duda parcial– indagación de los modos en que se formaliza en la crítica de Cornejo Polar una importante vertiente de la más reciente tradición latinoamericana, de cara a otras propuestas interiores y exteriores al continente.

En efecto, la obra de Cornejo Polar, por la dinámica interior que la organiza, atenta siempre a los ritmos, fracturas y conflictos políticos y culturales de América Latina, nos brinda el privilegio de percibir de cerca –casi desde adentro– el proceso y la factura misma de un pensamiento fértil y riguroso como pocos, que muchos de nosotros vimos gestarse y desarrollarse en las últimas décadas, como respuesta a los desafíos y también, sin duda, a los desengaños y ansiedades a que nos tiene acostumbrados la dolorosa historia continental. Es a la artesanía misma de ese proyecto intelectual, y a algunos de sus más depurados logros que quiero acercarme ahora una vez más, para dar forma pública, "profesional", al diálogo que sigo manteniendo con Antonio.

En un trabajo anterior que escribí como reacción a la lectura del último libro de Cornejo Polar, *Escribir en el aire. Ensayo sobre la heterogeneidad socio-cultural en las literaturas andinas* traté de atender a los desplazamientos que se operan en la obra que ese crítico desarrolló desde la década de los años setenta, cuando las dictaduras y los movimientos de liberación impusieron en América Latina la reflexión acerca de las culturas nacionales y la redefinición del tema de las identidades, que sirviera de coartada ideológica a tantas propuestas demagógicas y a tantos proyectos culturales hoy perimidos en nuestro continente. En esa lectura de *Escribir en el aire* resaltaba lo que me parecieron entonces los aportes principales del texto: la destimificación de las grandes narrativas de las que se nutre el discurso oficial (nación, ciudadanía, identidad, progreso), el alerta contra la romantización del subalterno efectuada, sobre todo, desde propuestas "centrales" y exógenas, todavía herederas del mesianismo intelectual de otras épocas, el énfasis en la necesidad de privilegiar, en la interpretación cultural, la encrucijada de discursos, proyectos y agendas desde la que surge y adquiere sentido todo texto o praxis cultural, en tanto formas de conciencia social a través de las cuales se expresan y proyectan los "ritos de la memoria" individual y colectiva.

Mi estudio registraba también una evolución fundamental en el pensamiento del autor: la que se va produciendo desde el concepto de heterogeneidad –que comienza siendo postulado como característica esencial (como en Mariátegui) de las culturas "nacionales" expandiéndose luego hacia cada una de las instancias que componen el proceso representacional– hasta la categoría de sujeto, que es la que articula primordialmente *Escribir en el aire*. Interpretaba entonces ese viraje como una forma de superación (no de renuncia) con respecto a las instancias críticas que habían hecho posible la reconceptualización de la literatura indigenista en los trabajos producidos en los años setenta, desde la publicación, en 1973, de *Los universos narrativos de José María Arguedas* y durante la prolífica década de los años ochenta. Es al significado de esta evolución crítico-teórica que quiero referirme brevemente en esta ocasión, para medir la contribución más reciente que hiciera el trabajo de Cornejo Polar a los nuevos debates que ocupan al latinoamericanismo internacional, y que atañen particularmente a la crítica indigenista de la última década.

Como en el caso del concepto de heterogeneidad, la estrategia de Cornejo Polar con respecto a la categoría de sujeto empieza por ser una estrategia disgregadora. La contribución mayor del concepto de heterogeneidad había sido la de desmantelar la noción fija, homogeneizante y verticalista de cultura y de (id)entidad nacional, reivindicando la pluralidad étnica, lingüística e ideológica de los distintos sectores articulados dentro de los parámetros convencionales de la nación-Estado. Desde esa base, la crítica que se formaliza en *Escribir en el aire* comienza por desmontar, genealógicamente, la noción de *sujeto* como imagen monolítica, de cuño romántico-idealista, en tanto "espacio sólido y coherente", donde el protagonismo histórico y la subjetividad colectiva se asocian, falazmente, a una ilusión de unidad, armonía y conciliación de clases, razas, géneros, en todo opuesta a lo que nos enseña la lección de la historia, leída desde los márgenes del discurso hegemónico. En oposición a esta perspectiva, Cornejo impulsará la idea de la fragmentación dentro de la totalidad, de la tensión y sobredeterminación de subjetividades –individuales o colectivas– intersticiales, que crecen y se desarrollan desgarradas entre diversas tradiciones y proyectos, nunca estables o sólidas sino en constante proceso de transformación y permeabilidad. La definición del sujeto depende, entonces, de la adscripción que el mismo asuma en cada instancia o aspecto de su trayectoria social, y de la afiliación más o menos provisional que realice a diversas agendas, sectores o espacios culturales[1].

---

[1] Para una discusión del sujeto subalterno, véase Prakash.

En lo esencial, la continuidad entre el concepto de heterogeneidad y la noción de sujeto así definida es evidente. Pero la principal innovación estriba, me parece, en el modo en que se inscribe la subjetividad colectiva en el campo cultural, y en los efectos que se registran a nivel metodológico, de múltiples repercusiones para el estudio de temas culturales, dentro y fuera del campo latinoamericano.

Como se señala en repetidas ocasiones en *Escribir en el aire*, la noción de sujeto tiene sentido, primordialmente, como categoría no absoluta sino *relacional*, en la que se anudan y despliegan las contradicciones del sistema social, interiorizadas ahora en el agente cultural mismo y en las praxis que éste desarrolla socialmente. Para Cornejo, lo fundamental es retener y potenciar una noción de "sujeto complejo, disperso, múltiple" (*Escribir en el aire* 19), a partir de la cual podemos interpretar el campo cultural y los procesos representacionales sin apelar a las narrativas maestras que dan la base al occidentalismo teórico (ilustración, liberalismo, nacionalismo, republicanismo, etc.). Desde estas narrativas, que alentaron y siguen alentando el mito del sujeto universal, los productos culturales continentales sólo pueden ser vistos en términos de subalternidad, como variaciones, apartamientos o retardos con respecto a los discursos centrales. El sujeto latinoamericano permanece, desde esta perspectiva, como un paradigma de alteridad no redimida por la modernidad, es decir, como confirmación de la identidad "positiva" del occidente colonizador, que a partir de 1492 no dejaría nunca de re-descubrir la barbarie americana reafirmando, en cada instancia, la localización privilegiada de la mirada que se dirige desde afuera y desde arriba a los procesos y a los protagonistas culturales de las antiguas colonias. En la medida en que, como indica Chakravarty desde otras trincheras teóricas, "Europa continú[e] siendo el sujeto teórico soberano de todas las historias" (cit. por Prakash, 304) la noción de sujeto no podrá dejar de ser, como Cornejo enfatiza, una noción baldada, refleja, deficitaria, subalterna, dependiente, siempre "en vías de" realización y completamiento. De modo que el primer movimiento en la construcción de un sujeto emancipado debe ser el desafío a la razón (ilustrada, etnocéntrica, colonialista) que interpela al "otro" desde una identidad que sólo se concibe como reproducción al infinito de una imagen fija, universal, atemporal, dogmática, hegemónica[2].

La reivindicación de este sujeto latinoamericano "complejo, disperso, múltiple" como protagonista de una historia ya no colonial, ni siquiera poscolonial, sino *posoccidental*, dialoga en la teorización de Cornejo con el sentido de posoccidentalismo definido ya en 1976 por Roberto Fernández Retamar y retomado recientemente por Walter Mignolo, con énfasis en las relaciones de etnicidad y

---

[2] Sobre el sujeto universal en el discurso eurocentrista, véase Prakash. Sobre la elaboración del sujeto "subalterno" latinoamericano, véase Moraña, "El *boom* del subalterno".

trabajo como problemáticas esenciales para la definición de subjetividades colectivas en América Latina[3].

Para resumir el argumento que guía indirectamente la conceptualización del sujeto en la obra de Cornejo Polar, baste indicar que se organiza en torno a una redefinición de la noción de *origen* de las sociedades modernas en América Latina, colocando el problema de la raza como contra-discurso con respecto a las narrativas de la emancipación que afirman el valor liberador y fundacional de movimientos independentistas –y, en este sentido, anticolonialistas– que no van necesariamente ligados (como en el caso de la revolución haitiana) a la emancipación étnica de los vastos sectores, indios y negros, que constituyen la base (marginada y subalterna) de las formaciones sociales latinoamericanas[4].

Aplicada al problema del indio, la noción de sujeto debe recuperar, como es evidente en la crítica de Cornejo Polar, las formas de existencia material que condicionan la conciencia social y los procesos de producción cultural en sus distintos niveles y momentos históricos, haciéndose cargo de la necesidad de contrarrestar el valor fundacional asignado por la historiografía burguesa a la emancipación americana que mantuviera en la República el sistema de explotación y marginalidad indígena instaurado por la Conquista.

En más de un sentido, esta visión de sujeto coincide con las definiciones que Gramsci proveyera respecto al concepto de subalternidad, y que Mariátegui activara en su momento en el Perú. El marxista italiano entiende la historia del subalterno como una peripecia no autónoma sino entrelazada con otras historias sectoriales en el interior de la sociedad civil. Gramsci enfatiza, sin embargo, que el sujeto subalterno ejerce una función –en sus palabras– "disgregada y discontinua" con respecto a los demás sectores sociales y a las narrativas que sustentan y legitiman el papel del Estado como salvaguarda del orden, la unidad y el centralismo político. Formulación primera de una definición política de sujeto subalterno, no marcada, en Gramsci, étnicamente, pero que daría base a la elaboración mariateguiana sobre la subjetividad dispersa, aunque bien diferenciada, del sector indígena en la región andina.

Dejaré en suspenso, por ahora, el sentido de esta recuperación doblemente heterodoxa de Gramsci en el pensamiento de Cornejo Polar, en momentos en que las bases del marxismo ortodoxo se debilitan a efectos de los acontecimientos políticos de la última década, así como la importancia de la articulación evidente

---

[3] Mignolo desarrolla el tema del posoccidentalismo en "Posoccidentalismo: las epistemologías fronterizas", pero a efectos de situar aspectos históricos y teóricos relacionados con el tema conviene revisar también su artículo "Occidentalización, imperialismo, globalización".

[4] Este argumento es el que desarrolla Fernández Retamar y retoma Mignolo para su elaboración del posoccidentalismo en relación con la construcción de "epistemologías fronterizas", también discutidas por De la Campa en relación al discurso poscolonial.

de sus ideas con debates que, a nivel internacional, continúan retaceando su reconocimiento a las teorizaciones latinoamericanas. Quiero más bien enfatizar la relación entre la elaboración de noción de sujeto y los últimos trabajos publicados por Cornejo Polar en torno al tema del sujeto migrante, en lo que parece ser una tercera instancia en la reelaboración del tema de la construcción identitaria en América Latina.

La reflexión en torno a la migración articula el trabajo de Cornejo Polar a algunas de las premisas en que se apoyan los estudios culturales en la última década, tanto los que se refieren a América Latina como a la cultura latina en Estados Unidos o a fenómenos de intercambio e hibridación cultural en otros contextos contemporáneos. Se vincula, en efecto, al campo de los *border studies* o estudios de frontera, así como a los temas de hibridación *á la* Canclini, o de transculturación, tal como la noción aparece aplicada en los trabajos de Fernando Ortiz, Mariano Picón Salas y Ángel Rama[5].

Para el análisis del discurso migrante, Cornejo Polar enfoca primariamente las múltiples articulaciones que resultan de la sucesiva o simultánea adscripción de individuos o grupos comunitarios en espacios culturales diversos, como resultado de los desplazamientos poblacionales que se producen del campo a la ciudad, o en fenómenos de traslación interurbana, para citar sólo algunos de los fenómenos más frecuentes en este orden de cosas. En varios niveles, el migrante ejemplifica, en las rupturas y rearticulaciones culturales que constituyen su experiencia cotidiana, los fenómenos de desterritorialización y sincretismo que se registran ya desde las primeras etapas de la modernidad y se agudizan y generalizan en las últimas décadas como resultado de los tránsitos y diásporas políticas y económicas que marcan la dinámica entre localismo y globalidad que ocupan hoy en día la atención de los estudios culturales.

Además de la profunda incidencia de la migración en los niveles políticos, económicos y sociales de América Latina, el fenómeno de la migración es también desencadenante de múltiples efectos que actúan, por así decirlo, en el nivel del imaginario. La transformación vivencial que modela al individuo y a las comunidades desplazadas de su lugar de origen incide, sobre todo, en los planos del sentimiento y la memoria, la imaginación y la conducta, desbordando los marcos previsibles en un sujeto estable, arraigado y contenido por la red de instituciones, costumbres y valores que constituyen su bagaje identitario original. Como indica Cornejo en ocasión de su estudio sobre la condición migrante en José María Arguedas:

---

[5] Sobre migración y cultura, así como sobre las diferencias entre migrancia, inmigración y diáspora, véase Trigo.

Después de todo, migrar es algo así como nostalgiar desde un presente que es o
debería ser pleno las muchas instancias y estancias que se dejaron allá y entonces, un
allá y un entonces que de pronto se descubre que son el acá de la memoria insomne
pero fragmentada y el ahora que tanto corre como se ahonda, verticalmente, en un
tiempo espeso que acumula sin sintetizar las experiencias del ayer y de los espacios
que se dejaron atrás y que siguen perturbando con rabia o con ternura ("Condición
migrante", 103).

Si por un lado, los tránsitos que impone la migración cancelan, por su naturaleza discontinua, la relación binaria –oposicional– centro/periferia, por otro lado
modifican también las relaciones de poder del tipo hegemonía/marginalidad, alta
cultura/cultura popular, oralidad/escritura en su carácter de espacios supuestamente definidos a los que corresponderían ciertas formas estables de subjetividad, o sea de conciencia social y praxis cultural. Sin postular que tales relaciones
de poder desaparecen por efecto de la migración individual o colectiva, el análisis del discurso migrante problematiza al máximo esos antagonismos, atendiendo
tanto a las dinámicas que recorren horizontalmente a la sociedad como a los intercambios, transvases y transformaciones que se producen en su interior como consecuencia de los procesos de movilización poblacional.

Cornejo enfatiza la multiplicidad de arraigos, lenguas, agendas y recursos
representacionales que caracterizan la experiencia migrante, no por un afán "posmoderno" de celebración de la fragmentariedad o romantización del margen, sino
como manera de establecer, para el caso latinoamericano, la idea de que la subjetividad y las formas identitarias que de ella se desprendan sólo puede entenderse
como una categoría relativa, proteica y conflictiva, es decir, como un espacio de
negociación del cual pueden surgir tanto sentimientos de alienación y desarraigo
como enriquecimientos múltiples resultantes de los nuevos desafíos que abre la
experiencia de reterritorialización.

Por encima de la categoría de sujeto individual o colectivo, lo que resalta la
presentación de Cornejo es la importancia de insistir en dos puntos principales.
Primero, en la necesidad de analizar las estrategias a través de las cuales se pueden "crear espacios intersubjetivos o de pertenencia compartida" desde los que el
sujeto migrante puede apelar e interpelar a públicos diversos, ubicándose en espacios desde donde implementar los intercambios materiales o simbólicos que
corresponden a sus diversas formas de inserción social (Cornejo, "Una heterogeneidad no dialéctica", 843). Segundo, sobre el hecho de que el discurso migrante
no suele resultar en fáciles conciliaciones o síntesis dialécticas –donde el sujeto
es absorbido o cooptado por alguna de las culturas en las que voluntaria o invo-
luntariamente se inscribe. Más bien, en oposición al ideal romántico de un sujeto
unificado, coherente y definido, el migrante se caracteriza por reivindicar el derecho a la contradictoriedad, la asimetría, la multiplicidad.

Cornejo es particularmente cauto en la valoración del sujeto migrante y del valor del discurso que deriva de la experiencia de reterritorialización, eludiendo a la vez la mitificación y el rechazo. Dice al respecto:

> Contra ciertas tendencias que quieren ver en la migración la celebración casi apoteósica de la desterritorialización (García Canclini, *Culturas híbridas*), considero que el desplazamiento migratorio duplica (o más) el territorio del sujeto y le ofrece o lo condena a hablar desde más de un lugar. Es un discurso doble o múltiplemente situado ("Una heterogeneidad no dialéctica", 841).

A partir del análisis de un caso real paradigmático, el del cómico ambulante recogido por Zapata y Biondi en su recopilación de textos sobre la oralidad en la Lima contemporánea, Cornejo agrega que a partir de su adscripción variable y de la necesaria ubicuidad que debe exhibir el personaje para sobrevivir, su condición migrante le permite hablar "con espontaneidad desde varios lugares, que son los espacios de sus distintas experiencias, autorizando cada segmento del discurso en un *locus* diverso, con todo lo que ello significa, incluyendo la transformación de la identidad del sujeto, *locus* que le confiere un sentido de pertenencia y legitimidad y que le permite actuar como emisor fragmentado de un discurso disperso" (Cornejo Polar, "Una heterogeneidad no dialéctica", 843).

La inflexión de este texto me hizo pensar, desde la primera lectura, en una acotación al paso incluida por Ángel Rama en la quinta parte de *La ciudad letrada* ("La polis se politiza"), cuando indica que el análisis que viene realizando, al llegar a los años setenta va a pasar "de historia social a historia familiar, para recaer por último en *cuasi* biografía, anunciando la previsible entrada de juicios y prejuicios, realidades y deseos, visiones y confusiones"(Rama, 106). Creo que en la sobria y rigurosa crítica de Cornejo Polar, la cuestión del sujeto, pero sobre todo las elaboraciones finales sobre el discurso migrante, se vinculan íntimamente a su propia trayectoria de las últimas décadas, a la experiencia de desterritorialización y reinserción cultural, a la búsqueda de espacios intersubjetivos, de comunicación intersticial, entre dos lenguas, culturas, tradiciones, proyectos y públicos que le imprimían a su trabajo distintas urgencias y requerimientos diversos. Pienso –pero quizá es sólo la ilusión que me deja un diálogo truncado– que a través de la interpretación de la *performance* del cómico ambulante, Antonio se explica y nos explica, metonímicamente, la experiencia común de la diáspora, y la búsqueda de estrategias de legitimación de un discurso crítico que muchos hemos estado emitiendo, desde afuera y desde adentro de América Latina, mientras tratábamos de transformar el lugar del otro en el lugar del yo, ensayando formas de pertenencia e intercambios simbólicos en espacios plurales, asimétricos, nunca totalmente conciliados ni armónicos, negociando nuevas identidades, todas legítimas a su manera, provisionales, móviles, dispersas.

Al final de la introducción a *Escribir en el aire*, fechada el 24 de abril de 1993, su autor indica: "desde que el azar me puso por algunos años en el Primer Mundo lo mejor que he descubierto es que yo también soy irremediablemente (¿y felizmente?) un confuso y entreverado hombre heterogéneo". Desde entonces, y autorizado por su propia experiencia multicultural, Antonio, como tantos de nosotros, barajaría el aquí y el allá, el ayer y el hoy, lo suficiente como para poder afirmar, legítimamente, su propia heterogeneidad, como el autor que, traviesamente, se convierte en personaje de su propia ficción. Desde esa perspectiva parcialmente desplazada y, como la de muchos de nosotros, de a ratos itinerante, híbrida, provisional, pudo verificar cotidianamente que la construcción identitaria depende, individual y colectivamente, no sólo de la reivindicación de los que se han dado en llamar los "saberes locales". Depende también, en gran medida, de la habilidad del sujeto para re-presentarse y reinventar el material simbólico, aceptando, como Antonio nos recuerda, que "triunfo y nostalgia no son términos contradictorios en el discurso del migrante" ("Una heterogeneidad no dialéctica", 840), y que la voz precaria y trashumante que emite ese discurso está condicionada –y tal vez condenada– por los "lugares desiguales" del conocimiento y la experiencia, desde los que hablan, como en su propio caso, "las voces múltiples de las muchas memorias que se niegan al olvido" ("Una heterogeneidad no dialéctica", 843).

IV. Notas

DIAMELA ELTIT: EL ESPEJO ROTO

La obra de Diamela Eltit surge de la violencia, para registrarla, tematizarla y quizá, simbólicamente, trascenderla. Sin embargo, su escritura no es, a mi juicio, una escritura violenta sino violentada, penetrada por procesos escriturales y compositivos destinados no a celebrar o cultivar las formas adquiridas de la discursividad burguesa, de la estética ficcional como pacto representacional o interpretativo, sino enderezada a la tarea de explorar estratos residuales de una individualidad alterada por la erosión modernizadora y por algunas de sus específicas inflexiones político-económicas. Ya se enfoque en los márgenes sociales o en las etapas presocializadas de la infancia o la latencia prenatal, en las disrupciones de la sexualidad, la política, o la memoria histórica, en los recovecos de la domesticidad o en el espacio público, la escritura de Eltit es siempre fronteriza, extremada, autorreferida y, en este sentido, torturada, endogámica, saturada por sus propios rituales, consciente de sus excesos y de la economía con que se los administra discursivamente.

Eltit nos muestra un mundo sin Dios, sin una clara noción del progreso, sin partidos políticos, sin utopías. Nos abre a un universo donde la realidad es sólo pasible de ser re-representada casi al infinito en versiones múltiples, intercambiables, fragmentadas, que trasmiten principalmente el mensaje de la falta de totalidad, la ausencia, el desasosiego. Nos llama la atención acerca de la existencia de una alteridad que por comodidad nos acostumbramos a ubicar fuera de nuestro cuerpo, nuestra esfera social, nuestra clase o nuestro género, pero que nos constituye íntimamente, poniendo en entredicho cualquier supuesta idea de identidad asumida. La literatura de Diamela Eltit enfoca y profundiza esas fisuras, capitaliza, por decirlo así, los rompimientos, disyunciones, borraduras del yo individual y del sujeto colectivo, que existe sólo como negociación de un *nosotros* que no llega a encontrarse a sí mismo, que es casi siempre "ellos" o cuanto más, "ustedes". Más que niveles de alienación social, de nihilismo ético o de enajenación psicológica, la escritura de Eltit comunica estadios de desagregación de la subjetividad contemporánea, mientras propone un viaje de ida y vuelta a la otredad social, a la esfera confusa de una polis incierta pero conocida, donde no se vislumbran proyectos, ni agendas, ni héroes ni protagonistas sociales, sino subjetividades flotantes, víctimas agónicas de un poder casi kafkiano, impreciso pero omnipresente e inquietantemente familiar, donde sólo se diseñan planes difusos e individuales, siempre provisionales, en espacios vigilados, dentro y fuera del yo.

Veo la literatura de Diamela Eltit más como síntoma que como respuesta, más como aporte significativo para un diagnóstico social que como propuesta orientada a la reconstitución de modelos o paradigmas conocidos. La entiendo, sobre todo, como el *exposé* frontal y a veces despiadado de un mercado simbólico degradado por el manoseo del intercambio neoliberal y las estéticas mercantilizadas durante y después del *boom*, en propuestas que se regodearon en el tropicalismo exportable que encuentra sin embargo, en la realidad histórica y política del continente, su muro de contención más inapelable. La escritura de Eltit nos habla de la saturación de la oferta, tanto a nivel material como en el espacio de los saberes, nos involucra en el vaciamiento del sentido último de una historia que ha perdido su teología, su enmarque ético, su densidad social. Nos hace partícipes de la ineficacia de un lenguaje en el que las palabras ya no remiten a significados convencionales sino a juegos de sentido donde se van cambiando las reglas, las convenciones, las apuestas. Veo, entonces, en la literatura de la escritora chilena un intento tenaz por ocupar esos espacios con imágenes que sin embargo no adquieren existencia para devolver al mundo la coherencia perdida, sino para atestiguar su ineficacia.

Veo también en Diamela Eltit una heredera rebelde de María Luisa Bombal, de sus recursos rupturistas, donde el mundo virtual fluye en la composición de una realidad que no existe sola ni a partir de sus fundamentos racionales. De una realidad que no se sostiene sin los mecanismos que al crearla la desestabilizan, que al constituirla la ponen en duda –en deuda– con dimensiones *otras*, donde el género –sexual o literario– es un pacto social amenazante, una trampa que esconde las perversidades del poder y que debe ser transgredida. No se encuentra en Eltit la delectación de Bombal en el sensualismo del sueño o el delirio, ni su regodeo en los desvíos interioristas o las irrealidades personales. El mundo de Eltit es, sin embargo, como el de Bombal, una experiencia de evasión altamente ritualizada, sujeta a niveles de simbolización que saturan la significación más allá de toda alegoría, en un proceso de estetización que explora las fronteras de la representación y los límites de la contemplación y del deseo.

Pensándola como secuencia y secuela de las literaturas cautivas de la dictadura, la encuentro también relacionada con la descomposición de lo urbano como espacio del yo y de la pluralidad social, descomposición que expusiera brillantemente Gonzalo Millán en su poema "La ciudad", donde el prefijo de la catástrofe ("des-") nos enfrentaba a una devastación sin fronteras, sin horizonte imaginable. En Eltit hay, sin embargo, un tropismo tenue, orientado hacia el espacio abierto por la redemocratización, una pulsión de recuperación del espacio civil, la tentativa búsqueda de formas simbólicas y modelos de socialización rudimentaria, como si un paralítico aprendiera otra vez el uso de sus piernas, o un moribundo saliera del estado de coma para situarse dificultosamente en una realidad compartida, en sus trampas, sus esperanzas y sus riesgos. Es sobre los escombros de la ciudad nombrada por Millán que caminan los personajes de *Lumpérica* y se mueven tentativamente las sombras de *Los vigilantes*, y sobre esas mismas ruinas es que se ubica el habla delirante de *El padre mío*, liberada de toda necesidad de coherencia, verdad o programa. Creo que son esas subjetividades cautivas o extraviadas las que pasean su mirada por los retazos de significación y por las hilachas de una memoria rota por los discursos oficiales, la impunidad, los pactos, y el oportunismo político.

Diamela Eltit ha sido entendida por Nelly Richard como la creadora del espacio textual en el que se realiza la "insubordinación de los signos" y la "estratificación de los márgenes", y como el lugar en el que la literatura queda libre de todo compromiso documentalista más o menos convencionalizado por la literatura testimonial o la teorización subalternista. La escritura de Eltit muestra una insistencia obsesiva en los márgenes sociales, en los arrabales del poder asentado en las instituciones políticas y culturales, las perversiones del mercado y los monumentos de la alta cultura. Esta poética del margen no lleva a Eltit, afortunadamente, a conferir al sujeto marginal un privilegio epistemológico de fácil y obligatoria decodificación por parte del intelectual constituido en gurú hermenéutico de la postmodernidad. Pero su apuesta a la otredad, a las racionalidades desplazadas o residuales del sistema neoliberal, su fascinación por cierta forma edulcorada de grotesco social no se resuelve, sin embargo, en la literatura de Eltit, en una renuncia completa a ninguna de las plataformas en las que se apoya la "alta" literatura. Insertada eficazmente en los circuitos más prestigiosos de difusión cultural, su literatura forma parte, se ha dicho, de una "internacional posmodernista" (Vidal 15) que guarda con sus antecedentes vanguardistas de las primeras décadas del pasado siglo una relación no necesariamente antagónica. Con ella compartiría una voluntad de innovación estética, una preferencia por todo lo que escapa a la codificación del *mainstream* artístico y conceptual, y una cierta –más acentuada ahora– tendencia al *performance* que borra las fronteras entre crítica social, artes visuales, teatralidad y discurso ficticio, constituyendo, como Richard indica, una "poética de la crisis" o, quizá mejor, una poética para tiempos de crisis.

Dentro de los parámetros de esta poética, nombrar (poner nombre, bautizar, romper el silencio, resemantizar, decodificar discursos, confesiones o pactos) es una actividad fundacional y, al mismo tiempo, una intervención que trata de vencer la exterioridad del lenguaje con nuevas formas de reapropiación. Es en este programa, en la recuperación de las múltiples lógicas que reemplazan el nacionalismo pedagógico de la modernidad, donde se inscribe la obra de Diamela Eltit, al menos hasta que nuevas instancias en la reconstitución de la sociedad civil requieran una reconexión diferente con políticas orgánicas dirigidas a instancias de socialización que no podemos aún imaginar. Mientras tanto, la obra de Eltit explora las prácticas y sujetos no integrados en la trama de la sociedad, o sea lo social en su carácter heterogéneo, pre o para institucional, como negatividad productiva, como reclamo inaplazable, resistencia y transgresión.

Variaciones sobre el cautiverio.
A la memoria de Susana Rotker

1. Mujer y silencio

En el siglo XVII, en los albores mismos de la conciencia americana, una monja enclaustrada reflexionaba desde la Nueva España acerca de los valores ambiguos del silencio:

> [el silencio] es cosa negativa, aunque explica mucho con el énfasis de no explicar, es necesario ponerle algún breve rótulo para que se entienda lo que se pretende que el silencio diga; y si no, dirá nada el silencio, porque ese es su propio oficio: decir nada (Sor Juana Inés de la Cruz, "Carta Respuesta a Sor Filotea de la Cruz" 828).

Relacionada al tópico clásico y barroco del *decir callando*, la palabra cautiva tiene una larga tradición que la vincula estrechamente a la mujer, a su cuerpo pletórico de significados, pero sin voz. El decir es un acto de fertilización, de gestación, nacimiento y reproducción de la vida, que tiene en la mujer su metáfora más evidente y paradójica. Gracián hablaba de "la palabra preñada" y de los peligrosos "partos de la boca" (Moraña, "La retórica del silencio"). En el borde de esa necesidad y ese peligro de diseminación de significados, la mujer es objeto y sujeto de transgresión. De su acallamiento depende, en muchas épocas, la perpetuación del poder hegemónico y la prolongación de un orden asegurado por la censura religiosa o política, y ratificado por las "buenas costumbres". De ahí que el silencio haya sido exaltado como la virtud femenina por excelencia, haciéndolo sinónimo de sabiduría, recogimiento y discreción, cualidades que pertenecen al orden de lo místico. Las mujeres, dice Fray Luis, "han de guardar siempre la casa, y el silencio". A la supresión del sonido verbal corresponden, entonces, otras estrategias comunicativas. Dice la voz poética en una de las liras de Sor Juana Inés de la Cruz:

> Óyeme sordo, pues me quejo muda (OC 167).

Cautivas. Olvidos y memoria en la Argentina (1999) de Susana Rotker es un libro sobre el silencio, una inscripción, un breve rótulo sobre la superficie blanca de lo no dicho, que nos habla desde la letra escrita, con una voz de tono caribeño y giros idiomáticos del Sur, que atraviesa geografías, tiempos, y formas de exis-

tencia . El libro es, entre otras cosas, una operación de justicia discursiva, realizada para recuperar, denunciar, reapropiar relatos fragmentarios, imágenes, susu-
rros de tiempos y sujetos que el discurso oficial reprimiera y desterrara a los márgenes de la memoria colectiva, como trazos subliminales que habitan los
discursos de nuestra violencia fundacional, y de las que siguieron.

El libro nos propone un recorrido capaz de convocar los olvidos plurales que
el título menciona volcándolos en el flujo de una memoria única, que socializa la
privacidad y singularidad de la experiencia. En el estudio de Susana Rotker la
memoria no es una acción psicológica espontánea, ni un ejercicio austero de
recuperación y ordenamiento de material de archivo, sino un acto laborioso de
dignidad y compromiso, de honestidad intelectual, política y social. *Cautivas* nos
habla de un arte y de una estética del recuerdo que hace de cada texto un *lieu de
memoire* (Nora), un espacio de evocación y de convocatoria, una ceremonia de
rememoración. Nos enseña a leer como quien nombra: para descubrir y desencubrir, para dar sentido y para poseer, para integrar *lo otro* en nuestra vida, y que
desde entonces nos constituya. El texto es un lugar de encuentro. *Cautivas* es el
lugar donde encontramos a Susana, desde donde nos habla. El lugar textual en
que confluyen otros textos, otras voces, su voz con la nuestra, invitando a mujeres y hombres del pasado, y a nosotros, hoy, a una celebración de la vida y del
conocimiento.

2. LA IDENTIDAD CAUTIVA

> El callar no es no haber que decir, sino no caber en las
> voces lo mucho que hay que decir (Sor Juana Inés de la Cruz,
> "Carta Respuesta" 828).

Desde las ceremonias y los relatos fundacionales de la identidad se construye la
epistemología de la alteridad. El *Otro* reside, dice Susana Rotker, en el afuera de
la subjetividad regulada, y desde allí desafía las fronteras del yo. En América
Latina, fundamentalmente a partir de las gestas emancipatorias, ese yo centralizado, patriarcal, homogeneizante, burgués y liberal, produce y difunde las grandes narrativas de la nación, entendida como un cuerpo social que se extiende de
borde a borde, encerrando tierras y seres, productos y sistemas de gobierno, como
un organismo que nace, se desarrolla y reproduce de acuerdo a su propia lógica
de supervivencia histórica. Pero en su afuera sobrevive una barbarie originaria,
fundacional, vernácula, irreductible, un espejo que devuelve al yo que habla y
ordena una imagen de sí que documenta también, como indicara Benjamin, la
civilización que existe en su reverso. ¿Pero qué pasa cuando el límite se traspone

y aquel *otro* se inserta en el espacio de la cultura opuesta, cuando descubre las posibilidades de la interculturalidad, y el misterio y atractivo de la diferencia, como Borges insinúa en algunos de sus textos, y como nos sugiere la historia mil veces contada de Lucía Miranda? Evidentemente la identidad deja de ser un parámetro fijo y gestionado desde arriba, y se convierte en una opción individual, variable, incluyente, que puede absorber contradicciones y paradojas en la aventura de la redefinición cultural y existencial.

Cautivas es, entonces, el diálogo entre los macro-relatos de la nación –El *Facundo* y en general la ideología de la generación del 37, sus proyectos educativos, el racismo de Estado que produce esa "nación discursivamente blanca" de que nos habla Susana Rotker– y las micro-narrativas ocultas que relevan la peripecia de los márgenes, que muchas veces permanecen sin expresión propia y, por tanto, sin integración en los discursos que componen e institucionalizan la cultura nacional.

La cautiva es el elemento que conecta provisionalmente, de manera anómala, culturas en conflicto. Susana Rotker nos propone la figura de la cautiva como paradigma del extrañamiento y del silenciamiento femenino, pero más ampliamente, también, como la imagen de un sujeto sustraído de la historia, relegado al afuera de los relatos. El cautiverio es entonces la peripecia de una pérdida doble: la pérdida del cuerpo y la de la cultura propia. El cautivo es un cuerpo en suspenso, sin presencia, sin voz, sin certezas. Descorporalizado y desterritorializado, el cuerpo cautivo no tiene voz ni escucha. Su historia es relevada siempre como anécdota, como la aventura del arrebato y a veces como el heroísmo de una resistencia ineficaz pero ejemplarizante, porque la sola idea del destierro voluntario o de la convivencia deseada con el enemigo resulta inconcebible: una traición a los principios mismos de la razón occidentalista e ilustrada.

En ese sentido, como Cristina Iglesia ha señalado, la cautiva es "la metáfora de una mancha", "de una frontera que se desplaza pero que nunca llega a desaparecer" (Iglesia y Schvartzman 80).

3. LA VOZ QUE SANGRA

> Escribir sobre cautivas es, también, ensangrentar la escritura (Iglesia y Schvartzman 81).

Susana Roker escribe seducida por el misterio de la desaparición y por la cualidad reproductiva e invasora de la violencia, y ve en las aventuras de la mujer cautiva también la oculta y oscura sensualidad de la mujer cautivada. Si la cautiva es el contacto entre dos culturas y dos lógicas de supervivencia y de poder, su cuerpo es también la zona de contacto donde víctima y victimario se encuentran en un nivel privado, simbólico y material, inevitablemente histórico y también subjetivo, individual, doméstico. "La cautiva es el himen de la frontera", dice Susana Rotker: el sitio en el que se produce el flujo de identidades y las inversiones del poder. El cuerpo femenino puede ser un lugar de resistencia, pero también de claudicación o entrega voluntaria. Es aquello que conecta y separa, que une y polariza. Por eso mismo el contacto con la cautiva puede ser, también, momento de la contaminación, que evidencia y reproduce a través de la descendencia mestiza la impureza de la práctica interracial. El cuerpo femenino no es entonces sólo la metáfora de un territorio enajenado y perdido a las fuerzas del *otro* sino el texto mismo en el que se inscribe *la diferencia*, perpetuándose en una identidad ya definitivamente contagiada por el afuera, que existe ahora entronizado en el interior mismo de la identidad nacionalista. De ahí el significado múltiple del cautivo: sujeto en el que se concentran y confrontan paradigmas étnicos, económicos, políticos, en torno al cual se plantea una erótica, una ética y una estética –una poética– del encuentro cultural. La cautiva, entonces, como dispositivo transculturador, y como estadio de hibridación y avance hacia la sustancial heterogeneidad latinoamericana.

Pero si hay una erótica del cautiverio hay también una economía de los cuerpos que son parte del tráfico intercultural, en el que se realiza el trueque o apropiación de bienes materiales y simbólicos. "La cautiva –dice Susana Rotker– es una cifra más de la frontera". Como franja de tránsito y de tráfico de objetos, seres e identidades, la frontera es así el entre-lugar que acoge el cuerpo nomádico del cautivo –del no-sujeto– para re-territorializarlo en una realidad *del otro lado*. Si es cierto que el nómade, como cuerpo enajenado de sus coordenadas culturales propias, "no tiene historia sino geografía", también es evidente que sobre la memoria de ese cuerpo cautivo se inscribe el mapa que guía la codicia y la utopía del colonizador, y donde sus sueños y sus fantasmas se materializan.

En un temprano estudio sobre el tema del cautiverio, titulado "Réquiem por el 'buen cautivo'", Jaime Concha anotaba que en tiempos coloniales la experiencia del cautivo español "náufrago, fugitivo, desertor, tránsfuga o prisionero (...) resulta un escándalo en medio del naciente colonialismo", porque en la convivencia del prisionero y su captor "se abre una brecha de tolerancia, se produce un intercambio de valores y de costumbres que eran imposibles de concebir en medio del ejercicio permanente de la violencia" ("Réquiem..." 6). El cautiverio puede ser concebido, entonces, como una apertura utópica, "un oasis etnohistórico en que se concentra lo que la conquista decididamente no fue": la relación entre culturas entendida como "un fenómeno de transferencia y de aprendizaje mutuo" (7). Jaime Concha termina con una nota que apunta a una poética del cautiverio: "Hacia fines de[l siglo XX], cuando se ve muy lejos la luz en medio de estas sombras [de la historia universal], quizá sea grato pensar en el cautivo como mínima herida en la oscuridad. En su gesto heroico sin aspavientos, en su inmersión en las tierras americanas, en el anónimo silencio con que nos habla desde una historia que no fue la suya, acaso viva una certeza mayor que en nada alcanzan 'el sonido y la furia' de la conquista" (14). El libro de Susana Rotker es justamente un llamado de atención sensible sobre los alcances y derivaciones de esa herida que se extiende por toda la geografía americana, y por toda su historia.

4. CONTAR EL MIEDO

Si las reflexiones de Jaime Concha se referían al cautivo español en tierras americanas, el análisis de Susana Rotker se sitúa más bien en el contexto del colonialismo interno, haciendo referencia a sucesos que recorren la historia americana desde la independencia. Sin embargo, con notable frecuencia su estudio reflexiona y se articula a instancias político-sociales mucho más recientes, que tienen en común con el cautiverio colonial y decimonónico el borramiento de individuos y sectores sociales, su "desaparecimiento", tendríamos que decir, para eliminar la connotación intransitiva del verbo que designa en español una ocurrencia sin agente y sin culpa. Contrariamente, Susana Rotker se preocupa justamente de la transitividad de los hechos, entendiendo que, como Yerushalmi indicara en otros contextos, en muchos casos el antónimo que tenemos in mente para la palabra *olvido* no es *memoria*, sino *justicia* (Yerushalmi cit. en Moraña, "Global/local"). De ahí que la concepción de un *arte de la memoria* se articule tan intrincadamente con la *ética de la representación*, porque es justamente el relevamiento representacional y las formas que asume esta operación lo que permite superar la red de la nostalgia, y pasar efectivamente de la evocación a la intervención y la interpelación político-social.

Los últimos estudios de Susana Rotker, tanto los que giran en torno al tópico del cautiverio como los que organiza en el libro *Ciudadanías del miedo*, tienen en común, justamente, el tema de la violencia, y el de su elusiva representación. Susana se pregunta: "¿Cómo contar el miedo?", acercándose así al tema de su conmensurabilidad y conceptualización y propone tratar de leer el miedo "como un texto; un texto con omisiones, repeticiones y personajes, con diálogos, suspensos y sus puntos y comas, un texto escrito por los cuerpos de los habitantes de las ciudades sin poder leerlo" (*Ciudadanías* 7).

Su tema es el sentimiento y su relato, las formas de pertenencia inédita a la ciudad, al país y al espacio social creadas por la experiencia de la violencia, y "la desestabilización de los márgenes", los que se establecen entre razón y emocionalidad, entre la historia y sus múltiples narrativas, entre la "civilización" (o la modernidad) y sus perversiones. *Ciudadanías del miedo* nos enfrenta –como lo hace en su modo específico *Cautivas*– al borramiento de los límites que aludía

Slavoj Zizek cuando en *The Sublime Object of Ideology* se refería a los *como si* que guían nuestro funcionamiento social y que de pronto revelan, al desaparecer amenazados por la violencia, el quiebre de los débiles pactos que el sujeto establece con el orden social: actuamos *como si* creyéramos en la justicia de las instituciones, en la representatividad del Estado, en la ética de la representación. Tanto en *Cautivas* como en *Ciudadanías del miedo* el individuo se encuentra indefenso, amenazados sus principios de pertenencia, identidad, y seguridad social. La violencia rescribe los espacios (*Ciudadanías* 20), descontrola los cuerpos y desarticula los relatos que ordenan la narrativa mayor de la modernidad occidental. Para el intelectual, el desafío es, como Susana Rotker nos recuerda, vigilar a través de los usos de la memoria ya no sólo la ética de la representación, sino los modos múltiples que utilizamos en la comunicación social para re-inscribir el sentimiento en la historia, la justicia en el vacío del olvido, la palabra y la acción en los lugares del silencio. Como Susana Rotker nos enseña, "Hay que eludir los marcos oficiales en busca de los restos, las huellas de resistencia, de lo que no se deja olvidar" (65).

JEAN FRANCO: UNA CRÍTICA MILITANTE

El concepto de "crítica militante", ya en desuso –como tantos otros– en los espacios reflexivos de la posmodernidad, parece, sin embargo, el más adecuado para una caracterización de los aportes que Jean Franco realizara hasta ahora al estudio de temas latinoamericanos. A mi juicio, el mérito mayor de la obra de Jean Franco reside, entre todos los otros, en el carácter sostenidamente político de sus intervenciones En este sentido, creo que desde muy temprano, ya desde sus primeras contribuciones, Jean Franco concibió la crítica de esa manera: no como un comentario al margen o una explicación de textos literarios o culturales, ni como un despliegue de poder interpretativo, sino como una *intervención* política; en primer lugar, como una *interrupción* de los discursos dominantes –incluso de los que hegemonizan el poder cultural o institucional dentro del campo mismo de la crítica–. En segundo lugar, como una *interpelación*, es decir como un mecanismo provocativo y *proactivo* capaz de desmontar las localizaciones ideológicas, las posturas o imposturas enunciativas, la instrumentalidad de las prácticas creativas o pedagógicas.

Creo que para Jean Franco toda praxis cultural es, ante todo, *un espacio simbólico estratégico*, "la arena en la que se dirimen las luchas por el poder representacional", dicho con sus palabras, y en la que se diseñan programas de acción, formas de resistencia, conceptualizaciones éticas, estéticas o críticas que sobrepasan siempre el nivel discursivo, afirmando su referencialidad, o sea, remitiendo a la materialidad histórica, política y social de los procesos de producción, difusión y recepción cultural. Por eso su crítica ha bajado siempre a las bases de la creación cultural, a la cocina de los procesos, las prácticas y los discursos, y ha respetado –aunque sin concesiones– la especificidad de los sujetos y las instituciones de las que esas prácticas surgen como productos contingentes.

Desde los años setenta y mucho antes de que la palabra global pasara a designar una nueva estrategia de hegemonización y homogeneización en el contexto del neoliberalismo, Jean entendió el latinoamericanismo como una reflexión y como una práctica global, inscrita en un espacio transnacional y transdisciplinario. Resistió siempre, entonces, la construcción de un latinoamericanismo de laboratorio, fraguado de espaldas a la realidad cultural y política de América Latina. No se detuvo, en las falsas oposiciones entre crítica literaria, cultural e ideológica que han distraído en distintos períodos, gran parte de la energía académica en Estados Unidos. Hizo, creo, de la mejor manera posible, *historia cultural*, con atención tanto a las tradiciones y procesos continentales, como a sus

intercambios y rupturas. Su estrategia consistió principalmente en el reconocimiento de los procesos de fragmentación ideológica y discursiva, pero concen-
trándose, sobre todo, en el trabajo intersticial, o sea en descubrir la materia que
une los trozos del *collage*, que sostiene la lógica provisional del *pastiche*, y los
muestran como recursos cifrados, a veces oblicuos, de deconstrucción de sistemas de dominación y control cultural. Sin grandes alharacas, articuló la crítica
norteamericana, europea y latinoamericana, que nunca concibió como feudos
cerrados, sino como territorios desalambrados, de tránsito, intercambio y polémica constructiva. Pudo, en este sentido, mantenerse al margen de las agendas teóricamente atiborradas y autocelebratorias de lo que ha dado en llamarse *el latinoamericanismo central*, y rechazar la tentación totalizadora y hegemonizante del
análisis cultural que se mantiene exógeno a las realidades analizadas. Jean Franco pudo resistir, también, la técnica de "information retrieval" (Spivak) que usa
textos aislados como *tokens* dentro de *otra* economía cultural, superponiendo
modelos interpretativos, categorías teóricas, epistemologías, que alienan el producto del productor, y de las comunidades que crean sus condiciones de existencia. Mantuvo, en cambio, el ojo puesto en las realidades sociales, colectivas,
comunitarias, de las que surgen y a las que se dirigen los textos y las prácticas
simbólicas. Todo esto, desde una fuerte fundación teórica que informó siempre
esos análisis y esos ordenamientos historiográficos sin invisibilizar los conflictos
de base, históricos y culturales. Parte de ese entramado teórico se apoya en los
teóricos marxistas de la escuela de Birgmingham tanto como en el feminismo
francés, latinoamericano y norteamericano, va de los formalistas rusos a la teoría
de la dependencia, de Walter Benjamin a Antonio Gramsci, de Edward Said y
Gayatri Spivak a Pierre Bourdieu y Jean François Lyotard, entre tantos otros.

Por otro lado, el diálogo que entabla la obra de Jean Franco con la de los
mejores críticos latinoamericanos es bastante evidente, aunque no se establece ni
por las vías de una complicidad que busque la legitimación por cercanía, ni admita forma alguna de condescendencia, ni apele a la descalificación ni al relativismo. Su obra crítica ha sido comparada ya a la de autores como Pedro Henríquez
Ureña[1], quien varias décadas antes abriera los caminos para una interpretación
integral de la cultura y la literatura latinoamericana, de cara a los fenómenos
sociales, a la naturaleza de los productores culturales, y a la condición neocolonial de América Latina.

La obra crítica de Jean Franco, desde *The Modern Culture of Latin America*
(1967) hasta *The Decline and Fall of the Lettered City. Latin America in the Cold*

---

[1] Pratt y Newman citan esta opinión de Carlos Monsiváis según la cual Jean Franco y Pedro Her-
níquez Ureña habrían fundado, fuera de todo eurocentrismo, el concepto cultural y la categoría crítica
de "América Latina." (Pratt y Newman, "Introduction" a Jean Franco, *Critical Passions* 2).

War (2002), recupera –y en gran medida extrema– una tradición de pensamiento latinoamericano –que va de Mariátegui a Cornejo Polar, por lo menos– en cuanto al desmontaje de los modelos nacionales entendidos como marcos discretos de organización cultural gestionada desde las instituciones del Estado, y como espacio monológico de producción ideológica y discursiva. Se articula activamente –críticamente– al trabajo de Antonio Candido, Ángel Rama y Roberto Fernández Retamar en su lectura de la modernidad –de las modernidades latinoamericanas– como espacios atravesados por fracturas que problematizan las lecturas setentistas sobre "literatura y sociedad". Las lecturas de Jean Franco agregan a esas cartografías la problematicidad proveniente de otros sujetos y otras luchas simbólicas que las narrativas críticas de esos enfoques primariamente sociologistas –preocupados más bien por los antagonismos centrados en la relación entre ideología y canonicidad, estructuras sociales y formas estéticas–invisibilizaron o no llegaron a alcanzar. Destaca así el lugar y papel de las mujeres en las luchas representacionales, el surgimiento de movimientos sociales, sujetos y prácticas contraculturales como la de las Madres de la Plaza de Mayo, estéticas de las postdictaduras, representaciones de género y formas de sexualidad alternativas, etc.

Asimismo, su obra dialoga críticamente con las de Néstor García Canclini, Jesús Martín-Barbero, Renato Ortiz, Carlos Rincón, Beatriz Sarlo, Nelly Richard, Martin Hopenhayn, entre otros –y a veces sólo de manera implícita– en el análisis de la cultura popular, la crítica al autoritarismo, la relación entre medios masivos, publicidad, música y discurso letrado, y en todo lo vinculado al diseño de políticas culturales, relaciones entre globalidad y cultura, políticas identitarias y construcción de subjetividades colectivas en América Latina.

En este sentido, *The Decline and Fall of the Lettered City* incorpora críticamente el pensamiento de todos estos críticos y articula las líneas de aproximación a la cultura que la obra de Jean Franco presentara con anterioridad. El proyecto es historiar, sin un afán necesariamente totalizador, la producción latinoamericana posterior a la Revolución Cubana adentrándose en una trayectoria que va de la historia a la memoria, de los imaginarios nacionales a los quiebres y fusiones producidos por los procesos de globalización, de la *ciudad letrada* a la *ciudad real*, que termina irrumpiendo en el bastión amurallado de la alta cultura para recordar los desbordes de una conflictividad social y cultural que escapa a los repertorios retóricos del canon –crítico y literario– y nos enfrenta a los desafíos de lo irrepresentable y lo ininterpretable. El libro es, ante todo, una revisión de la función intelectual que se enfrenta a los límites de sus propios modelos crítico-ideológicos. Esta crítica que fue capaz, básicamente hasta la época del *boom*, de desmontar los imaginarios de la nación-Estado, los movimientos de liberación nacional y la literatura de la modernidad, entra en crisis cuando aquellos parámetros son desafiados por la falencia de proyectos históricos y políticos –la Ilustración, la modernidad, los proyectos de izquierda. Las nuevas modalidades de representación cultural requieren de herramientas teórico-ideológicas distintas, para relevar la experiencia del límite, donde la institucionalización política y la cultural ya no se explican de manera recíproca y puntual sino a través de desfases, rupturas y super-posiciones. Las literaturas de la violencia y las formas líricas que emergen de la experiencia de la migración, las literaturas carcelarias o ampliamente testimonia-les, las que expresan los procesos de las posdictaduras, y en general todas las que registran la emergencia de nuevos sujetos e incorporan elementos de la cultura popular, imaginarios o epistemologías alternativas a las dominantes, son ejemplo de ello. Si el declive y caída de la ciudad letrada que Jean Franco analiza se hace cargo justamente de estos desplazamientos, de las "fantasías periféricas" que desestabilizan las ideas de nación, sujeto y canonicidad, también anuncia la modi-ficación sustancial de las formas de representación y de interpretación del mate-rial simbólico, y la función y posicionalidad mismas del intelectual, que se perfila ahora como un hermeneuta que se enfrenta ya no a los secretos de una textualidad domesticada por la interpretación, sino a la magia de la alteridad, los lenguajes del silencio o del grito, y la "seducción de los márgenes".

Quiero indicar, con todo esto, que a mi criterio la obra de Jean Franco es y continuará siendo ineludible en todo proyecto de repensar el papel de lo político y sus relaciones con los procesos de producción cultural en los nuevos arreglos globales, así como en la revisión de la posición y potencialidad de las periferias, tanto las que existen dispersas dentro de los grandes centros internacionales como las que siguen ocupando sus lugares de siempre, con respecto a las dinámicas transnacionales y a las geopolíticas del conocimiento.

Entre los caminos que Jean Franco nos ha entregado como parte de una agenda crítico-teórica para los años que siguen quiero mencionar apenas los siguientes:

- sus llamados de atención acerca del *vacío ético de las culturas contemporá-neas* marcadas por el autoritarismo, y acerca de la indiferencia ante las micro-historias que rescatan sujetos marginados de las dinámicas mayores[2];

---

[2] Pratt y Newman destacan este aspecto de la crítica de Jean Franco, por ej. en su colección *Marcar diferencias, cruzar fronteras*, en la que se analizan prácticas de resistencia cultural al autoritaris-mo durante las dictaduras de Argentina, Uruguay, Chile y Brasil, e indican: "Two key concepts in particular stand out: ethics and survival. Ethics is proposed not as a weak form of morality, but as a structure of thought and values tied to practice and capable of exerting epistemological force against the extreme instrumentality of the regimes; survival is proposed not as a minimal state, but as a pow-erful analytical and existential category brought into view by the clashes between authoritarianism and the gender system" (Pratt y Newman, 3). En "Gender, Death, and Resistance", Franco vuelve sobre el mismo tema cuando alude al "vacío ético de la cultura contemporánea" al referirse a la desacralización del cuerpo, a la destrucción de lo individual y al tratamiento de la experiencia y de la gente como "materias primas" en estéticas posmodernas que incorporan el tema de la muerte a sus repertorios sin una evaluación crítica particularizada (*Critical Passions*, 18-38).

- sus análisis sobre las formas que asume *lo genérico* en todas sus manifestaciones discursivas[3];
- su denuncia de que América Latina sigue siendo tratada, aun en el marco de los estudios culturales, a través de un *status de excepción* que no rescata sus aportes directos a los debates actuales sino que superpone, desde afuera y desde arriba, parámetros de juicio y modelos teóricos a las realidades analizadas[4];
- sus reclamos, entonces, por la profundización en las técnicas y en la ética de una *traductibilidad, más que lingüística, cultural*, que recupere la especificidad de los procesos latinoamericanos y analice las formas que asume la circulación de material simbólico en el contexto de la globalidad.

Estos caminos, que detectan la crisis de la imaginación liberal y la aceleración de los conflictos que siguen al derrumbe del socialismo real, conducen a una revisión radical no sólo de las bases de la modernidad sobre todo en las áreas periféricas del mundo occidental, sino también a un ajuste de cuentas con los mitos fundacionales del humanismo burgués, en todos sus niveles, y a una reconsideración del lugar y del papel del intelectual en las dinámicas presentes y futuras.

---

[3] Aunque la problemática del género está presente en gran parte de la obra crítica de Jean Franco, el libro *Plotting Women. Gender and Representation in Mexico* es el que analiza más exhaustivamente esta cuestión, desde la época colonial a nuestros días.

[4] Indica Franco, al referirse al modo a su juicio aún inadecuado en que han sido tratados problemas teóricos relacionados con América Latina: "One of these problems is the status of exception still accorded to Latin America in almost all areas of contemporary debate –posmodernitiy, for example, and postcolonialism and feminism" (Franco, "Afterword: The Twilight of the Vanguard and the Rise of Criticism", *Critical Passions* 513).

OBRAS CITADAS

ACHA, José Omar: "¿Olvidar a Benjamin? (Historicidad e interpretación)". *Punto de Vista* 55 (agosto 1996), 43-48.

ADORNO, Rolena: "Nuevas perspectivas en los estudios literarios coloniales hispanoamericanos". *Revista de Crítica Literaria Latinoamericana* XIV/28 (segundo semestre 1988), 11-27.

— "El sujeto colonial y la construcción cultural de la alteridad". *Revista de Crítica Literaria Latinoamericana* XIV/28 (segundo semestre 1988), 55-68.

ALATORRE, Antonio: "La *Carta* de Sor Juana al P. Núñez (1682)". *Nueva Revista de Filología Hispánica* 35 (1987), 591-673.

ALBERRO, Solange: "Imagen y fiesta barroca: Nueva España, siglos XVI- XVII". *Barrocos y modernos. Nuevos caminos en la investigación del Barroco iberoamericano*. Petra Schumm, ed. Frankfurt: Vervuert, 1998, 33-48.

ALONSO, Carlos: "Cultural Studies and Hispanism: Been There, Done That". *Siglo xx/20th-Century* 14/1-2 (1966), 137-151.

ANDERSON, Benedict: *Imagined Communities. Reflections on the Origins and Spread of Nationalism*. London-New York: Verso Ed., 1983.

APPADURAI, Arjun: *Modernity at Large. Cultural Dimensions of Globalization*. Minneapolis: University of Minnesota Press, 1996.

APPIAH, K. Anthony: "Identity, Authenticity, Survival. Multicultural Societies and Social Reproduction". *Multiculturalism: Examining the Politics of Recognition*. Charles Taylor y Amy Gutmann, eds. Princeton, NJ: Princeton University Press, 1994.

ARANTES, Antonio Augusto: "Desigualdad y diferencia. Cultura y ciudadanía en tiempos de globalizacion". *La dinámica global/local. Cultura y comunicación: nuevos desafíos*. Rubens Bayardo y Mónica Lacarricu, comps. Buenos Aires: Ediciones CICCUS-La Crujía, 1999, 145-170.

ARDITI, Benjamin: "Una gramática postmoderna para pensar lo social". *Cultura, política y democratización*. Norbert Lechner, ed. Santiago de Chile: FLACSO/CLASCO/ICI, 1987. 169-187.

ARENAL, Electa: "The Convent as Catalyst for Autonomy; Two Hispanic Nuns of the Seventeenth Century". *Women in Hispanic Literature: Icons and Fallen Idols*. Beth Miller, ed. Berkeley: University of California Press, 1983, 147-183.

ARENAL, Electa, y SCHLAU, Stacy: *Untold Sisters. Hispanic Nuns in their Own Works*. Albuquerque: University of New Mexico Press, 1989.

ASHCROFT, Bill: "Constitutive Graphonomy". *The Post-Colonial Studies Reader*. Bill Ashcroft, Gareth Griffith y Hellen Tiffin, eds. London and New York: Routledge, 1995, 298-302.

ASHCROFT, Bill; GRIFFITHS, Gareth, y TIFFIN, Hellen (eds.): *The Post-Colonial Studies Reader*. London and New York: Routledge, 1995.

AUGÉ, Marc: *Los no-lugares. Espacios del anonimato. Una antropología de la sobremo-dernidad*. Barcelona: Ed. Gedisa, 1998.
— *Las formas del olvido*, Barcelona: Ed. Gedisa, 1998.
AVELAR, Idelber: *The Untimely Present. Postdictatorial Latin American Fiction and the Task of Mourning*. Durham and London: Duke University Press, 1999.
— "Sensibilidad melancólica y alegoría crítica". *Nueva sociedad* 170 (noviembre-diciembre 2000), 212-217.
— "The Clandestine Menage a Trois of Cultural Studies, Spanish, and Critical Theory". *Profession* (1999), 49-58.
AVELLANEDA, Andrés: "Desde las entrañas: Revistas de y sobre Latinoamérica en los Esta-dos Unidos". *La cultura de un siglo: América Latina en sus revistas*. Saúl Sosnowski, ed. Madrid/Buenos Aires: Alianza Editorial, 1999, 549-566.
BAERT, Barbara: "Calibán as a Wild-Man. An Iconographical Approach". *Constellation Calibán. Figurations of a Character*. Nadia Lie y Theo D'haen, eds. Amsterdam/Atlanta: Rodopi, 1997, 43-60.
BAKHTIN, Mikail: *Bakhtin Reader: Selected Writing of Bakhtin*. Pam Morrison, ed. Lon-don/New York: E. Arnold, 1994.
BALBUENA, Bernardo de: *Grandeza mejicana: y fragmentos del Siglo de Oro y el Bernar-do*. México, D. F.: Universidad Nacional Autónoma de México, 1963.
BANCHERO, Andersen: *Bosque al mediodía*. Montevideo: Ediciones de la Banda Oriental, 1962.
BARTRA, Roger: *Cultura y melancolía. Las enfermedades del alma en la España del Siglo de Oro*. Barcelona: Editorial Anagrama, 2001.
— *La jaula de la melancolía. Identidad y metamorfosis del mexicano*. México, D. F.: Ed. Grijalbo, 1987.
BARTHES, Roland: "Deliberación". *Lo obvio y lo obtuso. Imágenes, gestos, voces*. Barcelo-na: Ed. Paidós, 1986, 365-380.
BAYARDO, Rubens, y LACARRICU, Mónica (comp.): *La dinámica global/local. Cultura y comunicación: nuevos desafíos*. Buenos Aires: Ediciones CICCUS-La Crujía, 1999.
BEIGELMAN, Giselle: *O livro depois do livro*. <http://desvirtual.com/giselle/>, 1999.
BELLATÍN, Mario: *La escuela del dolor humano de Sechuán*. México, D. F.: Tusquets, 2001.
— *El jardín de la Señora Murakani*. México, D. F.: Joaquín Moritz, 2000.
BÉNASSY-BERLING, Marie Cécile: *Humanismo y religión en sor Juana Inés de la Cruz*. México, D. F.: UNAM, 1983.
BENEDETTI, Mario: *Letras del continente mestizo*. Montevideo: Arca, 1967.
— *Literatura uruguaya del siglo xx*. Montevideo: Alfa, 1963.
— *El país de la cola de paja*. Montevideo: Asir, 1960.
BENJAMIN, Walter: *La dialéctica en suspenso. Fragmentos sobre la historia*. Traducción e introducción de Pablo Oyarzun. Santiago de Chile: Ediciones LOM/ARCIS, 1996.
— *Para una crítica de la violencia*. México, D. F.: Premiá ed., 1982.
— "Tesis de filosofía de la historia". *Angelus Novus*. Barcelona: Edhasa, 1971, 77-89.
BERENGUER, Amanda: *Materia prima*. Montevideo: Arca, 1966.
— *Declaración conjunta*. Montevideo: Arca, 1964.
— *Quehaceres e invenciones*. Montevideo: Arca, 1963.

BEVERLEY, John, y OVIEDO, José (eds.): *The Postmodernism Debate in Latin America. Boundary 2* (número especial) Durham, NC: Duke University Press, (otoño 1993).

BHABHA, Homi: "The Other Question: The Stereotype and Colonial Discourse". *Twentieth-century Literary Theory: A Reader*. M. K. Newton, ed. New York: St. Martin's Press, 1997, 293-301.

— "Cultural Diversity and Cultural Differences". *The Post-Colonial Studies Reader*. Bill Ashcroft, Garet Griffiths y Hellen Tiffin, eds. London and New York: Routledge, 1995, 206-209.

— "DissemiNation, Time, Narrative and the Margins of the Modern Nation". *The Location of Culture*. London-New York, Routledge, 1994, 139-170.

— "Postcolonial Authority and Postmodern Guilt". *Cultural Studies*. Lawrence Grossberg, Cary Nelson y Paula Treichler, eds. New York: Routledge, 1992, 56-68.

BIONDI, Juan, y ZAPATA, Eduardo: *Representación oral en las calles de Lima*. Lima: Universidad de Lima, 1994.

BLANCO-FOMBONA, Rufino: *El pensamiento vivo de Bolívar*. Buenos Aires: Ed. Losada, 1983.

BLOOM, Harold (ed.): *El canon occidental*. Barcelona: Ed. Anagrama, 1995.

— *Jorge Luis Borges*. New York: Chelsea House, 1986.

BOLÍVAR, Simón: *Discursos políticos*. México, D. F.: S.H.C.P., 1983.

— *Proclamas del Libertador Simón Bolívar*. S. l.: Ed. M. J. Rivas, 1842.

— "Mi delirio sobre el Chimborazo". *Obras completas*. Madrid: Maveco de Ediciones, 1984. Vol. VI, 203-204.

BOMBAL, María Luisa: *Obras completas*. Introducción y recopilación, Lucía Guerra. Santiago de Chile: Editorial A. Bello, 1996.

BORAH, Woodrow: "Race and Class in Mexico". *The Pacific Historical Review* 22 (1954), 331-342.

BORGES, Jorge Luis: *Prosa completa*. 2 vols. Barcelona: Ed. Bruguera, 1980.

BOURDIEU, Pierre: *Intelectuales, política y poder*. Buenos Aires: Eudeba, 1999.

— *Razones prácticas. Sobre la teoría de la acción*. Barcelona: Ed. Anagrama, 1997.

— *Cosas dichas*. Barcelona: Gedisa, 1988.

BOYM, Svetlana: *The Future of Nostalgia*. Cambridge: Harvard U. P., 2001.

BRADING, David A.: "Gobierno y élite en el México colonial durante el siglo XVIII". *Historia Mexicana* 33 (1974), 611-644.

BRATHWAITE, Edward: "Calibán" (poema). *Islands*. London: Oxford University Press, 1969.

BRUNNER, Jose Joaquín: "Notes on Modernity and Postmodernity in Latin American Culture". *The Postmodernism Debate in Latin America*. John Beverley and José Oviedo, eds. Número especial. *Boundary 2* (número especial), 34-54.

BURGIN, Victor: "The city in pieces". *The Actuality of Walter Benjamin*. Laura Marcus y Lynda Nead, eds. London: Lawrence and Wishart, 1998, 55-71.

BURKHOLDER, Mark A., y JOHNSON, Liman: *Colonial Latin America*. New York: Oxford University Press, 1990.

BUTLER, Judith: *Gender Trouble. Feminism and the Subversion of Identity*. London/New York: Routledge, 1990.

CALVINO, Italo: *Sei proposte per il prossimo millenio*. Turin: Einaudi, 1988.

CAMPA, Román de la: *América Latina y sus comunidades discursivas*. Caracas: CELARG/Universidad Andina "Simón Bolívar", 1999.

— *Latinamericanism*. Minneapolis: University of Minnesota Press, 1997.

— "Latinoamérica y sus nuevos cartógrafos: discurso poscolonial, diásporas intelectuales y enunciación fronteriza". *Revista Iberoamericana* LXII/l76/177. Número especial: *Crítica cultural y teoría literaria latinoamericanas* (julio-diciembre 1996), 697-717.

— "Hibridez posmoderna y transculturación: políticas de montaje en torno a América Latina". *Hispamérica* 69 (diciembre 1994), 3-22.

CAMPBELL, George: *The Hero with a Thousand Faces*. Princeton, NJ: Princeton University Press, 1968.

CANDIDO, Antonio: "El papel del Brasil en la nueva narrativa". *Más allá del boom, literatura y mercado*. David Viñas, Ángel Rama, Jean Franco *et al*. Buenos Aires: Folios, 1984, 166-190.

CARRIER, James G. (ed.): *Occidentalism. Images of the West*. Oxford: Clarendon Press, 1995.

CASTELLS, Ricardo: "Fernandez Retamar's *'The Tempest'* in a Cafetera: From Ariel to Mariel". *Cuban Studies* 25, Luis A. Pérez, Jr., Ed. (1995), 165-182.

CASTRO GÓMEZ, Santiago: *Crítica de la razón latinoamericana*. Barcelona: Puvill Libros, 1996.

CASTRO GÓMEZ, Santiago; GUARDIOLA-RIVERA, Óscar, y MILLÁN DE BENAVIDES, Carmen (eds.): *Pensar (en) los intersticios. Teoría y práctica de la crítica poscolonial*. Bogotá: Instituto Pensar/Pontificia Universidad Javeriana, Colección Pensar, 1999.

CASULLO, Nicolás: "Walter Benjamin y la modernidad". *Revista de Crítica Cultural* 4 (1991), 35-39.

CASULLO, Nicolás, y MENDIETA, Eduardo (coords.): *Teorías sin disciplina. Latinoamericanismo poscolonialidad y globalización en debate*. México, D. F.: Ed. Porrúa, Col. Filosofía de Nuestra América, 1998.

CERTAU, Michel de: *Heterologies*. Minneapolis, MN: University of Minnesota Press, 1986.

CÉSAIRE, Aimé: *Une tempête; d'après "La tempête" de Shakespeare. Adaptation pour un théâtre nègre*. Paris: Seuil, 1969.

CHAKRAVARTY, Dipesh: "Postcoloniality and the Artifice of History: Who Speaks for 'Indian' Pasts?". *Representations* 37 (invierno 1992), 1.

CHANG-RODRÍGUEZ, Raquel: "Mayorías y minorías en la formación de la cultura virreinal". *University of Dayton Review* 16/2 (primavera 1983), 23-34.

CHIARAMONTE, José Carlos: "En torno a la recuperación demográfica y la depresión económica novohispanas durante el siglo XVII". *Historia Mexicana* 30 (1981), 561-604.

CHIBÁN, Alicia; FIGUEROA SOLÁ, Eulalia; ALTUNA, Elena, *et. al.: Discursos bolivarianos: autoimágenes e itinerario político*. Bogotá: Presidencia de la República, 1997.

CLAUDÍN, Fernando: *Documentos de una divergencia comunista*. Barcelona: El viejo topo, 1978.

CLIFFORD, James: *The Predicament of Culture. Twentieth-Century Ethnography, Literature, and Art*. Cambridge: Harvard University Press, 1988.

CLIFFORD, James, y MARCUS, George: *Writing Culture. The Poetics and Politcs of Ethnography*. Berkeley and Los Angeles: University of California Press, 1986.

Cogdell, Sam: "Criollos, gachupines, y 'plebe tan en extremo plebe': Retórica e ideología criollas en *Alboroto y motín de México* de Sigüenza y Góngora". *Relecturas del Barroco de Indias*. Mabel Moraña, ed. Hanover, NH: Ediciones del Norte, 1994, 245-280.

Colás, Santiago: "Latin American Cultural Studies and Marxism". *Siglo xx/20th-Century* 14/1-2 (1966), 153-172.

Collingwood-Selby, Elizabeth: *Walter Benjamin. La lengua del exilio*. Santiago de Chile: Arcis/Lom, 1997.

Concha, Jaime: "Réquiem por el 'buen cautivo'". *Hispamérica* 45 (1986), 3-15.

— "La literatura colonial hispanoamericana: problemas e hipótesis". *Neohelicón* (Budapest) IV/1-2 (1976), 31-50.

Cope, R. Douglas: *The Limits of Racial Domination. Plebeian Society in Colonial Mexico City, 1660-1720*. Madison: The University of Wisconsin Press, 1994.

Cornejo Polar, Antonio: *Escribir en el aire. Ensayo sobre la heterogeneidad socio-cultural en las literaturas andinas*. Lima: Ed. Horizonte, 1994.

— *Los universos narrativos de José María Arguedas*. Lima: Horizonte, 1989.

— "Mestizaje e hibridez: el riesgo de las metáforas". *Revista Iberoamericana* LXIII/180 (julio-septiembre 1997), 341-344.

— "Una heterogeneidad no dialéctica: sujeto y discurso migrantes en el Perú moderno". *Revista Iberoamericana* LXII/176-177 (julio-diciembre 1996), 837-844.

— "Condición migrante e intertextualidad multicultural: el caso de Arguedas". *Revista de Crítica Literaria Latinoamericana* XXI/42 (1995), 101-109.

— "Mestizaje, transculturación, heterogeneidad". *Revista de Crítica Literaria Latinoamericana* 40 (1994), 368-371.

— "Ensayo sobre el sujeto y la representación en la literatura latinoamericana". *Hispamérica* XXII/66 (1993), 3-15.

— "Literatura peruana: totalidad contradictoria". *Revista de Crítica Literaria Latinoamericana* 18 (1983), 37-50.

— "El indigenismo y las literaturas heterogéneas: su doble estatuto socio-cultural". *Revista de Crítica Literaria Latinoamericana* 7-8 (1978), 7-21.

Corominas, Joan: *Breve diccionario etimológico de la lengua castellana*. 3ª ed. Madrid: Ed. Gredos, 1987.

Coronil, Fernando: "Introduction. Transculturation and the Politics of Theory: Countering the Center, Cuban Counterpoint". Fernando Ortiz, *Cuban Counterpoint.Tobacco and Sugar*. Duke University Press, Durham and London, 1995, ix-lxi.

Cruz, Sor Juana Inés de la: *Obras completas*. México, D. F.: Ed. Porrúa, 1969.

Curtis, Polly: "Birmingham' Cultural Studies Department Given the Chop". <http:// education.guardian.co.uk>, (7/16/2002).

Cusicanqui Rivera, Silvia, y Barragán, Rossana (comps.): *Debates postcoloniales: una introducción a los estudios de la subalternidad*. La Paz: Editorial Historias, Sierpe Publicaciones, 1997.

Dalmaroni, Miguel, y Merbilhaa, Margarita: "Memoria social e impunidad: los límites de la democracia". *Punto de Vista* (abril 1999), 22-25.

Darío, Rubén: "El triunfo de Calibán". *El tiempo* (20 de mayo de 1898).

DELEUZE, Giles: *The Fold: Leibnitz and the Baroque*. Traducción de Tom Conley. Minneapolis: University of Minnesota Press, 1994.

DELEUZE, Giles, y GUATTARI, Félix: *Kafka: Towards a Minor Literature*. Traducción de Dana Polan. Minneapolis: University of Minnesota Press, 1986.

DERRIDA, Jacques: *Márgenes de la filosofía*. Madrid: Cátedra, 1998.

DÍAZ, José Pedro: *Partes de naufragio*. Montevideo: Arca, 1969.

— *Los fuegos de San Telmo*. Montevideo: Arca, 1964.

DORE, Elizabeth (ed.): *Gender Politics in Latin America. Debates in Theory and Practice*. New York: Monthly Review Press, 1997.

DURAND, José: "Baquianos y chapetones, criollos y gachupines. Albores de la sociedad americana colonial". *Cuadernos Americanos* 87 (1956), 148-162.

ECHEVERRÍA, Bolívar: "El *ethos* barroco". *Modernidad, mestizaje cultural y ethos barroco*. Bolívar Echeverría, comp. México, D. F.: UNAM/El Equilibrista, 1994, 13-36.

ELLIOTT, John H.: "Introduction: Colonial identity in the Atlantic World". *Colonial Identities in the Atlantic World*. Nicholas Canny y Anthony Pagden, eds. Princeton: Princeton University Press, 1987, 3-13.

ELTIT, Diamela: *Los vigilantes*. Santiago de Chile: Ed. Sudamericana Chilena, 1994.

— *El padre mío*. Santiago de Chile: Francisco Zegers Ed., 1989.

— *Lumpérica*. Santiago de Chile: Ediciones del Ornitorrinco, 1983.

ESCAJADILLO, Tomas G. (ed.): *Perfil y entraña de Antonio Cornejo Polar*. Lima: Amaru Editores, 1998, 79-87.

ESCOBAR, Alberto: "Lenguaje e historia en los *Comentarios reales*". *Patio de letras*. Caracas: Monte Ávila Ed., 1971.

ESPINOSA MEDRANO, Juan de: *Apologético*. Selección, prólogo y cronología, Augusto Tamayo Vargas. Caracas: Biblioteca Ayacucho, 1982.

FABER, Sebastian: "'La hora ha llegado'. Hispanism, Pan-Americanism, and the Hope of SpanishAmerican Glory (1938-1948)". *Ideologies of Hispanism*. Mabel Moraña, ed. (en prensa).

FANON, Frantz: *Peau noire, masques blanches*. Paris: Seuil, 1952.

FEMENÍAS, María Luisa: *Sobre sujeto y género. Lecturas feministas desde Beauvoir a Butler*. Buenos Aires: Catálogos, 2000.

FERNÁNDEZ RETAMAR, Roberto: *Calibán y otros ensayos*. La Habana: Casa de las Américas, Cuadernos de arte y literatura, 1979.

— *Para una teoría de la literatura hispanoamericana y otras aproximaciones*. La Habana: Cuadernos Casa 16, 1975.

— "Comentarios al texto de Antonio Cornejo Polar 'Mestizaje, transculturación, heterogeneidad'". *Asedios a la heterogeneidad cultural. Libro de homenaje a Antonio Cornejo Polar*. José Antonio Mazzotti y Juan Zevallos, coords. Filadelfia: Asociación Internacional de Peruanistas, 1996, 47-56.

— "Nuestra América y Occidente". *Casa de las Américas* 98 (1976), 36-57.

FIGUEIRA, Dorothy M.: *The Exotic. A Decadent Quest*. New York: SUNY Press, 1994.

FOUCAULT, Michel: *The Order of Things: An Archeology of the Human Sciences*. New York: Vintage Books, 1973.

— *Les mots et les choses*. Paris: Gallimard, 1966.

FRANCO, Jean: *The Decline and Fall of the Lettered City. Latin America in the Cold War.* Cambridge: Harvard UP, 2002.

— *Critical Passions: Selected Essays.* Mary Louise Pratt and Kathleen Newman, edition and introduction. Durham, NC: Duke University Press, 1999.

— *Plotting Women. Gender and Representation in Mexico.* New York: Columbia University Press, 1989.

— *The Modern Culture of Latin America: Society and the Artists.* Harmondsworth: Penguin, 1970.

— "Invadir el espacio público, transformar el espacio privado". *Marcar diferencias, cruzar fronteras.* Santiago de Chile: Ed. Cuarto Propio, 1996, 91-116.

FRANSSEN, Paul: "A Muddy Mirror". *Constellation Calibán. Figurations of a Character.* Nadia Lie & Theo D'haen, eds. Amsterdam-Atlanta: Rodopi 1997, 23-42.

FUENTES, Carlos: *La nueva novela hispanoamericana.* México, D. F.: Joaquín Mortiz, 1969.

FUKUYAMA, Francis: *El fin de la historia y el último hombre.* Buenos Aires: Ed. Planeta, 1992.

GALEANO, Eduardo: *Los fantasmas del día del león.* Montevideo: 1967.

GARCÍA-BEDOYA, Carlos: "Transculturación, heterogeneidad, hibridez: algunas reflexiones". *Perfil y entraña de Antonio Cornejo Polar.* Tomas G. Escajadillo, ed. Lima: Amaru Editores, 1998, 79-87.

GARCÍA CANCLINI, Néstor: *Consumidores y ciudadanos. Conflictos multiculturales de la globalización.* México, D. F.: Ed. Grijalbo, 1995.

— *Culturas híbridas. Estrategias para entrar y salir de la modernidad.* México, D. F.: Ed. Grijabo, 1990.

— "Entrar y salir de la hibridación". *Revista de Crítica Literaria Latinoamericana* XXV/50 (1999), 53-57.

— "El malestar en los estudios culturales". *Fractal* 6 (otoño 1997), 45-60.

GEERTZ, Cllifford: *Local Knowledge. Further Essays in Interpretive Anthropology.* New York: Basic Books, 1983.

GELDOF, Koenraad: "Look Who's Talking. Calibán in Shakespeare, Renan, and Gudhenno". *Constellation Calibán. Figurations of a Character.* Nadia Lie & Theo D' haen, eds. Amsterdam-Atlanta: Rodopi, 1997, 81-112.

GELLNER, Ernest: *Antropología y política. Revoluciones en el bosque sagrado.* Barcelona: Ed. Gedisa, 1997.

GENETTE, Gerard: *Palimpsestes.* Paris: Seuil, 1982.

— "Le journal, l'antijournal". *Figures IV.* Paris: Editions du Seuil, 1999, 335-345.

GILMAN, Claudia: *Entre el fusil y la palabra. Dilemas de la literatura revolucionaria en América Latina.* Buenos Aires: Siglo Veintiuno Editores, 2003.

GILMORE, Leigh: *Autobiographics. A Feminist Theory of Women's Self Representation.* Ithaca: Cornell University Press, 1994.

GILROY, Paul: *Black Atlantic: Modernity and Double Consciousness.* Cambridge, MA: Harvard University Press, 1993.

GONZÁLEZ ECHEVARRÍA, Roberto: *Myth and Archive: A Theory of Latin American Narrative.* Durham: Duke University Press, 1998.

— *Celestina's Brood. Continuities of the Baroque in Spanish and Latin American Litera-ture*. Durham: Duke University Press, 1993.

— *The Voices of the Masters. Writing and Authority in Modern Latin American Literatu-re*. Austin: University of Texas Press, 1985.

— "The Case of the Speaking Status. *Ariel* and the Magisterial Rhetoric of the Latin American Essay". *The Voice of the Masters. Writing and Authority in Modern Latin American Literature*, 1985, 8-32.

GONZÁLEZ STEPHAN, Beatriz: *La historiografía literaria del liberalismo hispanoamerica-no del siglo XIX*. La Habana: Casa de las Américas, 1987.

— "Crítica e historia literarias en América Latina". *Plural* (segunda época) XIII-XIV, 155 (agosto 1984), 57-61.

GRAMSCI, Antonio: *Antología*. Selección, traducción y notas de Manuel Sacristán. México, D. F.: Ed. Siglo Veintiuno, 6ª ed., 1981.

— *Obras de Antonio Gramsci. 2. Cuadernos de la cárcel: Los intelectuales y la organi-zación de la cultura*. México, D. F.: Juan Pablos Editor, 1975.

GREENE, Jack P.: "Changing Identities in the British Caribbean: Barbados, a Case Study". *Colonial Identities in the Atlantic World*. Nicholas Canny y Anthony Pagden, eds. Princeton: Princeton University Press, 1987, 213-266.

GREENAWAY, Peter: *Prospero's Books*. New York: Four Walls Eight Windows, 1991.

GREENBLATT, Stephen: "Learning to Curse. Aspects of Linguistics Colonialism in Sixte-enth Century". *First Images of America. The Impact of the New World on the Old*. Fredi Chiapelli, ed. Berkeley: University of California Press, 1976, 561-580.

GROSSBERG, Lawrence; NELSON, Cary, y TREICHLER, Paula (eds.): *Cultural Studies*. New York: Routledge, 1992.

GRUZINSKI, Serge: *La guerra de las imágenes. De Cristóbal Colón a "Blade Runner" (1492-2019)*. México, D. F.: Fondo de Cultura Económica, 2001.

GUATTARI, Félix: *Chaosmosis: An Ethico-aesthetic Paradigm*. Traducción de Paul Bains and Julian Pefanis. Bloomington: Indiana University Press, 1995.

— "La producción de subjetividad del capitalismo mundial integrado". *Revista de Crítica Cultural* 4 (noviembre 1991), 5.

GUÓHENNO, Jean: *Calibán et Prospero, suivi d'autres essais*. Paris: Gallimard, 1969.

— *Calibán parle, suivi de Conversion d l'humain*. Paris: Grasset, 1962.

HALL, Stuart: "Cultural Identity and Diaspora". *Colonial Discourse and Post-Colonial Theory. A Reader*. Patrick Williams y Laura Chrisman, eds. New York: Columbia Uni-versity Press, 1994, 392-403.

HALPERIN DONGHI, Tulio: "Nueva narrativa y ciencias sociales hispanoamericanas en la década del sesenta". *Más allá del boom, literatura y mercado*. David Viñas, Ángel Rama y Jean Franco, et al. Buenos Aires: Folios, 1984, 144-165.

HARD, Michael, y NEGRI, Antonio: *Empire*. Cambridge: Harvard University Press, 2000.

HEBREO, León: *Diálogos de amor, según la traducción del italiano al español del Inca Garcilaso de la Vega (Antología)*. Buenos Aires: Colección Los Místicos, 1944.

HERLINGHAUS, Hermann: *Modernidad heterogénea. Descentramientos hermenéuticos desde la comunicación en América Latina*. Caracas: Ediciones Cipost, 2000.

— "Memory, Performance and 'Vagabondage' as Conceptual Elements in Nelly Richard's Aesthetic Criticism". *Journal of Latin American Cultural Studies* 9, 3 (diciembre 2000), 249-257.

HERNÁNDEZ, Felisberto: *Primeras invenciones*. Montevideo: Arca, 1965.

— *Tierras de la memoria*. Montevideo: Arca, 1965.

— *El cocodrilo*. Punta del Este: Ed. El Puerto, 1961.

— *La casa inundada*. Montevideo: Alfa, 1960.

HERNÁNDEZ SÁNCHEZ-BARBA, M.: *Historia de América*. Vol. III. *América americana*. Madrid: Editorial Alhambra, 1981.

HOBSBAWM, Eric: *Nations and Nationalism Since 1780: Programme, Mith, Reality*. Cambridge (England)/New York: Cambridge University Press, 1992.

— *Historia del siglo xx*. Barcelona: Grijalbo Mondadori, 1995.

— "Introduction: Inventing Traditions". *The Invention of Tradition*. Eric Hobsbawm y Terence Ranger, eds. Cambridge: Cambridge University Press, 1983, 1-15.

HOPENHAYN, Martín: "Globalización y cultura: Cinco miradas para un solo texto". Ponencia para el XX Congreso de LASA, Guadalajara, México, abril 17-19, 1997 (inédita).

HOWARD, Gerald (ed.): *The Sixties*. New York: Paragon House, 1982.

HORKHEIMER, Max, y ADORNO, Theodor W.: *Dialectic of Enlightenment*. Traducción de John Cumming. New York: Herder & Herder, 1994.

HULME, Peter: *Colonial Encounters. Europe and the Native Caribbean. 1492-1797*. London/New York: Methuen, 1986.

IGLESIA, Cristina, y SCHVARTZMAN, Julio: *Cautivas y misioneros. Mitos blancos de la conquista*. Buenos Aires: Catálogos editora, 1987.

JAMESON, Fredric: "Prefacio a *Calibán*". *Nuevo Texto Critico* III/5 (1990), 3-8.

— "El posmodernismo o la lógica del capitalismo tardío". *Casa de las América* 155/156 (marzo-junio 1986), 141-173.

— "Third-World Literature in the Era of Multinational Capitalism". *Social Text* (otoño 1986), 65-88.

— "Versions of a Marxist Hermeneutic. Walter Benjamin or nostalgia". *Marxism and Form*. Princeton, NJ: Princeton University Press, 1971, 60-83.

KADIR, Djelal: *The Other Writing. Postcolonial Essays in Latin American Writing Culture*. West Lafayette, IN: Purdue University Press, 1993.

KAMINSKY, Amy K.: *After Exile. Writing the Latin American Diaspora*. Minneapolis: University of Minnesota Press, 1999.

KAPLAN, Amy, y PEASE, Donald E.: *Cultures of United States Imperialism*. Durham: Duke University Press, 1993.

KURNITZKY, Horst, y ECHEVERRÍA, Bolívar: *Conversaciones sobre lo barroco*. México, D. F.: UNAM, 1993.

KUSHIGIAN, Julia A.: *Orientalism in the Hispanic Literary Tradition. In Dialogue with Borges, Paz, and Sarduy*. New Mexico: University of New Mexico Press, 1991.

LACLAU, Ernesto: "Universalism, Particularism, and the Question of Identity". *The Identity in Question*. John Rajchman, ed. New York: Routledge, 1995, 93-110.

LAFFORGUE, Jorge: "Autorretrato de Ángel Rama. El luchador de las letras". *El País Cultural* XIII/638 (Montevideo, 25 de enero de 2002).

LAGO, Sylvia: *Trajano*. Montevideo: 1960.

— *Días dorados de la señora Pieldediamante*. Montevideo: 1971.

LAVALLÉ, Bernard: *Las promesas ambiguas. Criollismo colonial en los Andes*. Lima: Pontificia Universidad Católica del Perú. Instituto Riva Agüero, 1993.

LAVERDE TOSCANO, María Cristina, y REGUILLO, Rossana (eds.): *Mapas nocturnos. Diálogos con la obra de Jesús Martín-Barbero*. Bogotá: Fundación Universidad Central/Siglo del Hombre eds., 1998.

LAVRIN, Asunción: "Vida conventual: rasgos históricos". *Sor Juana y su mundo*. Sara Poot Herrera, ed. México, D. F.: Universidad del Claustro de Sor Juana, Instituto de Investigaciones de la Cultura, 1995, 33-91.

— "Unlike Sor Juana? The Model Nun in the Religious Literature of Colonial Mexico". *University of Dayton Review* 16/2 (primavera 1983), 75-92.

— "In Search of the Colonial Woman in Mexico: The Seventeenth and Eighteenth Centuries". *Latin American Women. Historical Perspectives*. Asunción Lavrin, ed. Westport, CT: Greenwood Press, 1978, 23-59.

LECUNA, Vicente: *Crónica razonada de las guerras de Bolívar*. New York: Colonial Press, 1950.

LEJEUNE, Philippe: *Le pacte autobiographique*. Paris: Seuil, 1975.

LENTRICCHIA, Frank: *Criticism and Social Change*. Chicago: The University of Chicago Press, 1985.

LEONARD, Irving A.: *Don Carlos de Sigüenza y Góngora. Un sabio mexicano del siglo XVII*. México, D. F.: Fondo de Cultura Económica, 1984.

— *La época barroca en el México colonial*. Traducción de Agustín Escurdia. México, D. F.: FCE, 1974.

LÉVI-STRAUSS, Claude: *Tristes Tropiques*. New York: Modern Library, 1997.

LEVINAS, Emmanuel: *Totality and Infinity: An Essay on Exteriority*. Pittsburgh: Pittsburgh University Press, 1969.

LIE, Nadia: "Calibán en contrapunto. Reflexiones sobre el ensayo de Roberto Fernandez Retamar". *Estudios* 4/8 (julio-diciembre 1996), 45-58.

LIENHARD, Martín: "El campo de la literatura y el *campus*". *Revista de Critica Literaria Latinoamericana* 50 (1999), 81-86.

— "De mestizajes, heterogeneidades, hibridismos y otras quimeras". *Asedios a la heterogeneidad cultural. Libro de homenaje a Antonio Cornejo Polar*. José Antonio Mazzotti y U. Juan Zevallos Aguilar, coords. Filadelfia: Asociación Internacional de Peruanistas, 1996, 37-45.

LINDENBERGER, Herbert: "Toward a New History in Literary Study". *Profession 84*, MLA, (1984), 16-23.

LINDSTROM, Naomi: *Jorge Luis Borges. A Study of the Short Fiction*. Boston: Twayne Publishers, 1990.

LORAUX, Nicole: "De la amnistía y su contrario". *Usos del olvido*. Y. Yerushalmi, *et al.* Buenos Aires: Nueva Visión, 1989, 27-51.

LYOTARD, Jean Francois: *The Postmodern Condition: A Report on Knowledge*. Minneapolis: University of Minnesota Press, 1884.

MALAGÓN-BARCELÓ, Javier: "The Role of the *Letrado* in the Colonization of America". *The Americas* 18 (1961), 1-17.

MALINOWSKI, Bronislaw: *Argonauts of the Western Pacific: An Account of Native Enter-prise and Adventure in Archipielagoes of Melanesian New Guinea*. Preface by Sir James Frazer. New York: Duttori, 1961.

MAN, Paul de: "Authobiography as De-Facement". *The Rethoric of Romanticism*. New York: Columbia University Press, 1984, 67-81.

— "A Modern Master". *New York Review of Books* (marzo 1964), 9.

MANONI, O.: *Psychologie de la Colonisation*. Paris: Seuil, 1950.

MANSOUR, Mónica: *La poesía negrista*. México, D. F.: Era, 1973.

MARAVALL, José Antonio: *La cultura del barroco*. Barcelona: Ed. Ariel, 1975.

MARCUS, Laura, y NEAD, Lynda: *The Actuality of Walter Benjamin*. London: Lawrence and Wishart, 1998.

MARIÁTEGUI, José Carlos: *Siete ensayos de interpretación de la realidad peruana*. Lima: Amauta, 1980.

— *Peruanicemos el Perú*. Lima: Amauta, 1980.

MARTÍN-BARBERO, Jesús, y HERLINGHAUS, Hermann: *Contemporaneidad latinoamericana y análisis cultural. Conversaciones al encuentro de Walter Benjamin*. Madrid/Frank-fut: Iberoamericana/Vervuert, 2000.

— "Globalización comunicacional y descentramiento cultural". *La dinámica global/ local. Cultura y comunicación: nuevos desafíos*. Rubens Bayardo y Mónica Lacarrieu, comp. Buenos Aires: Ediciones CICCUS, 1999, 27-49.

MARTÍNEZ MORENO, Carlos: *Con las primeras luces*. Barcelona: Seix Barral, 1966.

— *La otra mitad*. México, D. F.: Joaquín Mortiz, 1966.

— *El paredón*. Barcelona: Seix Barral, 1963.

— *Cordelia*. Montevideo: Alfa, 1961.

— *Los días por vivir*. Montevideo: Asir, 1960.

MASIELLO, Francine: "Searching the Relationship Between Ideology and Expression". *Antonio Cornejo Polar*. Berkeley: University of California Brochure, 1998, 33-34.

MASUR, Gerhard: *Simón Bolívar*. Caracas: Ed. Grijalbo, 1987.

MAZZOTTI, José Antonio: *Agencias criollas. La ambigüedad "colonial" en las letras his-panoamericanas*. Pittsburg: IILI-Biblioteca de América, 2000.

— *Coros mestizos del Inca Garcilaso. Resonancias andinas*. Lima: Fondo de Cultura Económica, 1996.

MAZZOTTI, José Antonio, y ZEVALLOS AGUILAR, U. Juan (coords.): *Asedios a la heteroge-neidad cultural. Libro de homenaje a Antonio Cornejo Polar*. Filadelfia: Asociación Internacional de Peruanistas, 1996.

MCALISTER, Lyle N.: "Social Structure and Social Change in New Spain". *Hispanic Ame-rican Historical Review* 43 (1963), 349-370.

MCKENZIE, John M.: *Orientalism. History, Theory and the Arts*. Manchester: Manchester University Press, 1995.

MEDINA VIDAL, Jorge: *Visión de la poesía uruguaya*. Montevideo: DIACO, 1969.

MERRIM, Stephanie: *Early Modern Women's Writing and Sor Juana Inés de la Cruz*. Nash-ville: Vanderbilt University Press, 1999.

— (ed.): *Feminine Perspectives on Sor Juana Inés de la Cruz*. Detroit: Wayne State Uni-versity Press, 1991.

MIGNOLO, Walter: "Posoccidentalismo: Las epistemologías fronterizas y el dilema de los estudios (latinoamericanos) de áreas". *Revista Iberoamericana* LXII/176-177 (julio-diciembre 1996), 679-696.

— "Occidentalización, imperialismo, globalización: herencias coloniales y teorías poscoloniales". *Revista Iberoamericana* LXI/170-171 (enero-junio 1995), 27-40.

— "Literacy and Colonization: The New World Experience". *1492-1992: Re/Discovering Colonial Writing*. Hispanic Issues 4 (Minneapolis, University of Minnesota Press, 1989), 51-96.

MILLÁN, Gonzalo Vicente: *La ciudad*. Santiago de Chile: Editorial Cuarto Propio, 1994.

MISSAC, Pierre: *Walter Benjamin de un siglo al otro*. Barcelona: Ed. Gedisa, 1997.

MOHANTY, Chandra Talpade: "Feminist Encounters: Locating the Politics of Experience". *Destabilizing Theory. Contemporary Feminist Debates*. Michele Barrett y Anne Pillips, eds. Stanford: Stanford University Press, 1992, 74-92.

MOLLOY, Sylvia: *Las letras de Borges*. Buenos Aires: Ed. Sudamericana,1979.

MORAÑA, Mabel (ed.): *Nuevas perspectivas desde/sobre América Latina: El desafío de los estudios culturales*. Santiago de Chile: Editorial Cuarto Propio/IILI, 2000.

— *Viaje al silencio. Exploraciones del discurso barroco*. México, D. F.: UNAM, 1998.

— (ed.): *Ángel Rama y los estudios latinoamericanos*. Pittsburgh: IILI, Serie *Críticas*, 1997.

— (ed.): *Relecturas del Barroco de Indias*. Hanover, NH: Ediciones del Norte, 1994.

— *Memorias de la generación fantasma. Crítica literaria 1973-1988*. Montevideo: Monte Sexto, 1988.

— *Literatura y cultura nacional en Hispanoamérica. 1910-1940*. Minneapolis, MN: Institute for the Study of Ideologies and Literatures, 1984.

— (ed.): "Ideologies of Hispanism". *Hispanic Issues*. Nashville: Vanderbilt University Press (en prensa).

— "Revistas culturales y mediación letrada en América Latina". *Hermes criollo* II/5 (Montevideo, abril-julio, 2003), 33-39.

— "Global/local: Desafíos a la memoria histórica". *Global/local: democracia, memoria, identidades*. Montevideo: Ediciones Trilce, 2002, 189-198.

— "De metáforas y metonimias: Antonio Cornejo Polar en la encrucijada del latinoamericanismo internacional". *Nuevas perspectivas desde/sobre América Latina: el desafío de los estudios culturales*. Mabel Moraña, ed. Pittsburgh/Santiago de Chile: IILI/Cuarto Propio, 2000, 261-270.

— "El 'tumulto de indios' de 1692 en los pliegues de la fiesta barroca. Historiografía, subversión popular y agencia criolla en el México colonial". *Agencias criollas: la ambigüedad "colonial" en las letras hispanoamericanas*. José Antonio Mazzotti, ed., 2000, 161-175.

— "Antonio Cornejo Polar y los debates actuales del latinoamericanismo: noción de sujeto, hibridez, representación". *Revista de Crítica Literaria Latinoamericana* 50 (1999), 19-28.

— "La retórica del silencio en Sor Juana Inés de la Cruz". *Viaje al silencio. Exploraciones del discurso barroco*. México: UNAM, 1998, 153-198.

— "El *boom* del subalterno". *Cuadernos americanos* 1/67 (México), 214-222. Reeditado en *Revista de crítica cultural* 15 (Chile, noviembre 1997), 48-54.

— "Ideología de la transculturación". *Ángel Rama y los estudios latinoamericanos*. Mabel Moraña, ed. Pittburgh: IILI, Serie *Críticas*, 1997, 137-145.

— "Mariátegui y la 'cuestión nacional': un ensayo de interpretación". *Políticas de la escritura en América Latina. De la Colonia a la Modernidad*. Caracas: eXcultura, 1997. 153-163.

— "Narrativas protonacionales: el discurso de los libertadores". *Políticas de la escritura en América Latina. De la Colonia a la Modernidad*. Caracas: eXCultura, 1997, 65-81.

— "*Escribir en el aire*, heterogeneidad y estudios culturales". *Asedios a la heterogeneidad cultural. Libro en homenaje a Antonio Cornejo Polar*. José Antonio Mazzotti y Ulises Juan Zevallos Aguilar, coords. Filadelfia: Asociación Internacional de Peruanistas, 1996, 481-492.

— "De *La ciudad letrada* al imaginario nacionalista: contribuciones de Ángel Rama a la invención de América". *Esplendores y miserias del siglo XIX. Cultura y sociedad en América Latina*. Beatriz González Stephan, Javier Lasarte, et al., comps. Caracas: Monte Ávila Eds., 1995, 41-51.

— "Formación del pensamiento crítico literario en Hispanoamérica: época colonial". *Revista de Crítica Literaria Latinoamericana*. Año XVI (1990), 255-265.

— "La narrativa de Ángel Rama". *Memorias de la generación fantasma. Crítica literaria 1973-1988*. Montevideo: Monte Sexto, 1988, 201-211.

MORSE, Richard M.: "The Heritage of Latin America". *The Founding of the New Societies*. Louis Hartz, ed. Nueva York, 1964, 135-146.

MOSQUERA, Gerardo: "Arte y globalización en América Latina". *III Foro Latinoamericano. Museo Extremeño e Iberoamericano de Arte Contemporáneo*. Badajoz, 21-23 de febrero, 2001.

MOUFFE, Chantal: *El retorno de lo político. Comunidad, ciudadania, pluralismo, democracia radical*. Barcelona/Buenos Aires/México, D. F.: Paidós Estado y Sociedad, 1999.

MURDOCK, George Peter: *Ethnographic Atlas*. Pittsburgh: University of Pittsburgh Press, 1967.

— *The Cross Cultural Survey* [1940]. Reimpreso en *American Sociological Review* V/3 (junio 1940).

MURIEL, Josefina: *Cultura femenina novohispana*. México, D. F.: UNAM, 1982.

— *Conventos de monjas en la Nueva España*. México, D. F.: Santiago, 1946.

MUSTO, Jorge: *Nosotros, otros*. Caracas: Monte Ávila, 1970.

— *Noche de circo*. Montevideo: Ed. Alfa, 1966.

— *Un largo silencio*. Montevideo: Ed. Alfa, 1965.

MYERS, Kathleen: *Word from New Spain: The Spiritual Autobiography of Madre María de San José (1656-1719)*. Liverpool: Liverpool University Press, 1993.

— "Rewriting the *Vita*: Sor Juana Inés de la Cruz's *Respuesta*". *Revista Canadiense de Estudios Hispánicos* 14 (1990), 459-471.

NAIRN, Tom: *The Break-up of Britain: Crisis and Neo-Nationalism*. London: NLB, 1977.

NAVARRO, Marysa: "Research on Latin American Women". *Signs* 5/1 (1979), 120.

NORA, Pierre: *Les lieux de memoire*. Paris: Gallimard, 1992.

NÚÑEZ DE PINEDA Y BASCUÑÁN, Francisco: *Cautiverio feliz y razón individual de las guerras dilatadas del Reino de Chile*. Selección y prólogo Alejandro Lipschutz y Álvaro Jara. Santiago de Chile: Editorial Universitaria, 1974.

ONETTI, Jorge: *Contramutis*. Barcelona: Seix Barral, 1971.

— *Cualquiercosario*. La Habana: Casa de las Américas, 1965.

ONETTI, Juan Carlos: *Obras Completas*. Prólogo de Emir Rodríguez Monegal. México, D. F.: Ed. Aguilar, 1970.

— *La novia robada y otros cuentos*. Montevideo/Buenos Aires: CEDAL, 1968.

— *Juntacadáveres*. Montevideo: Alfa, 1964.

— *Tan triste como ella*. Montevideo: Alfa, 1963.

— *El infierno tan temido*. Montevideo: Ed. Asir, 1962.

— *El astillero*. Buenos Aires: Fabril Ed., 1961.

— *La cara de la desgracia*. Montevideo: Alfa, 1960.

— *Para una tumba sin nombre*. Montevideo: Ed. Marcha, 1959.

ORTIZ, Fernando: *Contrapunteo cubano del tabaco y el azúcar* [1940]. Caracas: Biblioteca Ayacucho, 1978.

OYARZUN, Pablo: "Introducción". Walter Benjamin *La dialéctica en suspenso. Fragmentos sobre la historia*. Santiago de Chile: Ediciones LOM/ARCIS, 1996.

PADILLA, Ignacio: *Crónicas de Swazilandia*. México, D. F.: Editorial Colibrí, 2002.

PAGDEN, Anthony: *Spanish Imperialism and the Political Imagination*. New Haven: Yale University Press, 1990.

— "From Noble Savages to Savage Nobles: The *Criollo* Uses of the Amerindian Past". *Spanish Imperialism and the Political Imagination*. New Haven and London: Yale University Press, 1990, 91-116.

— "Identity Formation in Spanish America". *Colonial Identities in the Atlantic World*. Nicholas Canny and Anthony Pagden, eds. Princeton: Princeton University Press, 1987, 51-93.

PAGET, Henry, y BUHLE, Paul: "Calibán as Deconstructionist: C. L. R. James and Post-Colonial Discourse". *C. L. R. James's Caribbean*. Henry Paget y Paul Buhle, eds. Durham: Duke University Press, 1992, 111-142.

PASTOR, Beatriz: *Discursos narrativos de la conquista: mitificación y emergencia*. Hanover, NH: Ediciones del Norte, 1983.

— "Realidades entreveradas y nuevo latinoamericanismo". *Revista de Crítica Literaria Latinoamericana* 50 (1999), 59-80.

PAZ, Octavio: *Sor Juana Inés de la Cruz o las trampas de la fe*. México, D. F.: Fondo de Cultura Económica, 1983.

PERI ROSSI, Cristina: *Los museos abandonados*. Montevideo: Arca, 1969.

PEYROU, Rosario: "Prólogo" a Ángel Rama, *Diario. 1974-1983*, 5-30.

PICÓN SALAS, Mariano: *De la conquista a la independencia*. México, D. F.: Fondo de Cultura Económica, 1944.

PLATT, Tristan: "Simón Bolívar, the Sun of Justice and the Amerindian Virgin: Andean Conceptions of the *Patria* in Nineteenth-Century Potosí". *Journal of Latin American Studies* 25 (1993), 159-185.

PONCE, Aníbal: "Humanismo burgués y humanismo proletario". *Obras*. La Habana: Casa de las Américas, 1975, 231-358.

PRAKASH, Gyan: "Los estudios de la subalternidad como crítica post-colonial". *Debates Post Coloniales: Una Introducción a los Estudios de la Subalternidad*. Silvia Rivera Cusicanqui y Rossana Barragán, comps. La Paz: Sierpe Publicaciones, 1997, 293-313.

PRIETO, Adolfo: "Los años sesenta". *Revista Iberoamericana* 125 (octubre-diciembre 1983), 889-901.

RABOSSI, Eduardo: "Algunas reflexiones... a modo de prólogo". *Usos del olvido*. Y. Yerushalmi, N. Loreaux, H. Mommsen, J-C. Milner, G. Vattimo. Buenos Aires: Ed. Nueva Visión, 1989, 7-11.

RAMA, Ángel: *Diario. 1974-1983*. Prólogo, edición y notas de Rosario Peyrou. Montevideo: Editorial Trilce, 2001.

— *La ciudad letrada*. Hanover, NH: Ediciones del Norte, 1984.

— David Viñas, Jean Franco et.al. *Más allá del boom, literatura y mercado*. Buenos Aires: Folios, 1984.

— *Transculturación narrativa en América Latina*. México: Siglo Veintiuno, 1982.

— *Rufino Blanco Fombona, íntimo*. Selección y prólogo de Ángel Rama. Caracas: Monte Ávila Eds., 1975.

— *La generación crítica. 1939-1969*. Montevideo: Arca, 1969.

— *Tierra sin mapa*. Montevideo: Ed. Asir, 1961.

— "Los procesos de transculturación en la narrativa latinoamericana", *La novela en América Latina*. México, D. F.: Universidad Veracruzana/Fundación Ángel Rama, 1986, 203-234.

RAMÍREZ FRANCO, Sergio: "La sedimentación del vivir. El *Diario* de Ángel Rama". *Revista Iberoamericana* LXVIII/201 (octubre-diciembre 2002), 1145-1150.

— "Primer acercamiento a *La tentación del fracaso* de Julio Ramón Ribeyro". *Espéculo. Revista de estudios literarios*. Universidad Complutense de Madrid. <http://www.ucm. es/info/especulo/numero15/ribeyro.html>.

RAMOS, Julio: "Genealogías de la moral latinoamericanista: el cuerpo y la deuda de Flora Tristán". *Nuevas perspectivas desde/sobre América Latina: el desafío de los estudios culturales*. Pittsburgh/Santiago de Chile: IILI/Cuarto Propio, 2000, 185-208.

RAMOS MEDINA, Manuel (coord.): *El monacato femenino en el Imperio Español. Monasterios, beaterios, recogimientos y colegios. Homenaje a Josefina Muriel*. México, D. F.: Condumex, 1995.

RAOUL, Valerie: "Women and Diaries: Gender and Genre". *Mosaic* XXII/3 (verano 1989), 57-65.

RAVIOLO, Heber, y ROCCA, Pablo (eds.): *Historia de la literatura uruguaya contemporánea*. 2 vols. Montevideo: Ediciones de la Banda Oriental, 1997.

REAL DE AZÚA, Carlos: *Uruguay, ¿una sociedad amortiguadora?* Montevideo: CIESU/Banda Oriental, 1984.

— *El impulso y su freno: Tres décadas de batllismo y las raíces de la crisis uruguaya*. Montevideo: Banda Oriental, 1964.

— *El patriciado uruguayo*. Montevideo: Asir, 1961.

REDCLIFT, Nanneke: "Conclusion. Post-Binary Bliss: Towards a New Materialist Synthesis?" *Gender Politics in Latin America. Debates in Theory and Practice*. Elizabeth Dore, ed. New York: Monthly Review Press, 1997, 222-236.

RELA, Walter: *Historia del teatro uruguayo 1808-1968*. Montevideo: Ediciones de la
Banda Oriental, 1969.

RENAN, Ernest: *Drames philosophiques*. Paris: Calmann-Lévy, 1888.

— *Calibán (Suite de La Tempéte)*. Paris: Calmann-Lévy, 1878.

RESINA, Joan Ramon: "Hispanism and Its Discontents". *Siglo xx/20th-Century* 14/1-2
(1966), 85-135.

RICHARD, Nelly: *La insubordinación de los signos. (Cambio político, transformaciones
culturales y poéticas de la crisis)*. Santiago de Chile: Ed. Cuarto Propio, 1994.

— *La estratificación de los márgenes. Sobre arte, cultura y políticas*. Santiago de Chile:
Francisco Zegers Ed., 1993.

— *Masculino/Femenino: Prácticas de la diferencia y cultura democrática*. Santiago de
Chile: Francisco Zegers Ed., 1993.

— "Historia, memoria y actualidad: reescrituras, sobreimpresiones". *Nuevas perspectivas
desde/sobre América Latina: el desafío de los estudios culturales*. Mabel Moraña, ed.
Santiago de Chile/Pittsburgh, Ed. Cuarto Propio/IILI, 1999, 246-59.

— "La cita de la violencia. Convulsiones del sentido y rutinas oficiales". *Punto de Vista*
63 (abril 1999), 26-33.

— "Intersectando Latinoamérica con el latinoamericanismo." *Teorías sin disciplina. Latinoamericanismo, poscolonialidad y globalización en debate*. Santiago Castro-Gómez
y Eduardo Mendieta, coords. México, D. F.: Ed. Porrúa, Col. Filosofía de Nuestra
América, 1998, 245-270.

— "Feminismo, experiencia y representación". *Revista Iberoamericana* LXII/176-177
(1996), 733-744.

RINCÓN, Carlos: *El cambio en la noción de literatura*. Bogotá: Instituto Colombiano de
Cultura, 1978.

— "The Peripheral Center of Postmodernism: On Borges, García Márquez, and Alterity."
boundary 2 XX/3 (otoño 1993), 162-179.

RIVERA CUSICANQUI, Silvia, y Barragán, Rossana (comps.): *Debates Post Coloniales: una
introducción a los estudios de la subalternidad*. La Paz: Editorial historias, 1997.

RIVERS, Elías: "Diglossia in New Spain". *University of Dayton Review* 16/2 (primavera
1983), 9-12.

RODÓ, José Enrique: *Ariel*. Edición de Belén Castro Morales. Madrid: Anaya & Mario
Muchnik, 1995.

— *Obras completas*. Introducción y notas de Emir Rodríguez Monegal. Madrid: Aguilar,
1967.

RODRÍGUEZ FREILE, Juan: *El carnero*. Prólogo de Fernando Garavito. Bogotá: Villegas
Editores, 1988.

RODRÍGUEZ, Simón: *Inventamos o erramos*. Caracas: Monte Ávila Editores, 1982.

RODRÍGUEZ MONEGAL, Emir: *Jorge Luis Borges. Biografía literaria*. México, D. F.: Fondo
de Cultura Económica, 1987.

— *El otro Andrés Bello*. Caracas: Monte Ávila, 1969.

— *Genio y figura de Horacio Quiroga*. Buenos Aires: Eudeba, 1967.

— *El viajero inmóvil. Introducción a Pablo Neruda*. Buenos Aires: Losada, 1966.

— *Literatura uruguaya del medio siglo*. Montevideo: Alfa, 1966.

— *Las raíces de Horacio Quiroga*. Montevideo: Asir, 1961.

— "The Metamorphoses of Calibán". *Diacritics* (1977), 78-83.

ROJO, Grinor: "Crítica del canon, estudios culturales, estudios poscoloniales y estudios latinoamericanos: una convivencia difícil". *Kipus* 6 (1997), 5-17.

ROSS, Kathleen: *"Alboroto y motín de México*: una noche triste criolla". *Hispanic Review* 56 (primavera 1988), 181-190.

ROTKER, Susana. (ed.): *Ciudadanías del miedo*. Caracas: Nueva Sociedad, 2000.

— *Cautivas. Olvidos y memoria en la Argentina*. Buenos Aires: Ariel, 1999.

RUI SÁNCHEZ, Alberto: *Los jardines de Mogador*. México, D. F.: Alfaguara, 2000.

— *En los labios del agua*. México, D. F.: Alfaguara, 1992.

— *Los nombres del aire*. México, D. F.: Joaquín Mortiz, 1987.

RUIZ DE ALARCÓN, Juan: *Obras completas*. Edición, prólogo y notas de Agustín Millares Carlo. Introducción de Alfonso Reyes. México, D. F.: Fondo de Cultura Económica, 1957-1968.

SABAT RIVERS, Georgina: "Tiempo, apariencia y parodia: el diálogo barroco y transgresor de sor Juana". *Estudios de literatura hispanoamericana. Sor Juana Inés de la Cruz y otros poetas barrocos de la colonia*. Barcelona: PPU, 1992, 179-206.

SAID, Edward: *Orientalism*. New York: Vintage Books, 1978.

— "Orientalism reconsidered". *Reflexions on Exile and other Essays*. Cambridge, MA: Harvard University Press, 2000.

— "Representing the Colonized: Anthropology's Interlocutors". *Critical Inquiry* 15/2 (invierno 1989), 205-225.

SALDÍVAR, José David: *Border Matters: Remaping American Cultural Studies*. Berkeley: University of California Press, 1997.

SÁNCHEZ, Luis Alberto (comp.): *Fuentes documentales sobre la ideología de la emancipación nacional*. Lima: Ed. Pizarro, 1980.

SÁNCHEZ, Marta E.: "Calibán: The New Latin-American Protagonist of *The Tempest"*. *Diacritics* (1976), 54-61.

SANDOVAL, Alberto: "Aportes para una canonización de Juan Ruiz de Alarcón en la literatura latinoamericana". *Revista de Crítica Literaria Latinoamericana*, Año XIV, 28, (1988), 281-290.

— "Puerto Rican Identity Up in the Air: Air Migration, Its Cultural Representation, and Me Cruzando el Charco". *Puerto-Rican Jam: Essays on Culture and Politics*. Frances Negron-Montaner y Ramón Grosfogel, eds. Minnesota: University of Minnesota Press, 1997, 189-208.

SARLO, Beatriz: *Siete ensayos sobre Walter Benjamin*. Buenos Aires: Fondo de Cultura Económica, 2000.

— *Borges, un escritor en las orillas*. Buenos Aires: Ed. Ariel, 1995.

— "Cultural Studies: Reworking the Nation, Revisiting Identity." *Journal of Latin American Cultural Studies* 11/3 (diciembre, 2002), 333-342.

— "Los estudios culturales y la crítica literaria en la encrucijada valorativa". *Revista de Crítica Cultural* 15 (noviembre 1997), 32-38.

SCHMIDT, Friedhelm: "¿Literaturas heterogéneas o literatura de la transculturación?". *Asedios a la heterogeneidad cultural. Libro de homenaje a Antonio Cornejo Polar*. José Antonio Mazzotti y U. Juan Zevallos Aguilar, coords. Filadelfia: Asociación Internacional de Peruanistas, 1996, 37-45.

Scott, Nina: "'La gran turba de las que merecieron nombre'. Sor Juana's Foremothers in *La respuesta a Sor Filotea*". *Coded Encounters. Writing, Gender and Ethnicity in Colonial Latin America*. Francisco Javier Cevallos-Candau, et al. eds. Amherst: University of Massachussets Press, 1994, 204-223.

— "Sor Juana Inés de la Cruz: 'Let Your Women Keep Silence in the Churches'". *Women's Studies International Forum* 8/5 (1985), 511-519.

Sempere, Pedro, y Corazón, Alberto: *La década prodigiosa, 60s, 70s*. Madrid: Felmar, 1976.

Semprún, Jorge: *Autobiografía de Federico Sánchez*. Barcelona: Planeta, 1977.

Shakespeare, William: *La tempestad. Obras completas*. Estudio, traducción y notas de Luis Astrana Marín. Madrid: Aguilar, 1961, 2019-61.

Sigal, Silvia: *Intelectuales y poder en la década del sesenta*. Buenos Aires: Puntosur, 1991.

Sigüenza y Góngora, Carlos de: *Seis obras*. William C. Bryant, ed. Caracas: Biblioteca Ayacucho, 1985.

Silva Vila, María Inés: *Felicidad y otras tristezas*. Montevideo: Arca, 1964.

Skidmore, Thomas E.: "Studying the History of Latin America: A Case of Hemispheric Convergence". *Latin American Research Review* 33/I (1998), 105-127.

Smith, Robert P., y Hudson, Robert J.: "Evoking Calibán: Cesaire's Response to Shakespeare". CLA *Journal*. Official Publication of The College Language Association,Vol. XXXV, n° 4 (junio 1992), 387-399.

Somers, Armonía: *La calle del viento norte*. Montevideo: Ed. Arca, 1963.

Sommer, Doris: *Proceed with Caution When Engaged in Minority Discourse in the Americas*. Cambridge: Harvard University Press, 1998.

Sontag, Susan: "The Antropologist as Hero" [1963]. *Against Interpretation and Other Essays*. New York: Octagon Books, 1978, 69-81.

Sosnowski, Saúl: *La cultura de un siglo: América Latina en sus revistas*. Madrid/Buenos Aires: Alianza Editorial S.A., 1999.

Spitta, Silvia: *Between Two Waters. Narratives of Transculturation in Latin America*. Houston, TX: Rice University Press, 1995.

Spivak, Gayatri Chakravorty: *Outside in the Teaching Machine*. New York and London: Routledge, 1993.

Stalybrass, Peter, y White, Allon: *The Politics & Poetics of Transgression*. Ithaca, NY: Cornell University Press, 1986.

Subirats, Eduardo: *El continente vacío*. México, D. F.: Siglo Veintiuno Eds., 1994.

Taylor, Charles, y Gutmann, Amy (eds.): *Multiculturalism*. Princeton: Princeton University Press, 1994.

— "The Politics of Recognition". *Multiculturalism*. Taylor, Charles y Amy Gutmann, eds. Princeton: Princeton University Press, 1994.

Tenorio, Mantra Lilia: "El villancico novohispano". *Sor Juana y su mundo*. Sara Poot Herrera, ed. México, D. F.: Universidad del Claustro de Sor Juana, Instituto de Investigaciones de la Cultura, 1995, 447-502.

Terán, Óscar: *Nuestros años sesentas. La formación de la nueva izquierda intelectual argentina 1956-1966*. Buenos Aires: Ediciones El Cielo por Asalto, 1991.

— *Discutir Mariátegui*. Puebla: Editorial Universitaria Antónoma de Puebla, ICUAP, 1985.

TODOROV, Tzvetan: *On Human Diversity. Nationalism, Racism, and Exoticism in French Thought*. Traducción de Catherine Porter. Cambridge: Harvard University Press, 1993.

— *La conquista de América: el problema del otro*. Traducción de Flora Botton-Burló. México: Siglo XXI, 1987.

TRABULSE, Elías: *El enigma de Serafina de Cristo. Acerca de un manuscrito inédito de Sor Juana Inés de la Cruz (1691)*. Toluca: Instituto Mexiquense de Cultura, 1995.

TRIGO, Abril: "Migrancia, memoria, modernidá". *Nuevas perspectivas desde/sobre América Latina: el desafío de los estudios culturales*. Mabel Moraña, ed. Santiago de Chile/Pitsburgh, Ed. Cuarto Propio/IILI, 1999, 321-343.

UNZUETA, Fernando: "¿De sujetos (coloniales) a ciudadanos (postcoloniales)? Notas sobre el discurso de la emancipación". *Dispositio*. Número especial: "'Postcolonial' and the Americas" 20/48 (1995), 79-92.

VALDERRAMA, Ricardo, y ESCALANTE, Carmen (eds.): *Gregorio Condori Mamani. Autobiografía*. Cuzco: Centro Bartolomé de las Casas, 1977.

— *Nosotros los humanos/Nuqanchik runakuna. Testimonio de los quechuas del siglo XX*. Cuzco: Bartolome de las Casas, 1992.

VALLE CAVIEDES DEL, Juan: *Obra completa*. Edición y estudios de María Leticia Cáceres, Luis Jaime Cisneros y Guillermo Lohmann Villena. Lima: Banco de Crédito del Perú, 1990.

VANDEN BERGHE, Kristine: "The Forgotten Calibán of Aníbal Ponce". *Constellation Calibán. Figurations of a Character*. Nadia Lie & Theo D'haen, eds. Amsterdam-Atlanta: Rodopi, 1997, 185-198.

VAN DELDEN, Maarten: "The Survival of the Prettiest. Transmutations of Darwin in José Enrique Rodó's *Ariel*". *Constellation Calibán. Figurations of a Character*. Nadia Lie & Theo D'haen, eds. Amsterdam-Atlanta: Rodopi, 1997, 145-162.

VAUGHAN, Alden T., y MASON VAUGHAN, Virginia: *Shakespeare's Calibán*. Cambridge: Cambridge University Press, 1991.

VEGA, Inca Garcilaso de la: *Comentarios reales de los Incas*. Tomo I y II. Prólogo, edición y cronología, Aurelio Miró Quesada. Caracas: Biblioteca Ayacucho, 1976.

— *Historia general del Perú; segunda parte de los Comentarios reales. Estudio preliminar y notas de José Durand*. Lima: Universidad Nacional Mayor de San Marcos, 1962-63.

VEZZETTI, Hugo: "Activismos de la memoria: el escrache". *Punto de Vista* 62 (diciembre 1998), 1-7.

VIDAL, Hernán: *Tres argumentaciones posmodernistas en Chile*. Santiago de Chile: Mosquito Eds., 1998.

VIEZZER, Moema: *Si me permiten hablar.... Testimonio de Domitila, una mujer de las minas de Bolivia*. México, D. F.: Siglo XXI, 1977.

VILARIÑO, Idea: *Pobre mundo*. Montevideo: Banda Oriental, 1966.

— *Poemas de amor*. Montevideo: s/e, 1957.

VIÑAR, Maren y Marcelo: *Fracturas de memoria. Crónicas para una memoria por venir*, Montevideo, Ediciones Trilce, 1993.

VIÑAS, David; RAMA, Ángel; FRANCO, Jean, *et al.: Más allá del boom, literatura y mercado*. Buenos Aires: Folios, 1984.

— "Pareceres y digresiones en torno a la nueva narrativa latinoamericana" *Más allá del boom, literatura y mercado*. David Viñas, Angel Rama, Jean Franco et al., 13-23.

VITALE, Ida: *Cada uno en su noche*. Montevideo: Alfa, 1960.

VOGELEY, Nancy: "Turks and Indians: Orientalist Discourse in Postcolonial Mexico." *Diacritics* 25/I (1995), 3-20.

WEIGEL, Sigrid: *Cuerpo, imagen y espacio en Walter Benjamin*. Buenos Aires: Paidós, 1999.

WHITE, Hayden: *Metahistory: The Historical Imagination in Nineteenth Century*. Baltimore: Johns Hopkins University Press, 1973.

WOLFARTH, Irving: "The Measure of the Possible, the Weight of the Real and the Heat of the Moment: Benjamin's Actuality Today". *The Actuality of Walter Benjamin*, Laura Marcus y Lynda Nead, eds. London: Lawrence and Wishart, 1998, 13-39.

YERUSHALMI, Yoseph H.: "Reflexiones sobre el olvido". *Usos del olvido*, Yoseph H. Yerushalmi, H. Mommsen, G. Vattimo et al. Buenos Aires: Nueva Visión, 1989, 13-26.

YOUNG, Robert J. C.: *Colonial Desire. Hibridity in Theory, Culture and Race*. London-New York: Routledge, 1995.

YÚDICE, George: "La reconfiguración de políticas culturales y mercados culturales en los noventa y siglo XXI en América Latina". Número especial: *Mercado, editoriales y difusión de discursos culturales en América Latina*. María Julia Daroqui y Eleonora Cróquer, eds. *Revista Iberoamericana* LXVII/197 (octubre-diciembre 2001), 639-660.

— "Estudios culturales y sociedad civil". *Revista de critica cultural* 8 (1994), 44-53.

ZABUS, Chantal, y DWYER, Kevin A.: "'I'll Be Wise Herafter': Calibán in Postmodern British Cinema". *Constellation Calibán. Figurations of a Character*. Nadia Lie & Theo D'haen, eds. Amsterdam-Atlanta: Rodopi, 1997, 271-289.

ZAVALA, Iris: *Colonialism and Culture. Hispanic Modernisms and the Social Imaginary*. Bloomington: Indiana University Press, 1992.

— "Representing the Colonial Subject". *1492-1992: Re/Discovering Colonial Writing*. René Jara y Nicholas Spadaccini, eds. Minneapolis: University of Minnesota Press: *Hispanic Issues* 4 (1989), 321-348.

ZIZEK, Slavoj: *The Sublime Object of Ideology*. London: Verso, 1989.

PUBLICACIONES

Los siguientes artículos incluidos en este libro aparecieron por primera vez en las publicaciones que se indican a continuación:

- "Barroco y transculturación". *Latin American Literatures. A Comparative History of Cultural Formations*. 3 vol. Mario Valdés, Linda Hutcheon and Djelal Kadir, coord. (en prensa).
- "Sujetos sociales: poder y representación". *Historia de la literatura mexicana Vol II: La cultura letrada en la Nueva España del siglo XVII*. Raquel Chang-Rodríguez, coord. México, D. F.: Siglo XXI Editores, 2002. 47-68.
- "El 'tumulto de indios' de 1692 en los pliegues de la fiesta barroca. Historiografía, subversión popular y agencia criolla en el México colonial". *Agencias criollas. La ambigüedad "colonial" en las letras hispanoamericanas*. José Antonio Mazzotti, editor. Pittsburgh: Instituto Internacional de Literatura Iberoamericana, Biblioteca de América, 2000. 161-175.
- "Ilustración y delirio en la construcción nacional, o las fronteras de la ciudad letrada". *Latin America Literary Review*, XXV, 50, número especial (julio/diciembre 1997), 31-46.
- "Modernidad arielista y postmodernidad calibanesca". *José Enrique Rodó y su tiempo*. Ottmar Ette y Titus Heydenreich, eds. Frankfurt am Main: Vervuert Verlag, 2000. 105-117.
- "Borges y yo: Primera reflexión sobre 'El etnógrafo'". *Heterotopías: Narrativas de identidad y alteridades latinoamericanas*. Carlos Jáuregui y Juan Pablo Dabove, eds. Pittsburgh: IILI, Series Biblioteca de América, 2003. 263-286.
- "Crítica literaria y globalización cultural". *Papeles de Montevideo* I,1 (junio 1997). Montevideo: Ediciones Trilce, 1997. 9-25.
- "Literatura, subjetividad y estudios culturales". *Estudios culturales latinoamericanos. Retos desde y sobre la región andina*. Catherine Walsh, ed. Quito: Universidad Andina Simón Bolívar, 2003. 147-152.
- "Global/local: desafíos a la memoria histórica". *Global/local: democracia, memoria, identidades*. Hugo Achugar y Sonia D'Alessandro, comps. Montevideo: Ediciones Trilce, 1999. 189-198.
- "Estudios culturales, acción intelectual y recuperación de lo político". *Revista Iberoamericana, LXIX, 203* (abril/junio 2003), número especial. *Los estudios culturales latinoamericanos hacia el siglo XXI*. Abril Trigo, Alicia Ríos y Ana del Sarto, eds. 425-430.
- "Identidad y nación: ¿más de lo mismo?". *Identidades* (Lima, 15 de diciembre de 2003), 5-7.
- "Imaginarios postnacionales: migraciones del latinoamericanismo". *Revista Iberoamericana LXVI, 193* (octubre-diciembre 2000), número especial. *América Latina: agendas culturales para el nuevo siglo*. Mabel Moraña, ed. 821-830.

- "Revistas culturales y mediación letrada en América Latina" *Hermes Criollo*. Montevideo: II,5 (abril-julio 2003), 33-39.
- "Escribir en el aire, "heterogeneidad" y estudios culturales". *Asedios a la heterogeneidad cultural. Libro de homenaje a Antonio Cornejo Polar*. José Antonio Mazzotti y U. Juan Zevallos Aguilar, coords. Filfadelfia: Asociación Internacional de Peruanistas, 1996. 481-492.
- "De metáforas y metonimias: Antonio Cornejo Polar en la encrucijada del latinoamericanismo internacional" *Nuevas perspectivas desde/sobre América Latina. El desafío de los estudios culturales*. Santiago de Chile: Editorial Cuarto Propio/IILI, 2000. 221-229
- "Desplazamientos, voces, y el lugar de la lengua en la crítica de Antonio Cornejo Polar". *Antonio Cornejo Polar y los estudios latinoamericanos*. Friedhelm Schmidt-Welle, ed. Pittsburgh: IILI, Serie Críticas, 2002. 309-322.
- "Antonio Cornejo Polar y los debates actuales del latinoamericanismo: Noción de sujeto, hibridez, representación". *Revista de Crítica Literaria Latinoamericana XXV, 50* (2° semestre 1999), número especial. *La trayectoria intelectual de Antonio Cornejo Polar*, 19-39.

Los artículos inéditos fueron presentados en las siguientes conferencias internacionales:

- "La diferencia criolla: diáspora y políticas de la lengua en la colonia". International Colloqium on Colonial Discourse: The Construction of Difference in Spanish America. Universidad de Montreal, noviembre, 1999.
- "Del otro lado del espejo: el Uruguay en los años sesenta". CELCIRP, Montevideo, junio 2002.
- "Subjetividad y campo intelectual en el *Diario* de Ángel Rama". México, UAM, noviembre 2003.
- "Teorías nómadas: orientalismo y modernidad en América Latina". International Association Mediterranean Studies, Budapest, junio 2003.
- "Chicago y América Latina: Colón invita a la fiesta". Mapping Latino/Latin American Chicago (MLAC): Theoretical and Cultural Dimensions in the Age of Globalization. Chicago, septiembre, 1998.
- "Walter Benjamin y los micro-relatos de la modernidad en América Latina" LASA, Washington DC, 2001.
- "Intelectuales, género y estado". LASA, Dallas, Texas, Marzo 2003.
- "Diamela Eltit: el espejo rojo". Simposio Brown University, marzo 2001.
- "Variaciones sobre el cautiverio. A la memoria de Susana Rotker". Homenaje a Susana Rotker. Rutgers University, noviembre, 2001.
- "Jean Franco: una crítica militante". LASA, Homenaje a Jean Franco, Dallas, Texas, marzo 2003.

Agradezco a los editores que autorizaron la republicación de mis artículos, y a los organizadores de las conferencias que dieron lugar a los trabajos que se publican aquí por primera vez.